地理科学特色专业系列教材

地理科学专业导论

郭　跃　李孝坤　编著

科学出版社

北　京

内 容 简 介

本书是大学地理科学本科专业认知的引导教材。全书共分四篇：第一篇为地理学的理解，涉及地理学的性质和作用、地理学的视角、地理学的发展历程及未来的地理学；第二篇为大学地理教育与地理人才培养，涉及发达国家的大学地理教育、中国的大学地理教育、地理科学专业人才培养模式与地理科学专业实践教学体系；第三篇为地理科学专业主干学科知识结构与学习方法，涉及自然地理学、人文地理学、地理信息科学的知识结构与学习方法；第四篇为职业生涯规划与专业职业素能培养，涉及地理科学专业就业前景与职业生涯规划、基础地理教师素能要求与培养。全书各章统一设置学习目标、本章小结、思考题、主要参考和阅读文献，编写体例新颖、结构严谨、重点突出、内容丰富、适应性好，便于师生教学使用。

本书可作为高等院校地理科学类专业，特别是地理科学专业新生的专业入门教学用书，也可供资源环境类、规划类专业及其他相关专业的教师、本科生、研究生和地理爱好者教学参考或阅读。

图书在版编目（CIP）数据

地理科学专业导论/郭跃，李孝坤编著. —北京：科学出版社，2018.6

地理科学特色专业系列教材

ISBN 978-7-03-058076-4

Ⅰ. ①地… Ⅱ. ①郭… ②李… Ⅲ. ①地理科学–高等学校–教学参考资料 Ⅳ. ①K90

中国版本图书馆 CIP 数据核字（2018）第 133104 号

责任编辑：文 杨 程雷星/责任校对：何艳萍

责任印制：吴兆东/封面设计：迷底书装

科学出版社出版

北京东黄城根北街 16 号

邮政编码：100717

http://www.sciencep.com

北京厚诚则铭印刷科技有限公司印刷

科学出版社发行 各地新华书店经销

*

2018 年 6 月第 一 版 开本：787×1092 1/16

2025 年 7 月第九次印刷 印张：19 1/4

字数：456 000

定价：59.00 元

（如有印装质量问题，我社负责调换）

丛 书 序

本科教育是现代大学教育的主体组成部分和学科发展的重要支撑，也是当今高等教育和社会关注的热点。本科教育质量保障和提升也就成为新时期中国大学发展的生命线。本科教育质量取决于多种因素和条件，本科专业建设是其保障基础，而本科专业建设又是一个复杂艰巨的系统工程，它涉及从教育理念、教育目标、培养模式、质量保障的形成与改革，到师资队伍、课程体系与教材、教学条件、实习实践场所的建设，其中，适应性好的高质量特色教材是专业建设、学科建设的基础工程。

高等师范院校地理科学专业是以培养基础地理教师为基本目标的本科专业，本专业以地理学、教育学为主干学科，培养具备坚实的地理科学基本理论、系统知识，以及自主获取地理知识的能力，既掌握地理科学基本思维方法和基本实践技能，又懂得现代教育基本理论与技巧，具有创新精神和实践能力的地理与资源环境学科的优秀师资。按照现代教育理念，地理学科教师的职业关键能力有四个方面：①地理学科知识及应用能力，包括理论联系实际、野外工作和综合分析能力；②自主学习和终生学习能力，包括良好的自学习惯及能力、交流表达与信息技术应用能力；③职业胜任能力，即具有较强的基础地理教育教学及教研能力；④较强的创新能力，包括创造性思维、开展科学实验与研究的能力。基于现代地理科学专业人才培养的双能力（学科和职业）导向的需要，并在重庆市“三特行动计划”特色专业建设项目支持下，组织一批长期承担本科地理科学专业课程教学任务的中青年骨干教师，编写了这套地理科学特色专业系列教材。

地理学作为一个经典的学科专业，在我国大学教育中已有百年历史，教材建设的基础较好，出现了大批经典的本科优秀教材。但受传统地理学学科体系的影响，推出的教材大多按学科框架组织内容结构，如自然地理、人文地理、区域地理、地理信息系统或地理学技术方法等方面的教材。从人才培养能力导向视角出发的地理科学专业实践教学系列教材相对比较薄弱。鉴于此，笔者立足于地理科学专业人才培养的需要，竭力秉承凸显地理专业特色、地理学科特色，增强教材适切性，弥补大学本科地理教材编写的缺陷，编著了《地理科学专业导论》《地理科学专业实验教程》《地理科学专业野外实习教程》《四川盆地及其邻区地理学野外综合实习指导教程》《地理科学专业教育实习指导新编》五部教材。本套教材涉及地理科学专业的专业基础课程、专业核心课程和独立实践教学环节，其中，《地理科学专业导论》是为了使地理科学专业新生全面了解本专业、顺利融入专业学习、培养专业学习兴趣、熟悉本专业的学习方法、形成系统的专业认知而编写的；其他四部教材是为了加强地理科学专业学生的专业知识应用能力、实验动手能力、野外工作能力、实践创新能力及职业胜任能力的培养与提升而编写的。

编写地理科学特色专业系列教材是一种新的尝试，笔者参考了国内外已有的相关教材和地理学科发展的新成果，在内容、结构与编写体例上也有新的探索与创新。尽管对教材的编写怀抱敬畏之心，坚持一丝不苟的专业态度，但囿于自己的水平和能力，难免有这样那样的不足和缺陷，希望得到学界同仁和读者批评指正。

郭　跃　李孝坤

2017 年春于重庆师范大学汇贤楼

前　言

长期以来，在大学地理科学专业人才培养的课程体系设置中，许多高校都缺乏专门阐述所学专业的学科属性、知识体系、能力结构及培养目标等方面内容的统领性课程。学科及专业知识的贯彻大多表现为系列课程设置及教学，学生直接接触的是系列课程，各课程的教学基本处于“相对独立”状态，这导致教学资源缺乏有效整合，知识与能力结构的整体设计和宏观统领较差。现实中则表现为多数学生对本学科和专业的知识体系与能力结构的把握，只有通过三年或四年的学习到学业结束后方才“如梦初醒”，甚至到全部学业结束尚不知所学专业或学科为何物。

目前多数高校基本都将新生专业或学科介绍作为入学教育的重要内容，通常以讲座或简介形式进行，教学课时较少、内容随意、过程形式化、师资不稳定，且无相应的考核，教学效果差。更有一些高校则根本越过这一环节，新生入学后按照既定的教学计划直接进入专业课程学习。学生无法理解各课程间的相互衔接与联系，难以把握各课程在本专业或本学科中的地位，更难以从宏观上把握该专业的培养目标、知识体系、能力结构、素质要求及职业方向等。因此，在地理科学专业课程体系中设置专业导论基础课程，正是顺应这种形势的需要，“地理科学专业导论”课程旨在使学生初步了解地理科学是什么样的一门科学，地理科学在社会经济建设、科学研究和文化传承中有什么作用，知道地理学科历史发展和思维方式、学科体系，明确地理科学专业人才培养模式、课程体系设置、主要课程要义与学习方法，以及职业生涯发展愿景，这对于引导学生迈进地理学的大门、顺利跨进地理专业的门槛、培养新生对地理学科及专业的兴趣、增强专业学习的自信、为后续课程学习奠定必要的学科知识基础和专业思想基础都具有重要的意义。通过教学实践，我们体会到这门课程对于培养学生的地理科学精神、地理专业意识和专业热情等方面的作用是其他课程无法替代的。然而，目前国内还没有推出反映这些内容的专门教材，给教师授课和学生学习带来诸多困扰，我们在重庆市“三特行动计划”项目支持下，组织多年承担该课程教学的教师编写了本教材。

本教材按学科—专业—课程—职业的逻辑体系，分为四篇十三章。第一篇从学科视角出发，描述地理学是什么样的学科，整体上阐述地理学的性质和作用、发展历程及未来的地理学，包括第一章至第四章；第二篇从大学本科专业人才培养角度，阐述地理科学专业人才培养的基本问题，介绍了发达国家的大学地理教育、中国的大学地理教育、地理科学专业人才培养模式及实践教学体系等内容，包括第五章至第八章；第三篇从课程视角出发，按照自然地理学、人文地理学、地理信息科学三大知识领域， 梳理了地理科学专业学科基础课程和专业课程的教学目的要求与核心知识要点，同时也描绘了这些学科发展的趋势，并结合课程实际针对性提出了课程学习的方法，包括第九章至第十一章；第四篇从未来职业发展视角出发，展示了地理科学专业就业前景、职业生涯规划及基础地理教师素能要求与培养，涉及第十二章和第十三章。

本书编写具有以下特色：一是内容选择强调引导性，对于刚刚来到地理学大门口的新生，地理学是什么样的学科？地理科学专业又是怎样的一个专业？这个专业学习什么内容？毕业后能干什么事情？可以从事什么职业？等等，这些问题是初入地理专业的学生模糊而又迫切想了解的，因此，本书在内容取舍上，坚持针对性、引导性、基础性原则，将地理学、地理科学专业最基本的东西传递给学生。二是编写注重启迪性，贯彻理论与实际、立足国内与国际视野、科学精神与人文素养、历史传统与前沿趋势、学科创新与专业发展、“编”与“著”结合的思想，既广泛吸取地理学与地理科学专业研究的最新成果，也注重结合作者的地理教研实践，努力实现科学性、专业性、实践性、思想性、适用性的统一。三是写作风格突出教材性，每章按照学习目标、主体内容、思考题、本章小结、主要参考和阅读文献的编写体系，力求文字简洁、概念明确、条理清晰、结构严谨，利于学生自主学习，也利于教师教学把握和教学实践。

自 2013 年 9 月开始，重庆师范大学地理科学专业开始设置地理科学专业导论课程，为了满足课程教学需要，参与教学的教师自编了“地理科学专业导论讲义”，且已使用 4 年。本书即是以“地理科学专业导论讲义”为基础，并对其教学内容和教学环节进行扩展完善、调整优化而成的。

本书由郭跃、李孝坤总体设计，拟定写作思路和提纲。各章节撰写成员及分工如下：绪论、第一章、第二章由郭跃执笔；第三章由郭跃、李春梅执笔；第四章由郭跃执笔；第五章、第六章由李孝坤、姚磊执笔；第七章、第八章由李孝坤执笔；第九章由何太蓉执笔；第十章由李孝坤、高鑫执笔；第十一章由杨华执笔；第十二章由陈祖权执笔；第十三章由谢世正执笔。全书最后由郭跃、李孝坤修改定稿。重庆师范大学地理与旅游学院硕士研究生任秋爽、陈娟、牟耀杰、唐倩等同学整理了部分文字资料。全书图件清绘工作由地理与旅游学院硕士研究生彭锐真协助完成。本书的出版还得到了重庆师范大学地理与旅游学院领导和许多老师的大力支持，在此表达衷心的感谢！

地理科学专业导论教材编写在我国尚属起步之作，有明显的探索实践意义，愿我们推出的这部教材，对我国高校地理科学类专业引导性课程教材的开发与教学实践起到一定的促进作用。同时，本书参考了国内外许多相关研究成果和文献，借此向相关作者表示诚挚的谢意。

地理学是一门经世致用、博大精深的学科，地理专业也是一个传统悠久与与时俱进的专业，由于编者学术修养和资料有限，加之教材力图在内容、结构、编写体例上进行新探索，疏漏之处在所难免，敬请学界同仁和读者不吝指正，以利于我们改进工作，提高教材质量，并在再版时修改完善。

作　者

2017 年 12 月于重庆师范大学虎溪大学城校区

目　录

第二篇 大学地理教育与地理人才培养

第三篇　地理科学专业主干学科知识结构与学习方法

第四篇　职业生涯规划与专业职业素能培养

第一篇　地理学的理解

第一章　地理学的性质和作用

学习目标

通过本章学习，懂得地理学与人类的生存与发展息息相关，初步了解地理学是一门独特的科学，有自身特有的研究对象和学科特性，自身的核心概念、基本理论与基础知识，也形成了自身的学科体系；基本懂得地理学是一门经世致用的学科，地理学的理论和技术可以应用于国家及区域社会经济建设与管理，在当今世界大变革、大发展的时代，地理学服务社会更有其独特的特色与优势。

第一节　什么是地理学

什么是地理学？对于多数人来说，地理学就是关于地名的学问，在地图上找有关国家、城市、山脉、河流在哪里。在我国古代，地理时常是与风水相提并论的，地理学家就是“风水先生”。然而，对于地理专业的人来说，显然，这些说法是不科学的。那什么是地理学？作为一门学科的地理学又是研究什么的呢？这是学习地理专业的人在学习时，必须首先明确的问题。

一、地理学研究的对象

地理学是研究地球表层或地理环境的科学，地理环境中自然要素与人文要素是地理学的研究对象或研究客体。用通俗的话来说地理学研究的对象就是自然地理现象和人文地理现象，由于人类与自然环境紧密的相互关系，除纯粹的自然地理现象和人文地理现象外，在地理环境中还存在许多自然的人文地理现象和人文的自然地理现象。

（一）自然地理现象

自然地理现象即自然地理各要素（包括地形、气候、水文、植物、动物、土壤等）单独或综合变化所产生的现象。随着地球自转而产生的昼夜交替和绕日公转所产生的季节变化均会使地球表层各自然地理要素，在不同的地理维度带，形成有规律可循的土地类型、自然综合体和自然区域。

自然地理现象的表现形式，有自然地理要素变化的整个动态过程，如热带气旋的生成、强化、移动、强度减弱到最后消失；有整个动态变化过程中的一个阶段，如热带气旋所经地区形成的狂风、巨浪、暴雨、洪水等；也有整个动态变化过程所产生的结果，如台风过后所造成的大树倒伏、山体滑坡、城市内涝等现象。

自然地理现象的时间历程，可以长达地质纪年的数亿年，如侵蚀山地地貌的形成过程、生物的演化过程；也可以短暂至瞬间的数秒，如狂风暴雨前的雷鸣电闪。

自然地理现象的地理范围，有全球性大范围的，如全球性的气候变暖、海平面上升、火山灰的洲际性影响；有大范围区域性的，如台风、热带森林；也有小尺度的，如一条泥石流沟、一个山坡的崩塌和土壤侵蚀等。

自人类社会形成以来，地球表层的自然状态不断地受到人类的侵扰和影响，纯自然地理范围不断缩小，已几乎不存在未受人类活动干扰的自然环境。因此，自然地理现象必然或多或少地打上人类活动的印记，包含了人文地理现象，这种包含有人文地理因素的自然现象称为自然人文现象。例如，地表的土地覆被变化及其效应，土地荒漠化、水土流失现象，都与人类对土地的观念和态度、土地利用决策及其活动密切相关。目前，人类社会面临的全球气候变暖，某种意义上说也与人类社会的发展方式、人类高强度地改变地表覆盖结构、大量使用矿石燃料有关。

（二）人文地理现象

人文地理现象即由人类活动（生活居住、工作生产、经济贸易、休闲娱乐、内政外交、文化宗教等）产生的各种地理现象。不同地区、不同国度、不同民族的人类活动与相互交往，会产生具有不同国家或不同民族烙印的人文地理现象。

人文地理现象的表现形式，包括人文地理现象变化的整个动态过程、整个动态过程中的一个阶段或整个变化过程产生的后果。如土地利用变化研究，以重庆为例，可以从重庆清代晚期开埠以来，经过第二次世界大战陪都时期，到中华人民共和国成立后四川省的工业重镇，以及如今的新兴直辖市研究近现代100多年整个土地利用的变化过程及其原因，也可以研究改革开放以来重庆土地利用变化及其驱动机制。

人文地理现象的时间历程，有跨域整个人类历史时期的现象，如饮食服饰文化现象，是全球性的贯穿整个人类历史的人文地理现象；有经历某个历史阶段的现象，如刀耕火种现象，是人类文明初期的人文地理现象；也有某天、某时的短暂现象，如个人日常行为轨迹，是行为地理学研究的人文地理学现象。

人文地理现象的地域范围，有全球性的，如2009年以来美国次贷危机引发的全球性金融危机；有国际区域性的，如中东地区的宗教冲突；有国家地方性的，如世界各地千差万别的民族风情；也有路线性的，如以丝绸之路为标志的洲际性中外文化经济交流，以京杭大运河为标志的我国封建时期的南北漕运。

人类生活在自然界，一切人类活动或多或少都受到自然环境的约束。这些受自然环境约束或重要影响的人文现象，称为人文自然现象。

人类的农业活动，就是很典型的人文自然现象，在科技发展到今天的信息化时代，人类的农业生产仍然受到自然因素的强烈制约，只要大气活动异常，引起不正常的天气变化，出现近百日不雨的严重干旱，或者连续多日的倾盆大雨，都会严重影响农业生产，甚至人们的生活。

城市是人类文明的结晶，也是一种人文现象。但城市的发展依然受到自然条件的约束。城市河道、城市土地利用、城市道路绿化、城市防洪、城市排水排污、城市湿地、城市滨水地带，都是城市地理所要研究的城市自然地理要素，即城市人文自然现象。

休闲旅游是人类社会经济发展到一定阶段的人文现象，休闲旅游的目的地，无外乎人文景观地域自然景观地。以自然景观为目的地的旅游者，多以欣赏自然、融入自然为乐事。我国众多的自然景观地，包括世界自然遗产地、世界生物圈保护地、国家风景名胜区、国家自术体系。地理学这门经世致用的学科，以其综合性与区域性的学科特点与先进理念，在学科发展中引领了当代地球科学的发展趋势，使地球科学已经进入地球系统科学研究的新阶段；在实践应用中，充分显示了其理论与方法对解决人类社会面临的资源环境等问题具有其他学科无法比拟的优势。地理学将自然环境的变化与人类活动相结合，将整个地球表层系统作为整体分析和研究，通过深入理解资源环境与区域发展的关系，对区域统筹发展做出科学规划，不断满足人类社会政治、经济发展的需要。例如，当今中国在参与联合国可持续发展目标（2015—2030年）的提出，签订全球应对气候变化的《巴黎气候变化协定》，处理全球经济一体化进程中的自由贸易问题，“一带一路”倡议，应对美国亚太再平衡战略等国际问题，以及实施新型城市化、乡村振兴、精准扶贫、生态文明建设、城乡一体化、国土空间规划、优化国土资源利用等国家重大决策中都有地理学的理论、方法与技术的支撑。我们深信地理学将在应对21世纪人类和地球面临的挑战中，发挥越来越重要的作用，所以，我们有理由说，21世纪是地理学家的时代。

绪论：21 世纪是地理学家的时代

人类赖以生存的地球已有近 46 亿年的历史，地球自从它生成之日起就在不停地运动、变化并导致地球环境的演变。首先地球从混沌状态逐渐分异为地核、地幔、岩石圈、水圈、生物圈各大圈层，继而各大圈层的运动和变化又形成各自的环境体系，经过几十亿年的环境演化和生物进化，至 300 万年前在适宜的环境培育下出现了人类。人类是地球环境演变的产物，人类的创造与发展一直受到地球环境（包括大气环境、海洋环境、地质环境、生态环境及日地环境）的影响与制约。同时，人类也是环境的塑造者，初期由于人类改造环境的能力低下，主要是适应环境以求发展。

人类生活的家园——地球不是一个宁静的世界，而是一个充满灾害风险的世界。地球上没有任何地方是能完全逃离自然灾害的威胁的，但受灾的概率是不一样的，人们每天的生活被各种自然灾害风险包围，有时严重且明显，有时不太容易观察到，它们的影响很微小，但自然灾害是不可避免的。因此，自古以来，人类与环境的关系就伴随着人类社会的发展。

21 世纪是人类社会高速发展的新时代，随着当代科学技术突飞猛进地发展，工业化和城市化的深入推进，人类在创造自己生存的美好空间的同时，也以前所未有的强度和宏大规模改造或破坏着自身生存的环境，出现日益严重的人类与环境不协调或尖锐冲突的局面。人类社会经济和科技文化发展已经改变了生态环境，使得人类对未来的生存环境产生担忧。

21 世纪也是全球变化特征十分明显的时代，人类活动，特别是工业排放造成的温室气体浓度的持续增加，使得地球的温室效应越来越明显，大气温度的升高，引起极地冰川消融，海平面上升，极端天气和自然灾害的出现更加频繁，人类生存环境的安全受到严重影响。尽管人类社会出现以来，就不断地改造和影响着地球系统的变化，但人类社会早期自然环境的变化主要是自然因素引发的自然生态系统的变化，这种变化是局部性的变化，不是全球性的。而 20 世纪以来人类因素引发的环境变化及其影响的程度变得剧烈多了，即影响的规模和强度大大增加了，人类因素引发的环境变化在空间尺度上是全球性的，科学家们认为，目前许多人类活动显著影响了地球系统的总体进程，并且与自然变化一起导致了全球环境的恶化。越来越多的证据显示：气候正在变化，一些重要的环境服务正在退化，地球系统面临跨越关键翻转点的风险。这些变化将为人类社会带来潜在的灾难性和不可逆转的影响。应对全球变化与自然灾害已经成为人类社会共同关注的问题。因此，人类与环境的关系也就成了当今世界科学和社会的核心议题。

人类与环境的关系及其变化是地球表层空间特有的现象。离开了大气圈层和地表其他圈层，如水圈的相互作用，也就没有了全球环境变化问题；离开了人类对水圈、生物圈、大气圈的依赖，也就没有了资源环境与灾害问题。要回答或研究这些问题，需要专门学科，这个学科旨在透彻地将地球表层系统及其内部现象作为对象，研究它们的运动和发展规律。这个学科就是地理学。

地理学是人类知识宝库的重要组成部分，旨在探索自然规律，昭示人文精华。经过长期的发展，地理学的理论、技术和方法得到了不断的创新发展，地理学已经进入了现代科学技然保护区、国家地质公园、国家森林公园、国家湿地公园、国家生态功能保护区，它们是人类划定的各种自然保护区，都是为人类更好地可持续利用发展服务的，在地理学的研究中，都是旅游人文自然现象。

二、地理学的科学定义

给地理学下一个科学的定义不是一件容易的事情。不同时期和不同国家的地理学家，他们对地理学的理解是有差别的，正如美国地理学家理查德·哈特向所说："地理工作者对他们自己工作的学科所下的定义，从来没有完全一致过，并且还时常迥然不同"。法国地理学者保罗·克拉瓦尔指出，"地理学"名词系由古希腊人所创，意思是对大地的描述。这个含义被后来的大多数地理学者继承和发扬，如理查德·哈特向认为地理学是"企图对作为人类世界的地球提供科学描述的研究"。德国地理学者阿·赫特纳在其《地理学：它的历史、性质和方法》这一地理学经典巨著中曾满怀欣喜地引用康德关于地理学是一门空间科学的经典论述，并强调："地理学不应是关于各种不同事物的地区分布的科学，而应该是关于填充空间的科学。地理学是空间科学，正如历史学是时间科学一样"。英国地理学者麦金德则认为，地理学的主要职能是探索人类在社会中的相互作用，以及在局部发生变化的环境中的相互作用。英国地理学者大卫·利文斯顿在研究地理学思想史后，认为地理学的传统是适应不同社会和学术环境而演化的结果，尽管有一些较为确定的主题和问题，但地理学自始至终反映着不同时空人群的不同利益和目的。中国地理学家牛文元在《现代地理学词典》中，将地理学定义为研究地理环境中自然要素与人文要素交互作用的基本原理，阐明地域系统、空间结构、时间过程、人地关系，以及各要素间互相联系、互相制约、互相影响的一般图式和总体规律的科学。依照现代观点，对于地理学概念的表达，不是给出一个简单的定义，也不是使用一项独立的解释就能得到学界共识，唯有通过对于"一组问题集合"的综合诠释，才能将地理学的全貌予以涵盖。

按照当今地理学界的理解，作为一门学科，地理学是研究地球表层的自然要素和人文要素的空间关系，研究它们相互作用、相互联系的规律，研究地球表层的整体与各个区域的形态、结构、功能及其演化的规律的科学。地球表层是指地球表面的各个圈层：大气圈、岩石圈、水圈、生物圈、土壤圈和人类圈相互交接的界面。这个界面的厚度有两种理解：广义的地球表层厚度上限为大气圈对流层顶部，下限为岩石圈沉积岩层底部，厚度为 30～35km；狭义的地球表层厚度指大气圈、岩石圈、水圈等的交界面，上限离地面部超过 100m，相当于对流层近地面摩擦层下部，下限为太阳能所能达到的深度（在陆地不超过地下 30m，在海洋不超过水下 200m），厚度一般有 200～300m。地理学不仅具有自然科学的客观性和逻辑性的特点，而且具有社会科学的综合性和文化性的特点，还具有显著的区域性和技术性特征，是一门理论、技术与应用并重的学科。

三、地理学的基本特点

（一）地理学的综合性

作为研究对象的地球表面是一个多种要素相互作用的综合体，决定了地理学的综合性特点。地理学研究地球表面，不限于研究其各个要素，更重要的是把它作为统一的整体，综合地研究其组成要素及它们的空间组合。它着重研究各种要素之间的相互作用、相互关系，以及地表综合体的特征和时空变化规律。在对某一要素进行部门研究时，也是在地理学综合性的基础上进行的。地理学的部门学科之所以成为地理学的一部分，不仅在于其研究的客体是地球表面的一个有机组成部分，而且在于方法论上有着共同的基础——综合性。

地理学的综合性研究分为不同的层次：两个要素相互关系（如气候和水文的关系、土壤和植物的关系等）的综合研究，是低层次的综合性研究；多个要素相互关系（如地貌、水文、气候、植被和土壤的关系，聚落、城市、交通、政治等关系）的综合研究，是中层次的综合性研究；地球表面全部要素（包括自然、经济、政治、社会文化）之间相互关系的综合研究，是高层次的综合性研究。层次不同，综合的复杂程度也不同，层次越高复杂程度越大，综合的难度也越大。低层次、中层次的综合研究分别形成地理学的一些分支学科（如自然地理学、人文地理学等），这些综合研究不是地理学所独有的，生态学、社会学等学科也进行综合性研究。但是，高层次的综合研究，即人地相关性的研究，则是地理学所特有的。

综合性的特点决定了地理学是一个横断学科。它与研究地球表面某一个圈层或某一个圈层中部分要素的学科，如研究大气圈的大气科学，研究水圈的水文科学，研究岩石圈的地质学，研究生物圈的生命科学，研究人类圈中社会经济、政治、文化、人口等要素的经济学、政治学、文化学、人口学，以至心理学、行为科学等，都有密切关系。地理学从这些学科吸取有关各种要素的专门知识，反过来又为这些学科提供关于各种要素及与其他现象间空间联系的知识。事实上，许多研究地球表面某一圈层或某一圈层中部分要素的学科是从地理学中分化发展而成的，如水文科学、海洋科学等。

（二）地理学的区域性

地球表面自然现象和人文现象空间分布不均一是地球表面最显著的特征，这也决定了地理学研究具有区域性的特点。事实上，如果没有区域差异刺激和吸引人们去探索自己生活域内及域外的未知世界，那么，地理学就不会有今天的发展了。

在人们生存的地理环境中，不同的地区存在不同的自然现象和人文现象，一种要素在一个地区呈现出的变化规律性在另一个地区不可能完全相同，因此，要认识人类生存的地理环境，就必须研究区域，就要剖析不同区域内部的结构（各种成分之间、各部分之间的关系）。地理学的区域性研究，不仅指区域内部结构，也包含区际关系。这两方面相统一的研究任务，是其他学科难以担当的，所以很多地理学者认为：区域研究“是地理学研究的核心”。

在地理学发展过程中，区域研究有着悠长的历史，推动了地理学的发展。区域研究是地理学空间视角的体现。现代地理学将区域研究已经提高到一个新的水平，作为地理学综合研究的重要层次，区域研究体现了自然地理、人文地理内部的综合及它们之间的结合。区域研究不仅限于认识世界，而且直接参与指导改造世界的实践。例如，自然地理学中的自然区划、农业区划、土地规划、流域综合开发治理等，经济地理学中的经济区划、城市规划等，都为社会经济发展做出了贡献。目前，全球环境变化与可持续发展是国内外瞩目的问题，要求深化区域研究，进行理论总结并使之成为连接全球的桥梁。

区域性与综合性是地理学者分析地理问题时应该把握的准则，也是观察世界的基本准则。正如法国地理学家卡鲁妮埃指出，“一个真正的地理学家应当既是一个科学的人，也是一个文化的人”。对于初学地理的人来说，站稳地理学的综合性与区域性的根基是至关重要的，若失去它，就失去了地理学的特色与优势。

第二节　地理学的关键概念与基本理论框架

一、地理学的关键概念

在近代地理学百余年的发展历程中，地理学家们围绕着地理环境作为人类家园、人类与地理环境的关系，以及随时间和空间而变化的一切地表现象，进行科学研究，发展和建立了许多地理学的概念，我国著名地理学者蔡运龙教授将其归纳为地理学的11个关键概念，并对这些概念进行了当代科学的解读。地理学的这些概念相互联系、不断深化，大大改变了地理学认识世界的方式，是学习和理解地理学性质的基础。

（一）人地关系

当代人地关系研究注重资源、环境对社会、经济发展的基础作用；重视生态系统服务功能及其变化与人类福祉的关系，研究生态系统服务功能变化对人类物质需求、安全、健康、社会关系、自由权与选择权的影响；普遍参与自然资源评价和环境影响评价、区域规划、城乡规划、土地利用规划等社会实践。当代地理学注重环境变化的人类因素，研究土地利用变化、城市化、人口增长、经济增长、产业结构变化、社会体制和政策、历史文化等人类活动对气候变化和生态环境变化的影响，以及人类社会对环境变化的适应。当代人地关系研究还包括主观层面的论题，对环境的感知、态度及价值观，这些主题被作为认识自我的根本，而缺乏自我认识将无望一劳永逸地解决人类与环境关系的基本问题。

（二）环境变化

地球表层在不断变化和发展，地貌发育、土壤形成、植被演替、水土流失、气候变化等从来都是地理学的主要研究内容。环境变化已是当代最重要的全球性研究主题，地理学最早指出人类活动对环境变化的影响，当代地理学重视全球环境变化、人类活动在环境变化中的作用，以及人类对环境变化的响应和适应，聚焦全球变化的区域响应和适应。

（三）全球化

全球化是指世界不同国家、区域和地方的关联日益紧密。首先，各地的环境变化已累积到使全球环境发生显著变化，包括气候变化、土地覆被变化、污染扩散、生物多样性减少等，全球环境变化又反过来冲击所有国家和不同地方。因此，“只有一个地球”“保护人类共同的家园”等概念得到普遍认同。其次，各国各地区的经济和社会联系比以往任何时期都更为频繁和紧密，生产、劳动、资本、资源、技术、信息等的流动跨越国家和地区界限，影响各区域、各地方的日常生活和社会经济。此外，全球地缘政治格局变化影响各国、各地区的安全（包括领土安全、经济安全、资源安全、生态安全等）。各国对全球环境变化（尤其是气候变化）的责任是有区别的，全球化过程的空间格局是不均衡的，对各地的影响既有正面的也有负面的，全球化下世界仍然是有差异和多样化的。当代地理学研究特别关注全球化背景下的不同地方。

（四）发展

发展是指人类经济、社会、政治、文化等方面的进步。地理学注重在国家、区域和地方的发展中发挥作用，研究广泛的发展问题，如城市化过程与城乡规划、各种产业的发展和规划、区域均衡、城乡关系、社会公正、消除贫困和改善弱势人群的生活状况、提高人类福祉和生活质量等；根据各地的自然资源和自然条件、社会经济状况、历史文化特征，因地制宜地谋划发展道路。地理学认为，人类发展受环境及其变化的制约，保护生态环境和自然资源才能实现可持续发展。地理学与地球系统科学紧密结合，展开了诸如环境承载力、生态足迹、自然资本等方面的研究，科学地认识和评价人类发展赖以维系的自然资源和生态环境，以及不同地区发展的社会、经济、文化条件，以促进发展的可持续性。

（五）空间

地理学关注各种事物在空间中的联系，即在空间维度上关注各种事物及其相对位置和相互联系，在空间的框架中对各种现象进行描述、解释和预测。地理学的“空间”概念包括：经验空间（指人们在日常生活中所感知的一切事物的几何位置）；流空间（指通过物质流、能量流、信息流、人流、资金流等建立起来的相互联系和相互作用）；地方空间　（指具体的地域）。地理学的空间单元有流域、气团、植物群落、土地系统、社区、企业、聚落、城市、区域等，各种地理单元具有不同的空间尺度，并构成一个具有层次结构的地域系统。地理学聚焦“格局”来进行空间综合，认识空间关系，而要解释格局又离不开时间。地理信息系统和遥感技术的进展为地理学进行空间分析和空间规划提供了有力的武器和新的可能性。

（六）时间

地理学的研究对象处于不断变化的过程中，地理学重视研究这种变化的过程，即事物随时间而发生的变化。地理学中的时间概念包括“物理时间”和　“社会时间”。前者是对事物运动、变化之延续性和顺序性的精确度量，这种研究依赖时间序列数据及其分析；后者指社会变化过程，其研究依赖用以界定社会变化性质的社会理论。时间也分为不同的尺度，从日变化、季节变化、年变化到多年变化。时间变化的研究涉及变化的状态、变化的驱动力（原因）、变化的机制、变化的后果等方面。地理学特别关注与此有关的　“周期”“发育”“演化”“演替”“平衡”“循环”“阈限”“突变”等概念。时间是推断因果关系的一个重要维度，地理学在这个维度上重构过去，解释现在，预告未来；在此基础上做出规划，规划就是控制和管理变化。时间研究也离不开空间，“全球化和本土性”就是一个典型的时空概念。传统的时间序列以经验分析为基础来解释格局的变化，但时间变化充满不确定性，因此当前特别注重非线性、混沌、复杂性、平衡稳定性等方法在时间变化研究上的重要性。

（七）区域和地方

地理学对空间联系的关注源于世界不同地方的复杂差异性。传统地理学以区域为核心概念，是这种关注的集中表现。地方是资源管理、环境管理、经济发展、社会管理、文化发展和可持续发展的具体载体。每一个地方都是唯一的和特殊的（正如每个人都有独特的外表和个性），但又具有与之联系的其他地方相同的共性特征（正如所有人都有共同的生物学属性）。

地方差异既是地方之间联系的原因，也是地方之间联系的结果。地方有其客观属性，也存在主观属性（如乡情、地方认同），了解两者对于认识地方和管理地方都很重要。传统地理学把地方看成组成世界的“马赛克”，当代地理学则更多地把地方看成是空间联系的“切换点”或“节点”。在全球化背景下，跨越空间所需要的时间缩小了，这使地方之间的联系更为紧密，但地理距离依然存在，地方差异（尤其是社会关系和文化上的差异）依然存在，各地卷入全球化的程度不同，对全球化的响应也不同。地理学注重地方特性、地方差异和地方联系，这具有实实在在的认识意义和实践价值。

（八）尺度

尺度是物质运动和社会发展中一种客观存在的现象，也是一种将世界加以分类和条理化的思维工具。无论是空间还是时间，都具有尺度属性，而且两者相互联系。一般而言，随着空间尺度的增加，时间尺度也会增加。不同尺度并非各自独立，而是联系在一起成为一个嵌套式的结构整体。地理学研究涉及多种尺度。一方面，为了更详细地了解某一系统运行的方式和机制，需要缩小研究的尺度；另一方面，为了有整体和宏观的认识和把握，需要扩大研究的尺度。地理学研究需要清楚地界定所关心问题的尺度，也一直在探索如何将不同尺度上的研究结果关联起来，以利于既全面又深入地认识世界和把握世界。

（九）系统

“系统”是具有可变属性之要素的集合，也包括各要素诸属性之间的关系，以及环境和各要素诸特征之间的关系。“系统”的一个主要原理是“整体大于部分之和”。系统有三种主要类型：封闭系统、孤立系统和开放系统。所有系统都有三类基本属性：结构、功能和演化。系统分析关注系统的边界和环境、系统的状态、系统的结构、涉及能量转换的系统行为、系统的功能、系统的特征参数。地理学隐含着系统概念的一些重要观点（如整体性、相互作用、空间等级），在这种传统综合性基础上，借鉴系统论思想和方法发展出一套地理系统的概念和研究方法。系统思想促成了对众多环境条件的综合评价，有助于平衡地理学的专门化（“只见树木不见森林”）趋势。地理学既关注生态系统和环境系统，也关注人类系统和社会系统。结合其他关键概念，地理学特别聚焦人地关系地域系统。借鉴系统论方法，地理学着力系统模型的建立和求解。根据系统的复杂性和组织程度，有些系统易于建模，但很多系统则难以模拟。系统方法促进了地理研究，现在也在关注其不确定性和局限性。无论是生态系统、环境系统、社会系统，还是它们之间的相互作用，都表现出复杂性、非线性、突发行为和演化轨迹，需要借助新的理论和方法来研究人地关系地域系统。

（十）景观

景观是人们看到的地球表层或其某部分的形态，是漫长时空过程中各种因素的复杂产物。要了解景观，需要认识塑造景观形态、影响其发展的各种事件（包括自然事件和人类活动）。既然景观是“看到”的形态，就与观察者的位置、社会地位、价值观、利益、动机和背景等因素有关，这些都会影响对景观的描述和解释，因此景观具有物质和观念两个维度。世界上形形色色的景观构成地理多样性（包括景观多样性、生物多样性和文化多样性等），地理多样性是世界和谐和可持续发展的基础。景观保育和管理是地理学的主要应用之一，地理学广泛地参与景观评价和景观规划、设计。景观管理需要综合的方法，要全面考察景观的特征和形成过程，要分析其自然、生态、经济、社会、文化、历史等因素。

（十一）风险

地球表层和人类社会都是复杂巨系统，充满不确定性，常发生突发事件和突变，如各种自然灾害、“金融风暴”和恐怖事件等。此类突变给人民生命财产和社会带来灾难性的损失和其他负面影响，又往往很难预测预报。因此，对不确定性风险的预警、评估和防范成为当前多学科的紧迫研究课题。把握突发事件发生及其影响的时间动态和空间分布是其中最重要的任务之一，也使地理学大有用武之地。地理学在突发事件的定位、影响范围的界定、暴露人口的估计、脆弱性的评估、经济损失的计算、应对措施的制定、潜在灾害的预警及其防范措施等方面都发挥了并将进一步发挥重要作用。

二、地理学的基本理论与基础知识

地理学作为一门独立存在的、在某种意义上说不可替代的学科，在研究地球表层或地理环境的历史长河中，在分析地球表面、理解地球表面是如何被“组织”的，以及它是如何产生分异的过程中，逐渐形成了自己独特的基本知识和基本理论，从而也构建了自己学科的理论基础。

（一）地理学的基本理论

地理学的基本理论主要是揭示地理学研究地球表面或地理环境的基本规律，以及地理空间的自然或人文要素之间相互作用的基本原理。地理学的基本理论主要包含：区位选择理论、地域分异理论、空间结构和组织理论，以及人地关系理论等内容。

地理学的一个根本性的论题是：何事发生在何地，以及为什么？地理学家试图对这个问题做出回答。区位选择是对地理学关于人的活动进行分析的起点。区位选择既是位置的选择，也是一种空间优化，它涉及位置选择的法则、区域的综合、区域空间结构、区域发展模式等方面的研究。主要有农业区位论、工业区位论、市场区位论、经济区位论、中心地理论等区位选择理论。

地域分异理论鉴别、表达和解释地理要素在区域分布上的差异性及要素之间的因果关系，是地理分析的基础，如气候、自然生态系统的纬度地带性规律、经度地带性规律和垂直地带性规律、劳动地域分工理论。

空间结构和组织理论把多个要素的地域分异在不同的空间尺度上组织起来，运用空间分析的方法解释这些要素在一定区域，或全球尺度上的相互作用及其变化过程。代表性的理论有空间相互作用与空间扩散理论、产业集聚理论、梯度推移理论、点轴发展理论、区域协调发展理论、经济全球化理论等。

人地关系既是人与人之间对空间相关利益的竞争，同时又在不同的尺度上表现出人的活动与其环境的镶嵌和互动，对环境的依附及一些环境要素之间的相互依存。地理因素通过影响人们的竞争环境对人类活动起作用。人地关系理论包含了地理学家关于人类对地理环境的适应性、改变，以及地球的反馈等方面的研究，如地理环境决定论、环境承载力理论、可持续发展理论等。

（二）地理学的基础知识

地理学是人类认识和改造地理环境的知识的结晶，这些知识相当丰富，可以归纳为5个方面：①空间的表达方式。如何用地图、遥感、地理信息系统和全球定位系统等，获取、处理、分析和表达地理空间信息；如何对人、地方和环境之间的空间组织方式进行分析；如何用认知地图与空间思想来组织和分析问题。②自然系统与过程的认知。形成和改变地表形态的自然过程；气候类型、分布、成因及其对自然和人文过程的影响；水的特性、水的循环、分布及人类对水资源的利用；生物群落类型、分布和空间变化与时间演化规律；土壤的发生、分类分布、退化过程及其对粮食生产安全的影响。③人文系统与过程的认知。人口的特征、分布和迁移；文化的特征、分布和交错形式；经济的空间类型和网络联系；聚落的形成、类型和功能；人类合作、冲突及对世界的划分和控制。④环境演变与污染过程的认知。人类对自然环境的改造；自然系统对人类的影响；环境污染物的区域环境过程、生态效应和健康风险；人类活动与自然灾害、全球变化的相互作用。⑤地方与区域的认知。地方的自然和人文特征；区域差异性与相似性、分区及其对复杂世界的解释；文化与传统如何影响人们对地方和区域前景的判断及开发治理的理念。

第三节　地理学的学科属性与学科体系

一、现代科学知识体系

当今世界上公认的人类知识体系，可以分为文科和理工科两大类。文科又分为社会科学与人文学科。理工科又称为自然科学，分为理科与工科，理科的任务是发现规律，工科的任务是发明技术。社会科学包含经济学、政治学、法律学、社会学、军事学、管理学；人文学科有哲学、宗教、美学、文学、心理学、教育学、逻辑学、道德学、伦理学、历史学、艺术学；理科包含有数学、物理学、化学、天文学、地球科学、生物学等六大基础学科，以及农学、医学、系统科学、计算机科学等；工科则包含力学、计算机技术、航天技术及各种工程技术学科等。地理学是理科中地球科学的一个组成学科。

地球科学是一门理论性和应用性都很强的科学。它不仅承担着揭示自然界奥秘与规律的科学使命，同时也为生活在地球上的人类如何利用、适应和改造自然提供科学的方法论。随着生产和科学技术的发展，地球科学的研究内容和领域也不断地深入和扩展，逐渐形成了日臻完善的由多学科组成的综合性学科体系。地球科学目前主要包括地质学、地球物理学、地理学、气象学、水文学、海洋学、土壤学等学科。

从学科建设和研究生教育的知识体系看，国务院学位委员会办公室于2011年，编制了《学位授予和人才培养学科目录》，该目录将现有的人类知识体系归纳为哲学、经济学、法学、教育学、文学、历史学、理学、工学、农学、医学、军事学、管理学和艺术学等13个门类，110个一级学科。地理学属于理学门类中与数理化同级的一级学科。

二、地理学的学科属性和科学地位

在文科和理科两大分类的人类知识体系框架下，一个学科的归属必须做出非此即彼的选择，即要么是自然科学理科，要么是人文社会科学文科，其原因是两者各有自己独特的规律，互不兼容。地理学作为研究地球表层的科学，其研究对象地球表层是一个庞大的物质体系，这个体系既包含自然世界，也包括人文世界，现代地理学所要研究的不是两个方面的机械集合，而是系统的整体规律，再有，地理学研究的自然现象其实也是充满人文因素或人文影响的现象，人文现象也是在自然背景控制下或影响下的现象，因此，地理学不能简单地归为理科，也不能归为文科，而是两类科学的结合，是自然科学和社会科学之间跨学科的科学，是与自然科学和社会科学并行的科学。

在世界科学之林中，地理学有着重要的地位。我国著名科学家钱学森院士，认为地理科学与自然科学、社会科学同等重要，地理科学是自然科学通向社会科学的桥梁；美国教育部 20 世纪 90 年代就指出地理学和自然科学、数学一样重要，因为地理学是人类了解世界的核心所在，我们知道，地球上的所有自然或人文现象都在空间中存在，因而其地理不可或缺。

地理学的概念、思维和方法使其对当代很多紧迫性复杂问题具有独特的洞察能力和综合能力，可以避免人们对时空认识的局限而引起的错误和偏差。地理学家用以观察世界的区域与尺度视角，分析世界的综合方法和描述世界的空间表达是地理学思维和方法对科学认知做出的独特贡献。地理学家提出的“改变世界的十大地理学思想”：地域分异规律、区域要素的综合、人地关系、人类干预的地球系统、地图学方法、对地观测与地理信息技术、自然地理过程、空间结构（包括景观生态学和区位论）、空间过程、地缘政治与地缘经济等，增进了对人类科学知识的贡献。

三、地理学的学科体系

随着时代的发展和学科的进步，今天地理学已不是一门单一的学科，而是由一系列学科组成的学科体系，而且还在不断发展壮大，一些新的地理学科也不断涌现，地理学的发展一片繁荣。

（一）传统地理学的学科体系

传统上，地理学学科体系由地理学哲学、系统地理学、区域地理学和技术地理学等 4 个方面组成，如图 1.1 所示。

地理学哲学主要包括地理学思想史、地理哲学、元地理学等学科。地理学思想史是探索和利用地理科学思想发展历史规律的学科，着重研究地理学思想的起源、继承和发展的理论思维，从时间顺序探索地理学的理论。地理哲学是地理学与哲学、科学哲学之间的边缘科学，研究地理学理论和概念中的哲学问题与逻辑思维，以阐明地理学结论的哲学意义和方法论中逻辑过程，为地理学研究提供科学的认识论和方法论。元地理学是从元理论角度研究地理学，即关于地理学理论的理论，它是有关地理学研究对象、分科、研究方法、科学性质等方面的学问。

系统地理学是地理学学科的基本组成，它是研究地理环境的各自然要素和人文要素的结构、分布、发展变化规律及人类影响的地理学分支学科，包括自然地理学与人文地理学两大分支学科体系。自然地理学包含综合自然地理学、气象气候学、地貌学、水文地理学、土壤

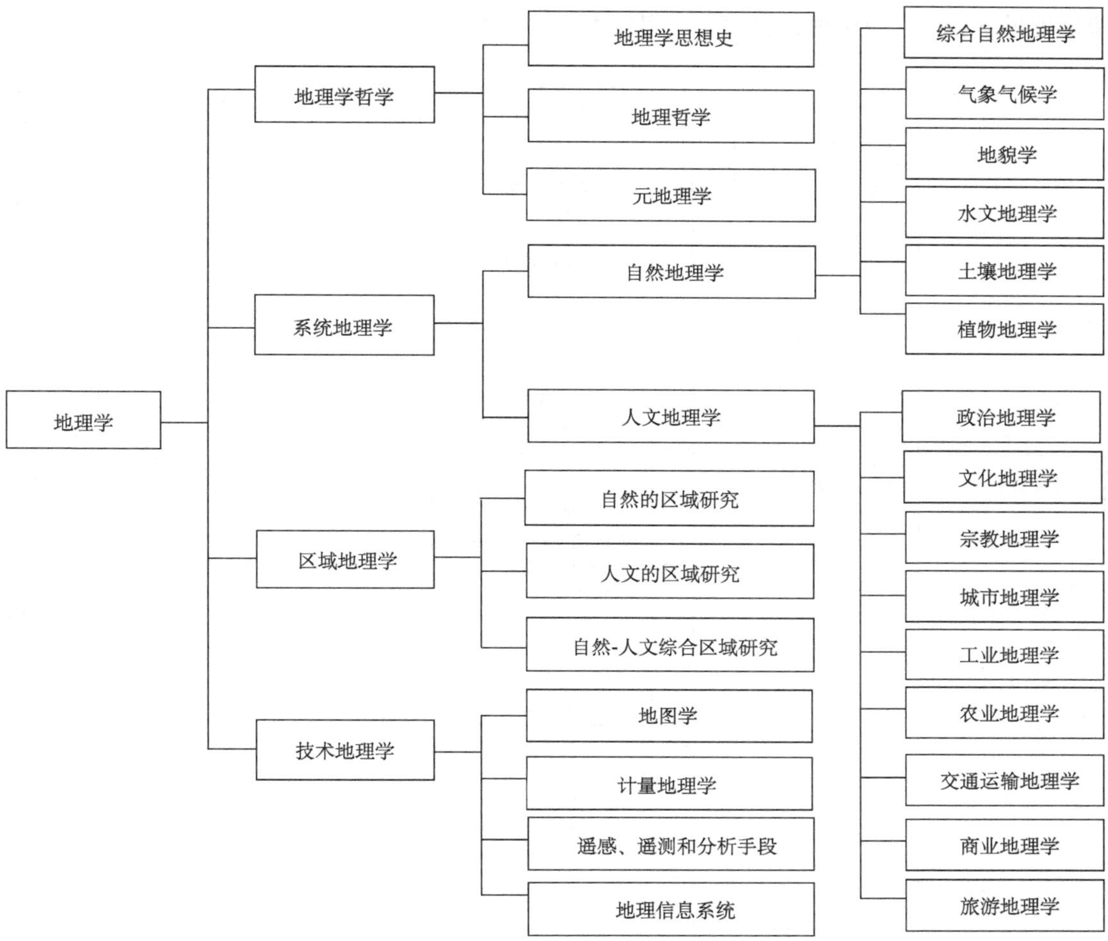

图 1.1　传统地理学学科体系

地理学、植物地理学等部门自然地理，人文地理学包含政治地理学、文化地理学、宗教地理学、城市地理学、工业地理学、农业地理学、交通运输地理学、商业地理学、旅游地理学等。

区域地理学是研究各地理要素在区域的组合及其相互联系和相互作用，综合揭示区域特征，阐明区域人地关系的地理学分支。包括自然的区域研究、人文的区域研究、自然-人文综合区域研究。

技术地理学是地理的地图制作技术和地理分析中所需要的数学和计算机技术。它主要包括地图学，计量地理学，遥感、遥测和分析手段，地理信息系统等学科。

（二）现代地理学的学科组成

现代地理学的科学体系在学术界尚未得到统一的认识，有不同的划分体系存在。我国伟大的科学家钱学森先生非常关心地理学的发展，他认为地理科学不同于传统意义上的地理学，地理学是一个学科体系，是与自然科学、社会科学、数学科学、系统科学、思维科学、人体科学、美学、军事科学、行为科学并列，现代科学十大部门之一。地理科学分为三个层次，即基础科学层次、应用理论层次和应用技术层次（图 1.2）。

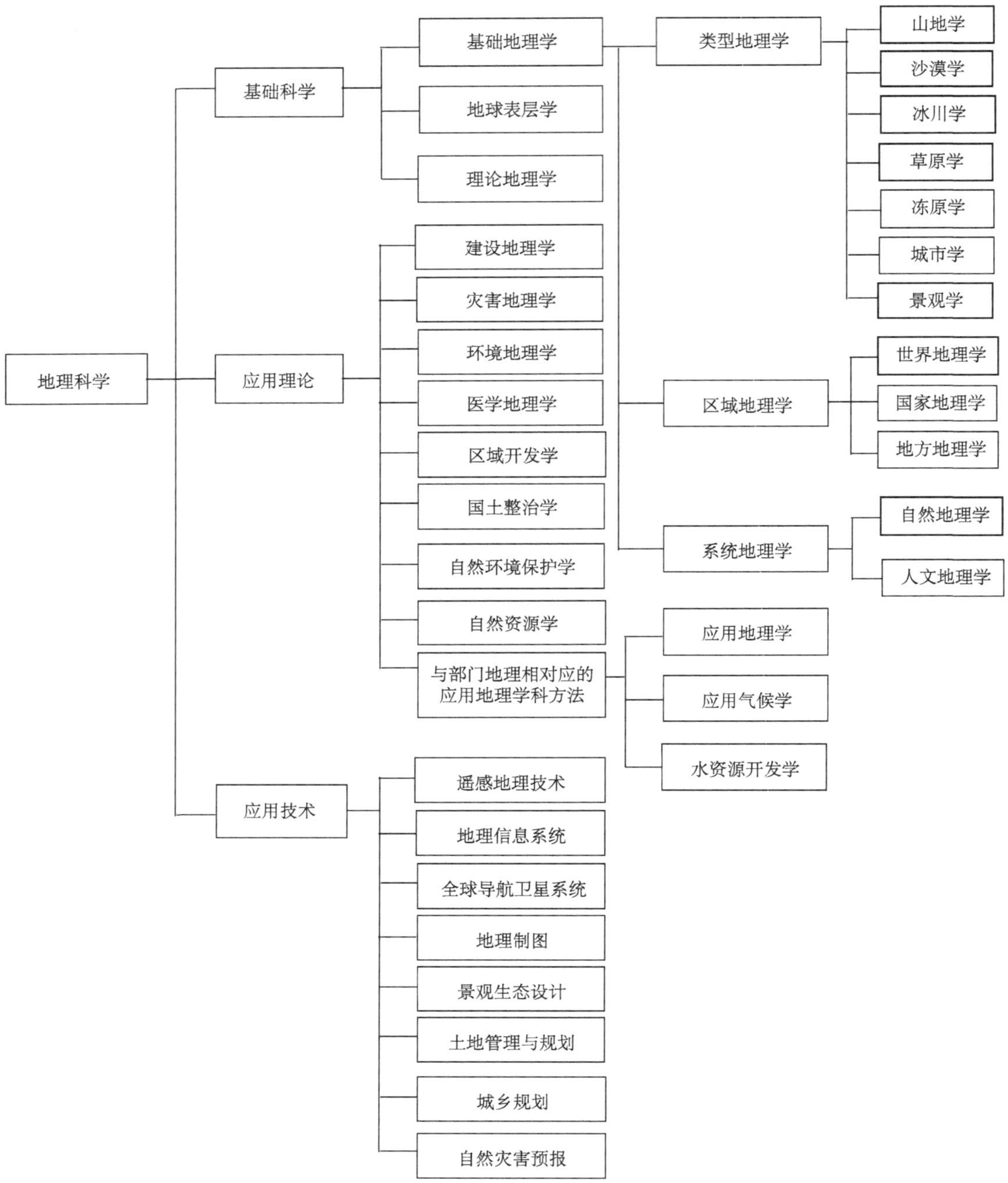

图 1.2　现代地理学学科体系

基础科学层次包括基础地理学、地球表层学、理论地理学三个部分。基础地理学又包含类型地理学（即以地理系统类型系列所划分的人类环境地域类型为对象的科学，如山地学、沙漠学、冰川学、草原学、冻原学、城市学、景观学等）、区域地理学（世界地理学、国家地理学、地方地理学等）和系统地理学（自然地理学、人文地理学两大门类）。地球表层学是以地球表层系统为对象，研究地球系统的整体演化规律及地表各圈层之间的相互联系与相互作用规律和机制，既是地理学的基础理论，又是地理学、地质学、气象学、生态学、资源学、环境科学、地球物理学关于地理表面规律的更高层次的综合与概括。理论地理学则是研究地理学的方法论和认识论、地理学哲学、地理学思想史。

应用理论层次，这是地理学与其他科学或应用技术相互渗透形成的学科，这些学科的产生与发展标志着地理学正向大科学阶段迈进。这个层次地理学科是地理学目前发展较快的领域，但也是尚不成熟的层次。这个层次的学科包含：建设地理学、灾害地理学、环境地理学、医学地理学、区域开发学、国土整治学、自然环境保护学、自然资源学及与部门地理相对应的应用地理学科，如应用地貌学、应用气候学、水资源开发学等。

应用技术层次指直接为生产实践服务的地理工程技术学科，这是地理科学最先进的层次，如遥感地理技术、地理信息系统、全球导航卫星系统、地理制图、景观生态设计、土地管理与规划、城市规划、自然灾害预报等。这些学科最鲜明的特点是实践性和可操作性强，直接应用于社会生产实践，它们的发展将推动地理学的理论建设，是地理学生命之所在。其中，地理信息系统、遥感技术和自动制图技术，三者构成地理信息高技术体系，是当今地理学技术前沿领域，它们的发展将给地理学技术领域带来突破性的进步。

第四节　地理学在当今社会发展中的作用

由于地理学研究对象的独特性和人地关系的复杂性，作为一门独特的学科，地理学是自然科学、社会科学和技术科学交叉、汇合的产物，是综合性很强的学科，在当今大科学体系中占有重要的位置，起着桥梁、交汇、贯通的作用，这在传统的学科中是独具一格的，这也使得地理学与其他学科相比，在服务社会发展中有着不可替代的优势，可以为人类生态环境保护、自然资源的可持续利用提供重要的理论依据，同时肩负着为国家社会、经济发展保驾护航的历史重任。

地理学所研究的对象或内容涉及国家的生态、资源、环境、人口、区域、发展、城市、农村等基础部门，所以，地理学的理论可以服务于国家及地方的社会经济建设与发展，地理学的技术可以支撑国家或地方的规划、设计、预警、监测等工作，地理学的知识可以推进科学文化的发展、国民素质的提高，以及国家的国防、外交、国家或地方的管理。

21 世纪是人类社会高速发展的新时代，是信息化、全球化、生态化的时代，是一个充满机遇和风险的时代，也是人口、资源、环境与发展之间冲突更加严峻的时代。当今世界面临的这些新形势和新变化，对地理学提出了新的要求，也给地理学服务社会发展提供了更加宽广的舞台。

一、全球化的潮流需要地理学

20 世纪 90 年代以来，全球化逐渐成了一种全球性社会经济现象。近年来，在世界贸易组织（World Trade Organization,WTO）等国际经济和贸易组织的推动下，其进程明显加快，全球化已成为势不可挡的浪潮席卷全球，它全面地影响当今人类社会的方方面面。

（一）全球化及其本质特征

全球化是一种概念，也是一种人类社会发展的现象，指全球联系不断增强，人类生活在全球规模的基础上发展及全球意识的崛起。全球化的本质就是生产社会化和国际分工的发展和扩大，它是生产社会化和国际分工发展超越民族、国家疆界，而越来越向全球范围扩展和延伸的过程，这个过程表现为历史前进的一种客观趋势。

全球化带来了一种人类生产和生活相互联系、相互依赖的状态，它深刻地影响和改造了人类社会的状态和行为方式。首先，全球化会压缩时间和空间，使人们生活在一个时间密集、空间压缩的环境中，这一进程加快改变了人们的时空观，引起了人们价值观的激变，人们交往的速度、强度、广度和深度前所未有。这种情况使人们几乎来不及判断自身的需要和利益就被裹挟进全球化的洪流之中。其次，全球化是一种社会经济过程，而不是一个结果和一种制度或意识形态。全球化是一把双刃剑，一方面加速全球经济的发展；另一方面加剧西方文化与各国各地的民族文化、地方文化的冲突，带来一系列社会经济问题。

全球化对国际科技、经济、政治、法治、管理、组织、文化、思想观念、人际交往、国际关系等方面都将产生深刻影响。

（二）全球化对世界地理知识和地理信息的需求急剧增加

全球化使得世界各地的人们的社会行为和经济活动的联系空前紧密，相互影响更加深刻。全球化时代，对人们的国际视野、世界地理知识和地理信息提出了更高的要求。全球化时代，各国政府的宏观决策与电子政务战略的实施越来越多地依赖于地理信息服务的支持，企业经营决策和电子商务对地理信息服务的需求日益增长，普通公众地理信息服务的需求也急剧上升。例如，对一个现代企业家来说，如果今天他掌握的市场和生产原料与资源情况，仅仅是国内的状况，显然是难以支撑他做出科学合理的决策的，他还必须要了解国外相关行业的状况，具备相关国家的政治经济体制、民族宗教、文化传统及当地的生态环境、自然灾害等世界自然地理和世界经济地理知识，才能带领企业立于不败之地。

（三）全球化对地理学的新挑战

新的物质流动过程正以新的方式把这个世界联系在一起，而如何看待这个新过程，取决于用什么样的历史和地理观。从地理学的角度来说，经济是一个空间过程，是一个受空间关系影响的、动态的社会产物。它不同于传统经济学使用的仅考虑劳动、薪酬和租金成本与收入的立即交换的模型。经济全球化就是资本空间扩散，它会影响市场经济及相关的社会结构。

全球化浪潮以新的物质流动过程、新的方式把世界联系在一起，将形成一系列新的地理情形和经济情况，给地理学提出了新的挑战和许多新的课题，如全球化条件下的生产、贸易和经济发展的特点是什么？全球性的产业扩散及其规律、经济一体化与集聚之间的关系怎样？经济活动的空间集聚和区域增长集聚的动力是什么?地理如何影响市场经济及相关的社会结构？经济的社会构建如何影响社会的地理关系？等等，都有待于地理学者认真研究，寻找出答案。

二、信息化的浪潮需要地理学

（一）信息化时代的本质与特征

随着电子通信、计算机、互联网的飞速发展，社会形态发生了根本性的变化。首先，在生产活动的范围广泛的工作过程中，引入了信息处理技术，从而使这些部门的自动化达到一个新的水平。其次，电子通信与计算机系统合二为一，可以在几秒钟内将信息传递到全世界的任何地方，从而使人类活动各方面表现出信息活动的特征。最后，信息和信息机器成了一切活动的积极参与者，甚至参与了人类的知觉活动、概念活动和原动性活动。在此进程中，信息或知识正在以系统的方式被应用于变革物质资源，正在替代劳动成为国民生产中“附加值”的源泉。这种革命性不仅会改变生产过程，更重要的是它将通过改变社会的通信和传播结构而催生出一个新时代、新社会。在这个社会中，信息或知识成了社会的主要财富，信息或知识流成了社会发展的主要动力，信息或情报源成了新的权力源。随着信息技术的普及，信息的获取将进一步实现民主化、平等化，这反映在社会政治关系和经济竞争上也许会有新的形式和内容，而胜负则取决于谁享有信息源优势。信息和信息技术的本质特点，在社会和经济发展方面也必将带来全新的格局。

从全球范围看，信息化社会表现出以下重要特征：第一，信息产业化已经成为历史潮流，发达国家的产业结构正在实现制造经济向信息经济的转化，从而引起经济结构的调整和革命。第二，在生产方式上，发达国家正由规模经济向非规模经济和聚合经济过渡，从而使受规模经济观念束缚的工业化国家和企业从信息和信息经济中获得了活力。第三，在组织结构上由层序化向分子化结构演变，使非集权化成为当今世界组织结构改革的主导方向，并使企业组织国际化进一步成为趋势。在国家层次上，由于组织结构的“分子化”过程和国际化组合，民族国家的地位和形式已经开始受到新概念的挑战，全球开始出现各种类型的区域组合。第四，多目标社会效益和民主参与，正在成为企业和政府的重要价值观念。由于人们正在进入的时代是以信息或知识为基础的时代，最主要的资源是全社会可以共享的信息资源，在发达国家，工业化提供的财富条件已经使社会将更高阶的关心推到了前台，人们的文化价值观念正在转向更强调社会资源、知识资源、政治资源及人力资源。

信息化是当今时代发展的大趋势，代表着先进生产力，按照托夫勒的观点，第三次浪潮是信息革命，其代表性象征为“计算机”，主要以信息技术为主体，重点是创造和开发知识。人类社会正在向信息时代迈进，跨进第三次浪潮文明。第三次浪潮的信息社会与前两次浪潮的农业社会和工业社会最大的区别，就是不再以体能和机械能为主，而是以智能为主。

（二）地理学是信息化的重要技术支撑

信息化时代一个显著的特征就是知识爆炸、信息爆炸，知识或信息的更新与传播速度很快，出现巨量的“海量信息”，如何对这些海量信息储存、处理与分析也是这个时代面临的新的技术挑战。

古往今来，人类几乎所有活动都发生在地球上，都与地球表面位置（即地理空间位置）息息相关，在人类所接触到的信息中有80%与地理位置和空间分布有关，这些与空间分布有关的信息可以称为地理信息。作为地理学的重要分支学科——地理信息科学就是专门研究应用计算机技术对地理信息进行处理、存储、提取及管理和分析的科学。随着以地理信息系统（geographic information system,GIS）技术为核心的遥感（remote sensing,RS）、全球导航卫星系统（global navigation satellite system, GNSS）等技术的发展及其间的相互渗透，逐渐形成了3S（GIS、RS 和 GNSS）集成化技术系统，这一技术系统为地理学解决区域范围更广、复杂性更高的现代地理学问题提供了新的分析方法和技术保证。由于地理信息技术具备空间分析与处理的独特优势，所以如今它已被全面应用于国民经济的各个部门，渗透到百姓生活的方方面面，深刻影响着芸芸众生获取信息的能力和方式，也有力地支撑了信息化社会的建设。

随着计算机技术的日益发展和普及，以及信息化建设的深化，地理信息系统及在此基础上发展起来的“数字地球”“数字城市”“智慧地球”在人们的生产和生活中将会发挥越来越重要的作用。

（三）数字地球与智慧地球

数字地球，是美国副总统戈尔于 1998 年 1 月在加利福尼亚科学中心开幕典礼上发表的题为“数字地球：认识 21 世纪我们所居住的星球”演说时，提出的一个与 GIS、网络、虚拟现实等高新技术密切相关的概念。数字地球是一个以地球坐标为依据的、具有多分辨率的海量数据和多维显示的地球虚拟系统。数字地球可看成是“对地球的三维多分辨率表示，它能够放入大量的地理数据”。随着地球空间信息学的发展而建立起的数字地球，必将促进测绘事业的现代化，为测绘事业与整个国民经济建立更加紧密的联系，做出更大的贡献，在未来和知识经济社会中产生巨大的经济效益和社会效益。

智慧地球也称为智能地球，就是把感应器嵌入和装备到电网、铁路、桥梁、隧道、公路、建筑、供水系统、大坝、油气管道等各种物体中，并且被普遍连接，形成“物联网”，然后将“物联网”与现有的互联网整合起来，实现人类社会与物理系统的整合。这一概念 2008 年 11 月由国际商用机器公司（International Business Machines Corporation,IBM）首席执行官彭明盛首次提出，2009 年 1 月，美国总统奥巴马公开肯定了 IBM“智慧地球”思路。近两年世界各国的科技发展布局，IBM“智慧地球”战略已经得到了各国的普遍认可。

数字化、网络化和智能化，被公认为是未来社会发展的大趋势，而与“智慧地球”密切相关的物联网、云计算等，更成为科技发达国家制定本国发展战略的重点，而这些技术都离不开地理信息技术的支撑。

三、可持续发展需要地理学

（一）可持续发展概念的提出

20 世纪 60 年代末，人类开始关注环境问题，1972 年联合国召开的人类环境会议提出了“人类环境”的概念和正式讨论了可持续发展的概念，可持续发展是人类对工业文明进程进行反思的结果，是人类为了克服一系列环境、经济和社会问题，特别是全球性的环境污染和广泛的生态破坏，以及它们之间关系失衡所做出的理性选择。1987 年格罗·哈莱姆·布伦特兰领导的世界环境与发展委员会在《我们共同的未来》报告中第一次阐述了可持续发展的概念，得到了国际社会的广泛共识。1995 年，我国将可持续发展作为国家的基本战略。

《我们共同的未来》中对“可持续发展”的定义为：“既满足当代人的需求，又不对后代人满足其自身需求的能力构成危害的发展”。这个定义有三个基本内涵：①公平性。本代人之间的公平、代际间的公平和资源分配与利用的公平；可持续发展是一种机会、利益均等的发展。它既包括同代内区际间的均衡发展，即一个地区的发展不应以损害其他地区的发展为代价；也包括代际间的均衡发展，即既满足当代人的需要，又不损害后代的发展能力。人类各代都处在同一生存空间，他们对这一空间中的自然资源和社会财富拥有同等享用权，他们应该拥有同等的生存权。因此，可持续发展把消除贫困作为重要问题提了出来，要予以优先解决，要给各国、各地区的人、世世代代的人以平等的发展权。②持续性。人类经济和社会的发展不能超越资源和环境的承载能力，即在满足需要的同时必须有限制因素，即发展的概念中包含着制约的因素；因此，在满足人类需要的过程中，必然有限制因素的存在。主要限制因素有人口数量、环境、资源，以及技术状况和社会组织对环境满足眼前和将来需要能力施加的限制。最主要的限制因素是人类赖以生存的物质基础——自然资源与环境。因此，持续性原则的核心是人类的经济和社会发展不能超越资源与环境的承载能力，从而真正将人类的当前利益与长远利益有机结合。③共同性。各国可持续发展的模式虽然不同，但发展的公平性和持续性是共同的。地球的整体性和相互依存性决定全球必须联合起来，认知我们的家园。可持续发展是超越文化与历史的障碍来看待全球问题的。它所讨论的问题是关系全人类的问题，所要达到的目标是全人类的共同目标。虽然国情不同，实现可持续发展的具体模式不可能是唯一的，但是无论富国还是贫国，公平性原则、协调性原则、持续性原则是共同的，各个国家实现可持续发展都需要适当调整其国内和国际政策。只有全人类共同努力，才能实现可持续发展的总目标，从而将人类的局部利益与整体利益结合起来。

（二）地理学是可持续发展的理论基础

地理学的人地系统理论是地球系统科学理论的核心，是陆地系统科学理论的重要组成部分，是可持续发展的理论基础。人地系统理论指人类社会是地球系统的一个组成部分，是生物圈的重要组成，是地球系统的主要子系统。它是由地球系统所产生的，同时又与地球系统的各个子系统之间存在相互联系、相互制约、相互影响的密切关系。人类社会的一切活动，包括经济活动，都受到地球系统的气候（大气圈）、水文与海洋（水圈）、土地与矿产资源（岩石圈）及生物资源（生物圈）的影响，地球系统是人类赖以生存和社会经济可持续发展的物质基础和必要条件；而人类的社会活动和经济活动，又直接或间接影响了大气圈（大气污染、温室效应、臭氧洞）、岩石圈（矿产资源枯竭、沙漠化、土壤退化）及生物圈（森林减少、物种灭绝）的状态。

地理学的人口承载力理论也是可持续发展的重要理论支撑。人口承载力理论是指地球系统的资源与环境，由于自身自组织与自我恢复能力存在一个阈值，在特定技术水平和发展阶段下对于人口的承载能力是有限的。人口数量及特定数量人口的社会经济活动对地球系统的影响必须控制在这个限度之内，否则，就会影响或危及人类的持续生存与发展。这一理论被喻为20世纪人类最重要的三大发现之一。

四、生态文明建设需要地理学

（一）生态文明的基本理念

自工业革命以来，人类以自然资源和能源的高消耗、自然环境的强污染、生态环境的大退化为代价，获得了巨量的物质财富，但是这种状况造成了人口、资源和环境的尖锐冲突，从而影响了人类自身健康发展和幸福生活，迫使人类反思与自然的关系，产生了可持续发展的理念，诞生了新的文明，即生态文明。生态文明将全面更新人的观念，是人类最普遍、最重要的进步。在这个时代，人类的价值取向、发展理念、社会伦理都将发生根本性变化。

生态文明信奉“人是自然的一员”的哲学观点，在生产和生活的活动中，遵循生态学原理，谋求建立人与自然和谐相处、协调发展的关系，在增殖资源的基础上，开发利用自然资源、发展经济，同时建设良好的生态环境，依靠不断发展的科学技术，进行适度规模的社会生产与消费，以同时满足人的物质需求、精神需求和生态需求，提高人类整体生活质量，实现社会与自然的永续发展。

生态文明是人类为保护和建设美好生态环境而取得的物质成果、精神成果和制度成果的总和，是贯穿于经济建设、政治建设、文化建设、社会建设全过程和各方面的系统工程，反映了一个社会的文明进步状态。

我国高度重视生态文明建设，2012 年 11 月党的十八大做出“大力推进生态文明建设”的战略决策，将生态文明建设作为中国特色社会主义事业的重要内容。2013 年十八届三中全会又进一步提出生态文明建设的相关问题：自然生态空间、生态环境承载力、市场配置资源、供需关系格局、中长期效益、生态补偿、自然与经济成本平衡、资源有偿使用、生态红线等，这些问题给地理学提出了新的任务和要求，也为地理学的发展创造了新的历史机遇。

（二）生态文明建设给地理学提出了新的任务和要求

优化国土空间开发格局。国土是生态文明建设的空间载体，必须珍惜每一寸国土。要按照人口资源环境相均衡、经济社会生态效益相统一的原则，控制开发强度，调整空间结构，促进生产空间集约高效、生活空间宜居适度、生态空间山清水秀，给自然留下更多修复空间，给农业留下更多良田，给子孙后代留下天蓝、地绿、水净的美好家园。加快实施主体功能区战略，推动各地区严格按照主体功能定位发展，构建科学合理的城市化格局、农业发展格局、生态安全格局。提高海洋资源开发能力，发展海洋经济，保护海洋生态环境，坚决维护国家海洋权益，建设海洋强国。

全面促进资源节约。节约资源是保护生态环境的根本之策。要节约集约利用资源，推动资源利用方式根本转变，加强全过程节约管理，大幅降低能源、水、土地消耗强度，提高利用效率和效益。推动能源生产和消费革命，控制能源消费总量，加强节能降耗，支持节能低碳产业和新能源、可再生能源发展，确保国家能源安全。加强水源地保护和用水总量管理，推进水循环利用，建设节水型社会。严守耕地保护红线，严格土地用途管制。加强矿产资源勘察、保护、合理开发。发展循环经济，促进生产、流通、消费过程的减量化、再利用、资源化。

加大自然生态系统和环境保护力度。良好的生态环境是人和社会持续发展的根本基础。要实施重大生态修复工程，增强生态产品生产能力，推进荒漠化、石漠化、水土流失综合治理，扩大森林、湖泊、湿地面积，保护生物多样性。加快水利建设，增强城乡防洪抗旱排涝能力。加强防灾减灾体系建设，提高气象、地质、地震灾害防御能力。坚持预防为主、综合治理，以解决损害群众健康突出环境问题为重点，强化水、大气、土壤等污染防治。坚持共同但有区别的责任原则、公平原则、各自能力原则，同国际社会一道积极应对全球气候变化。

加强生态文明制度建设。保护生态环境必须依靠制度。要把资源消耗、环境损害、生态效益纳入经济社会发展评价体系，建立体现生态文明要求的目标体系、考核办法、奖惩机制。建立国土空间开发保护制度，完善最严格的耕地保护制度、水资源管理制度、环境保护制度。深化资源性产品价格和税费改革，建立反映市场供求和资源稀缺程度、体现生态价值和代际补偿的资源有偿使用制度和生态补偿制度。积极开展节能量、碳排放权、排污权、水权交易试点。加强环境监管，健全生态环境保护责任追究制度和环境损害赔偿制度。加强生态文明宣传教育，增强全民节约意识、环保意识、生态意识，形成合理消费的社会风尚，营造爱护生态环境的良好风气。

五、防灾减灾需要地理学

（一）人类生活的家园——地球是一个充满灾害风险的世界

地球自形成以来，就不断地发展变化，从而构成了今天的地球环境。人类赖以生存的地球表面是一个特殊的物质系统，是一个气态、液态和固态三相界面的体系，是有机物与无机物互相转化的场所，是内营力与外营力相互作用的场所，也是人类活动的直接环境。地球环境里的大气、水体、岩石三大物质系统相互交织、相互作用组成的自然环境的复杂系统，每一部分都在变化着，一些变化缓慢温和，一些变化短暂剧烈，剧烈变化会导致巨大能量瞬间爆发，存在着自然灾害的风险，可能会危及人类社会的安全。

随着人类社会的发展，科技和教育的进步，人类对灾害的认识和抵御灾害风险的能力也在增强，但是灾害并没有因此而减少。事实上，地球环境一直处于动荡之中。自20世纪中期以来在北太平洋、北大西洋大约出现4500次台风，2010年全球共计发生了373起自然灾害，其中，大小洪灾182起，风暴83起、极端天气29起，以及破坏性地震23起，使近30万人失去生命，造成财产损失高达1100多亿美元；2011年冬天的强劲寒流横扫欧亚大陆，多地出现百年一遇的极端低温现象。低温雨雪天气引发了交通瘫痪、电力供应中断，供暖供电供气受影响:学校停课，多国进入紧急状态。全球冷热不均将成“常态”。厄尔尼诺现象、拉尼娜现象等影响全球性的极端气候事件将会不断增加，每年都有成千上万的人因为自然灾害而遭受财产损失、流离失所甚至丧失生命。除自然灾害以外，我们这个时代还充满着高风险的人为灾害，如化学事故和核事故日益增加的风险，建筑失火、油气泄露、断电给社会带来恐慌和灾难，通信事故引起金融秩序混乱，互联网带来的不确定性和高风险，他国人为灾害转移传播的风险，恐怖主义的威胁。新的人为灾害形式和灾害事件将越来越多，造成的危险和经济损失也越来越大，人类社会的安全感受到严重威胁。

随着工业化和城市化的深入推进，人类对自然资源的开采利用强度大幅度增加，对自然环境的影响和干扰破坏更加深刻、更加迅速，人与自然之间的矛盾将更加尖锐，人类将面临更加严峻的灾害形势。

（二）认识自然灾害是地理学的重要使命

自然灾害，属于地球运动和全球变化问题，揭示环境与灾害的规律则必须用地球系统整体观作为指导进行研究，这显然是地理学研究的责任。

自然灾害性质的认识。灾害作为人与自然关系的一种反映，各种自然灾害既有“纯自然灾害”，又包括大量的“人为自然灾害”，人是许多自然灾害的动力因素，对许多灾害活动产生重要影响，如植被破坏与水土流失加剧，排放废气、废水造成环境污染等。近几十年来，自然变异的加剧伴随人口急剧增长、社会经济不断发展，这将赋予灾害以新的特点，这些都值得我们研究。

自然灾害的致灾机制、机理的研究。要从地球系统科学角度来认识灾害的致灾和成害机制，自然灾害的形成，存在个性和共性特点，共性来自于自然灾害发生过程固有的物质运动的性质和特点，个性则受制于发生地的自然-社会背景；各种自然灾害的诱发因素、致灾因子往往是复杂的，但是人类的行为往往导致灾害诱发因素和致灾因子的形成；人类可以通过努力调控使异常运动的危害降低，降低甚至消除致灾因子的作用。

灾害的时空格局及演变规律的研究。灾害发生的时空格局主要与其所在的自然环境有关，即孕灾环境不同；其演变规律主要与该自然灾害本身的性质特点有关。例如，若该地处在地震带上，则相比而言地震灾害发生的概率更大；中国东部靠近海洋，南部靠海且纬度、海拔较低，降水较多，三级阶梯的独特地势，造就大江大河，河网密布，易发生洪涝灾害，而西北部地处内陆，降水少，沙漠遍布，易发生沙尘暴等灾害。

自然灾害的风险评价。自然灾害研究中通常认为灾害风险指的是灾害活动及其对人类生命财产破坏的可能，自然灾害风险评价应包括以下内容：自然灾害危险性评价，如强度、概率；承灾体易损性评价，如承受能力、破坏状态、破坏损失率——密度、价值、质量；防灾有效度评价，如防护工程防灾能力；风险程度综合评价。目前，人们对各种灾害类型及发生灾害的地区均有涉猎，对灾害的风险性评价是灾害研究的一大热点。

灾害链研究。灾害的形成、发生与发展过程具有链式规律，灾害链已经成为灾害研究的热点问题之一。灾害链研究的主要内容则包括灾害链的形成机制、灾害链风险评估研究、灾害链损失评估研究、灾害链孕源断链减灾研究等。

自然灾害的监测与预警研究。在自然灾害形成机制认识的基础上，人们可以对自然灾害的孕育过程进行监测、根据其临界条件进行灾害发生的预警，以回避灾害，或减轻灾害对人类生命财产的破坏。随着经济科学技术的进步，我国对灾害的监测和预警也取得了巨大的突破。我国灾害监测预警网已“网”遍全国，地震、海洋、气象、水文等监测网每天将各种信息实时传输到后方处理中心。目前，我国已建立了从中央到地方的水文、气象、海洋、生物、地震及地质灾害的监测、分析、预报系统，形成了遍布各地、相互交织的灾害监测、预警网络。

灾害未来发展趋势预测。在全球化和全球气候的变化背景下，新时期自然灾害又表现出新的特点，由人类不合理的生产活动导致的自然灾害事件或技术性的灾害事件持续增多，包括生态环境破坏、环境污染、生物科技风险、海洋污染等；全球气候环境的变化，导致局部地区和全球环境频繁出现极端的气候事件，其强度和频率在不断增强；自然灾害的影响更为深远、灾害链更长、引发更多、更复杂的次生灾害或衍生灾害；自然灾害之间的相互作用不断加强，相关联的灾害之间有可能出现恶性循环。在新的自然与社会背景下，灾害究竟会朝着什么方向发展，是加重，还是缓和？这都是我们应该研究的问题。

防灾减灾的对策措施。灾害与人类社会相生相伴，人类如何在灾害的背景下生活与发展，人类采取什么样的对策和措施才能降低灾害风险对人类社会的影响，灾害爆发时又该如何应对，才能尽可能地减少灾害对人类社会的破坏？这些都是人类社会面临的问题。不同社会发展阶段、不同时期人类面临的灾害的形势，以及社会抵御灾害的能力都不相同，防灾减灾的任务和对策也将发生变化，人类社会的历史就是一部与灾害抗争的历史。目前，我国应对自然灾害，采取了许多积极有效的对策和措施，如建立完善的国家防灾减灾预警体系，向公众普及相关灾害知识，完善社会组织结构，加快贫困地区的基础设施建设，增强社会抵御灾害的能力，加强灾害危机管理队伍的建设，保证社会安全稳定等。

本章小结

地理学是研究地球表层的自然要素和人文要素的空间关系及其相互作用、相互联系的规律，以及地球表层的整体与各个区域的形态、结构、功能及其演化规律的科学。

地理学研究的对象——自然地理现象（包括地形、气候、水文、植物、动物、土壤等）和人文地理现象即由人类活动（生活居住、工作生产、经济贸易、休闲娱乐、内政外交、文化宗教等）产生的各种地理现象，这些现象有各种各样的表现形式、动态变化过程，以及相应的时间历程和空间范围。

区域性和综合性是地理学的两大基本特性，它们是地理学者分析地理问题时应该把握的准则，也是观察世界的基本准则。

地理学的关键概念有：人地关系、环境变化、全球化、发展、空间、时间、区域和地方、尺度、系统、景观、风险等。

地理学的基本理论主要包含：区位选择理论、地域分异理论、空间结构和组织理论，以及人地关系理论等方面内容。

地理学的基础知识主要包括空间的表达方式、自然系统与过程的认知、人文系统与过程的认知、环境演变与污染过程的认知，以及地方与区域的认知等 5 方面的知识。

传统上，地理学学科体系由地理学哲学、系统地理学、区域地理学和技术地理学等 4 个方面组成，按现代科学的划分，地理学的学科体系分为三个层次，即基础科学层次、应用理论层次和应用技术层次。

21 世纪是人类社会高速发展的新时代，人类面临的人口、资源、环境与发展的系列重大问题：全球化进程、信息化推进、生态文明建设、可持续发展及防灾减灾构建和谐安全社会都需要地理学提供科学的理论支撑和技术服务。

思　考　题

在校园里，对不同专业和不同性别的同学做一个社会调查，在他们的眼中，什么是地理学，地理学与他们的日常生活有什么关系？有什么科学价值和社会意义？

主要参考和阅读文献

白光润. 2006. 地理科学导论. 北京：高等教育出版社.
蔡运龙，叶超，陈彦光，等. 2011. 地理学方法论. 北京：科学出版社.
蔡运龙，陈彦光，阙维民，等. 2012. 地理学：科学地位与社会功能. 北京：科学出版社.
承继成，林珲，周成虎，等. 2000. 数字地球导论. 北京：科学出版社.
傅伯杰. 2017. 地理学：从知识、科学到决策. 地理学报, 72(11): 1923-1932.

郭跃. 2013. 自然灾害与社会易损性. 北京: 中国社会科学出版社.
国务院学位委员会第六届学科评议组. 2013. 学位授予和人才培养一级学科简介. 北京: 高等教育出版社.
李双成. 2013. 自然地理学研究范式. 北京: 科学出版社.
牛文元. 1994. 可持续发展导论. 北京: 科学出版社.
潘玉君, 武友德. 2009. 地理科学导论. 北京: 科学出版社.
钱学森. 1994. 论地理科学. 杭州: 浙江教育出版社.
左大康. 1990. 现代地理学词典. 北京: 商务印书馆.

第二章　地理学的视角

学习目标

通过本章学习，应了解地理学是一门独特的科学，以其独特的视角观察和分析世界，知道区域分析是地理学观察世界的方法，综合分析是地理学分析世界的方法，空间表达则是地理学描述世界的方法。地理学独特的视角奠定了地理学的科学和社会价值。

地理学是人类认识自然现象和规律的一门科学，从中国古代的道法自然到西方地理大发现，再到现代地理学的不断进步，使人类更加认识到地理学的科学价值：地理学研究地球的生命体、关注地球生命体的健康，以及要素的相互联系、相互作用、空间格局、功能分析、宏观判断、系统演化。

从思维方式上讲，地理学不能像物理学、化学那样，用某些要素的微观响应来验证，不能用非生命观点来研究生命问题；地理学也不能像实验科学、工程技术那样，把一种现象在其他地方全面复制，局部的情况简单外推；否则，地理的判断就会出现偏离、误解、错判。地球是唯一的，通常情况下不可重复，地理学家要避免用产生问题的思维去解决问题，而应用独到的眼光、视角、格局、尺度的把握来做出科学的判断。这是历史和时代给地理学的使命和要求。

一门学科拥有一套独特而一致的用于分析世界的视角。地理学的视角是：①通过地方、空间和尺度的视野观察的区域分析；②通过自然环境动态变化与人类活动社会动态变化的紧密结合的综合分析；③应用图像的、语言的、数学的、数字的和认知的方法的空间表达。

第一节　区域分析：地理学观察世界的方法

地理学家观察世界，主要关注现实世界中的自然与人文现象和过程之间的相互关系，这种相互关系主要是通过空间关系的揭示而切入的，德国地理学家阿尔夫德雷·赫特纳认为，地理学就是区域空间的科学；区域就是地点和地点之间的差异，毗邻存在的事物之间的空间联系；在同一地点，不同自然要素和各种现象结合在一起，事实上就意味着它们之间存在着因果关系。

地球表层系统在极小的距离内都可能发生变化。由于不同的地区存在不同的自然现象，一种要素在一个地区呈现出的变化规律在另一个地区可能完全不同，因此，研究地理区域就要剖析不同区域内部的结构，包括不同要素之间的关系及其在区域整体中的作用，区域之间的联系，以及它们之间发展变化的制约关系。通过区域的全面比较分析才能明确区域特征，把握区域的资源优势和制约因素，为人类利用自然和改造自然提供科学依据。

地理学的中心信条是理解地表各类过程和现象的“区位要义”。什么是区位，这是地理学最基本的一个概念。区位就是某事物的位置、场所，或者这个事物所涉及的一个地区、范围，同时它也指该事物与其他事物的空间联系。

一、区位的含义

区位的含义：①空间性，也就是事物的空间的位置意义，位置包括地理坐标位置、行政位置、交通位置、环境位置（与山、河，海、河等空间关系），它回答“什么地点”的问题。②结构性，回答“与什么有关，周边怎么样”的问题，即区位也表示所布局的事物在空间上与其他事物之间的联系，表示事物与周边事物的关系，注重事物之间的空间距离以及由此所带来的成本效益关系。③环境性，回答“环境条件如何”的问题，这里的环境包括自然环境与人文环境。④文化性，即区位是人类的文化行为的结果，表示人类对事物空间的设计，与决定区位的人的知识、行为偏好有关系。自然事物没有区位问题，不能谈南极洲的区位。

二、区位与地方间的相互依赖

区位提供了看待过程和现象的横断方式。地方或区域是研究过程和现象之间关系的天然实验室，地方是各种过程和现象展示的载体，也是集各种自然和人文过程及现象于一体的综合体。任何位置或地点的特征是由这些现象和过程所决定的。

地理学的传统就是探索不同过程和现象在各区域和地点间如何相互作用，这些相互作用如何赋予地方独特性质。地理学家认为，在认识一个地方的特征时，只有通过系统分析这个地方的社会、经济、政治和自然环境过程，才能正确理解该地的独特性或综合特征。例如，认识重庆的综合特征时，重庆位于105°11′E～110°11′E、28°10′N～32°13′N，面积8.24万km^2，其中，山地占76%，属亚热带季风性湿润气候，人口3371万人，有土家族、苗族等少数民族人口200万人；重庆是中国著名历史文化名城，于1929年正式建市，抗日战争时期定为国民政府陪都，中华人民共和国成立后，先后为中央直辖市、四川省辖市、国家计划单列市，1997年成为我国第四个直辖市；重庆地处中国西南部，长江上游，是我国西南水、陆交通枢纽，是我国进行经济体制综合改革的试点城市，是国家重要现代制造业基地、国内重要功能性金融中心、西部创新中心和内陆开放高地，是长江上游地区经济中心，以及建设城乡统筹发展的国家中心城市。

三、地方的综合

区位也提供了看待过程和现象的水平途径。地理学家认为地方的定义不仅依赖其内部特征，还依赖来自其他地方的物质、信息和思想的流动，这些物质流、信息流会导致地方之间的相互依赖性，这将会增强地方间的差异性。

地理学家寻求了解各地方间的相互关系，也就是不同地方间的水平联系，由此发现了一些规律，建立了一些地理学理论。例如，1826年德国学者杜能提出了农业区位论，即在相同的自然环境下，影响农作物利益的市场距离的不同，造成了不同的农业土地利用方式，使城市、郊区和农村的差异性增强。其实杜能的农业区位模式，在很多大城市周边的农业分布都有体现：近郊区的蔬菜、鲜奶、蛋品；中郊区的粮食和生猪；远郊区的粮食、鲜瓜果；外围山区的林业、牧业和干果。随着距离城市中心距离的不同，农业生产的差异性非常明显。

地方之间的物质流与信息流不仅可以增强地方之间的差异性，在某种背景下，也会减弱地方间的差异性，如经济全球化现象。经济全球化是指世界经济活动超越国界，通过对外贸易、资本流动、技术转移、提供服务、相互依存、相互联系而形成的全球范围的有机经济整体，是商品、技术、信息、服务、货币、人员等生产要素跨国跨地区的流动（简单地说，就是世界经济日益成为紧密联系的一个整体）。经济全球化是当代世界经济的重要特征之一，也是世界经济发展的重要趋势。经济全球化是指贸易、投资、金融、生产等活动的全球化，即生存要素在全球范围内的最佳配置。从根源上说，经济全球化是生产力和国际分工的高度发展，要求进一步跨越民族和国家疆界的产物。但是经济全球化的过程中，西方的经济制度和价值观的广泛传播及全球性流动使得世界上许多民族或地区间的差异性减弱。

四、空间关系中的尺度

北宋文学家苏轼，曾游历江西庐山，被庐山之美感慨，而赋诗《题西林壁》，“横看成岭侧成峰，远近高低各不同，不识庐山真面目，只缘身在此山中”。在这里，庐山的面目呈现多种多样，其原因是观察者的视角或尺度的不同。尺度是认识空间关系的重要视角。

地理学家认为，观察的尺度对了解地方的地理现象和过程也是重要的。地理学研究对象格局与过程的发生、时空分布、相互耦合的特性都是依赖于尺度的，只有在特定的尺度上对其考察和研究，才能把握它们的内在规律。地理区域的内部复杂性和差异性是由尺度决定的。显然，从分子扩散、泥沙运动机理直接去推导大气圈演变和板块运动是不可能的。

尺度是许多学科常用的一个概念，通常的理解是考察事物（或现象）特征与变化的时间和空间范围，因此尺度应该包括三个方面：客体（被考察对象）、主体（考察者，通常指人）、时空维。自然过程和现象的发生都有其固有的尺度范围。

地球上存在着不同时间尺度的地球过程：地球的起源、生命的演化和大气圈的形成与演变是以几百万年至几十亿年为时间尺度的；冰期和间冰期的交替、土壤的发育、生物种类的分布扩散、地球围绕太阳运动轨迹变化是以几千年～几十万年为时间尺度的；气候变化、大气成分变化、地表干燥度或酸度的变化、地球和海洋生物系统的变化、地震、火山、土壤侵蚀、厄尔尼诺现象，这些对地球上一些生命形式的存在具有威胁的变化则是以几十年至几百年为时间尺度的；天气现象、洋流中的旋涡、极区海冰覆盖的季节增长和融化，地表径流和风化植物生长的年循环是以几天至几个季节为时间尺度的；陆地、海洋、冰、大气和生物群落之间的质量、动量和能量通量，大气湍流、大气对流则是几秒至几小时的时间尺度。

地理研究主要揭示时间尺度短至一年以内、长达千万年范围的变化。在几十年至几百年时间尺度上，地理学的工作主要关心地表系统有文献记录的变化并评估其背后的原因，如地理研究的一个重点是借助照片和调查重构冰川的历史作用，以便评估区域气候变化。这种尺度上地理研究的另一重点是人类聚落对河流系统的影响，如美国学者关于人类聚落对密西西比河泥沙量的影响和城市化对水沙径流入河的影响等。

地球上也存在着不同空间尺度的地理区域。例如，从地球尺度上看，大陆与海洋之间的区域分异，是最大的空间分异，其次是七大洲与四大洋的超级地理空间尺度。一般来说，温度带、自然地区、自然地带、自然区是面积数百平方公里以上的，为大尺度地理空间；景观类型组合单元，景观类型单元是面积几十至几百平方公里的中尺度地理空间；景观单元，基本功能单元是面积几至几十平方公里，的基本尺度地理空间。不同空间尺度的地理空间，有不同的结构特征，展示不同的地理规律。

人文地理过程和现象也有其相应的空间尺度。一级尺度的人文地理空间可以据国家海陆因数划分为欧洲、亚洲、非洲、北美洲、南美洲、大洋洲等六大洲；也可根据国家、民族、宗教因素划分为欧洲北美地区、非洲地区、亚太地区、阿拉伯地区、拉丁美洲地区等五个地区。在人文地理的区位分析中，通常将人文地理空间分为宏观（国家背景）、中观（城市区域）和微观（城镇街区）三个尺度。

尺度转换是在不同时间或者空间层次上进行连接，将信息或者数据从一个尺度转换（应用）到另外一个尺度的过程。相对于尺度而言，尺度转换是一个动态的概念。从推演的角度来说，尺度转换分为尺度上推和尺度下推。以研究区域空间尺度为例，尺度上推就是以点（线）代面，通过研究点（线）的变化来说明区域的变化，尺度下推与之相反；以研究时间为例，尺度上推就是一种时间扩大化，通过研究短时间沙漠化过程来推断较长时间的变化，尺度下推则是具体到某一个时间点的情况。尺度下推的目的是将宏大的区域数据转换为精确的点源数据从而应用于局部地区，或者说某个点。自然地理学是尺度依存的，有些研究需要依托尺度转化来获得难以获得的数据和结论。但另外一些研究，不同的时间和空间尺度研究结果相差甚远，甚至是完全相反的。在空间和时间双重尺度上都存在放大或者转嫁效应。例如，历史文献的记载也存在空间尺度理解的问题，点上的环境记载和面上的环境记载并不能相互转化，点上的环境优美或者面上的环境恶劣并不代表整体情况就如点上或者面上的记载。就沙漠化的历史过程和形成原因来说，无论在时间尺度还是空间尺度，都不具备形态相似性。

因此，关注时空尺度能加深对地理过程和现象的理解，了解地理过程和现象在不同尺度上是如何相互联系的；确定表现某些现象变化的尺度，能提供有关控制机理的地理、时间和规模的重要线索；从尺度视角出发，使地理学家能够分析全球经济变化对局部事件的影响，以及局部事件对全球变化的影响。

第二节　综合分析：地理学分析世界的方法

自 19 世纪初以来，自然地理学者在大量调查和积累地理事实的基础上认识到，地表自然现象不是彼此孤立存在的，自然界是一个统一的整体。因此，它不限于研究地球表面的各个自然地理要素，更重要的是把地球表层作为统一的整体，综合地研究其组成要素之间的相互作用、相互关系，以及地表综合体的特征和时、空变化规律。地理学研究对象的综合性特点决定了地理学的一个独特的综合分析视角。

近代地理学创建人洪堡对地理学的重大贡献之一，就在于通过对各种自然要素间相互联系、相互影响的综合分析，揭示地表不同区域自然面貌的差异，得出了植物地理分布的纬向地带性理论。在 19 世纪后半期的西部大勘测时代，美国自然地理学创始人 W. M.戴维斯在进化论思想影响下，通过对美国西部与东部地区地貌的长期调查研究，将科罗拉多高原与大峡谷、阿巴拉契亚山地及大西洋西岸剥蚀准平原等不同地貌类型相联系归纳，综合分析解释地貌成因与发育规律，创立了地貌侵蚀轮回学说。他提倡用“地形的解释性描述”来阐述地貌发育过程，对地貌学的建立和发展起了重要作用。

作为一门独特的学科，地理学的主要关注点是：人类如何利用与改造自然环境及自然环境与人类社会的关系，由此衍生三个层次的综合问题。

一、自然环境系统的综合

地理学家常从自然科学的角度，进行自然环境动态变化的综合研究。地理学对自然环境动态研究的中心就是各种自然环境过程的相互联系、相互作用的规律与成因机制。

自然地理学是研究自然环境组成要素、自然过程的相互作用关系的科学，生物地理学、气候学、地貌学是自然地理学的主要分支学科，这些学科的研究特点也充分体现了自然环境过程的综合特征。

生物地理学是研究不同空间和时间尺度上的生物分布，以及造成这些分布格局的过程的学科，要达到这些目标，生物地理学的研究需要综合考虑气候、土壤和地貌的空间动态变化因素，才能揭示或理解地球生物世界的时空格局和发生发展。

气候学是研究地球表面，尤其是陆地表面的热量和水分状态的时空分布的学科，了解地球的气候特征，除了要研究大气圈的大气运动变化和太阳辐射之外，也需要综合考虑地表景观异质性和地表景观的变化对气候的影响，如要了解海陆分布的格局、海洋的动态变化、冰川圈、植物圈的动态变化、地表物质结构的变化等多方面因素的动态变化。

地貌学是研究地球表面形态、过程及空间分布格局的学科，揭示一个区域的地貌状况，离不开该区域的地质结构背景、岩石和其他地表物质的组成状况，离不开区域的气候水文和土壤植被状况，也离不开人类活动的影响，显然，地貌研究需要综合考虑地质、气候、水文、植物和人类活动对剥蚀侵蚀或沉积过程的影响。

二、人类社会系统的综合

人类社会系统是经济、社会、政治和文化过程相互联系、相互作用形成的一个整体。无论是认识人类社会系统的整体特征，还是认识其某方面的特征，都需要综合考虑组成人类社会的各要素的相互作用。

地理学家们主要通过两种途径来认识人类社会系统：一是区位综合。通过综合研究影响某地发展的过程及其途径，以及空间布局的影响来综合地认识和了解人类社会系统。二是社会综合。通过了解空间和地方如何调节个人行动和发展的经济、政治、社会、文化之间的关系，以及空间构型又如何通过此类过程得以自我完成来综合认识人类社会系统特征。

人文地理学是研究人类社会的地域系统形成过程、结构、特点和发展规律的科学，它已形成了人口地理学、经济地理学、政治地理学、文化地理学、聚落地理学、旅游地理学和行为地理学等分支学科。这些学科的特点也充分体现了人类社会系统动态变化的综合特征。

人口地理学是研究人口数量与质量、人口增长与人口构成的时空差异及其同地理环境相互关系的科学，它需要立足于区域，综合考虑经济、社会、政治、历史、民族、宗教等因素的动态变化，才能正确理解人口的特征和属性。

经济地理学是以人类经济活动的地域系统为中心内容的一门学科，包括经济活动的区位、空间组合类型和发展过程等内容。人类经济活动，包括生产、交换、分配和消费的整个过程，是由物质流、商品流、人口流和信息流把乡村和城镇居民点、交通运输站点、商业服务设施及金融等经济中心连结在一起而组成的一个人类经济活动系统。这一系列经济活动都是在具体的地域内进行的，与各地具体条件紧密联系在一起，因此，人类经济系统是涉及自然、社会、经济、历史和技术条件等多方面的综合问题，需要着眼地域，综合分析。

政治地理学是研究世界政治现象的分布、联系和差异的学科，政治地理学的研究需要依托区域地理学，还需综合考虑历史、政治、经济学、国际关系学等因素。

旅游地理学是研究人类旅行游览与地理环境关系的学科，人类的旅游行为，与旅游者个人兴趣爱好有关，也与旅游地的自然特征、地方社会、民俗、考古学、历史、建筑、园林和经济密切相关。因此，人类的旅游现象需要多方面综合分析才能理解。

三、环境与社会复合系统的综合

自然环境与社会系统关系的动态变化是地理学的核心要素，也是其他科学、决策者和公众日益关注的焦点。现实的地理环境系统是自然环境系统与人类社会系统相互联系、相互作用形成的综合体。

（一）人类对环境的利用和影响

人类为了生存和发展，无时不在利用和改造自然环境，随着人类社会的发展和科技进步，人类对自然环境影响的范围和强度越来越深刻。

人类活动对自然环境最大的影响是人类几千年开发历史已经深刻地改变了地球表面的结构，人类为了发展农业生产，将地表原有的森林砍伐和草地清除，将其改变为耕地农田。据联合国粮食及农业组织资料报道，全世界耕地面积占陆地面积的 10.7%；人类为了木材原料的需要，也在大肆砍伐森林，使得森林资源锐减。在人类历史发展的初期，地球约有 2/3 的陆地被森林覆盖，森林面积达 76 亿 hm^2，现在全世界森林面积只有约 36 亿 hm^2；人类为了工业生产和居住生活，不断地改造原有的地表物质结构和面貌，新建以水泥材料为主体的城市景观和道路交通系统已经成为地球表面最为显著的地表景观了。

人类活动改变了水分循环和水平衡。人类修建水库、修运河渠道，大规模的跨流域调水，已经深刻地影响了地球水分平衡。目前地球上的人工水库总面积比里海还大。有些地区人工开挖的河渠代替了自然水系。人工水库改变了水库周围的小气候，引起地下水位上升，造成沼泽化。人工灌溉增加蒸腾和蒸发，改变了地表反射率，提高了空气湿度。大水漫灌在干旱地区引起土壤盐碱化。全世界灌区盐碱化土地约 30 万 km^2。人类活动加速了湖泊萎缩过程。我国从南到北，湖泊的数目在减少，湖泊的面积在缩小。历史上著名的罗布泊已经干涸。江汉平原上的湖泊总面积减少了 70%。20 世纪中期以后，跨区域的现代调水工程在许多国家开展起来，成为人类改造自然的长期的、大范围的国家行为和国际行为，如巴基斯坦的“西水东调”工程、美国加利福尼亚州的“北水南调”工程、我国的“引滦入津”工程和“南水北调”工程，这些巨大的调水工程无疑对调剂区域间水需求起到巨大的战略作用，但也会带来一系列生态问题。

人类活动也改变了地球表面的热量平衡，引起全球气候变化。人在地表的活动不仅改变了地球表面的面貌，也改变了地表物质结构，这将会影响地表对太阳辐射的吸收率和反射率，从而影响地表热量平衡。人类活动，特别是工业活动，排放废气，大大增加了大气中的 CO_2、SO_2、N_2 和固体颗粒，大气成分改变会导致大气物理性状的改变，进而产生一系列环境效应，最突出的就是温室效应。温室效应是当前最受世人关注的热量平衡变化过程，这将会引起地球气温上升、气候变暖，导致冰川冰盖融化，海平面上升，极端天气出现频率增加。

（二）环境对人类的影响

自然环境是人类社会赖以存在的基础和前提，是社会物质生活和社会发展的经常的必要的条件，自然环境通过人类活动对社会发展起重要作用。

自然环境对人类社会的影响，起主要作用的自然资源、气候、水、土地、生物、矿产资源和后天性资源，在不同的历史发展阶段它们所起的作用是不同的。采集和狩猎经济时期，人类的衣食住行对自然环境的依赖性很大。人类的生存发展受自然界的气候、地形、动植物分布的制约；农业社会时期，人类社会发展主要受制于地形气候、河流土壤；工业社会时期，矿产资源的储存状况、交通运输的便利程度，是影响社会发展的重要因素，自然资源在地区发展中的作用下降；后工业化时期，自然资源对人类经济发展与产业布局的影响日益弱化，后天性资源的地位上升，产业布局对自然环境和自然资源的依赖性逐渐减小。

在人类生产活动三大产业的发展中，自然环境或自然资源对第一产业的影响是决定性的。自然环境对农业的影响是不容置疑的，尤其是地形、气候更是对农业起决定作用。非洲由于气候干旱，土地中只有很少一部分可用作耕地，牧地比重也不高。亚洲耕地在土地总面积中占很大部分。欧洲由于地势相对低平，气候温暖湿润，适合农业生产的耕地占很大部分。世界主要产粮大国法国、美国、加拿大、印度均得益于得天独厚的自然条件。法国是一个以平原为主的国家，且平原土层肥厚，大部分地区属温带海洋性气候，气候温和，雨量适中，便于推行农业生产，总之，广阔的平原、温润的气候、稠密的水系，为农业生产创造了十分有利的条件，从而使法国成为世界重要的农产品生产国和出口国。美国中部平原面积广大，地势低平，土壤肥沃，大部分地区属温带和亚热带，非常宜于农耕。因而美国是世界上主要的粮食出口国。同样作为第二大粮食出口国的加拿大也是如此。这些主要粮食生产国除了气候、土壤条件良好外，平原面积辽阔也是重要因素。广阔的平原有利于农业专业化、机械化发展，有利于形成规模效益，小块分散零星的土地则难以做到这一点。一些国家粮食匮乏和自然条件恶劣有关，非洲大部分地区位于南北回归线之间，是一块炎热、干旱的大陆。非洲很大部分是沙漠，其中包括世界第一大沙漠撒哈拉沙漠，沙漠周边是十分珍贵的可耕地，上边骄阳似火，下边大地干裂，经常颗粒无收，极大制约了其粮食生产。虽然还有其他诸多因素的作用，但自然环境显然在一定程度上对农业生产起着决定性作用。

自然环境的一些因素对人类社会的影响会随着人类社会的发展而变化，如海洋。在航海技术落后的时代，滔滔大洋是人类难以逾越的障碍，是人类文化传播的界限。在长期闭关锁国的时期，容易形成以海为疆的观念。古代文明大都发源于大陆内部。在人类相当长的历史时期，海洋不被人们所重视。航海技术发达以后，大洋成为人类交往频繁的通道，人员、物资和信息通过大洋交流，人口和城市向海岸带集中。沿海地区的经济发展水平超过大陆内地。沿海的西欧、日本、美国东海岸和西海岸，以及我国的东部沿海地区都是世界上经济最活跃的地区。在科技高度发展的今天，海洋更是成为人类重要的资源源泉。

自然灾害是自然界中极端的地球物理过程或事件，自然灾害不但危害着人类的生命和健康，也严重影响着社会的正常运行。灾害的发生可以破坏社会的生态环境和生存基础，导致社会功能失调，甚至毁灭社会运行的基础，制造贫困和社会心理恐慌，引起社会动荡不安，给社会带来巨大的破坏。自然灾害对人类社会破坏的具体表现形式有：破坏人类社会建立的秩序和组织结构；威胁人类生命健康，造成人员伤亡；破坏城镇、企业和房屋等工程设施；

破坏铁路、公路、桥梁、航道等交通设施，威胁交通安全；破坏生命线工程、水利工程；破坏农作物、森林、树木资源、土地资源、水资源；破坏各种室内设施和财产。

（三）人类对环境变化的感知和反应

人与自然的关系是随人类生产能力的发展而变化的，二者的关系表现为一个历史性的发展过程。在原始社会，人类认识自然和改造自然的能力十分有限，在人与自然关系上更多表现为人受制于自然。随着人类生产水平的提高，人与自然的关系开始发生了转变，人类逐渐由“敬畏自然”的态度变为“征服自然”，自然成为人类改造的对象。农业社会以后，人类开始大规模改造自然，这样做虽然扩大了耕地面积，满足了日益增长的粮食需求，却破坏了森林、草原、湖面，不仅导致了水土流失、土质下降、沙漠化、盐碱化，而且进一步使生态失去平衡。工业文明的出现使得人类和自然的关系发生了根本性的改变：自然界完全不再具有以往的神秘和威力，人类再也无须像中世纪那样借助于上帝的权威来维持自己对自然的统治。但 20 世纪以来，伴随着环境污染、能源危机和核武器的威胁，人们越来越认识到科技的发展并未给社会带来真正的进步，反而使人类社会陷入了深深的不可摆脱的生态危机之中。正如恩格斯所警告的，“不要过分陶醉于我们对自然界的胜利，对于每一次这样的胜利，自然界都报复了我们”，人与自然的关系问题正式进入了人们的研究视野。

无论是远古时代，还是知识信息时代，人类都在自然环境的怀抱里生存，自然环境的重要作用是不容置疑的。因此，人们每走一步都要记住，人类统治自然界，决不能像站在自然界之外的人似的。相反地，人类连同其血肉和头脑都是属于自然界和存在于自然之中的，人们对自然界的全部统治力量，就在于人类比其他一切生物强，能够认识和正确运用自然规律。所以，人类必须重视地理环境的作用，走经济可持续发展的道路，顺应自然之道的发展才是人类经济发展的大道，才能为人类发展保留充满诗意的栖居空间。

实现人与自然的和谐发展，在当代已不再是一个理想的口号，它是人类基于全球性生态危机而提出来的关系整个人类生存和发展的现实问题。自从国际社会提出“可持续发展”观念以来，强调全球性可持续发展的理念已为世界各国所普遍接受，建立起一个新的人与自然和谐发展的“地球生态圈”成为新世纪人们的共同愿望。

第三节　空间表达：地理学描述世界的方法

理查德·哈特向认为“地理学家的任务就是用空间来描述和分析现象的相互作用，并加以综合”。空间作为地理事物存在的必然载体，是地理学首要关注的对象。对地理空间的研究，并不断总结规律，提出理论，发展相应地理空间描述语言，一直是地理学家主要的工作方向。究其原因，就在于地球表面上的一切地理现象、一切地理事件、一切地理过程，都以地理空间为发生背景，抽去地理空间的系统研究，或者不揭示地理空间的分布、形式、结构、规律等内涵，其余的有关地理的理论原则，就会失去存在的意义。

地理学的空间表达与其空间概念紧密相连，这也体现了地理学家怎样去描述他们所观察的世界的特色。空间是一个非常宽泛的概念，它涉及区位、地方、区域、分布、空间相互作用、尺度和变化等含义。

地理学描述世界的过程中，逐渐形成和发展了一些独特的空间表达方式，归纳起来大致有：图像表达、文字表达、数学表达、数字表达和认知表达五种形式。

一、图像表达

地理空间的视觉表达是地理研究的基石。地理学通过点、线、面的平面图像方式来反映与揭示各种自然和社会现象空间分布、相互联系及动态变化。这种传统的图像表达即是地图。地图被认为是人类认识自然的信息载体，客观存在的地理环境的概念模型。地图作为一种信息载体，是指通过地图的制作和应用过程，聚集大量有关自然和经济现象的位置、形态、动态和内部联系的空间信息，进而加以浓缩、复制、存储、传递，使用者能感受、量测、理解和利用。所以，地图既是地理研究成果的展示，也是地理研究的分析手段。地理学的地图表现方法或地图语言，是地理学有别于其他学科的、独立的、优于文字描述的表达方式。例如，国家的疆域可以用地图、文字等多种形式来表达，其中，地图是表示国家版图最常用、最主要的形式。在地图上可以形象直观地表示出国家的疆域范围和边界、各级行政区域、行政中心、主要城市等。地图除了是地理学的一种空间方法外，它也是一种文化工具，在人类的知识宝库中，将与语言、艺术并存。

著名地理学家巴朗斯基曾说“地图是地理学的第二语言，并且应该说它永远是更经济、更容易了解的语言。地图能使人很容易地了解许多在正文里往往必须用很多篇幅来叙述，但完全得不到充分效果的东西。”日本学者中村和郎与高桥伸夫说:“没有地图就没有地理学家。”地图不仅是地理学的工具和学科语言，而且是地理信息的储存库。例如，一套地形图，就负载了陆地海拔、居民点、运输线路、河流和其他许多方面的内容。使用地图可以加强人们对空间分布情况及各地理要素互相联系情况的了解，尤其是各种现象空间联系的知识。它既是地理学者对地物深刻理解、综合分析和抽象概括的成果，也是地理学分析问题的手段。地理学者应能根据研究目的选择一定比例尺、种类、精度的地图进行阅读，而且善于在野外使用地图以及学会运用地图语言表达自己的观点和思想，绘制各种专业地图、综合地图来说明地理科学问题。因此，地理学者将地图视为最主要的研究工具之一，习惯于依据地图上的现象去思考分析。换言之，充分利用地图，是地理学与其他学科最重要的不同方法之一。常用的地图分析方法有地图叠置法、古地图对比法等。

从空间分布的机理寻求事物的本质和属性，是地图分析的主要功能之一。很多事物内部机理复杂，仅仅在某一点采用解剖麻雀的方法往往很难认识其规律性，而把现象的空间特征联系起来，其发生学规律就清晰明朗化了。文艺复兴和地理大发现后，比例正确的世界地图出现。当时就有人通过观察世界地图，发现南大西洋两岸海岸线可以大致拼合。1910 年，德国地质学家魏格纳受到地图上大西洋两岸的非洲大陆和南美洲大陆具有对称和互补的海岸形状的启发，提出了大陆漂移学说。医学地理学家在研究地方病的发病原因时，常用地图叠加法，将地方病的分布与环境污染因素分布进行对比分析。例如，克山病重病区多发在海拔200～2000m，大体沿着兴安岭、长白山、太行山、六盘山到云贵高原的山区分布，处于湿润多雨、土壤富含腐殖质且偏酸性的低山丘陵农耕区，从而提出病因与地球化学环境中硒、钼、镁、铜、锌硝酸盐、有机酸过多有关和病原微生物致病两种病因的假说。若仅仅从发病地的环境条件研究，很难找出其病因。

自 20 世纪 50 年代以来，观察与分析技术有很大进步，如大比例尺地图、航空摄影采集地理资料、雷达和红外成像技术、电子计算机、卫星图像等，极大地提高了地图的质量和运用领域，同时，航空照片、卫星影像这些影像图也逐渐成为地理学现代图像表达的重要形式。

二、文字表达

文字是人类表达思想和交流信息的主要工具。当然，地理学家们也使用这种工具来记录和表达他们的思想，使用文字来记录他们观察到的地理现象，刻画他们所见到的景观，描述他们所关心的自然和社会现象的空间关系。例如，重庆的区域位置这个地理空间，可以用文字这样描述：重庆位于中国内地西南部、长江上游地区，地跨 105°11'E～110°11'E、28°10'N～32°13'N 的青藏高原与长江中下游平原的过渡地带；地界渝东、渝东南临湖北和湖南，渝南接贵州，渝西、渝北连四川，渝东北与陕西和湖北相连；辖区东西长 470km，南北宽 450km，面积 82402.95km^2。

三、数学表达

科学研究始于测度，西方学者凯尔文进一步说，“如果你能测度你的研究对象，并以数字表示之，那么谓之有所知。如果你不能用数字描述研究对象，那你的知识就是粗浅而片面的，或许你正要开始了解你的研究对象，但无论研究对象为何物，你的认识尚未升华到科学状态”。意大利伟大的科学先驱伽利略说数学是上帝用来书写宇宙的文字。地理学家们也在追求着用科学之王数学的语言来表达他们认识的自然世界和人类社会，以及它们的相互联系和空间分布。地理学的研究对象是一个非常复杂的巨系统，与它的环境有物质和能量的交换，对它进行综合分析一定要用系统科学的理论。系统分析方法是以计算机、地理数据库、地理信息系统为技术手段，应用多元分析、相关分析、回归分析、趋势面分析及模糊数学、灰色系统分方法、统计实验方法、综合评判、类神经网络分析方法和计算机模拟等，建立各种数学模型。诚然，由于地球表层系统的复杂性，目前还没有完善的数学方法和数学模型可以精确地描述它。

近几十年来，随着科学技术的不断发展，方法论研究的新成果也层出不穷。从系统论、控制论和信息论，到耗散结构理论、突变论和协同论，以及综合集成分析、混沌分析、分形分析、神经网络分析、模糊分析等各种不确定性分析等，令人眼花缭乱。非线性动力学，既可以像统计方法那样完全从资料出发，也可以像动力学方法那样从用微分方程描述的动力机制出发。既可以针对传统的统计方法为主要工具的“黑箱问题”和“灰箱问题”，也可以针对严格的微分方程形式的“白箱问题”。对非线性的、复杂的或混沌动态所产生的格局，地理学研究大量使用了分数维的方法以简化和表示非线性的、混沌的或复杂动态的结果。还用分维数对城市布局，以及卫星和地图影像进行了有用的分析和表征。由于地球系统的高度复杂性和非线性，建立系统的数学模型是主要的困难之一。尤其是经典的数学方法显得无能为力，于是混沌理论、分形等正在发展中的非线性科学理论方法引起许多地学工作者的注意，他们纷纷投身其中开展应用研究。

地理学的数学模型是现实世界的简化，它帮助人们理解地理要素是如何作用的。区域分布的空间模型、功能组合模型、空间相互作用和变化的过程模型是地理空间数学表达的主要类型。例如，地理空间引力模型是基于距离衰败原理和牛顿万有引力定律构造出来的用于衡量两个地区空间相互作用大小的模型，基本数学表达式为

$$I=M_a\times M_b/D$$

该数学模型表达了 a 和 b 两地的空间相互联系，即 a 和 b 两地的空间相互影响与两地的体量正相关，与两地间的距离成反比，换句话说，也就是两地的体量越大，相互间的联系就越紧密；两地间的距离越近，相互联系就越紧密。

四、数字表达

20 世纪 70 年代，以计算机的引进为标志，地图学进入信息时代，为适应计算机及信息传输工具的需要，便于输出、输入、处理、存储和更新，地图开始出现数字信息的新形式，借助地理数量方法，实现了计算机辅助地图制图。许多国家陆续建立了地图数据库。在地形图数据库基础上，欧美又进一步发展了地理信息系统。这类系统具备多维信息复合功能，包括社会经济统计、地面观测站网记录、地球物理场数据、多时相的遥感数据，以及多种专业的数学分析模型或地图专家系统，具有进行数学模拟试验和预测预报的功能。地理信息系统为地理学的区域性与综合性研究，提供了现代化的技术保证。

地理信息系统和计算机制图的应用，使得数字表达成为空间展示的重要方式，矢量数据、栅格数据的空间表达方法，催生了地理信息科学的产生。现代地图是一种以数字形式存在的动态和多维的地理空间表达。

五、认知表达

随着地理信息系统的广泛应用和地理信息科学的发展，地理空间认知逐渐成为地理学科关注的重要领域。地理空间认知是指在日常生活中，人类如何逐步理解地理空间，进行地理分析和决策，包括地理信息的知觉、编码、存储、记忆和解码等一系列心理过程。地理空间认知的主要内容是地理事物在地理空间中的位置和地理事物本身性质。

认知表达就是个人在心象上中对他们的环境信息或地理空间的表达。认知科学研究表明，人们的推理决策行为大多是在以定性表达基础上完成的，定性空间推理如导航、路线寻址中推理，空间方位的辨识，都是地理空间的认知表达。这种空间表达需要考虑认知主体在感知、辨析、识别、推理等思维活动中的认知心理原则。空间认知是定性的、非确定性过程，关注拓扑结构，需要特殊形式的图形来表达，如心象地图，人们日常生活中通常使用的地铁线路图，就是一种心象地图。

本 章 小 结

地理学是通过地方、空间和尺度的视野观察的区域分析；通过自然环境动态变化与人类活动社会动态变化的紧密结合的综合分析；从图像的、文字的、数学的、数字的和认知的方法的空间表达等视角来认识人们生活的家园：地球环境。

地理学家观察世界是通过空间关系的揭示而切入的。地理学的中心信条就是理解地表过程和现象的“区位要义”。“区位”既提供了看待过程和现象的横断方式，也提供了看待过程和现象的水平途径。地方之间的物质流与信息流不仅可以增强地方之间的差异性，在某种背景下，也会减弱地方间的差异性。

地理学家认为，观察的尺度对了解地方的地理现象和过程也是重要的。地理学研究对象格局与过程的发生、时空分布、相互耦合的特性都是依赖于尺度的，只有在特定的尺度上对其考察和研究，才能把握它们的内在规律。地理区域的内部复杂性和差异性是由尺度决定的；从尺度视角出发，使地理学家能够分析全球经济变化对局部事件的影响，以及局部事件对全球变化的影响。

地理学的根本出发点：关注人类如何利用与改造自然环境，以及自然环境与人类社会的关系，由此衍生三个层次的综合问题：自然环境系统的综合、人类社会系统的综合、环境与社会复合系统的综合（包括人类对环境的利用和影响、环境对人类的影响，以及人类对环境变化的感知和反应）。

地理学描述世界的过程中，逐渐形成和发展了一些独特的空间表达方式，归纳起来大致有图像表达、文字表达、数学表达、数字表达和认知表达五种形式。

思　考　题

谈谈你是如何理解地理学视角的独特性的？你认为与其他学科相比较，地理学观察、分析和描述世界有哪些优势？

主要参考和阅读文献

阿尔夫德雷 • 赫特纳. 1982. 地理学: 它的历史性质和方法. 北京: 商务印书馆.
胡兆量, 陈宗兴, 张乐育. 1998. 地理环境概述. 北京: 科学出版社.
理查德 • 哈特向. 1963. 地理学性质的透视. 北京: 商务印书馆.
美国国家研究院地学、环境与资源委员会, 地球科学与资源局重新发现地理学委员会. 2002. 重新发现地理学: 与科学和社会的新关联. 黄润华, 译. 北京: 学苑出版社.

第三章　地理学的发展历程

> **学习目标**
>
> 通过本章学习，应了解地理学有着悠久的学科发展历史，掌握不同时期地理学的主要特征和主要的学术成就，以及代表性的地理学者。了解地理学思想发展演化及其对人类文明的贡献，从而激发学生对地理学的热爱。

人类为了生存，必须适应地理环境，向自然界获取生活资料，逐步发展生产，人类与地理环境之间的关系日益紧密，通过观察、探索、利用和改造地理环境，人类对它的认识逐渐提高，日益积累了有关的知识，逐步形成了研究人类活动和地理环境相互关系的专门学科——地理学。在人类认识自然、认识社会、认识人与自然的关系、认识世界不同地区的过程中，以及其他自然科学、社会科学及技术发展的影响下，地理学的思想也不断发展和进步。

地理学的发展按人类文明发展进程，可以分为三个阶段，即古代地理学阶段、近代地理学阶段和现代地理学阶段。古代地理学即指 19 世纪中期以前的地理学，基本上是资料收集和地理现象描述，人类的地理学认识散现于哲学、历史学、文学、政治学、数理科学之中，基本上没有形成独立的科学体系。近代地理学是指 19 世纪中叶到第二次世界大战结束，地理学形成了独立的科学体系，并分化为自然地理学和人文地理学两大科学领域，地理学从描述地理环境发展到解释地理环境和人地关系。现代地理学是指第二次世界大战以后的地理学，向分析、预测地理环境和人地关系演化规律的方向发展。

第一节　古代地理学

古希腊和中国是东、西方文明的重要发源地，也是古代地理学的重要起源地，古希腊地理学和古代中国地理学都为地理学的发生和发展做出了重要贡献。

一、古代西方地理学

（一）古希腊地理学

古希腊最早的地理记述出现于公元前 13～前 12 世纪的《荷马史诗》中，《荷马史诗》是指两部历史性长篇叙事诗《伊利亚特》和《奥德赛》。《伊利亚特》叙述了在公元前 1280～前 1180 年特洛伊城战役的一段情节。这篇不朽的史诗是希腊历史上的最早文学巨著，很可能是在公元前 9 世纪整理出来的。《奥德赛》大约写在《伊利亚特》100 年以后，是一部对当时已知世界的边远地区的地理记述，它叙述了奥德赛在特洛伊城陷落以后回到家乡伊塔卡的艰险经历。在被一次风暴吹离了航道以后，他在遥远的地方漫游了 20 年。这两部伟大史诗都记述了远古时代的自然风光和探险经历，堪称西方最早的地理记述。

古罗马时代就誉为“历史之父”的希罗多德（公元前 484—前 425 年），也是古希腊地理学的祖师。他所著《历史》一书，共 9 卷。1～5 卷第 28 章，叙述了西亚、北非及希腊诸地区的历史、地理及民族习俗、风土人情。事实上，在希罗多德看来，全部历史都必须用地理观点来研究，而一切地理也必须用历史观点来研究，地理提供了自然背景和舞台场景，历史事实和它联系在一起才有意义。希罗多德对地理学的贡献是以他多年旅途中的亲身观察为根据的，他了解地球上的很多自然过程，如沉积到地中海去的尼罗河泥沙造成了三角洲、风总是从冷的地方吹向较热的地方。

古希腊地理学最主要的贡献是对地球球体的发现，即“地圆说”。公元前 6 世纪毕达哥拉斯制定了天体圆周运动的数学法则。公元前 5 世纪～前 4 世纪，两位伟大的希腊哲学家柏拉图和亚里士多德分别从演绎推理角度和实际观察角度提出地球是圆的看法，影响极为深远。

柏拉图（公元前 428—前 348 年）是一位用演绎法来进行推理的大师，认为地球上一切可以观察到的事物只不过是理念的拙劣摹象，或者说是完美的客体，一切可以观察到的事物都是从完美的客体退化下来的，或是处于客体的退化之中。他认为对称的形式是完美的属性之一，人类居住的低丘应该是用最完美的形式创造的，所以一定是球形。他宣称这个圆的地球位于宇宙的中心，许多天体环绕它进行圆周运动。

亚里士多德（公元前 384—前 322 年）坚信，建立理论的最好方法是观察事实，而证实一个理论最好的方法则是用观察到的事实去作对证。柏拉图用直觉来创立理论，并从一般到特殊来进行推理，而亚里士多德则从特殊到一般来进行推理，用以创立理论。对待事物的这两种思想方法就称为演绎法和归纳法。他接受柏拉图的地球是球形的概念，并开始寻找一个解释，他根据月食时地球的影子是圆的，人向北走的时候各种星辰的地平高度增加等事实判断地球是圆的。

古希腊地理学最显耀的贡献是在人类历史上，创造了地理学这个词汇。埃拉托色尼（公元前 275—前 193 年）是第一个创造了“地理学”这个词的学者，因此被人们称为“地理学之父”。但是正如人们看到的，许多对地理学思想有过重要贡献的人并没有被称为地理学家。然而，埃拉托色尼在很多方面把地球作为人类的家乡来研究为其特色，而这个特色现在仍然被继承着。埃拉托色尼出生于利比亚的希腊殖民地昔兰尼，后来在雅典，他接受了广博的教育，包括语言学和修辞学，旁及数学与哲学。他长期担任亚历山大图书馆馆长这个在希腊学术界最具威望的职位，埃拉托色尼对地球圆周的计算最为著名，他利用地表两地的距离和太阳入射角的关系测定了地球的周长。距今 2000 多年的古希腊，对地球的形状与大小能够有相当准确的认识，这是对科学的巨大贡献。

古希腊地理学以托勒密的不朽著作而告结束。托勒密是公元 2 世纪时期最伟大的希腊天文学家、地理学家。托勒密著有四本重要著作:《天文学大成》《地理学》《天文集》《光学》。《天文学大成》（13 卷）是根据喜帕恰斯的研究成果写成的一部西方古典天文学百科全书，主要论述宇宙的地心体系，认为地球居于中心，日、月、行星和恒星围绕着它运行。此书在中世纪被尊为天文学的标准著作，直到 16 世纪中哥白尼的日心说发表，地心说才被推翻。另一部重要著作《地理学》（8 卷）是古希腊有关数理地理知识的总结，主要以马里努斯的工作为基础，参考亚历山大城图书馆的资料撰成。第 1 卷为一般理论概述，阐述了他的地理学体系，修正了马里努斯的制图方法。第 2 卷～第 7 卷列有欧、亚、非三大洲 8100 处地点位置的一览表，并采用喜帕恰斯所建立的纬度和经度网，把圆周分为 360 份，给每个地点都注明经纬度坐标。第 8 卷由 27 幅世界地图和 26 幅局部区域图组成，以后曾多次刊印，称为《托勒密地图》。

（二）西方中世纪地理学

进入中世纪以后，科学在神学的压抑下发展很慢，而且被歪曲和颠倒。基督教寺院的学者们，不去科学地考察分析地球，而是竭力把各种文献资料和发现的事实与《圣经》中的经典协调起来。虽然中世纪也有一些诸如十字军东征、马可波罗旅行等地理实践活动，但在理论上，在古希腊地理学基础上不但没有前进，反而后退了，一切都用上帝的创造和意志来解释，甚至地图也在原来基础上退化了，相当正确的已知海岸线划定也不见了，代之以纯属幻想的 T-O 图。世界用一个四周环绕海洋的圆来表示。圆形面向着东方，在陆地的中间安排了一个 T 形水体。T 字的柄代表地中海，T 字上顶一端代表爱琴海和黑海，另一端代表尼罗河和红海。T 字的上方为亚洲，左下方为欧洲，右下方为非洲。恰好位于 T 字中心的上方是世界的中心——耶路撒冷。

中世纪时期，马可·波罗的东方之行是这个时期一个重要的地理发现。1271 年，当马可·波罗 17 岁的时候，他和他的父亲及叔父，从维也纳出发向中国长途旅行。到达中国时，马可·波罗受命于元朝忽必烈大汗，担任过到中国各地和其他地方官使命的使节，因而他能获得对于中国文化的深厚知识。1292 年，忽必烈为马可·波罗一行人派出了由 14 条大船组成的船队，从中国南部的一个港口驶出，花了 3 个月的航程到达爪哇岛和苏门答腊岛，在那里停留了 5 个月。船队继续驶往锡兰和印度南部，沿印度西岸到达波斯湾的古老港口——霍尔木兹。马可·波罗一行人终于在离别了 25 年之后的 1295 年平安地回到维也纳。数年以后，当马可·波罗关在热那亚狱中时，向一个同狱的犯人口述了他的中国及东方游记——《马可·波罗游记》。今天我们看来，他的这本书必然属于地理探险的伟大记载之林，但在中世纪的欧洲，它似乎和当时的其他许多书籍一样，满篇是荒诞有趣的故事罢了。

公元 5～15 世纪是一个异常的时期。世界各地通过直接观察收集了不少重要的新资料，但由于不同民族间语言的障碍和宗教的限制，而缺乏密切的交流。

（三）西方的地理大发现

14～16 世纪欧洲发生的两件大事件对西方地理学推动很大，并为近代地理学的诞生创造了条件，这就是文艺复兴运动和地理大发现。文艺复兴运动起源于意大利，后扩大到英国、法国、德国、荷兰等欧洲其他国家，在文学艺术上主张人文主义，反对禁欲主义和僵化的宗教观，在科学上，主张尊重实践、尊重自然，这是人类文化史上重要的思想解放运动。地理大发现是人类史上最伟大的地理实践活动。如果说前者为近代地理学大发展创造了思想基础，那么，地理大发现则为近代地理学大发展创造了实践基础。

“地理大发现”，是指欧洲人对离之遥远的地方的发现。“发现”是站在“欧洲中心”立场上的文化史家的看法。“地理大发现”的本来目的，一是出于传播基督教的热诚；二是对亚洲黄金、香料的渴求和以后转入贩卖非洲奴隶的需要。

大规模海上探险首先来自葡萄牙，其领导者是葡萄牙国王的第三个儿子亨利王子。1418 年他在葡萄牙拉古什港附近的圣文森特角上的萨格里什创设了世界第一个地理研究院，规划海上探险。开始，受到古希腊“热带不可居住”说的影响，船员们对炎热的热带十分恐惧，甚至见到岸边白色浪花就误以为是“沸水”，而畏惧不前。后来经过反复努力，1434 年吉尔·埃安内率领的船队绕过海岸在大洋中航行，到达 26° 7′N 以南的博哈多尔角，克服了热带人皮肤变黑、水沸的心理障碍，为后世环球航行打下了基础。1441 年亨利王子的航队向南航行很远，找到了黄金，俘获了奴隶，轰动了欧洲。热衷航海冒险的时代在欧洲开始了。

克里斯托夫·哥伦布（1451—1506 年）从小就迷恋于船只和航海问题，早年时期的哥伦布，就开始设想向西航行可能到达亚洲，深信地球是圆的。他思考着两个问题：第一个是，如果地球的圆周被分为 360°，那么每度有多长呢？第二个是，地球上已知的陆地向东伸展究竟有什么确切的证据？这两个问题都与向西航行到亚洲去要走多少距离有关，他从各种数字中选取了一个以求得第一个问题的答案，哥伦布接受了环球距离最小的数字，深信到亚洲去不是什么大问题。1476 年哥伦布移居葡萄牙，曾向葡萄牙国王建议探索通往东方的航线，未被采纳。1485 年又移居西班牙，其建议得到西班牙女王伊萨贝尔的资助，于 1492 年 8 月率“圣玛丽亚”号等三艘船和水手 87 人从巴萨斯港出发向西航行，寻找其心目中的亚洲，10 月到达了巴哈马群岛，继而到了古巴、海地等岛屿。次年返回巴罗斯港。他怡然自得，以为自己到达了亚洲的印度，称当地居民为“印第安人”（Indians），称加勒比海岛屿为“西印度群岛”。以后哥伦布又 3 次率西班牙船队向西远航，在大西洋上历经千辛万苦，到达多米尼加、牙买加、特立尼达等加勒比海岛屿，并登上了南美大陆。但他至死还认为自己到的是亚洲。他死后不久，一位叫亚美利哥·维斯普奇的意大利人才发现大西洋彼岸不是亚洲而是新的大陆，并用他的教名（Americus）将美洲命名为亚美利加（America）。美洲新大陆的发现无疑是人类历史上一座丰碑。

自此以后，有了新大陆的繁荣和进步，世界政治、经济、文化地图发生了根本性的变化。这一切与哥伦布的名字是分不开的。人们为了纪念他，世界各地有很多以他的名字命名的地区和团体，仅美国就有 4 个叫“哥伦布”的城市。

1497 年达·伽马（da Gama）率葡萄牙船队，避开强大的本格拉洋流和赤道以南沿岸的顶头风，在大西洋绕了一个大圈子，然后沿非洲西海岸绕过好望角、沿非洲东岸向北航行。经莫桑比克，穿过印度洋到达了印度，从而发现了这一苏伊士运河开通前欧洲人去亚洲的唯一航道，共用了两年时间，损失了一半船员和三分之一人员。他的冒险精神和英雄气概成了葡萄牙民族史诗《卢西塔尼亚人》的依据。这条航线发现以后，地中海、大西洋的欧洲文明与印度、中国文明为代表的东方文明连接起来，人类彼此隔绝的时代基本结束了。

葡萄牙人费南多·麦哲伦（1480—1521 年），探险家、航海家，1519 年率西班牙船队横渡大西洋，绕过南美洲后来以他名字命名的海峡（麦哲伦海峡），驶入太平洋。在茫茫的太平洋长期航行中，船员患了坏血病，历经种种困难，麦哲伦本人也在与菲律宾土人冲突中死亡。最后只剩下 18 名水手穿过印度洋，绕过好望角，于 1522 年 4 月回到西班牙。他们东行而西归，用事实证明了人类的故乡——地球是圆球体，堪称人类对自己故乡的首次最伟大的全面观察。当时，探险家们面临五个重要问题：①如何在长期航行中维持健康；②如何使航海的正确性更臻完善；③如何精确测定经度；④如何在一张平铺的纸上，表示整个地球的球状表面或部分的地球表面；⑤如何在世界地图上消除托勒密的许多错误概念。在地球表面测量距离、方向和确定位置是长久而困难的问题，航海家们视磁性指南针为决定方向的最好方法，而决定纬度则依靠对某些星辰或太阳高出地平线高度的观察，对于测量航海速度的探索，英国水手发明了圆木测程仪。测量经度需要在海上设法保持正确的时间，英国制造时钟的专家约翰·哈里孙，应赏英国议会悬赏的两万磅，造出了测时误差很小的摆钟。墨卡托以他在 1569

年绘制的世界地图而闻名，这是一幅用于中纬度和低纬度航海的唯一地图，墨卡托的投影对大陆形状的改变，是反映整个世界轮廓的一切图形中最为著名的一种，到1630年，墨卡托的投影已经完全替代了所有其他投影，用于低纬度和中纬度的航海，迄今它仍然是用于这方面的唯一投影。

英国船长詹姆斯·库克（1728—1779年）1768年、1772年、1774年三次远航，用南大洋航行的事实最终从地图上消除了古希腊地理学的南方大陆说。他深入南大洋腹地，到过塔希提岛、新西兰、托雷斯海峡、夏威夷群岛，直达太平洋南部71°10′S处，仍未发现南方大陆。他带回了南半球为广阔海洋的第一个权威性报告。用三次航行的亲身实践，在以前探险家的基础上最后绘出了世界基本地图的主要轮廓。

地理大发现证明了地球是圆的，也证实了地球上广大海洋的存在，弄清了海陆的基本轮廓，明确了地球的形状、大小和运动形式，搜集和积累了大量的海洋、生物、地质资料，引起了地理学界的新思考，使地理学有可能建立自己的理论体系，形成全球性的科学的理论思维，产生了行星风系理论、季风理论、均衡河谷学说、墨卡托投影、等高线制图地理学重要理论和方法。地理大发现之后，科学地理学的产生已成呼之即来的必然趋势。

二、中国古代地理学

（一）秦汉以前

早在公元前1217年我国的殷代，甲骨文上就有天气现象（雨、雪、雹、霾、雷、雾）和降水强弱的记载。我国最早出现“地理”一词见于《周易·系释》中，有“仰天以观天文，俯以察于地理”之句。最早的地理著述有战国时代的《山经》《尚书·禹贡》等，那时就比较详细地记述了我国的山川、水系、矿藏、动植物等地理要素，《禹贡》还将全国分为冀、青、徐、扬、荆、豫、梁、雍、兖九州，以都城为中心由近及远分为甸、侯、绥、要、荒五服，体现出区域思想的萌芽。我国的地图起源也很早，原始岩画既有山川道路之图，据《周礼》《管子·地图》《孙子兵法·地形》记载，地图已广泛应用于管理疆土、户籍、贡赋和战争。

《尚书·禹贡》是战国时魏国人士托名大禹的著作，因而就以《禹贡》名篇。这是撰著这篇《禹贡》的人士设想在当时诸侯称雄的局面统一之后所提出的治理国家的方案。《禹贡》全书1193字，以自然地理实体（山脉、河流等）为标志，将全国划分为9个区（即“九州”），并对每区（州）的疆域、山脉、河流、植被、土壤、物产、贡赋、少数民族、交通等自然和人文地理现象，作了简要的描述。

（二）秦汉—明清时期

秦汉以后我国较长时间形成了繁荣统一的大国，为地理学的发展创造了较好的条件。这一时期，中国出现几次影响世界的地理探索与发现，也推出了不少地理著作和典籍。

汉、唐盛世中国人的地理视野极为广阔，北到贝加尔湖以北，接近北极圈，南到南洋群岛、印度尼西亚苏门答腊附近，东至日本、东南亚，西到中亚、西亚和欧洲。

早在公元前139年，张骞（公元前164年—前114年）奉汉武帝之命，由匈奴人甘父做向导，率领100多人出使西域，打通了汉朝通往西域的南北道路，即赫赫有名的丝绸之路，汉武帝以军功封其博望侯。他是丝绸之路的开拓者，被誉为“第一个睁开眼睛看世界的中国人”。他将中原文明传播至西域，又从西域诸国引进汗血马、葡萄、苜蓿、石榴、胡麻等物种到中原，促进了东西方文明的交流。

公元 399 年，晋代高僧法显等从长安出发，经西域至天竺，游历 20 多个国家，收集了大批梵文经典，前后历时 14 年，于义熙九年归国。其著述有《佛国记》《佛游天竺记》《历游天竺记传》等。《佛国记》长卷记述的地域甚广，对所经中亚、印度、南洋约 30 国的地理、交通、宗教、文化、物产、风俗乃至社会、经济等都有所述及，是中国和印度间陆、海交通的最早记述，也是中国古代关于中亚、印度、南洋的第一部完整的旅行记，在中国和南亚地理学史及航海史上占有重要地位。

公元 627 年，唐代名僧玄奘西行求法，出玉门关，越莫贺延沙漠取道伊吾（哈密）高昌（吐鲁番），沿天山南麓，经大清池（伊塞克湖）北岸而西，然后到塔什干等国，过大雪山至印度。在印度游遍天竺、恒河及印度河流域。后从南路经喀什、和田、敦煌回长安，历时 18 年的时间，经过 110 多个国家，行程 5 万余里。

公元 1405 年，明成祖朱棣命三宝太监郑和从太仓的刘家港起锚（今江苏太仓），率领 200 多艘海船、2.7 万多人开始了远航西太平洋和印度洋的壮举。1405～1433 年，郑和七下西洋，曾到达过爪哇、苏门答腊、苏禄、彭亨、真腊、古里、暹罗、榜葛剌、阿丹、天方、左法尔、忽鲁谟斯、木骨都束等 30 多个国家，最远曾达非洲东部，红海、麦加，加深了明朝和南洋诸国（今东南亚）、西亚、南亚等的联系。郑和的航行之举远远早于近一个世纪之后的葡萄牙、西班牙等国的航海家，如麦哲伦、哥伦布、达伽马等人，堪称是“大航海时代”的先驱，也是唯一的东方人。

由此看来，我国地理实践的历史是悠久的，规模是宏大的。要说“发现”的话，中国人可以毫不夸赞地说，早在西方“地理大发现”很久以前，是中国人首先发现了印度，发现了非洲，发现了后来“发现”我们的欧洲人。

秦汉—明清时期的地理著作也是非常丰富的，有的是专门的地理著作，有的则夹载于文学、历史、哲学、技术等文献之中，其中，最有代表性的有郦道元的《水经注》、沈括的《梦溪笔谈》和徐霞客的《徐霞客游记》。

《水经注》是我国古代地理名著，是为三国时代成书的《水经》作注，北魏的郦道元（公元 466—527 年）从原来《水经》的 137 条河流增补至 1252 条河流，《水经》全书达 40 卷、20 余万字，是我国当时对陆地水文知识的一次大综合。以河流为线索对流经的山、湖和注入的海洋进行连贯记述，对河流变迁进行了考证，并对此前的黄河三次改道都做了考证，对水系区的水讯、泥沙、岩溶、季节变化也都详加分析考证，被后世学者赞为“其注水经，妙绝古今”。郦道元在《水经注》中记述了全国 1252 条河流及其流经区域的地理情况、建制沿革、历史事件及民间传说，为自然科学和人文科学提供了丰富的研究资料。

《梦溪笔谈》是北宋沈括（公元 1031—1095 年）写的综合科学著作，其中有很多自然地理论述。在气候方面，他指出了气候的水平分布规律，指出南北植被差异是气候所致。他指出了气温随高度降低的规律，正确解释了白居易的“人间四月芳菲尽，山寺桃花始盛开”的道理。在自然环境变迁方面，他根据化石解释了沧海桑田的变化。他强调月亮是形成潮汐的主要原因。指出港口“平均高潮间隙”。在制图方面，他编修了天下州县图，采用“二寸析百里”的大比例尺制图。

《徐霞客游记》是明末伟大的地理学家徐霞客（公元1586—1641年）的地理考察著作，达69万字之巨。徐霞客30年如一日，考察了祖国名山大川，写下了大量的游记。对岩溶地貌的成因和类型进行了专门研究，比欧洲最早的喀斯特地貌分类早200多年。他进行了大量河源考察，纠正了研习已久的长江发源于岷山的错误认识。《徐霞客游记》开辟了地理学上系统观察自然、描述自然的新方向，既是系统考察祖国地貌地质的地理名著，又是描绘华夏风景资源的旅游巨篇，还是文字优美的文学佳作，在国内外具有深远的影响。

除地理著述外，我国古代其他科学著述如《吕氏春秋》《氾胜之书》《齐民要术》《农政要术》《本草纲目》等中也有不少地理理论、地理知识方面的论述。

方志的流传与发展是我国地理学的一大特色，也是一大优势。方志是以行政区域为单位，记述其疆域、山川、建置、沿革、户口、田赋、物产、城郭、风俗、人物、职官、名胜、古迹、水利、桥梁、祠庙、艺文、灾异等，称得上是人文变迁结合于一体。

方志起源很早，在我国已有 2000 多年的历史，中央志由专门官员掌握、载四方之事，供王者阅知。地方之志，由地方官和民间绅士文人主撰，供乡土研究之用，代代相传，越来越丰富。全国统一的区域志以《禹贡》为最早，其后有《汉书·地理志》、《元和郡县志》（唐）、《太平寰宇志》（宋）、《大元大一统志》、《大清大一统志》等。宋代以后至明清两朝，地方志大增，明清的地方志就占我国保存下来的方志总数的90%以上，8000多种地方志中清代地方志就有5518种之多，为地理研究提供了极好的素材。我国的方志是重要的文化遗产，至今仍不失为政治、历史、自然科学、地理科学研究的重要文献。方志在我国文化典籍宝库中仍占有极其重要的地位。正是由于有方志的传统形式，我国古代地理资料才优于同时代其他任何国家，为我国地理学的发展提供了极为有利的条件。

我国古代地图测绘历史也是源远流长。传说中黄帝时代就已使用军事，春秋战国时期中央政府和诸侯已有专门管理地图的官员。

我国早在汉代就懂得三角测量。东汉张衡（公元78—139年）的浑天仪和地动仪的发明，在观测天象、了解地球位置和运动，以及测算地震方面，当时都属世界先进技术。

我国传统制图理论的奠基人首推西晋的裴秀（公元223—271年）。他提出的“制图六体”原则：一曰分率（比例尺）、二曰准望（方向）、三曰道里（距离）、四曰高下、五曰方邪、六曰迂直，在我国地图发展史上具有划时代的意义，自西晋至清初，“制图六体”始终是我国地图法制的重要原则。据其理论绘制了《禹贡地域图》《地形方丈图》等全国地图和后来宋代的《华夷图》《禹迹图》元代的《舆地图》《广舆图》，这些都是传统地图的精品。

元代的郭守敬（1231—1316年）进行了大规模的全国测量，创制了简仪、高表仰仪、立运仪等十多种仪器，遍布东西宽3000km、南北长5500km的广大范围。其内容之多、范围之广、精度之高都是空前的。

明中叶以后，随着西方文化传入我国，西方的测量绘图技术也传入了我国，进入了传统测量绘图方法与西方技术结合发展的时期。公元1629年明代科学家徐光启采用西方的测量技术，实际测定了北京、南京、南昌、广州的纬度，并推算了山东等11个布政使司治所的纬度。清康熙皇帝很重视自然科学，命外国传教士率领我国测绘人员进行了全国性经纬测量。同时，清朝还派我国测量人员测绘了西藏地图，珠穆朗玛峰就是这次测绘中发现的。到18世纪初我国已完成清康熙年间制作的《皇舆全览图》和乾隆年间制作的《乾隆内府舆图》都是采用地图投影方法在实测基础上绘制的地图，其海陆轮廓、地物位置与现在地图极为接近。

明朝中叶以后，西方经历了文艺复兴、地理大发现、地理理论、地理知识、绘图测量技术爆发性地发展，而这时的我国依然处在闭关锁国的封建统治时代，地理科学明显落后于人，在吸收西方文化知识的同时，我国的近代地理学在清末民国初年逐渐发展起来了。

三、古代地理学的特征

自远古到 19 世纪上半叶，基本是积累地理知识和资料的阶段，地理学研究问题广泛、零星分散，以描述自然和人文现象为中心，但往往和哲学、宇宙学、历史学等交错在一起，表现为百科全书式的著作。

这个时代，一个伟人能为今日认定的学术领域做出多种贡献，如柏拉图、亚里士多德。随着欧洲文艺复兴、产业革命和世界范围的地理大发现，人们对地球的整体才有认识，对地球表层的一些现象采用实地度量方法，并在描述的基础上进而试图解释，进行比较系统的研究，开始出现地理研究的专门化，但仍然缺乏理论体系，地理学内部尚未出现学科分化。

第二节　近代地理学

一、近代地理学的创立

19 世纪初期，在欧洲的上流社会中，开始出现一些热心探索地球奥妙和喜欢大自然的社会贤达，他们聚集在一起成立了以地理为主题的学术共同体（地理学会），开展学术沙龙、建立出版物，发行学术杂志，以展示和宣传他们对人类生活的地球的学术认识和观点，这极大地推动了地理学科的诞生。这一时期，地理学会的建立、大学里地理教授位置的设立及独立的地理系科的出现，这些事件的出现标志着近代地理学的诞生。

人类历史上第一个以地理为职业的地理学教授，1809 年在法国巴黎索邦大学出现；第一个地理学会法国地理学会，1821 年在法国巴黎成立；第二个地理学会德国地理学会，1828 年在德国柏林成立；第一个大学地理系，1820 年在柏林大学建立，同时，德国的主要大学也都设有地理学教授的职位；英国皇家地理学会，1830 年在伦敦成立，英国第一个地理学教授 1833 年出现在伦敦大学学院。

二、德国的近代地理学

在近代地理学创立中德国占有特别的重要地位，地理学界公认的近代地理学的创始人洪堡和李特尔皆为德国人，同时德国还涌现了一批伟大的地理大师。

洪堡（Humboldt,1769—1859 年）早年就读于哥廷根大学、弗莱堡矿业学院，曾任宫廷大臣等要职。一生考察了欧洲、北美、中南美、西伯利亚等地，著有《宇宙》《植物地理论文集》《西班牙王国政治论集》《新大陆热带地区旅行记》等著作。洪堡正确地揭示了自然界各种事物间的因果关系，把包括人在内的自然界看成是一个统一的、充满内在联系的、永恒运动的整体；探讨了地形、气候与植物的关系，创立了植物地理学；他制作了世界第一幅等温线图，提出了大陆性的概念；他提出了花岗岩、片麻岩等火成岩的岩石成因；提出了“磁暴”这一科学术语，发现了地磁强度从极地到赤道递减的规律。认为人类是自然的一部分，人类的种族、民族是平等的。在地理学诸多方面都做出过重要的学术贡献，组织了第一次国际科学会议（1828 年），高瞻远瞩地建议开凿贯通两大洋的巴拿马运河。洪堡是一个时代的顶峰，也象征着一个时代的结束，自他以后进入科学大分化的时代。洪堡从直接观察事实出发，运用比较法，揭示了自然现象的因果关系，从而对僵化的自然观在自然地理学方面打开了缺口，创立了自然地理学。恩格斯称赞他的事业是对欧洲保守的、僵化的，（上帝）目的论的自然观的第六个打击力量。洪堡的科学成就和著作推动了近代自然科学的发展，在世界上产生了很大影响。为纪念洪堡，德国建有洪堡基金会，资助世界各国的自然科学研究。

李特尔（Ritter，1779—1859 年），与洪堡同是近代地理学的创始人，毕业于哈雷大学，对德国、瑞士、意大利进行了大量科学考察，1820 年任柏林大学地理系主任，撰写了《欧洲地理》《地学通论》等著作。李特尔确立了地理学的概念体系，把地理学从博物学、一般的自然科学中分立出来，将地球表面作为地理学的研究对象。他在《地学通论》中写道："不久的将来，地理科学的体系将提高到更高的阶段，将和生理学、文法学、哲学并肩齐飞。"自他的《地学通论》出版以后，欧洲各大学地理系相继成立，普鲁士各大学陆续设置了地理教席（由教授头衔的学者担任），标志着地理学成为一个有较完整体系、独立研究对象的科学确立起来了，地理学的科学地位得到普遍承认。他最早阐述人地关系和地理学的综合性和统一性，奠定了人文地理学基础。他倡导近代地理学的因果关系研究、比较研究和形态地理研究，在地理学科学体系、科学思想的建设上做了奠基性的贡献。

继洪堡和李特尔之后，德国出现了许多有贡献的地理学家，如地貌、地质、自然地理学家李希霍芬（Richthofen,1833—1905 年）、提出第四纪冰期理论的阿·彭克、气候学家柯本、人文地理学家拉采尔、区域地理学家赫特纳、景观生态学家特罗尔等。

李希霍芬，德国地理学家，地质学家。早年从事欧洲区域地质调查，旅行过东亚、南亚、北美等地，多次到中国考察地质和地理，曾对中国的地表形态作过假说。其对于什么是地理学这一问题的答案，在德国国内和国外都有巨大的影响。他说：地理学的特殊目的是集中研究地球表面上相互联系的各种现象，为了要取得有益和可靠的结论，地球表面上任何部分的地理研究都必须以详细描述自然现象开始，然后推进到考察地球表面的其他现象与基本自然结构的关系。作为一个有经验的野外观察者，李希霍芬对于在野外进行直接观察所能学到的东西具有深切感情，并创立了方志学或区域研究。他认识到除了把世界看作是一个整体外，还必须考察地球表面的更细小的片段，他用不同的方法来研究大小不同的地区，这些大小不同的地区（按由大到小的次序）分别为地球主要部分、大区、景观区或小区和地方。李希霍芬确认，地理学必须限于研究地球表层，即岩石圈、水圈、大气圈和生物圈相互接触的地方。

三、西欧北美近代地理学

西欧、北美近代地理学除德国以外，主要以英、法、美三国地理学为代表。

英国地理学最著名的是麦金德（Mackinder）的大陆腹地学说。麦金德是政治地理学家、历史地理学家，牛津大学第一任地理学教授、地理系主任，是英国地理学的代表人物。著有《不列颠与不列颠的海洋》、《历史地理枢纽》和《民主理想与现实》等名著。麦金德的大陆腹地论，实际上是把世界历史的广大潮流放在全球地理所提供的舞台上的一个模型。他把欧亚大陆和非洲合称为"世界岛"，世界岛的最偏远部分称为"腹地"，腹地内的河流不是注入内海如里海，就是注入封冻的北冰洋。从腹地的一端像一个半岛伸出的是阿拉伯和撒哈拉荒漠。相反，在这片人口一般稀少，又和海洋远离、交通困难的弯曲部分的两边，则是大陆边缘地带，即接近海洋的欧洲边缘带和所谓季风边缘带。在这些边缘地带内居住着世界人口的大部分。麦金德把撒哈拉以南的南部非洲称为南部腹地，战略重要性较小，但却和欧亚内陆一样，和海洋不接近。他没有把美洲估计在内，只是把它和澳大利亚一样说成是中心大陆边缘以外的附属地区。麦金德的主题思想来自大陆腹地的征服者对边缘地带一再的侵略。他追溯到史前时期的人类是从大陆腹地向着三个方向迁移扩散的：向东南方向到季风边缘地带和澳大利亚，向东北方向经西伯利亚和阿拉斯加到美洲，向西到欧洲边缘地带和非洲南部腹地。在整个历史中，早期的移民就是一再地按这些路线被后来的移民侵略和征服的。他断言：边缘地带易受来自大陆腹地的攻击，而大陆腹地则由于海权国家无法进入内陆而得以保持安全，这是被历史一再证实了的。

除麦金德以外，英国地理学家还有商业地理学的创始人奇泽姆、自然区划学家赫伯森。英国地理学除了政治地理学、历史地理学方面在世界很有影响外，也非常专注地理学的实际运用。英国皇家地理学会耗用大量经费资助地理学家在英国本土和世界各地进行探险考察。在区域研究方面也获得丰硕成果，最著名的是斯坦普领导的英国土地利用调查，为第二次世界大战期间英国的粮食增长和以后的国土规划、城市规划做出了贡献。

法国地理学家在欧美地理学中独树一帜。保尔·维达尔·德·拉·白兰士（Paul Vidal de la Blache）是法国近代地理学的奠基人。他主张的“或然论”比拉采尔的“地理环境决定论”和苏联的“生产关系决定论”都表现出人与环境关系的灵活性和主动性。他的思想使法国地理学摆脱了地理环境决定论的束缚，没有产生人文地理与自然地理尖锐对立，也没有陷入自然中找人生答案的困境。他还提出“生活方式”的概念。维达尔还十分重视小区域的研究，注意人及其周围的紧密关系，认为这是训练地理学家的最好途径。他的思想对以后出现的地理学的土地研究、局地地理学研究是有启发作用的。总之，他给法国地理学留下了一个良好的传统，使法国地理学没有招致其他欧洲国家所出现的一系列争论和麻烦，无论是社会文化地理还是自然地理研究都比较深入，这得益于他最早的两个门生，即为人文地理学领路的白吕纳（Brunhes）和为自然地理学领路的德·马东南（de Martonne）。

白吕纳不仅详细说明了维达尔的人生地理学思想，还把这些思想传布到其他国家去，他提出了一项人地学事实分类法，这就使维达尔的概念更易于在课堂上传授。白吕纳说，两幅基本世界地图对于理解人生地理学是极为重要的，一幅是世界水体图，一幅是世界人口图。他把人地学的基本事实分为三大纲：①地面上建设事业的非生产占有；②动植物的利用；③经济上的破坏。然后，他以几个边界明确、人地关系显著的小区域来阐明这些基本事实纲目的应用。

德·马东南具有良好的地质学、地球物理学和生物学根基。在他看来，自然地理学是一个地区整个地理研究的基本部分，正如在他的瓦拉西亚平原和喀尔巴阡山地的区域论文中所首先表明的那样。在他所有专业经历中，他保持着对中欧地区和对地貌学与气候学的兴趣，成为世界上著名的自然地理学者之一，并且是两次世界大战之间欧洲最有影响的地理学者。

20 世纪前半叶，美国地理学起到了近代欧美地理学领头羊的作用。戴维斯（Davis）是美国地理学的奠基人之一，他在 1899 年创立了地貌侵蚀循环学说（又称为地理循环学说），着重分析了湿润气候条件下流水侵蚀作用造成的地貌演化理论。戴维斯根据流水侵蚀地貌发育过程中的地表形态特征，顺序提出“幼年期”“壮年期”“老年期”的地貌概念。以初始海岸平原运动被抬升后的地貌演化为例，说明各期地貌的主要特征，如果这一地区经过一段迅速抬升期后，地壳运动长期保持稳定，在流水侵蚀作用下，其演化过程如下。

（1）幼年期：被抬升后初期地貌景观如同一些有轻度河流作用的高原，只有很稀疏的短小河流，河谷不深、谷底狭窄。河流之间有开阔平坦的高地，地面排水不佳，常有沼泽、湖泊。之后随河流深切，水系加密，地面被强烈分割，形成如同一些大型山脉内部的高山、深谷景观。这时河流比降最大，如切过硬岩地段，有瀑布或急流，河谷横剖面形成V形谷，谷底狭窄，无河漫滩，谷坡陡峭。原先河谷间的开阔高地被分割成起伏很大的山岭。

（2）壮年期：河流纵剖面先后达到平衡剖面。首先是干流趋于平衡状态，经侧蚀拓宽，谷底开始发育自由曲流和河漫滩，随之各级支流也相继出现这些现象。在壮年期，抬升以前原始高地面全被蚀去，块体运动与坡面冲刷，使整个山脊高度降低，地形起伏趋于和缓，变为低丘、宽谷，并广泛发育风化壳。

（3）老年期：这个时期的河谷更加宽阔，河流蜿蜒于宽阔的河漫滩上。分水岭因坡面冲刷和缓慢的风化碎屑物蠕动，变得更加和缓，最后形成波状起伏的准平原，略高于侵蚀基准面。在准平原上仅有一些抗蚀性能强的坚硬岩石组成孤立的丘地，称为蚀余山。

美国地理学从第一次世界大战到20世纪50年代处于变革过渡时期，地理学的焦点逐步转向社会科学，同时出现了“人类生态学”思潮，以及地志学、历史地理学、应用地理学等趋向。美国地理学一般不拘泥于科学体系上的束缚，比较注重实际问题的解决和研究。地理学在资源调查、土地利用、土地调查、商品市场研究、军事、领土、外交、政治等各个方面发挥了实际作用。自然地理很注重局地地理学研究，人文地理方面注重社会地理研究。

四、俄罗斯及苏联近代地理学

俄罗斯地理学家首推道库恰耶夫（1846—1908 年），他是自然地理学家、土壤学家。曾任彼得堡大学地理教授。最早提出土壤是在母质、气候、生物、地形和时间五种因素相互作用下形成的历史自然体，创立了成土因素说，建立了土壤地带学说，是土壤地理学的奠基人。他把土壤地带学说发展为自然地带学说，从综合的、系统的、整体的角度论述了自然地带性，对地理学特别是自然地理学做出了历史性的贡献。道库恰耶夫的综合研究传统，是后来苏联的自然综合体学说、景观学说的渊源。这一思想直至目前仍然是自然地理学的理论基础。道库恰耶夫的思想对于西欧地理学者的影响不大，不仅是由于他的著作是用俄文写的，还由于在西欧很少有观察到地带性土壤的机会。使道库恰耶夫的工作驰名于国外的主要学者是K.D.格林卡,1908年，他就世界地带性土壤发表的重要著作，把道库恰耶夫的地带性土壤类型这一概念，扩大应用到并不出现于俄国境内的地带性土壤类型。道库恰耶夫的土壤学观点在美国得到了热烈拥护，因为美国与西欧不同，地带性土壤可以在广大的平原上观察到。

巴朗斯基（1881—1963 年）是苏联最有影响的地理学家，他是当时学术界居关键地位的地理学者，也是苏联经济地理学区域学派的奠基人之一。他强调经济地理与自然地理的结合，重视自然条件的研究，倡导“地域生产综合体”研究。20世纪初，巴朗斯基在托木斯克大学读书时，就从事反对政府的地下活动，到1917年，他已成为重要的布尔什维克之一。正如萨乌式金所说的：“地理学（特别是经济地理学）的研究对巴朗斯基来说，是他的革命党工作的一个必然的继续。他把它看作是改造世界的一种有力工具，看作是建设共产主义和训练与教育人民的有力工具。巴朗斯基明确地注意到地理学在认识世界中的作用，在认识党的力量和党的思想的方向上的作用。”

在自然地理方面，苏联地理学家也有很多贡献，如苏卡乔夫的“生物地理群落”概念、伊萨钦科的“自然综合体思想”、贝尔格的景观学说、波雷诺夫的景观地球化学迁移理论和风化壳研究、格拉西莫夫的“建设地理学”思想及维尔纳茨基的“智慧图”概念等，在世界地理学中都产生了重要影响。

苏联幅员广大，横跨欧亚两大洲，穿过几个气候带，给地理学研究创造了良好的条件。由于历史、政治、文化、语言等各方面的原因，苏联不像英语国家那样容易受德国地理思想的影响，而有其独特的地理学研究传统。但是由于长期“左”的思潮影响，对地理环境决定论有过火的批判。“二元论”“生产关系决定论”影响很深，给地理学发展带来了一定的不利影响，地理只分自然地理和经济地理两大类。社会文化地理研究很薄弱，自然地理与经济地理之间的联系也不够深。

五、中国近代地理学

鸦片战争以后，中国学习西方先进科学技术，富国强兵的呼声日益高涨，除兴办洋务、兴办实业外，也编译了大量西方科学技术书刊，西方的地理学理论和知识在我国传播。

张相文是我国近代地理学的先驱。1897 年在南洋公学留学生班讲授地理课，此后在天津女子高等学校、北京大学从事地理教育。1901 年出版了我国最早的地理教材《初等地理教科书》《中等本国地理教科书》。1908 年编著了中国第一部自然地理著作《地文学》，1909 年在天津发起中国第一个地理学团体——中国地学会。1910 年创办了中国最早的地理学期刊《地学杂志》，这个时期由于张相文等的努力，地理教育已经有相当程度的普及，西方的地理学思想从少数学者转向民间，为我国近代地理学的形成和发展做了准备。

1920 年以后我国东南大学、北平师范大学等一些高等学校先后创立了地理系和地学系，由竺可桢、翁文灏等讲授地理课程，培养了我国第一批近代地理学家。1934 年成立了中国地理学会，创办了《地理学报》。1940 年中国地理研究所成立，标志着我国近代地理学已经形成。

中国近代地理学的奠基者竺可桢，创建了东南大学地学系（现南京大学地理与海洋科学学院）、国家气象研究所，并主持浙江大学教育工作，编著了中国第一部高等学校地理教材《地理学通论》。在他的领导下，全国建设了 100 多个气象站，东南大学地学系和浙江大学成为全国地学人才最重要的基地之一。竺可桢专注于气候学研究，特别是台风、季风的研究，著有《远东台风的新分类》《中国气候区域论》《东南季风与中国雨量》等。他引进美国思想。在哈佛大学，他通过罗伯特·华德吸取了尤利乌斯·冯·汉恩的描述性气候学的思想，但他也从华德那里采纳了气候条件对人类的影响的观点。当他于 1922 年在南京担任地理学教授时，向他的学生们指出了中国境内巨大的气候差异对于居民生活的意义。他受到埃尔斯沃思·亨丁顿（Ellsworth Huntington）的气候循环说的启示，根据中国古籍的长期历史记载，论述了中国旱涝的变化周期；但缺乏近代气候资料。他担任南京气候研究所所长时，着手建立了遍及全国大部分地区的设备完善的天气预报站，这是一件不朽的工作，他的学生们，不论是国内培养或是在国外培养的，都成了现代的自然地理学者。

除竺可桢以外，我国近代著名的地理学家还有自然地理学家翁文灏、任美锷、林超，气候学家涂长望，地图学家曾世英，人口地理学家胡焕庸，地理学史家王庸，人文地理学家李旭旦，历史地理学家谭其骧等。

翁文灏（1889—1971 年），字咏霓，浙江鄞县（今属宁波）人。出生于绅商家庭，清末留学比利时，专攻地质学，获理学博士学位，于 1912 年回国，是民国时期著名学者，中国早期的最著名地质学家。对中国地质学教育、矿产勘探、地震研究等多方面有杰出贡献。他担任过私立焦作工学院（今中国矿业大学和河南理工大学）的校董，曾以学者的身份在国民政府内任事，抗日战争期间主管矿务资源与其生产。

胡焕庸，字肖堂，中国江苏宜兴人。地理学家，华东师范大学教授，中国现代人文地理学和自然地理学的奠基人。他引进西方近代地理学理论和方法，从人地关系的角度研究我国人口问题和农业问题。提出中国人口的地域分布以瑷珲—腾冲一线为界而划分为东南与西北两大基本差异区;并首次提出中国农业区划方案。他在培养地理人才，创建研究机构、学术团体、学术刊物等方面都做出了重要贡献。

李旭旦，江苏江阴人，1934 年毕业于中央大学地理系。1939 年获英国剑桥大学理学硕士学位。曾任中央大学教授、地理系主任。中华人民共和国成立后，历任南京大学、南京师范学院、南京师范大学教授、地理系主任，中国地理学会第四届常务理事、人文地理专业委员会首届主任委员、世界地理专业委员会副主任委员。中国民主同盟盟员。专于人文地理学，提出用综合方法划分地理区域的观点，晚年大力提倡复兴区域地理和人文地理研究，撰有论文《中国地理区域的划分》。

中国近代地理学起步晚，学术上受欧美学派影响较深。旧中国政治腐败，经济贫穷落后，战乱不断，使旧中国的地理学发展步履艰难，尽管地理学家满怀报国热情，但也难以发展。国家没有组织一次大规模的地理考察。科学研究、地理考察要靠地理学家四处募捐乞求，出版的地理书刊极少，气候观测点也少得可怜。在这种艰难环境下，通过地理学家的努力，我国的近代地理学还是建立发展起来了。

六、近代地理学的特征

近代地理学于 19 世纪中叶创立于德国，从描述地理环境发展到解释地理环境和人地关系，对各种地理现象进行条理化归纳，并对它们之间的关系进行解释性描述，使地理学形成了独立的科学体系，也使地理学成为大学的一个专业和职业。统一的地理学分化为自然地理和人文地理两大科学领域及综合性的区域地理学。自然地理学和人文地理学以解析地理事物运动的原因为主，努力去建立一些法则，区域地理学除了科学解析特点外，还继承了古代地理学作为知识学科的功能，形成了自然地理学、人文地理学和区域地理学三足鼎立的局面。

近代地理学是产业革命的产物，是随着工业社会的发展而成熟起来的，地理学的各部门学科几乎都在这个时期出现和建立，因此也是部门地理学蓬勃发展的时期。这一时期，各种学说纷起、学派林立，代表性的学派有区域学派、生态学派、景观学派和人地关系学派。从科学哲学来看，近代地理学是建立在实证主义基础上的，实证主义是以观察为基础的解释科学理论，它只承认证实了的事实和观察了的现象。

第三节 现代地理学

第二次世界大战结束以后，世界进入了相对的和平发展时期，经济迅猛发展，现代科学技术的飞速进步，使地理学也进入了一个新的发展时代。

一、现代地理学的发展变化

（一）逻辑实证主义开始主导地理学的发展

20 世纪前半叶各类科学发展迅速，以前与地理学相近的含有大量描述方法的生物学、地质学采用了大量物理学、数学、化学的方法，都有了很大的进步。地理学处于两难和尴尬的境地，受二元论困扰，在科学性质上处于自然科学和社会科学之间，在方法论上处于走自然科学追求共性规律、法则，追求预见性的道路和走社会科学追求个性研究、弄清事实、求真求实的道路的两难之间。

地理学的主流学派，受康德哲学思想体系影响很深，一直坚持认为地理学是研究区域差异的，是研究区域个性的。现代地理学首先是从向这一传统思想挑战开始的，第一个站出来发难的是德国学者谢费尔（Schaefer）。

谢费尔在第二次世界大战中从德国流亡到美国，在美国艾奥瓦州立大学地理系任教。1953 年，谢费尔发表了在现代地理学史上有划时代重要意义的学术论文《地理学的例外主义——方法论的检讨》。论文指出“科学就是对法则的追求”，“自然科学与社会科学之间有很多重大区别，最终社会科学会不会果真同自然科学一样成为完全的科学，这有待事实回答”，“至于法则能解释到什么程度，科学家能向怎样的复杂情况挑战，这是程度问题，它依赖于科学领域的发展阶段”，“科学比对一个个事实更关心模型，地理学主要的模型无外乎空间模型”。谢费尔观点的哲学基础是逻辑实证主义。认为一切科学都是统一的，最终目的是对法则和规律的追求，区别仅仅在于论理程度而已。地理学既然是科学就不应当例外，描述区域差异的哈特向方法论探析违反了科学通例，这正是地理学发展缓慢原因之所在。另外，他还认为地理学追求的法则就是空间法则，是形态的规律，地理学就是空间科学。在回顾地理学发展进程时，普遍公认谢费尔论文是划时代之作，是地理学发展的里程碑，是现代地理学发端的标志。

20 世纪 60 年代学者们开始注意到谢费尔的思想，很多学者开始引用谢费尔的观点，逻辑实证主义引起了普遍的响应，先是在美国而后在欧洲、日本及一些发展中国家掀起了对“例外主义”的批判，导致了地理学的理论革命与计量地理学时代。这个时期，地理学从方法论上接受逻辑实证主义的科学统一方法论（追求法则、规律的普遍性原则）；强调地理学的定量研究，强调数学方法的应用，大量使用数理统计方法、线性规划方法、空间数学模型。

地理学传统的思维模式是以观察材料和事实为基础，从相互关系中去认识和阐述规律、概括理论，属于经验归纳型综合。与传统的综合模式相比，现代地理学的综合模式有以下几个特点：①更强的整体观念，更多地从系统整体出发，从理论假设出发进行演绎，使分析与综合、归纳与演绎互相补充，辩证统一；②综合的内容更加深广，包括空间与时间、质量与数量、静态与动态、内部与外部、自然和人文等方面，深入研究系统的结构功能及动态演变过程；③综合的方法更具有逻辑性和精确性，多通过结构分析、功能分析、过程监测与动态预测等途径来解决，并且可能用形式化语言、图解模式、数学模式等来表达综合的结果。目前，越来越多的地理学家意识到传统综合模式的局限性并结合各自的研究实践积极发展系统综合的理论与方法。理论思维模式的这种逐渐转变，必将把现代地理学研究推向系统综合的新水平。

美国 W.L.加里森和 E.L.厄尔曼为首的华盛顿学派，英国 R.J.乔利和 P.哈格特为首的剑桥学派，瑞典T.哈格斯特朗为首的隆德学派是地理学理论革命和计量地理学的主要流派。华盛顿学派推广和深化中心地理论研究，以交通网络理论研究和经济空间组织模型研究见长，是美国影响最大的数量地理研究中心。剑桥学派则注重空间理论研究、当代问题的地理分析研究，以理论造诣高深而著称。可贵的是这一学派没有停留在计量革命阶段，其一直是现代地理学理论前沿研究的领导者之一。隆德学派以空间扩散研究、时间地理研究著称于世，注重时-空地理研究。

（二）生态思潮再次成为地理学的主流价值

20世纪70年代是人类对于环境关系的飞跃性认识的时期。1970年联合国教育、科学及文化组织设立了“人与生物圈计划”，1972年6月《联合国人类环境会议宣言》发表，这些都表明保护环境问题已经提到全人类的议事日程上来了。也是在这一年罗马俱乐部的《增长的极限》的报告发表，紧接着中东石油危机爆发，给西方国家经济以很大的打击，似乎证明了罗马俱乐部的预言。环境问题的严重性、紧迫性不仅引起了各国政府的高度重视，而且对学术界产生了巨大影响。环境科学作为一个新兴的学科体系迅速崛起，涵盖了自然科学、技术科学、社会科学等各个方面，其中，生物学、化学、地理学是其主要的基础知识。生态学也从原来默默无闻的小学科发展到一个较大的学科体系，“生态平衡”“生态环境”等学术语言成了脍炙人口的社会语言。生态学从个体生态学、群体生态学发展到人类生态学阶段，产生了“自然-社会-经济复合生态系统”的思想。强大的社会需要和相邻学科的重大变化，对地理学产生了巨大影响。

地理学中生态思潮的最早表现是人类生态学思潮。早在1923年美国地理学者巴罗斯（Barrows），就提出了“地理学就是人类生态学”的观点。他主张地理学的目的不在于考察环境本身的特征与客观存在的自然现象，而是研究人类对自然环境的适应。他说：“在自然地理创立以后，一种使之人生态化的坚决要求跟着就提出来了。这个要求得到了及时的反应，地理领域的中心从极端自然方面稳步转移到人文方面，直到越来越多的地理学者把他们的论题为完全论述人与自然和生物环境的相互影响。”他认为：“我们的所谓地理讲解大部分不是地理，真正的地理，必须是一种从头至尾按人地关系正常顺序的解释性论述。”

20世纪80年代以后地理学界又重提巴罗斯的人类生态学思想。我国生态学家马世俊提出的“自然-社会-经济复合生态系统的思想”得到地理学界的普遍响应，江美球著文专门介绍了“人类生态学”，倡导地理学开展人类生态学研究。地理学家在人类生态学方面有许多重要的理论贡献，如苏联学者索恰瓦提出的“人与自然共同创造”的理论在学术界产生了广泛影响。

地理学生态思潮的另一个方面就是景观生态学研究。20世纪30年代中期，特罗尔倡导“景观生态学研究”，到80年代产生了世界性的景观生态学研究热潮，开辟了从空间地域角度研究生态的认识视角。日本学者全安岩男称20世纪80年代的地理学是“新景观学派”的时代。以往地理学的景观研究，要么是纯自然的侧重与无机要素的“自然综合体”研究，要么是人文景观研究，而80年代的景观研究主要是景观生态研究和人类社会生态发展与环境关系的研究，是人地结合的研究。这可以看作是对地理学生态思潮从另一个视角的表述。

20世纪80年代由于世界范围内人口、资源、环境与发展方面的问题日趋严重，在联合国各有关组织的号召下，科学工作者大量介入这方面的研究。各国地理学家广泛参与了三大规划（城市规划、区域规划、环境规划）的工作。我国改革开放后的国土整治、区域开发研究，也都体现了地理的生态思潮。进入 90 年代，随着 1992 年里约热内卢世界环境与发展大会和可持续发展理论的提出，发展与环境关系研究成为现代地理学的主旋律。现代地理学在应用领域有五大热点，即土地研究、区域开发与整治研究、城市研究、旅游研究和地理信息系统的研究，这些在很大程度上都是围绕发展与环境关系这个主题进行的。

（三）地理信息科学技术的进步带来了地理学研究方法的飞跃

20 世纪 60 年代以来，现代科学方法论——系统论、控制论、信息论成为一切科学的普遍的方法论，整体思想、反馈思想、控制理论等新的科学思想使人类对复杂现象的认识水平和控制能力大大提高，现代高新技术——计算机技术、空间技术、自动化技术迅速普及和发展，所有这些都为现代地理学研究手段的改造和提高奠定了科学理论基础并提供了技术支持，催生了 3S（RS、GPS、GIS）技术为核心的地理信息科学技术的诞生，致使地理学的研究手段发生根本性的飞跃。

RS 系统由航空摄影和卫星遥感两部分组成，早在 1909 年莱特兄弟就进行了航空摄影，1937 年彩色空中摄影成功，红外线技术于 20 世纪即用于军事侦察，雷达图像的开发是第二次世界大战以后的事。直到 60 年代以后遥感技术才广泛用于民间，特别是航天技术的发展，大大地推动了这一技术的进步。遥感技术大大提高了人类观察的广度、深度、速度和精度。例如，地球资源卫星每天绕地球运行 14 圈，它可以收集到地质、水文、气象、海洋、环境、矿业及农业、林业的大量信息，而且也实现了对地球的瞬间整体观察。遥感技术在地理学的应用，如同望远镜的发明对天文学的意义，手段的革命化带动了科学的革命化。

GPS 是美国陆海空三军联合研制的军用卫星导航系统，自 1973 年 12 月开始研制，到 80 年代已进入全面运行。整个系统由 6 个轨道面 24 颗卫星组成，可以保证地球上任何一点在任何一个时刻都能至少同时观测到 4 颗卫星，可在全球范围内向任意多用户提供高精度、全天候、连续的三维定位、三维测速。GPS 以毫米级的精度测量短基线（几十千米），以厘米级精度测量长基线（几百至几千千米），是地球测量的革命性变革。这种高精度全球范围的空间测量使过去靠推理的板块运动、海流、大气环流运动的研究成为实际可测度的实验研究，推动了全球系统的地理研究。

GIS 是以空间为秩序的信息系统，发端于 20 世纪 60 年代初，是由加拿大的汤姆林森（Tomlinson）和美国的马伯（Marble）于 1962 年在不同地方从不同角度提出的。前者是为了处理分析大量土地利用数据，后者适用于大规模城市交通研究。70 年代至今，随着计算机技术的发展和普及，以及资源、环境调查、区域规划等社会需要的增加，GIS 在全球迅速发展。GIS 具有多层次数据结构、多功能综合分析功能，可以综合利用 RS、GPS 及其他系统的信息，运用自动制图功能为社会资源调查、环境建设、社会管理服务，也为地理科学研究服务，是地理科学的高技术，随着计算机技术和空间技术的发展，有着广阔的发展前途。

20 世纪 80 年代以来，从事地理信息研究的地理工作者越来越多，GIS 成为地理专业学生的主要就业领域之一。20 世纪 80 年代初，陈述彭院士就倡导开展 GIS 实验研究，1985 年开始筹建资源与环境信息系统国家重点实验室，地图遥感与地理信息系统成为地理学科下的三大分支之一。80～90 年代中期，我国陆续培养了一大批地理信息方面的硕士生和博士生，90 年代后期，在大学地理系中开始增设地理信息专业。信息研究成为地理科学快速发展的生长点和备受地理学界及社会各界关注的热点。

（四）地球系统科学研究已经成为学科新的前沿和热点

20 世纪 80 年代以来，科学家才普遍认识到，必须而且也只能如实地把地球作为一个由相互作用着的各个子系统——地核、地幔、地壳、大气圈、水圈、生物圈组成的统一系统，即地球系统整体来研究，才能真正深化对地球的研究，才能回答一些人类所面临的一系列地球系统行为的紧迫环境问题。这一观念的转变，标志着从传统地学观念，向地球系统科学的转变。

地球系统过程及其演化的环境影响及全球变化与区域响应研究已经成为当前地理学关注的前沿和热点。地球系统科学对资源、环境与灾害的认识和研究重点已发生了重大变化；对资源找寻的视野越来越大，逐步从地球表层走向深部，从陆地走向海洋，从单纯地注重矿产资源的找寻逐步转移到以可持续发展为目标的资源合理利用与环境保护并重上;对环境问题的关注已从局部走向全球;对自然灾害的研究也从单一灾害走向群发灾害，从单纯的监测、预报走向集监测、预警、预报、灾情评估于一体的综合研究上。

地球系统科学主要着眼于全球，着眼于有全球意义的对象，其目的是了解地球系统是如何工作、如何运转的;研究它的过去、现在和未来的变化规律及影响和控制这些变化的原因和机制，从而建立地球系统预测的科学基础，为对策研究提供科学依据。

二、现代地理学的发展趋势

（一）地理学和相邻学科的交叉和渗透更加广泛密切

现代科学发展的基本特点之一，是从单一运动形态的研究走向多运动形态相互渗透、相互联系的综合研究，从各独立学科的个别研究转向相互联系的研究。跨学科、多层次、大综合的研究势不可挡。相邻学科之间的横向汇合、交叉和渗透成为明显的趋势。

从研究对象范围看，地球表层是地理学的传统研究对象。以地球表层为研究客体的基础学科主要为地理学和生态学；应用学科有环境科学和资源科学。涉及地球表层的大型项目计划和任务如国际地圈生物圈计划、人与生物圈计划、国际减灾十年、国土开发整治等。这些必然促进相邻学科之间的汇合、交叉和渗透，打破传统的学科界限。例如，生态学研究生物界和环境的相互关系，地理学则以人地关系为主线，研究人与环境的关系，可见这两门学科之间的密切关系。

社会发展和建设实践向地理学提出了水土资源的利用与平衡、国土整治、环境保护、区域与城市布局规划及生态文明建设等重大课题，这些任务的解决和完成仅靠某一门学科是不够的，要求地理学与有关学科联合协作，在汇合、交叉、渗透中为协调人地关系、发展经济、维护好环境做出积极的贡献。学科的汇合、理论和方法的移植，提高了地理学的水平，不断扩大和开拓了研究领域，出现了新的生长点，形成了新的边缘学科和交叉学科。

（二）地理学学科内部的综合研究加强

地球表层的人类作用与自然作用相互融合，认识自然过程离不开人类作用，分析社会过程也离不开自然的作用，现代地理研究中，自然地理的人文化、人文地理的生态化的特征都非常突出，地理学的综合研究倾向越来越明显。

地理学综合研究主要体现内容、方法和技术三方面：进行综合即进行地理系统的整体研究，特别是在进行成因分析时，应着重把握那些影响较大尤其是起关键作用的因素，在分析和比较这类因素与一般因素关系的基础上，力求从中发现由反映整体变化的关键因素或因子所体现的关键信息，然后探索其间的物理、化学或生物学机制。20 世纪 80 年代国际地圈生物圈计划委员会就提出，应当更加重视地理环境不同部分之间的相互作用，并建议要阐明制约生存环境的、相互作用的物理过程、化学过程和生物过程，它们的变化及人类活动对它们的影响。

（三）地理学的微观研究进一步深化

从发展趋势看，微观研究的深化主要表现为由静态的类型和结构转变为动态的过程和机制研究，以及进一步的动态监测、优势调控及预测预报的研究。从总体上说，这些都属于地理过程的研究，如地形发育、径流形成、元素迁移转化、土壤发生形成、植被演替、沙漠化、城镇化等。

在时域上地理过程区分为历史的、现代的和未来的几种。现代和历史过程的研究则是预测未来的根据。例如，冰川、冻土、沼泽和湖泊等特殊自然综合体与周围自然环境的变化密切相关，用以研究自然地理历史过程的冰岩芯、湖岩芯是全球和环境变化的信息载体，其地球化学研究和岩芯的精确测年断代将提供指标可靠、信息全面的环境和气候变化的连续记录和模式，并为预测全球变化提供依据。

随着人口增长和人类智能的发展，人文地理过程越来越重要。例如，伴随工业化而出现的城镇化是当前发展中国家较普遍的地理过程，城镇化研究的深入表现在已由结构分析转为各类城镇空间相互作用及区域经济发展与城镇体系演化的动态分析。在开展对行为、政策等因素分析和深入微观机制研究的基础上，开展对人类活动与自然界相互作用的区域系统结构优化和调控的对策研究，也已成为当今区域开发研究的主流。

（四）紧密结合社会经济发展，实践应用研究领域不断拓宽

协调自然生态与社会经济两个子系统的平衡发展，控制环境污染与恶化，节能减排，控制温室气体排放、全球气候变暖，改善人类生存环境与可持续发展都是地理研究最紧迫的一个重大问题。20 世纪后期以来，各国地理学家在这方面的研究相当活跃，英、美等国一些地理学家已经开始直接参与国家的环境咨询、管理与决策，以及同环境变化有关的全球性问题的研究。

地理学应用研究的范围、为社会服务的领域更趋多元化。传统上地理研究的主要服务对象为农业。现在，非农业应用领域受到越来越多的重视，开始向区域开发与发展战略、经济全球化、产业结构转化、新型城市化进程、城市规划与建设、建筑业、旅游业、采矿业、交通运输、世界贸易、西部大开发战略、“一带一路”建设、防灾减灾、自然资源管理、生态文明建设等领域扩展，其研究内容也更多样化。

三、现代地理学的特征

现代地理学在研究内容、研究思维、研究方法上与传统地理学相比较均已发生了深刻的

变化。

研究内容上，地理学已经不再是单纯描述山川、河流等分布的学科，而是要探究格局与过程之间的关系及其分布特征在人类活动影响和自然环境驱动下的变化及其与人类社会可持续发展之间的关系，以及地球表层系统的变化和预测。地理科学以解决资源、环境、发展面临的复杂问题为使命，不仅在于解释过去，更重要的在于服务现在、预测未来，地理学的综合性和系统性理念引领着现代地球系统科学和可持续发展研究的趋势。

研究思维上，用一种综合的多维视角来研究地球表层人与环境相互作用的机理。地理学不仅从自然角度研究环境的动态、从社会角度研究人类社会的动态，还从综合的角度研究环境和社会相互作用的动态，通过区域的综合，区域间的依赖、尺度间的相互作用等视角分析其动态演变过程，并利用图像、语言、数学、数字等多种方式进行空间表达。

研究方法上，现代地理学研究方法已经从勘察、观测、记录、制图等传统的研究方法向空间统计、对地观测、3S 技术、室内外模拟、建模、决策系统等现代科学方法转变，继承了地理学原有的传统优势，并逐渐走向综合性、定量化。

本章小结

地理学的发展分为古代地理学、近代地理学和现代地理学三个阶段。

古代地理学，自远古到 19 世纪上半叶，基本是积累地理知识和资料的阶段，地理学研究问题广泛、零星分散，以描述自然和人文现象为中心，但往往和哲学、宇宙学、历史学等交错在一起，表现为百科全书式的著作。古希腊和中国是东、西方文明的重要发源地，也是古代地理学的重要起源地，古希腊地理学和古代中国地理学都为地理学的发生和发展做出了重要贡献。

近代地理学起源于 19 世纪的欧洲。近代地理学的奠基人首推德国人洪堡。洪堡总结了地理大发现的丰富材料，结合自己的大量考察，研究了地形、气候、植物、土壤之间的关系。洪堡通过他的巨著《宇宙》，阐述了地理学的科学原则和目标。近代地理学的另一位创始人是李特尔，写有巨著《地学通论》，又名《地球科学：它同自然和人类历史的关系》。李特尔强调人与自然的紧密关系，奠立了人文地理学的基本原则。洪堡和李特尔奠定了近代地理学思想原则后，地理学成为一门科学。此后，主要沿着洪堡的思想路线，地理学得到了发展，涌现出众多伟大的地理学家。两个世纪以来，地理学发展了自然地理学、人文地理学及区域地理学三个分支，三足鼎立的局面持续了近一个半世纪。

20 世纪 50 年代地理学进入现代地理学时期，出现了新的变化：逻辑实证主义开始主导地理学的发展，生态思潮再次成为地理学的主流价值，地理信息科学技术的进步带来了地理学研究方法的飞跃，地球系统科学研究已经成为学科新的前沿和热点。现代地理学发展显示出新的趋势：地理学和相邻学科的交叉和渗透更加广泛密切，地理学学科内部的综合研究加强，地理学的微观研究进一步深化，紧密结合社会经济发展，实践应用研究领域不断拓宽。

今天的地理学与传统地理学相比较其研究内容、研究思维、研究方法上均已发生了深刻的变化。地理科学以解决资源、环境、发展面临的复杂问题为使命，不仅在于解释过去，更重要的在于服务现在、预测未来，用一种综合的多维视角来研究地球表层人与环境相互作用的机理，以空间统计、对地观测、3S 技术、室内外模拟、建模、决策系统等现代科学方法引领地理学的发展。

思 考 题

在古代地理学的发展历程中，中国古代地理学独树一帜，是人类地理学知识的重要组成，为什么在近代未能孕育出科学的地理学？

主要参考和阅读文献

蔡运龙, Bill Wyckoff. 2011. 地理学思想经典解读. 北京: 商务印书馆.
蔡运龙, 陆大道, 周一星, 等. 2004. 地理科学的中国进展与国际趋势. 地理学报, 59（6）: 803-810.
傅伯杰 , 冷疏影, 宋长青. 2015. 新时期地理学的特征与任务. 地理科学, 35（8）: 939-945.
黄秉维, 郑度, 赵名茶. 1999. 现代自然地理. 北京: 科学出版社.
冷疏影. 2016. 地理科学三十年: 从经典到前沿. 北京: 商务印书馆.
刘盛佳. 1990. 地理学思想史. 武汉: 华中师范大学出版社.
普林斯顿 • 詹姆斯. 1982. 地理学思想史. 北京: 商务印书馆.
中国地理学会. 2009. 地理学学科发展报告. 北京: 中国科学技术出版社.

第四章　未来的地理学

学习目标

通过本章学习，学生应知道我们所处的世界是迅速变化着的时代，为适应地球环境和时代变化的形势，地理学必须调整学科发展战略;了解“未来地球计划”这项宏大的国际科学计划对地理学发展的意义，以及美国未来地理学的主要战略方向;知道中国未来地理学的发展目标和重点研究领域。

地理学作为一门科学，它的起源和早期发展反映了19世纪人类获取有关地球表层及其多样的环境、人口和地方的信息的兴趣，它在某种程度上为商业冒险的需要服务，但在更大的程度上是为满足受过教育的富有阶层的好奇心。然而，这种好奇心现在莫名其妙地消失了。如何重新激起地理学家对地球表层所有部分及自然和人文的多样性的地理好奇心，明确地理学未来发展的战略方向，使地理学适应正在迅速变化和多样的世界，满足当代及未来人类社会发展的需要，则是历史赋予我们这个时代地理学家的一个重要使命。

第一节　正在变化着的世界

在讨论地理学的未来时，应该首先关注地理学研究的对象：地球表层环境现在的情形。

一、变化着的现代地球表层环境

在人类无数次企盼、无尽的憧憬中，我们走入了 21 世纪，就是在这颗美丽富饶的星球上，人类为谋求生存和发展，用自己的勤劳、智慧建立了一座座人类文明的丰碑。但是，当人类陶醉于自己创造的辉煌成就时，我们的家园地球已笼罩上了阴影。

从19世纪末工业革命开始，特别是20世纪后半叶以来，地球表层环境的态势已经变得相当严峻，工业化和城市化的急剧发展及强大的技术手段的运用，强烈地改变了世界各地的经济结构和生态环境结构，资源被加速消耗，许多地区的环境被破坏，全球气候变暖、臭氧层破坏、大气污染和酸雨蔓延、森林锐减、生物多样性减少、土地荒漠化、海平面上升、江河洪灾的泛滥、干旱天气的肆虐、自然资源的枯竭、宇宙射线和系列环境公害对人类健康的威胁，日益严峻地摆在人类面前。地球环境严峻形势表明了人类对这颗美丽星球造成了无情伤害，人类活动正在以威胁自身健康和发展的方式改变着地球系统。

尽管自人类社会形成以来，就不断地改造和影响着地球系统的变化，但人类社会早期自然环境的变化主要是自然因素引发的自然生态系统的变化，这种变化是局部性的，不是全球性的。而20世纪以来人类因素引发的环境变化及其影响的程度变得剧烈多了，即影响的规模和强度大大增加了，人类因素引发的环境变化在空间尺度上是全球性的，科学家们认为，目前许多人类活动显著影响了地球系统的总体进程，并且与自然变化一起导致了全球环境的恶化。越来越多的证据显示：气候正在变化，一些重要的环境服务正在退化，地球系统面临跨越关键翻转点的风险。这些变化将为人类社会带来潜在的灾难性和不可逆转的影响。

二、变动着的世界政治、经济和社会

人类社会，我们周围的世界一直处于变化之中，而且将持续变化下去。近半个世纪以来，世界的政治、经济、社会领域都发生了显著变化：冷战的结束、苏联的解体、欧洲联盟的出现与英国的脱欧、发展中国家的非殖民化、新兴国家的崛起、经济全球化、妇女赋权、海湾战争及中东地区的持续动荡、自“9•11”恐怖袭击事件以来人类安全和网络问题日益受到重视。没有理由不认为在政治联盟、地区经济联盟、性别关系、国际贸易、网络电信、全球旅游目的地交织等方面的变化将会持续下去。以美国为首的西方世界近年来发动了一场又一场局部战争：出兵伊拉克，军事打击阿富汗，在埃及、利比亚、叙利亚等国家鼓动内部势力推翻政府，抛出了“新中亚战略”。这些行为，客观上使全球许多地区和国家的宗教问题变得更加复杂。一些国家和地区，经济发展也因此受到了严重影响，贫困问题更加突出（陆大道，2014）。此外，下列事件也带来了微妙而持久的影响，如近期的气候变化、围绕水资源的地缘政治、世界的亚洲化、宗教和文化的“春天”、人口预期寿命的提高、全球大众消费，以及道德和伦理的转向等。不难想象这些变化将可能会在何时、何地发生，因为没有任何地方会不受到　　影响。

三、不均衡的未来世界

人们周围的世界已经发生了变化，而且这种变化有时以从未想象到或深思过的方式发生。因此，未来的世界既可能是由上述的“预期结果”组成的世界，同样也可能出现充斥“意想不到后果”的世界。就后者而言，过去几十年间的典型实例包括：中东石油生产国在欧洲和北美经济中扮演越来越重要的角色、热带雨林和极地冰盖的消失、艾滋病对南部非洲和东南亚各国社会结构带来的破坏、冷战的结束和苏联的解体，以及来自境内外的恐怖主义对个人、企业和政治造成的后果。很少有地理学家、社会科学家，甚至企业和政府领导人能够预料到上述事态的发展。事实上，即使是训练有素的专业人员和领导人也会被当前的思维模式所束缚，而且超前思维本就是一件比较困难的事情。今天的世界是如此不同，各个学科、各个地区都开始有专家在认真思考 2025 年、2050 年及其以后的世界，他们需要探求世界未来可能出现的不同情况。当人们思考世界未来时，无论是 2025 年、2050 年或 2075 年，在经济、社会和政治方面都存在很多的不确定性，但同样也存在很多需要企业、机构（如教育、医疗和媒体）、组织和政府予以关注的“确定性”或“可预期的常量”。例如，城市人口和南方发展中国家人口的增长，尤其是南亚、东南亚、撒哈拉以南非洲，以及中东地区；欧洲大部和美国部分地区人口增长停滞，甚至出现负增长；发展中国家生产和消费引起全球市场的增长；原教旨主义基督徒和穆斯林数量的增长，这是世界上增长最快的两大宗教；妇女在社会和政府中发挥的作用更加重要；挥之不去的欧洲殖民主义残余；社会媒体、大数据、人工智能、互联网、物联网、GIS、GNSS 为代表的高新科技使得部分群体/国家之间的联系更为紧密。奴役、恐怖主义和暴政将继续存在，就像全球化对世界各地的不均衡影响也将继续存在一样。

第二节　未来地球计划与地理科学研究的转型

在人类面临剧烈变化的环境与社会及不确定的未来的严峻形势下，科学家们勇敢地担负了历史的使命，努力寻求为社会发展和人类进步提供知识和应对问题的解决方案。2012 年 6 月的“里约+20”峰会上，由国际科学理事会和国际社会科学理事会发起，联合国教育、科学及文化组织、联合国环境规划署等组织共同牵头组建了一个为期十年的大型科学计划——未来地球计划，目的是应对全球环境变化给各区域、国家和社会带来的挑战。

一、“未来地球计划”的概念框架

“未来地球计划”将回答下列三个基本问题：全球环境如何变化及为什么会发生变化？未来可能的变化有哪些？这些变化对人类发展和地球生命多样性的影响是什么？该计划将确定减少与全球环境变化相关的风险和脆弱性，增强恢复力的机遇，为国际社会提供向繁荣和公正的未来转型的方法。未来地球计划的概念框架（图 4.1），主要体现了两点认识：人类是地球系统动力学及其相互作用的整体性部分，社会-环境相互作用跨越了不同时空维度。

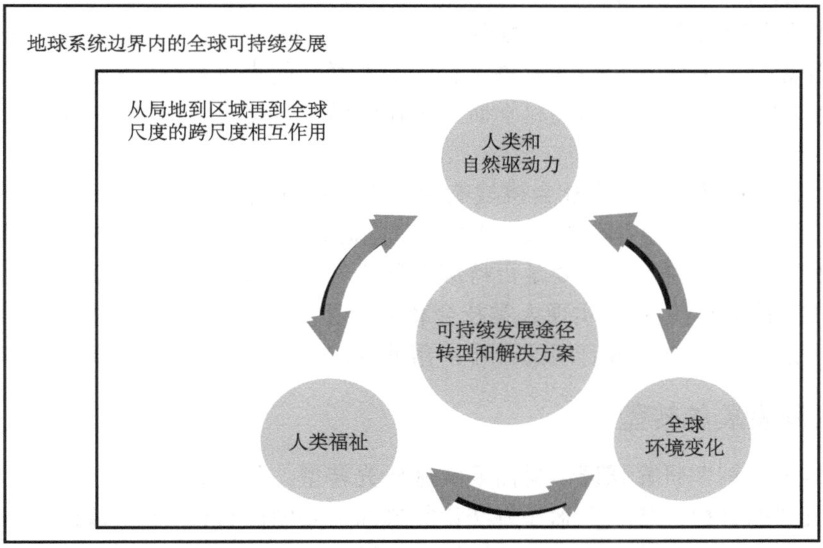

图 4.1　未来地球计划概念框架示意图

未来地球计划的概念框架阐明了自然和人类驱动的变化和环境变化的结果与这些变化对人类的影响之间的基本联系。这些联系发生在广阔的时空尺度，并受地球系统所提供的条件的约束。同时该框架强调了在地球系统的边界内，认识和探索人类发展道路的挑战。对该框架基本的整体的认识是制定全球可持续发展解决方案和转型方式的基础。

“未来地球计划”的三位一体的综合研究主题：①动态行星。了解自然现象和人类活动对行星和地球的影响；重点观测、解释、了解和预测地球、环境和社会系统趋势、驱动力和过程及其相互作用，以及预测全球阈值和风险。②全球发展。人类对可持续、安全、公正地管理食物、水、能源、材料、生物多样性和其他生态系统功能和服务的迫切需要的知识；重点关注全球环境变化与人类福祉和发展之间的联系。③可持续转型。了解转型过程与选择，评估这些转变如何与人的观念和行为、新兴技术及其社会经济发展路径联系起来，并评估跨部门和跨尺度的全球环境治理与管理战略；重点解决导向性的科学问题，以从根本上实现社会转型，迈向可持续的未来。

二、“未来地球计划”的意义

“未来地球计划”是一个庞大的国际科学计划，它的组织实施得到了许多国家科学界的高度关注和积极响应，它给科学发展，特别是地理科学的发展，带来许多重要理念和信息。

首先，地球系统的研究必须逐步调整。人类活动正在改变着地球系统，地球环境变化威胁着人类福祉和环境可持续发展，这样的背景下要求地球科学研究进入一个新的阶段，即注重由自然因素引发的环境变化，转变为由人类因素引发的环境变化，即转移到自然过程、生物过程和人类活动过程间相互作用方面的研究上。过去可以单纯地研究一些纯自然要素项目之间的关系，现在从事这样简单的分析和研究已经失去了科学价值，需要一个新的研究领域以深化人们的知识，并帮助人们理解和实现转型。

其次，未来科学的发展依赖于学科间的协同和交叉。未来地球计划将在集成自然科学和社会科学、工程学和人文科学等领域的不同学科研究工作的基础上，提供高质量的科学方案。显然，这个计划提倡并要求实现各有关学科的学者联合起来进行跨学科研究，一定要实现自然科学和社会科学的交叉，要推动科学研究工作的转型，这是大科学发展适应社会需求的必然途径。

最后，“未来地球计划”将社会挑战响应行为与研究活动结合起来，探索未来，服务社会。“未来地球计划”致力于解决粮食、水资源、能源、健康和人类安全等可持续的关键问题，地球系统研究的前瞻性挑战也主要是可持续发展研究的需求上，这种情形有助于实现科学和社会之间新的“社会契约”；为实现人类社会和世界经济能够持续发展，提出人类社会如何实现可持续发展的建议，推动政府间的合作，帮助各国政府做出决策和行动。

三、地理学科发展的转型

“未来地球计划”研究强调学科需要实施研究转型。什么是学科发展的转型？学科转型意味着学科发展的目标、基本理念和方法论等方面需要做出有针对性的调整。长期以来，我国一些地理学者在研究环境变化和可持续发展问题时，以自然科学家为高，以从事全球变化的基础研究为荣。一部分学者往往将全球变化既作为出发点又作为研究的归宿，实际上是没有明确目标的“基础研究”。这类研究基本上与实际的社会经济发展不搭界。部分学者认为，将社会科学的概念引入就不是科学，就没有各种“机制”“机理”可言。长时期脱离国家需求、社会需求的严重倾向也与部分人失去了科学家的良知有关。他们关心的仅仅是自己的论文发表。针对这种倾向，科学家需要做出调整。另外，自然科学和社会科学的所属体制不同也影响了它们之间的合作。这类体制的分割包括国家自然科学基金委员会和国家社会科学基金会的分立。

如何实现地理科学在这些方面研究的转型？我国著名地理学家陆大道院士指明了地理学科转型的关键。

（1）要以地球表层系统为对象，以人-地关系地域系统为核心综合研究地球表层系统急剧变化，集中体现在“人”和“地”的关系方面，或者说“环境”和“社会”的关系方面。

按照未来地球计划专家们的分析，全球范围内这种关系正在威胁人类社会的可持续发展。在中国，问题更加严重。在诸多的研究地球表层系统的学科中，地理科学侧重从“人-地”相互作用角度研究人-地关系地域系统（即“人-地系统”）演变的规律和区域可持续发展的基础及支撑条件。这是地理科学理论发展和解决可持续发展重大实际问题的“前沿”。研究“人-地系统”的目标是揭示区域可持续发展的机制和原理。在实践中，要求将资源、环境领域的研究延伸到可持续发展领域。多年来，资源、环境和生态领域的学科规划、发展战略及一系列的重大研究，包括学科、研究方向、重大课题的研究内容，只提“资源”“环境”（包括生态）部分而不提“可持续发展”领域（学科）。严守着自然科学的领地和“关口”，一小步也不跨出去。以至于这些研究和研究成果找不到“出口”，或者根本不去找“出口”。现在是改变这种状态的时候了。可持续发展研究涉及传统地理学，以及自然资源、宏观生态系统、空间认知与空间分析、水科学、区域经济和系统科学等方面。其主要任务是通过对不同类型地区经济增长、城市化和生态与环境演变的系统分析和过程模拟，揭示长期经济增长（总量增长、结构转型、人均国民收入的提高及与此相关的资源消耗和占用的增加等）与生态和环境（资源量、水土及空气领域污染状态、景观特征、生物多样性等）要素之间的作用机理和态势之间的相互关系，提出对不同发展阶段不同空间尺度区域的发展与生态和环境进行协调的途径和可供选择的模式。

（2）“环境-社会动力学”是地球表层系统综合研究的基础理论，“人”“地”两组要素之间的关系，实际上就是社会和自然基础之间的关系。

这种关系如何影响国家、区域的可持续发展？回答这个问题，需要研究环境与发展及其各要素之间相互作用的机制，即“环境-社会动力学”机制，也可以称之为“人-地关系动力学”。通过机制的分析，对研究区域不同发展阶段的环境状态和发展状态做出诊断和预警，揭示区域发展过程与发展格局之间的相互关系，建立可持续发展的理论体系。

“环境-社会动力学”所揭示的规律具有不同于纯自然学科的特点，在“环境-社会”系统范畴内，事物的发展不是受决定论支配的。这个系统中的相互作用和系统变化具有不确定性，这恰恰是社会经济可持续发展的基本特点之一。这一点不同于纯自然科学学科和地理科学内各自然要素之间关系所形成的科学系统，更不同于工程和技术系统。例如，在自然地理学范畴内，水面蒸发量（与水面温度和表面风速相关）的变化具有线性特征。在自然科学和社会经济科学相互交叉科学领域内，没有这种决定性的规律。但是，在这些领域中，因素和要素之间的作用具有方向、幅度、概率等规律。例如，人口预测，任何科学的公式和模型，都不可能精确到个位数预测到某一时间点某地区或城市的人口数，这是肯定的事实。尽管在这个时刻到来时，这个区域或城市一定会出现一个精确到个位数的人口数。但是，不能说这种预测不是科学。人口预测肯定是属于科学研究的重要领域之一，具有自然科学和社会科学交叉的特性。在自然-社会交叉学科领域里，规律的表现形态不具有这样的确定性。但因素作用和对象发展的方向、变化幅度和变化的概率等，是可以获取的。这些当然是规律的反映。也就是说，交叉性领域里事物发展当然有规律性，这个规律同样表现为不确定性。影响乃至决定一个国家和区域的可持续发展（规模、结构、速度、竞争力、水平等）的因素大致包括：生态承载力和环境支撑力、资源供给、经济结构、交通设施和市场、资本投入、技术和管理等。而如何以这些要素来解释一个地区、一个城市的发展态势和发展的可持续性？在这里，重要的是要科学地进行因素之间相互作用分析。但是，这些因素的作用又不是决定论的。有关因素的相互作用共同决定了区域的发展速度、规模、结构特征和可持续性。这些因素发生变化，所形成的区域发展的规模、速度、结构也发生变化。但这种变化并不能进行精确的“量”的测量。为什么呢？因为区域的发展是一个“人-地系统”。这个系统不是一个纯自然的系统。“人-地系统”的特征决定了这个系统不可能精确地测量。对于这样的系统也不可能按给出的精度进行调控。

预测和在解析“社会-环境动力学”时，需要深入长期的理论研究，也要根据具体区域的情况和数据加以实证研究。区域系统发展的或然性特征有两点值得注意：一是对“人-地系统”的研究和调控，较技术系统和工程系统等要复杂得多，困难得多，技术系统和工程系统虽然有的很复杂，但是有它高度确定性的一面；二是仅仅甚至主要依靠数学和计算机是不能够解决问题的。

（3）需要切实做好综合集成研究。如何研究“环境-社会动力学”，即“人-地关系”动力学？地理科学面对的“人-地关系”地域系统是一个非常复杂的系统，认识这个系统，必须发挥地理科学方法论的特长，同时要充分吸收系统科学、生态学、经济学等学科的方法。在这些学科方法的基础上发展综合集成研究。这里包括历史数据和资料的集成、要素及要素作用的集成，对系统中各种区域变化状态的相互关系的集成等。长期以来，我们也常说要进行综合集成研究，但在行动上却很不以为然。综合集成研究方法的运用、要求地理学家在传统方法基础上做出创新。综合集成的主要目标是自然要素的地域分异和人文要素的地域分异的综合和耦合方法。只有通过这种综合和耦合，才可以认识地球表层的地域分异特征和社会经济发展的可持续性。在这个基础上做出综合（类型）区划，即自然-经济社会-生态区划，也有学者称之为生态-经济区划。这种区划的研究对于确定国家和区域未来发展的功能定位具有更重要的理论意义和实践意义。

（4）将各种类型区域性可持续发展战略研究和规划作为地理科学的重要任务。长期以来，资源环境生态等领域的战略研究和发展规划被许多同仁看成根本就不是研究工作的一部分，他们不了解从事这类工作所需要的科学基础和知识结构。现在，“未来地球”的研究们倡导，学者们应该对地球上的环境变化和可持续发展的严峻态势进行检测、评估、预测，并制定实现可持续发展的战略和政策。这应当引起我们深思。在中国各种战略研究和区域性规划领域，地理学者与中国各级政府部门已经开辟了良好的合作平台。钱学森先生在20世纪末就强调：“地理科学对于社会主义建设来说，是一门迫切需要的科学。社会主义建设过程提出的问题很多，像资源利用、国土整治、发展战略等都涉及地理科学。”

第三节　美国未来地理学的战略方向

人类支配的环境变化是未来学术界和社会共同面临的课题。美国著名生物学家卢伯辰科认为21世纪将是环境科学的世纪，环境与人类的相互影响是如此深刻，以致自然科学家也在寻找一种新的“社会契约”，这种契约强烈呼唤新的科学研究途径和社会管理途径。在科学研究转型发展的新时期，地理学将进一步发挥其在促进对地球表面所呈现的变化程度和原因的认识、洞悉这些变化的影响、推动应对这些变化的有效战略的发展，以及促进对地球变化特征的记录和再现等方面的优势及独特研究视角的特色，为解决环境与人类的问题做出更大的贡献。

一、20世纪末美国重新发现地理委员会的建议

1993年，美国国家研究院建立重新发现地理委员会，全面综合评估美国地理学与科学和社会的关联，该委员会在1997年推出了美国地理学的评估报告，确立了未来美国地理学发展的六大方面。

（一）揭示复杂系统中的不平衡和动态

大多数地理模型都是基于系统的动态受到稳定的平衡所支配这样的假设，但这种假设是不现实的。地理学家应该建立以非线性和复杂现象为对象的地理模型，把实际的不平衡和发展性结合到分析与数学模型中。地理学对复杂非线性系统的研究，也把地理学置于正在出现的科学综合的中心地位。

（二）认识全球变化的潮流及其影响

全球变化研究已经成为科学上一个主要的多学科研究的重点。地理学需要拓宽全球化的概念，全球变化不仅在于气候变化，也同样重要地出现在自然环境和社会系统的其他方面，包括自然资源、经济、人口、政府和文化。拓宽了的全球变化概念要在全球尺度上发挥地理学研究自然和社会过程及其关系的专长。例如，气候变化并非脱离其他环境变化与社会变化而起作用的，相反，需要把它们与人类活动导致的其他变化一起进行研究。

（三）建立从地方到全球的空间连续系列研究

全球性过程与事件越来越相互联系着，不论在地方-全球连续统一体中它们出现在何处，也会对其他地方和其他尺度产生影响。地理学家面临着：地方尺度上能最好地观察到因果机制；宏观尺度事件并非总是能够通过将其缩小成地方尺度的事件而得到最好的解释；宏观过程并非不一定会造成地方尺度事件，这些原理中的微观尺度、中观尺度和宏观尺度的机制研究。地理尺度连续体中了解现象和过程存在一些障碍：一是这些现象和过程可能以复杂的方式按不同等级互相套叠着；二是不同尺度中可比性地理参比信息不足。许多科学家期望地理学关于尺度的规则能够指导其他学科的多尺度分析，但地理学家要提出不同尺度上过程如何相互影响的一般概念，以及提出界定和分析此类过程的方法，仍然有许多工作要做。

（四）利用纵向数据进行过程的比较研究

地理学的纵向比较研究不仅是展示地理过程和现象通过时间的变化，还有助于了解地方、区域源及全球性聚集或影响全球的过程的含义。地理学长期致力于地方比较研究，但现在需要利用研究较大时空领域的方法，进行更系统的案例比较分析。为了这种比较研究，地理学需要开发一种能明晰地处理所研究问题的时间及空间方面的地理表述方法。

（五）加强地理学理论、技术和研究成果对决策的影响

地理学家致力于从环境变化到社会发展的研究，有力地推动了人类文明的进程。今天，

人们也越来越深刻地体会到，人类社会在地方、区域、全国和国际尺度上面临的许多重要问题都具有非常重要的地理特征，今天政府的许多决策仍然需要地理学的洞察力、需要地理理论和技术的帮助。过去十余年来，地理信息技术的进步和日益广泛的应用，对决策产生了深远影响。

（六）加强地理教学与地理组织机构的建设

面临决策中利用地理技术的需求和社会对地理教育需求日益增长的形势，加强地理教学与地理组织机构的建设是地理学发展的一个重要任务。《美国教育法》把地理学纳入核心课程，作为一个有知识、有责任的公民接受地理教育是很重要的。这就要求地理学家们要关注地理教学问题，有效地进行地理教学，需要研究有关地理教育标准、课程设计、教材开发、教育策略和教育评估等问题。努力提高公众的地理能力，需要扩大中小学、社区与技术学院和高等院校及处于主流教育机构以外的人们接受教育的机会。改进高等院校地理学家的训练，促进地理系内部各专业的互动，开发打通各专业界限的课程，鼓励自然地理学家和人文地理学家联合开设课程，组织沟通各学科的研讨会；支持各大学之间专家的互动，提高地理理解力；加强地理组织机构的建设，增加地理组织机构数量。

二、21 世纪初美国全国研究委员会的报告

2010 年美国全国研究委员会发布了《认识变化的地球：地理科学的战略方向》，提出了地理学未来 10 年四大主题的 11 个战略性科学问题。

（一）怎样理解和响应环境变化

在环境变化的主题下，提出了 3 个战略性的科学问题：①人类正如何改变着地表的自然环境？②人类如何最好地保护生物多样性和濒危的生态系统？③气候和其他环境变化如何影响人类-环境耦合系统的脆弱性？

持续增加的人口、城市化、工业化和气候变化改变了地表环境并大量消耗自然资源。虽然既往的研究已证明气候变化、土壤侵蚀、栖息地丧失和水质退化，但对人类自身在其中所起的作用未充分考虑，这一点也影响了人们对未来变化规模及时机的预测。利用诸如树轮、孢粉、化石等古环境数据，地理学家正致力于重建长期的环境历史以了解气候和地球自然系统随时间的波动情况；采用 GIS、遥感和地理空间可视化等技术来分析自然过程和格局随时间的变化，以弄清自然和人类对环境变化的各自贡献。更全面地了解自然和人为因素引起的地表变化、物种和基因多样性的分布，以及不同生态系统对于环境变迁的不断变化的脆弱性，是开展环境科学研究、风险管理和生态修复的基础，同时也可以指导旨在提高环境可持续性的政策制定。

（二）如何促进可持续发展

在可持续发展的主题中，包括 3 个战略方向：①100 亿人口将如何和在哪里生存？②在未来十年和更长时间内如何可持续地供养每个人？③人类生活之地如何影响我们的健康？

据预测到 2050 年地球上的人口将达到 80 亿～120 亿人，其中绝大多数人口增加将出现在城市。许多城市将为容纳快速增长的人口不懈努力，而城市向农村地区的扩张将改变生

物地球化学循环、水文系统、气候、野生动物栖息地及生物多样性。对变化的人口空间分布、形成不同聚落形式的过程、日益增加的城市人口面临的可持续性的挑战等方面的研究对于认识更加拥挤的世界所面对的挑战是十分关键的。确保地球上不断增长的人口可获得相应的食物资源就是其中的挑战之一。由于当前出现的饥饿不是因为全球的食品匮乏而是因为地理环境的不同和食品分配制度的低效或不公平，要解决100亿人口的吃饭问题需要更好地认识地理要素对农业生产和分布系统、变化的食物消费偏好等方面的影响。人口数量的扩张和流动性的日益增加会使卫生保健的战线拉长，对疾病的治疗和预防的标准会随居住地的不同而有所变化。利用空间分析、GIS 和疾病扩散空间模型，地理科学有助于理解全球化、人口迁移、环境条件、土地利用、经济状况，以及政府政策对健康和传染病扩散的影响。通过人们的日常生活来分析疾病和卫生保健方式，对认识和理解不同人群的疾病行为和变化的脆弱性是非常重要的，这些信息对制定能够改善全人类福利水平的政策是非常必要的。

（三）如何认识和应对经济和社会的快速空间重组

社会变化的主题包括 3 个战略方向：①人口、商品和思想的流动如何改变世界？②经济全球化如何影响不平等状况？③地缘政治变化如何影响和平与稳定？

在过去的数十年内，从人口迁移到货物运输，全球流动性明显增强，并对交通运输、通信、经济甚至政治冲突的形式产生了影响。现在迫切需要通过深入评估单个地方的发展及利用 GIS 和地理空间信息等开展大尺度的空间研究，来了解流动性增强的原因和后果、流动性的地区差异、虚拟（如在互联网及其他媒介）流动性与实体流动性之间的关系。全球化也加剧了许多地区间的经济差距，提高了人们对贫困和社会动荡状况的关注。地理学对这种不平等格局及在不同的空间尺度上产生这些格局的过程的研究，可以为理解贫困和消费方式之间的联系及变化的社会经济环境的不平等影响提供解释。面对经济和社会的剧变，主导第二次世界大战后时代的地缘政治架构已然崩溃，现实提出了对强势政府和团体的领土议程、边界变化的重要性，以及资源匮乏在合作与冲突中的作用等开展扩展研究的需要。

（四）如何使技术变化更有利于社会和环境

地理技术主题有两个战略方向：①如何才能更好地观测、分析和可视化这个不断变化的世界？②“公众制图”（citizen mapping）和“公众被制图”（mapping citizen）的社会含义是什么？

自古代起，观察、制图和描绘地表环境一直就是地理学研究不可或缺的一部分，在今天的地理学研究中仍占据着中心地位。提供地理信息的网址已成为人们日常生活的重要部分，它使得公众既是地图绘制的来源又是地图绘制的对象，但地理信息的激增又引起了公众对个人隐私保护的担忧。地理学观测、分析和可视化地球表面的人类与自然特征变化的技术和工具的最新进展，将在解答上述科学问题及推动地理科学发展中发挥重要作用。不过，新技术同样需要非专业人士有能力和有意愿在提供地理信息的同时保护好个人隐私。

第四节　中国未来地理学

“未来地球计划”的出台与实施，给地理学科带来了国际前沿的指引，也创造了前所未有的发展机遇。中国地理学应该在这一轮地球科学的新浪潮中，开创属于中国的地理学新时代。因为世界上没有任何一个国家的地理学的学科地位有中国这么高。中国地理版图宽广，地理要素的复杂性在世界上是独一无二的，宽广的疆域为地理科学研究提供了良好的研究对象和试验场所；中国是世界上人口最多的国家，也是经济发展最快的国家，人口增长、经济发展、社会转型、改革开放、全球化等所带来的众多的资源环境与发展问题，为中国地理学的发展提供了前所未有的发展机遇与挑战。

一、中国地理学的发展目标

（一）以国家需求为导向，解决国家发展中的重大地理学问题

一方面，以国家一系列重大需求为导向，充分发挥作为“第一生产力”的科学技术的作用，为解决国家发展中的重大地理学问题做出贡献。另一方面，地理学也在满足国家需求的过程中，不断提高认识问题和解决问题的能力。在从片面强调经济增长转向重视科学发展观、实现（城乡发展、区域发展、经济社会发展、人与自然和谐发展、对内发展和对外开放）“五统筹”的国家发展进程中，根据地理学的特点发挥优势，选好主攻方向，组织综合性研究项目，并不断提高解决综合性问题的能力和水平，参与国家宏观决策的论证和制定。

（二）加强基础研究，在若干主攻方向上占领国际学术前沿阵地

加强基础研究，进一步强调地理学的理论建设，深化地理学理论和方法。瞄准国际学术前沿，结合中国国情和特点，“有所为，有所不为”，有选择地在某些领域集中攻关、突破。适应现代科学技术综合化、整体化和系统化的发展趋势，结合中国的地理特点，加强地理学内部的联系，改善研究方法和手段，在环境演变、人与自然关系、空间格局与过程、城市与区域发展等方面建立完善的地理学基础理论，占领国际学术前沿阵地。

（三）充分发挥我国的地理优势，发展具有中国特色的地理学

我国幅员辽阔，地理位置特殊，景观类型复杂多样，具有“地利”条件；我国人口多，历史文化悠久，典籍丰富，民族众多，文化多样，人类活动对环境的影响深刻，具有丰富而独特的社会文化研究素材；我国又处在经济高速发展时期，经济社会发展很不平衡，人口、资源、环境和发展的冲突尖锐，为研究人类活动与环境的关系、促进自然科学与社会科学的融合提供了很好的条件。例如，青藏高原、黄土高原、西南喀斯特地区、农牧交错带、黄河流域、长江流域等我国特有或在我国表现最为典型、开发历史悠久的区域，既是研究环境变化、人地关系、可持续性等国际地理学重点领域的“地利”条件，又是国家发展中迫切需要研究的地区。应基于我国多年对这些地区的地理学研究积累和储备，并不断进行源头创新，形成具有较大国际影响的中国地理学成果。

（四）建立地理研究的高新技术体系和实验基地

加速高新技术在地理学的应用与研发，引进和开发新的观测、探测、实验、分析、表达技术和设备，加强遥感技术与地理信息系统的开发和应用，建设中国资源环境信息工程，建设城市与区域发展决策支持系统，适应国家信息网络、新一代互联网、物联网等新技术的发

展浪潮。整合和提升现有地理教学与研究资源，建成若干实力雄厚的地理研究与教育基地，促进中国地理学研究的整体发展。完善定位实验站和观测网络的空间布局和设备设施，加强第一手数据的采集，为地理学的源头创新提供基本条件。

（五）整合和提升已有基础，造就优秀地理学家群体

中华人民共和国成立以来，通过参与完成国家一系列重大的调查研究任务，我国地理学界已经具有丰富的科学积累，形成了较为合理的研究机构格局和强大的人才队伍，为今后进一步满足国家需求和占领国际学术前沿奠定了扎实的基础。要对已有的科学积累、研究机构和人才队伍进行整合和提升，造就一批在基础研究、理论研究、新技术开发等方面卓有建树的优秀地理学家群体。要培养一批中青年学术带头人和骨干研究队伍。特别强调培养具有扎实的综合地理学基础，有理论开创能力，能将现代科学技术移植到地理研究中的新型综合人才。

二、中国地理学未来重大研究领域

针对我国未来面临的重大挑战和国家需求，以及学科发展的需要，我国著名地理学家蔡运龙从地理学整体的角度，提出地理学未来重大研究领域。

（一）全球环境变化的区域响应及适应

1. 全球环境变化的动因

各种时空尺度环境变化的表现及其对全球气候变化的贡献；各种时空尺度环境变化的自然和人为成因；影响温室气体源-汇的区域自然-人文过程及其对全球的贡献；土地利用对全球气候变化和区域气候变化的影响；沙尘和化学气溶胶人为排放的过程和格局及其对气候和大气环境质量的影响；大型工程建设的环境效应，全球环境变化对大型工程设施的可能影响。

2. 区域对全球变化的响应和适应

全球变化对中国区域和生态系统服务功能的可能影响及其阈值；农业、水资源、人体健康、食物安全等系统对全球和区域气候变化的脆弱性和风险评估；全球气候变化和减排压力对我国能源结构和社会经济发展的影响；应对全球气候变化的技术-经济-社会适应对策和风险防范对策；过去环境变化对中华文明发展的影响及其认识和适应当前全球变化的启示；支持我国参与温室气体减排国际谈判的科学数据和基本结论。

（二）区域可持续发展模拟分析及可视化表达

1. 区域可持续发展机理研究

区域可持续发展主控因子的时空分异特征，全球化、城市化进程中资源环境和社会经济协调系统演进的动力机制；区域资源环境与社会经济发展的压力-状态-响应过程；不同区域发展可持续性类型差异特征和演变机理；区域类型导向的区域发展可持续性关键参数。

2. 区域可持续发展情境预测与模式构建

区域自然系统和社会系统的互动趋势；生态系统功能区域分异和人类生产生活空间格局之间的耦合机制和效应；人地相互作用地域复合系统演化的情境预测；不同类型的区域可持续发展路径和模式。

3. 区域可持续发展模拟技术研发

不同区域可持续发展过程的数学模型；大尺度区域可持续条件评价、动态过程模拟的可视化表达方法；支持人机互动的辅助决策模型；用于政策评估、规划效果模拟的人机互动决策支持系统。

4. 区域可持续发展研究平台建设

数学模拟分析与可视化表达结合的人机交互联合决策支持系统；跨越自然科学和人文科学的可持续发展辅助决策平台，如政策实验室或虚拟决策研讨厅。

（三）地域功能生成规律与地域空间规划方法

1. 地域功能的识别方法

识别地域功能和进行地域功能区划的指标体系；不同尺度地域功能区的衔接关系；区域发展空间结构的耦合方式。

2. 地域功能的生成规律及其格局演变

地域功能的生成规律；区域发展的空间均衡模型；地域功能的发育过程。

3. 地域功能区动态监测与跟踪评估研究

地域功能空间信息获取处理和动态监测评价技术；地域功能区划、动态监测和辅助分析的决策支持系统和信息平台；基于多源数据的动态监测和评估的软件包。

4. 地域功能区规划管理空间辅助决策支持系统

功能区规划空间分析和模拟系统；地域功能区规划动态监测评价、管理和区域政策制定一体化的辅助决策系统。

（四）土地变化过程及其生态环境效应与调控

1. 现代土地变化过程及其驱动机制

基于地理信息科学技术的土地系统变化动态监测平台，土地变化的时空格局、频度和强度；土地变化综合分析和预测模式，未来土地变化的情景模拟；土地变化与人口、经济、社会、政策之间的互动关系和动力学模式；未来环境变化、经济发展对土地变化的影响。

2. 土地变化的资源与生态效应

土地变化对地表物理特征参数、地表物质能量循环、区域气候和极端天气事件发生频率的影响；土地变化对水土资源数量和质量、土地生产力和食物安全的影响；土地变化对陆地生态系统结构和物质能量循环的影响，对自然灾害、生物多样性、区域生态服务功能的影响；土地利用对面源污染的影响机制和调控机制；主要陆地生态系统的碳储量变化；土地变化对区域和全球变化的影响和响应。

3. 土地退化防治与可持续管理

土地荒漠化、湿地退化、草地退化、水土流失和土地污染等的演化机理；退化土地修复的原理、技术研发和集成推广；土地利用优化配置和调控机制；生态脆弱地区土地利用的生态安全格局与可持续利用方式。

（五）城市化过程及其资源环境效应与调控

1. 城市化过程

城市实体地域和城市功能地域的空间识别；城市化演变过程与未来情景。

2. 城市化的资源环境效应

市化和交通建设快速发展对自然环境的影响；城市热岛效应的机理与城市热岛效应的区域差异规律；城市化过程的气候、水文与生态效应；快速城市化过程对区域生物地球化学循环的影响；城市发展过程中生态服务功能演变与生态胁迫效应；城市土地利用和景观格局演变规律与功能优化；城市环境变化的生态健康效应和风险防范。

3. 城市化及其效应的调控

城市复合生态动力学机制、控制论模式和决策支持；城市与区域发展可持续性评价指标体系；城镇和交通系统的资源和环境安全保障；城市化地区资源环境优化调控机制。

（六）自然资源保障与可持续性

1. 自然资源格局与演变过程

自然资源的空间分异与演变过程；人类活动与资源利用和生态安全及环境之间的相互关系；水循环演变规律及水资源、水环境动态评价的理论方法，水资源高效利用途径及优化配置决策；土地质量演变机理及其可持续利用，水土资源的耦合机理及其调控；典型区域生态与环境的定位动态监测与趋势预测；生态地理区划及环境脆弱区域的研究；重点区域（如青藏高原、黄河流域、西北干旱区、东南沿海快速发展区等）生态与环境演变机理及调控。

2. 区域发展的自然资源基础评价与生态环境效应诊断

自然资源组合的地域特征，资源价值化及相互耦合关系的空间表征和比较优势；替代资源的可行性与潜力，资源高效利用对策；公益性生态与环境功能的表达及价值核算，区域发展对公益性功能损害的补偿机制。

3. 区域可持续发展的关键资源保障

虚拟水量供需平衡的定量评价与计算；社会资源对虚拟水战略的适应性能力，虚拟水战略对国家或地区的水资源、生态、经济、社会和文化的影响，虚拟水战略下国家或地区应对策略选择；城市和区域产业结构演进与能源结构多元化发展的协调机理。

4. 水资源安全

全球气候变化下流域水文循环的响应机理、程度及时空变异特征；气候变化对主要流域水资源脆弱性和可持续性的影响，气候变化下极端天气、气候事件对我国主要流域洪水和干旱的可能影响；未来防洪、抗旱对策，大型水利工程的安全运行管理的对策，水资源的综合管理对策。

5. 生物多样性结构、分布与演化

气候变化对物种分布格局的影响及历史气候下物种分布关系的重建；生物种或类群间相互关系对气候变化的响应与适应性；气候变化对关键、濒危物种的影响及保护规划；气候变化对生物灾害发生的影响及控制策略；生物多样性的生态系统功能对全球气候变化的适应和减缓；气候变化下的生物多样性保护对策与预警机制。

6. 区域水-土地-生物资源的服务功能及对社会经济活动的承载能力

区域资源、环境和生态安全的临界阈值；水-土地-生物资源合理、高效和可持续利用的技术体系；与区域资源环境背景，技术经济条件、经济和社会结构相适应的可持续资源管理模式。

（七）生态系统服务功能综合评估与国家生态安全格局

1. 生态系统服务功能综合评价的理论与方法

生态系统服务功能及其与生态系统结构、生态过程复杂性和关联性的定量分析，生态系统服务功能物理量与价值量评价的标准化方法，生态补偿评价方法。

2. 生态系统服务功能对胁迫的响应与反馈

人类活动、气候变化等胁迫下生态系统服务功能的响应与反馈机制。

3. 生态服务功能的空间转移与生态公平

生态服务功能空间转移产生的社会效应和经济效应，生态系统服务功能区域分配与生态公平，生态系统服务与消除贫困。

4. 政策或管理措施对生态系统服务功能的影响

政策对生态系统服务功能的影响机制；人类消费方式或价值取向对生态系统服务功能维持与保育的作用。

5. 国家生态安全格局

生物多样性保护布局；生态基础设施布局；生态恢复工程规划。

（八）环境-健康-发展研究

（1）生命元素、污染物质、重金属和稀土的环境生物地球化学过程及其健康效应；疾病的空间分布和变化趋势研究；人口健康与环境的平衡机理研究。

（2）健康与发展研究；环境、健康与发展的调控措施研究。

（3）环境、健康与发展研究的技术，包括疾病监测方法、疾病预警预报和医学地理信息系统等。

（九）区域综合理论与重点区域地理综合研究

1. 地表自然功能区划

地表自然功能的辨识和现状评价，地表自然功能区域划分方法；地表自然功能的社会经济属性辨识；地表自然功能区划与表达技术，中国地表自然功能区划方案。

2. 区域综合研究方法体系

陆地表层过程的多元数据支持系统；自然和人文因素的相互作用；不同尺度的自然地理过程与尺度综合方法；区域自然和人文多要素综合评价。

3. 我国独特的区域综合研究

我国独特的区域如青藏高原、黄土高原、西南喀斯特地区、黄河流域、西北干旱区、长江流域等的综合研究，中国海洋和沿海地区地理综合研究；东亚季风动态及其环境影响的综合研究；我国农林牧交错带的综合研究；我国干旱区的综合研究。

（十）陆地表层系统的信息化模拟研究

（1）基于 S/C 结构，具有统一门户、统一空间数据资源、统一身份认证管理，能满足地球表层科学主要应用领域基础性时空数据分析需求的信息化研究平台；领域性重大应用项目示范性信息化研究环境。

（2）基于广域分布式高性能计算环境（GRID）的信息化研究平台；开展陆地表层系统水土及生命物质演化、国土资源优化配置与生态环境建设、生态系统监测、演化机理与综合评价、人地系统机理与区域社会经济发展四个领域性应用示范研究环境建设，提升系统的通用性。

（3）依托中科网、国务院电子政务工程网等，建立基于广域分布式高性能计算环境的信息化研究平台，以及能满足地球表层系统科学各领域研究需求的通用性研究平台。

本章小结

现代地球表层环境正在剧烈地变化着，科学家们认为人类活动正在以威胁自身健康和发展的方式改变着地球系统。地球系统面临跨越关键翻转点的风险。这些变化将为人类社会带来潜在的灾难性和不可逆转的影响。

人类周围的世界也一直处于变化之中，而且将持续变化下去。近半个世纪以来，世界的政治、经济、社会领域都发生了显著变化。这种变化有时以人们从未想象到或深思过的方式发生。未来的世界既可能是“预期结果”组成的世界，也可能出现充斥“意想不到后果”的世界。

为应对人类面临剧烈变化的环境与社会及不确定的未来，2012 年 6 月的“里约+20”峰会上，国际科学理事会和国际社会科学理事会发起了“未来地球计划”。“未来地球计划”将回答下列三个基本问题：全球环境如何变化及为什么会发生变化？未来可能的变化有哪些？这些变化对人类发展和地球生命多样性的影响是什么？为此，将围绕着：动态行星、全球发展、可持续转型三个综合的主题开展科学研究工作。

未来地球计划是一个庞大的国际科学计划，它给科学发展，特别是地理科学的发展，带来许多重要理念和信息：地球系统的研究必须逐步调整；未来科学的发展依赖于学科间的协同和交叉；未来地球计划将社会挑战响应行为与研究活动结合起来，探索未来，服务社会。

为应对地球全球变化和全球可持续发展的需要，2010 年美国全国研究委员会发布了《认识变化的地球：地理科学的战略方向》，提出了地理学未来 10 年四大主题的 11 个战略性科学问题。中国地理学者也提出了未来中国地理学的发展目标和重大研究领域。

思考题

“未来地球计划”是在什么背景出台的？它是什么样的一个国际科学计划，对人类社会可持续发展和未来地理科学的发展有什么意义？

主要参考和阅读文献

蔡运龙. 2011. 认识环境变化，谋划持续发展——地理学的发展方向. 中国科学院院刊, 26(5)：174-182.
蔡运龙，陈彦光，阙维民，等. 2012. 地理学:科学地位与社会功能. 北京:科学出版社.
陆大道. 2014. “未来地球”框架文件与中国地理科学的发展. 地理学报, 69(8)：1043-1051.
美国国家研究院地学、环境与资源委员会，地球科学与资源局重新发现地理学委员会. 2002. 重新发现地理学:与科学和社会的新关联. 黄润华，译. 北京:学苑出版社.
钱学森. 1994. 论地理科学. 杭州：浙江教育出版社.
未来地球计划过渡小组. 2015. 未来地球计划初步设计. 北京：科学出版社.
CSDGS(Committee on Strategic Direction for the Geographical Sciences in the Next Decade, National Research Council). 2010. Understanding the Changing Planet: Strategic Direction for the Geographical Sciences. Washington DC: The National Academy Press.
Johnston R J. 1985. The Future of Geography. London: Methuem.
Lubchenco J. 1998. Entering the century of environment: a new social contract for science. Science, 279:491-497.
Messerli B, Grosjean M, Hofer T, et al. 2000. From nature-dominated to human-dominated environmental changes. IGU Bulletin, 50(1): 23-38.

第二篇　大学地理教育与地理人才培养

第五章　发达国家的大学地理教育

学习目标

通过本章学习，了解澳大利亚、日本的高校地理专业设置与课程体系设置，熟悉英国、美国、新加坡的大学地理专业设置与课程体系设置，理解各国高等地理专业教育发展状况、基本特点和启示。

我国的大学地理教育起步于19世纪末20世纪初，至今已有长足发展，成为当今世界大学地理教育的大国，但与发达国家相比仍有一定差距，发达国家高度重视高等学校地理教育，地理学学科地位也较高。例如，20世纪90年代，美国教育部认定地理学是与自然科学、数学一样重要的基础科学，将地理学确定为美国高校教育核心课程；20世纪末以来，美国主修地理学本科专业的学生人数大幅度增加，拥有博士授予权的地理系也明显增加，这从一个侧面反映了地理学的学科地位与社会地位明显提升。本章通过对几个发达国家大学地理教育发展现状的介绍，以期为我国的大学地理教育改革提供借鉴。

第一节　欧美国家的大学地理教育

一、英国的大学地理教育

英国的高等地理教育发展历史悠久，从1899年H.J.麦金德在牛津大学创办英国第一个地理学系开始，地理学专业历经近120年的发展，始终是英国大学的一个基本专业。

（一）课程体系设置

1. 统一地理学的专业与课程体系设置

英国基本上按统一地理学的模式设置地理学科专业及其课程体系，进行统一地理学的专业教育与培养，尤其是几乎所有著名大学的地理系仅有一个地理学专业，完全按统一地理学的模式设置其课程体系，只进行统一地理学的专业教育并仅授予地理学学位，如剑桥大学、牛津大学、伯明翰大学与利物浦大学等。但是，目前英国也有极个别大学地理系在进行统一地理学专业教育的同时，还另外设置了人文地理学、自然地理学等专业及其课程体系，如兰卡斯特大学地理系就设置了地理学、人文地理学和自然地理学三个专业及其相应的课程体系。同时，英国极少数大学地理系还与其他学科一起共办专业，联合授予学位，如地理学与经济学、地理学与生物学及地理学与社会学等。

2. 专业课程结构与数量设置

英国高校普遍将其专业课程分为专业必修课和专业选修课两大类，一般而言，专业必修课和专业选修课的比例相当，大致为 11 门和 10 门，专业必修课中，课程数量设置最多的是利兹大学和雷斯特大学地理系，达到 14 门，而伦敦大学国王学院地理系仅有 7 门；专业选修课中，各校课程数量也相差达一倍，要求选修课程数量最少的剑桥大学仅有 7 门，而曼彻斯特大学则高达 15 门，可供选择的课程与选修学分要求比很高，平均是 3∶1，最高的谢菲尔德大学达到 4.8∶1，最低的兰卡斯特大学也达到 2.2∶1。同时，英国高校地理学科专业课程设置，专业课程数基本在 20 门左右，其中，课程最多的曼彻斯特大学地理学院为 26 门，最少的剑桥大学地理系仅有 16 门。

3. 三年学制的课程架构

英国地理学科专业实行三年制教育，其课程体系也按三年设置。其中，第一学年，要求学生通过学习掌握地理学的基本理论与方法，包括熟悉并理解地理学的发展过程及其发展趋势，了解当前人文地理学与自然地理学的主要焦点问题及其争论，并掌握基本的地理学分析与研究的方法和技术，因此，第一年的专业课程几乎全部是关于地理学基本理论与方法的专业基础课，课程数量大约 6 门，如剑桥大学地理系第一学年设置了地理学理论与方法、现代人文地理学、历史地理学、环境与资源和自然地理学 5 门专业必修课程。第二学年，开始进入专业化培养方向，学生根据自己的兴趣与需要选择自然地理学、人文地理学等地理学分支方向进行学习，其课程大部分为专业方向选修课，通过学习要求学生能够熟悉所选方向的地理学理论、问题及其分析方法与技术，初步了解在所选方向中如何进行有关研究项目的设计、执行与研究报告的编写。第三学年，几乎所有的地理系都只安排了学位论文必修课，其余全都是选修课，学生通过最后一年的学习，一方面要修够毕业所要求的学分，另一方面通过方向性课程的进一步学习和完成毕业论文，完全掌握该学科的理论、方法与技术，从而达到原定培养目标。

（二）地理学专业教育的特点

1. 专业知识综合学习是核心

综观英国高校地理学科专业课程体系的设置，对学生进行专业的综合教育与培养是其核心。首先，英国高校坚持统一地理学教育，基本上按统一地理学的模式设置课程体系，这是其课程体系设置的基础。其次，在专业课程中既设置有相当数量的有关地理学理论的课程，又开设有一定数量的有关地理学研究方法与技术的课程，理论知识讲授与研究方法及技术的传授并重，特别是均将地理学野外实习作为一门课时分量较重的必修课设置，以保证学生受到地理学理论与方法的全面教育。最后，在课程设置中注意到了地理学各分支方向的结合，均设置有有关自然地理学、人文地理学、资源与环境、遥感与制图、地理信息系统等地理学各个方面的课程，而且规定学生在第二学年和第三学年中除学习所选方向的课程外还必须选修一定数量的相邻方向的课程，要求学生能够全面、综合地掌握地理学专业知识。

2. 凸显学科基础教育

一方面，全面开设有关的地理学基础课程，一般会分别在地理学总论、自然地理学、人文地理学、地理学研究方法与技术四个方面各选定 1～3 门为专业基础课，构成其基础课程体系，英国高校开设的地理学基础课程主要集中在自然地理学，自然环境，环境（景观）过程与变化，人文地理学，环境与社会，城市、社会与经济地理，地理学思想，地理学前沿专题，计量地理学或地理空间分析方法，地理学方法，地理研究技术，野外调查，制图、遥感与地理信息系统等课程中。另一方面，在课程类型设置中，基本上将所有的专业基础课程都设置成必修课，要求学生必须修读与地理学相关的基础课程，使学生能受到地理学科的基础教育。

3. 专业选修课程数量多

英国高校在其地理学科专业课程体系的设置中，以专业知识的综合学习与基础教育为背景，广泛开设各类专业选修课程，给不同兴趣、爱好与需要的学生提供了极为广阔的学习空间与选择余地，以此调动学生专业学习的积极性与能动性，从而达到较好的学习效果与培养效率。首先，在英国高校地理学科应修专业课程总数中，选修课程比例高，选修课与必修课数量相当，有时甚至超过必修课程数量，如利物浦大学、曼彻斯特大学及南安普顿大学等。其次，各校地理系开设的可供选修的专业课程的数量极大（表 5.1），平均 30 门，最高达 67 门，可供选修课程数平均是要求选修课程数的 3 倍左右，最多接近 5 倍，最少也在 2 倍以上，如剑桥大学地理系可供选修课程 30 门，是要求选修课程数 7 门的 4.3 倍。

表 5.1　英国部分高校地理学专业主要必修课程统计（改自董玉祥, 2000）

大学名称	剑桥	伦敦大学	兰卡斯特	伯明翰	利兹	雷斯特	利物浦	曼彻斯特	纽卡斯尔	诺丁汉	牛津	朴茨茅斯	雷丁	索尔福德	谢菲尔德	亚非学院	南安普顿	苏塞克斯	西英格兰	威尔士
地理学思想	✓		✓			✓	✓				✓	✓					✓		✓	
地理学前沿专题							✓							✓						
地理研究			✓	✓				✓	✓											
自然地理学	✓		✓			✓		✓			✓		✓			✓				
自然环境		✓							✓	✓		✓		✓			✓		✓	✓
环境（景观）过程与变化					✓												✓	✓		
全球环境	✓			✓			✓								✓		✓			
环境与资源																				
资源地理学					✓								✓							
人文地理学	✓		✓		✓	✓		✓			✓	✓	✓	✓						✓
历史地理学	✓										✓					✓				
地理学、社会与发展		✓																		
城市、社会与经济发展					✓				✓	✓	✓								✓	
政治地理学																				
环境与经济						✓	✓							✓	✓			✓		
人与环境							✓	✓												
生物地理与自然灾害																				
全球化与区域发展				✓							✓						✓			
全球问题			✓	✓	✓															
计量地理学				✓	✓	✓		✓	✓									✓		

续表

大学名称	剑桥	伦敦大学	兰卡斯特	伯明翰	利兹	雷斯特	利物浦	曼彻斯特	纽卡斯尔	诺丁汉	牛津	朴茨茅斯	雷丁	索尔福德	谢菲尔德	亚非学院	南安普顿	苏塞克斯	西英格兰	威尔士
地理空间分析方法			✓	✓	✓					✓		✓	✓	✓	✓				✓	✓
地理研究技术		✓		✓	✓	✓	✓	✓	✓	✓		✓			✓	✓	✓	✓		✓
地理学方法	✓	✓			✓		✓	✓	✓	✓		✓	✓	✓	✓			✓	✓	✓
制图、遥感与 GIS		✓				✓				✓	✓									
野外调查	✓	✓	✓	✓	✓	✓	✓	✓	✓	✓	✓	✓	✓	✓	✓	✓	✓	✓	✓	✓
学位论文	✓	✓	✓	✓	✓	✓	✓	✓	✓	✓	✓	✓	✓	✓	✓	✓	✓	✓	✓	✓

4. 强调传授专业技术与方法

在英国高校地理学科专业课程设置中，地理学研究方法与分析技术类课程备受重视，也注重共同基础上的适当专长训练。普遍开设有诸如计量地理学、地理空间分析方法、地理研究技术、地理学方法、野外调查、制图、遥感与地理信息系统等课程，该类课程不但其性质上几乎全都是必修课，而且课程数量多，一般会占到专业必修课课程数量的 1/3～ 1/2 和应修课程数的 1/4 左右。例如，诺丁汉大学地理系设置有地理空间分析方法、地理研究技术、地理学方法、野外调查及制图、遥感与 GIS 5 门必修课性质的有关地理学研究方法与技术的课程，占该系地理学科专业必修课程数的 42%和应修课程数的 23%。

5. 坚持学科传统与优势

英国各高校自行制定其专业课程体系，各校地理系会在充分考虑地理学科知识体系的基础上，结合自身在地理学科教学与研究中的传统与优势制定出相应的地理学科专业课程体系，各校在地理学科方面的学科传统与优势在其专业课程体系中会得到充分的体现。这样，一方面可利用学科传统与优势吸引生源并保持较高的专业教育水平；另一方面有利于其传统与优势学科的进一步提高，形成相互促进的良性发展局面。例如，在英国以亚非地理问题研究见长的伦敦大学亚非学院在其地理学专业课程体系中就设置了大量有关亚洲与非洲地理的专业课程，包括中国社会与经济地理、中国环境等，类似课程占其地理学专业开设课程数的 2/3 左右。又如，剑桥大学地理系的历史与文化地理学研究声誉卓著，该系就在其地理学专业中设置有历史与文化地理学专业化方向，开设相应的文化地理学和历史地理学的课程有近 10 门之多，占其开出课程总数的 1/4。

（三）剑桥大学的地理学专业

剑桥大学地理学专业在剑桥有悠久的传统。第一任地理大学讲师于 1888 年获得任命，地理三年制学士学位考试制度成立于 1919 年，目前，地理系是一个致力于高标准研究的充满活力的学术组织。地理系有 87 名博士生和 38 名硕士生，每年约有 100 名本科生进入剑桥大学学习地理学。剑桥大学的大学本科生地理学课程，讲授范围广泛，实用课程和实地课程广泛，围绕三年制课程，分为三个部分，称为地理三重奏，每年课程结束时进行考试，通过实际课程和书面作业，不断进行评估，同时保持每年年底的考试为重点，每年的结果都是独立的，最后没有平均值。剑桥大学地理学专业课程设置计划如下①。

第一年，有两个模块反映了学科的广度，所教授的课程涵盖当代人类、历史、社会和文化、环境和物理地理学，涵盖：模块①，人文地理，地缘政治和政治地理学，全球化历史地理学，文化地理，社会、环境与可持续发展，平等的地理位置，经济全球化及其危机，当代城市地理，人类地理学当前的问题。模块②，物理地理，环境过程与变化（地球、冰冻圈、大气过程和气候、海洋和海岸、第四纪的环境变化、地球上的生命）。模块③，地理技能和方法，面向所有学生开设地理技能和方法课程，涉及讲座、实验室和计算机实践及实地考察，具体包括统计方法、地理数据库、制图和 GIS、人类地理学方法介绍、物理环境的实地、实验室和基于桌面的技能。

第二年，学生开始专业化，但考虑学生对整个学科保持兴趣，所有学生都参加全球变化的核心论文，分为三个部分：①核心思想。生活在人类世界中，自然-文化差异的地理思想对“自然”的“文化”的各种含义进行了回顾，以及在全球化世界中如何构建这些意义。②核心主题。提供关于“全球变化”相关主题的更详细的材料，最近的例子包括气候变化、火山危害、移民、犯罪和混乱、生物多样性减小。③核心技能。教授学生探索地理学主题的重要方法和技能，特别关注论文方法。所有第二年的论文都涉及一些课程作业的元素，与年底考试一起进行评估。2015～2016 年的论文包括人文地理学（吝啬与富裕，发展理论、政策与实践，公民、城市和民间社会）、物理与环境地理学（遥感、冰川过程、生物地理学）。同时，重视实地工作在地理学中的核心作用：所有学生预计将在第二年参加一周的实地课程，并生成报告，作为评估工作的一部分，这些实践经验也是引导学生用于第三年论文的方法的重要组成部分，近年实习的目的地包括瑞士阿尔卑斯山的阿尔加维、阿罗拉地区、都柏林、柏林、马略卡岛、摩洛哥和特内里费岛。

第三年，学生从 12 个方向选择完成四篇论文，学生提供的精确论文每年都有所不同，在 2015～2016 年，可以选择的方向有：全球城市规划的地理位置，知识、政策和专长，全球南方政治生态学、后殖民主义政治地理学，改变风险文化，纪律和社会条例的地域，历史人口学，冰川和第四纪记录，冰川，火山，自由海岸系统，生物地理学。同时，学位论文是作为第三年考试的一部分，学生要提交一篇 10000 字的论文，由学生自己选择主题，工作人员和研究生成员可以就适当的议题和程序进行初步咨询。研究在暑假期间或第二年年底进行，论文的主题和地点差异很大，有些学生选择在国外进行论文研究，而其他学生则留在不列颠群岛，研究资金可向学校申报学生项目、学校提供的系列奖项，公开竞争，许多学院还为假期旅行提供了部分财政支持。

① Department of Geography in University of Cambridge. https://www.geog.cam.ac.uk.

二、美国的大学地理教育

（一）大学地理学专业与课程设置

1. 地理学专业设置

美国高校的课程设置具独立性，各院校系所开设的课程各有千秋。从美国地理专业历史悠久、师资力量雄厚、有较高知名度的加州大学伯克利分校、宾夕法尼亚州立大学、威斯康星大学麦迪逊分校、明尼苏达大学、爱荷华大学、克拉克大学、华盛顿大学等十所大学的课程设置情况，可以了解美国大学地理学专业课程设置的一般特点和规律。

地理专业及学位授予类型。美国大学地理系学生可以申请理学和文学两种不同学位，这一点不同于中国。例如，在宾夕法尼亚州立大学、明尼苏达大学主修地理的学生，根据所修课程的不同，毕业时可以拿到理学士（BS）和文学士（BA）两种学位证书。学院为申请两种学位证书的学生分别提供了一套完整的地理专业学习方案，相同之处在于均可以学到自然地理和人文地理的基本概念和理论、培养运用地理技术（如绘图和空间分析）解决实际问题的能力，区别在于文学士偏重学习社会和行为力一面的地理学，理论方面的学习和学分要求相对较少，理学士强调地理学的环境视角和地理信息科学，专业性更强和学分要求较高。威斯康星大学麦迪逊分校、加州大学圣芭芭拉分校、爱荷华大学、华盛顿大学的地理系也都有BA和BS的区分，其余很多学校则没有该区分。

2. 地理学专业的课程设置

由于美国大学可根据自身学科发展情况设置专业或方向，名称也可不同，不同院校的同一专业或相近专业的课程设置各有侧重，美国地理专业设置和课程设置凸显出“广而多”，其目的在于“培养完整的人”，为学生提供基础教育广阔领域的知识。但从总体来说，美国大学地理系多涵盖自然地理、人文地理、地理信息科学三个专业或方向的课程。例如，威斯康星大学麦迪逊分校地理系分设地理学和地图学与地理信息系统两个专业（majors），地理学专业又分出自然地理学、人地关系研究和人文地理学三个方向（options）。宾夕法尼亚州立大学的地理专业设立于地球与矿物科学学院，其地理学理学士分设综合地理学、地理信息科学、自然地理、人文地理四个方向（options）。多数高校像宾夕法尼亚州立大学一样，不分专业，只划分不同方向，学生根据自己的兴趣及将来所要从事的职业，通过选择不同的课程来达到不同方向的学分要求。

地理学专业课程架构分为两大模块，分别为通识教育模块和专业教育模块。其中，专业教育模块的课程设置门数和种类很多，不仅涵盖了地理学主干理论，还涉及各个细小分支学科及理论与现实问题的结合。专业课也分为必修课和选修课，并分为不同的课程组，学生只需在每个课程组中选择满足学分要求的课程即可达到毕业要求。例如，威斯康星大学麦迪逊分校地理系将开设的专业课分为五个课程组，分别为自然地理、人文地理、人与环境相互作用研究、区域与全球系统研究、制图与地理信息科学，每个组均包括基础、中级和高级三个层次的课程。一些交叉性的课程分别开设在不同的课程组里，学生只需选择其中之一即可。一般来说，学科基础课主要面向低年级学生开设，研究和应用型较难的课程仅向本科三四年级及研究生高年级的学生开放。

（二）地理学专业教育特点

1. 加强通识教育课程

美国高校历来倡导“通识”教育，即培养具有广博坚实的基础知识，适应社会发展变化的通用型人才。目前，美国通识教育主要有四种类型，它们是分布必修型、名著课程型、核心课程型和自由选修型。“分布必修”，指“对学生必须修习的学科领域（一般为自然科学、社会科学和人文学科）及在各领域内至少应修习的课程门数（或最低学分数）作出规定的通识教育课程计划”。它是美国大学和学院实施通识教育的一种主要形式。“名著课程”，也称“巨著课程”，是美国若干高等学校为实施通识教育制定的一种本科阶段的教学计划，它最早是在第一次世界大战期间由哥伦比亚大学教授约翰厄斯金（John Erskine）提出的。圣约翰学院是目前唯一实行该计划的学校，其 1997～1998 学年的名著教学计划规定如下：一年级学生以学习古希腊名著为主，包括 15 位大思想家和一些著名科学家的 40 多部传世之作；二年级学生以学习古罗马、中世纪、文艺复兴前后的经典名著为主，包括 33 位思想家、科学家、艺术家的作品 50 多部；三年级学生主要研读 16、17 世纪 30 多位思想家的著作 40 多部；四年级则侧重于从 18、19 世纪到当代的一些名著，包括 26 位思想家、科学家、作家、艺术家的作品、诗文 30 多种。“核心课程”是 20 世纪 70 年代末大量出现于美国大学的一种通识教育实践类型。关于这种含义上的“核心课程”，《韦伯斯特新大学词典》的解释是：“一种综合传统独立学科中的基本内容、以向所有学生提供共同知识背景为目的的课程设置”。据 1976 年的调查结果，美国有 10%的大学或学院是通过“核心课程”来实施其通识教育的。哈佛、哥伦比亚、芝加哥等著名研究型大学和一些文理学院都有冠以“核心课程”名称的通识教育计划。“自由选修型”是指院校本身没有任何特别规定的通识教育计划，学生可以根据自己的兴趣自行制定一个属于自己的通识教育计划。“自由选修”建立在以杜威为代表的进步主义教育哲学基础之上，认为社会变化无常，宇宙中没有永恒不变的事物，强调个人的不同生活和经验的需要，强调以学生兴趣为中心，主张自由选修，反对必修。有人还认为通识教育旨在培养“自由人”，由学校对通识教育做出种种规定和限制是实施通识教育的一种不民主、不自由的方式，本身就与此项教育的目的相悖，因此，主张所有的课程都是自由选修的。

美国高校地理本科中通识教育课程约占总学分的 35%，包括书面和口头交流、逻辑推理、人文科学和纯艺术（包括但不限于哲学、宗教研究、演讲、外语、美术、戏剧和舞蹈等）、数学和自然科学（包括但不限于天文、生物、化学、地质、自然地理和物理等，且必须包括强调科学方法的实验室经历），以及历史、社会和行为科学等各类课程，目的在于“培养完整的人”，为学生提供广阔的知识背景，克服过分专业化的趋势，同时也使学生掌握准确交流的能力和方法，以及逻辑清晰的批判思维能力，为学生终身学习和职业的成功做好准备。

2. 非常重视专业基础课

在美国，一方面，全面开设有关的地理学基础课程，一般会分别在地理学总论、自然地理学、人文地理学、地理学研究方法与技术四个方面各选定 1～4 门为专业基础课，构成其基础课程体系。美国高校开设的地理学基础课程主要集中在自然地理学，经济地理，环境（景观）过程与变化，人文地理学，环境与社会，城市地理，地理学思想史，地理学前沿专题，计量地理学或地理空间分析方法，地理学方法，地理研究技术，野外调查，制图、遥感与地理信息系统等中。另一方面，在课程类型设置中，基本上将所有的专业基础课程都设置成必修课，要求学生必须修读与地理学相关的基础课程，使学生能受到地理学科的基础教育。

3. 选修课门类众多，授课方式灵活多样

美国大学地理选修课程“广而多”，内容丰富，涉及面宽。首先，毕业目标对学生的学分要求并不是很高，一般应修的专业课程数从十几门至二十几门不等，但是学校开设的课程总门数则多达几十甚至上百门，这样学生自主选择性强，可以选修那些自己感兴趣或者对自己将来的发展有帮助的课程。其次，各门选修课程开设的频率不同，在威斯康星大学麦迪逊分校，全球自然环境、环境自然系统、人文地理学导论、城市导论、区域发展与规划等主干课程每学期都开设，气候学、自然环境分析、全球变暖争论、美国西部、欧洲地理、土壤地理学等课程是一学年或隔年开设一次，而地貌学、高级景观地理、历史环境变迁、人类活动空间组织、人口迁移与分散、西方社会健康与财富等课程仅偶尔开设。最后，美国教师在授课方面具有相当的自主性和灵活性，学生上课大多没有固定教材，学校给出的课程大纲也只是导向性的，因此，同一门课程可能会因不同的授课教师而强调不同的方面。每个学生所选修的课程都不尽相同，常常是选修同一门课的学生都在一起上课。

4. 强调地理技术类课程，加强实践创新能力培养

地理技术类课程在美国高校地理学专业课程中占比例较大，极受重视，各校地理学系普遍开设有诸如计量地理学，地理空间分析方法，地理研究技术，地理学方法，野外调查，制图、遥感与地理信息系统等课程，该类课程可作专业方向课程，而且一般为专业必修课程。美国对地理科学专业学生实践能力的培养被摆在突出的位置，各大学安排的实验实践和研究性课程种类较多，有“独立研究”（independent study）、“研讨”（seminar）、“专题”（topics）、“论文”（thesis）、“实习”（internship）等各种类型，并且所占学分较多。各种实验、野外实习研究性课程给学生提供了“将课堂知识应用于真实世界的机会”，美国高校很普遍的做法是组织大学生参与所在社区的志愿者服务活动，尤其是以学术为基础的社区服务活动，如地理学专业的学生参与工业、农业等资源调查，培养他们吃苦耐劳的精神，提高他们的动手能力。

5. 注重学科间相互渗透，设置综合性课程

现代科技和生产的发展，是以系统化、集约化为基本特征的，反映到高等教育中就是课程的综合化。跳出专业的传统观念，把课程设置由“纵向深入型”改为“横向宽广型”，文理科相互渗透、相互交叉，开设一些涉及文理科的边缘学科及新型综合学科，以适应学科高度综合的发展趋势。在地理专业设置上，美国不少大学的地理系与其他学科一起共办专业，联合授予学位，如地理学与教育学、地理学与经济学、地理学与生物学及地理学与地理信息系统等，这种综合设课的方式在节约师资设备、开阔学生知识面及发展近缘学科方面，均已收到良好效果。实现专业的培养目标，不仅仅靠一门或几门课程，而是靠全部开设课程的协调和补充。在完全学分制基础上，建立灵活的课程体系，允许学生在一定范围内根据各自的基础、特长、兴趣选修一些课程，允许学生跨系、跨专业甚至跨校选修课程，有利于学生的知识结构趋于多样化，也有利于学科之间的渗透及边缘学科的发展。

第二节　亚太国家的大学地理教育

一、澳大利亚的大学地理教育

澳大利亚的大学地理学教育以悉尼大学为最早、最具有代表性。位于新南威尔士州的首府悉尼的悉尼大学是澳大利亚的第一所大学，创立于1850年，悉尼大学是澳大利亚八大名校的成员，在澳大利亚被归为6所古典学府（sandstone universities）之一，悉尼大学同时是环太平洋大学联盟（Association of Pacific Rim Universities, APRU）与亚太国际贸易教育暨研究联盟（Pacific Asian Consortium for International Business Education and Research, PACIBER）的成员。该校于1920年创办了澳大利亚的第一个地理系，开创了澳大利亚地理专业人才培养先河，经过几十年的发展，悉尼大学地学院拥有地质、地理和地球物理三个专业，可授予学士、硕士、博士三级学位。

（一）人才培养模式与课程体系设置

1. 人才培养模式

悉尼大学的地理学科本科教育为四年，设置地理、地质和地球物理专业，学生可以获取此三个专业的学位。所有课程均安排在前三年，完成三年课程且专业主修科目合格，达到一定学分后即通过学士学位（部分学分可以在其他辅修专业课程如科学/艺术学士课程中选择）。学士学位课程学习成绩优秀的学生可以进入四年级，参加导师的科研课题，完成毕业论文，答辩合格可得到优秀学士学位（也称荣誉学士学位），该学位是以后攻读硕士或博士研究生的必要条件。此外，还可以申请双学士学位，如选择地理，同时又选择经济学，如果两个专业都学习合格，就可以获得双学位。

2. 课程体系设置

悉尼大学地学院除为地理、地质和地球物理三个专业提供课程外，还可为环境科学和水科学专业提供核心课程。本科课程单元分三组：初级单元在第一学年开设，没有任何前提知识要求，所开初级课程可供全校攻读科学、艺术经济和社会科学等学位的学生学习；中级单元在第二学年；高级单元在第三学年开设，课程设置系统完整，层级清楚，培养目标清晰，如图5.1所示。有些课程分为基础课程和高级课程两种授课形式，两者的课程内容大致相当，学分相同，但选修高级课程的学生除了参加基础课程外，还必须参加专门开设的专题系列，在专题结束时，学生须根据教师布置的题目或自选题目分小组搜集资料，综合整理，进行演讲或展示。

3. 学分要求

完成本科学业学习，学生必须修满高级单元 24 学分。学生要进入高级单元学习，需要完成学习高级单元所需的具体要求，如地理专业学生进入高级单元需要修满初级单元的 12 学分，中级单元 12 学分，除必修课之外，还可选修系列课程。地学院高级课程有很多选修课可供选择，也可选修其他专业课程，如经济学、社会学、人类学、考古学、语言等，成绩优异的学生可获邀加入天才学生项目，有机会在老师指导下从事科研或进入更有挑战性的单元，每一年级均有指导教师指导学生选课。

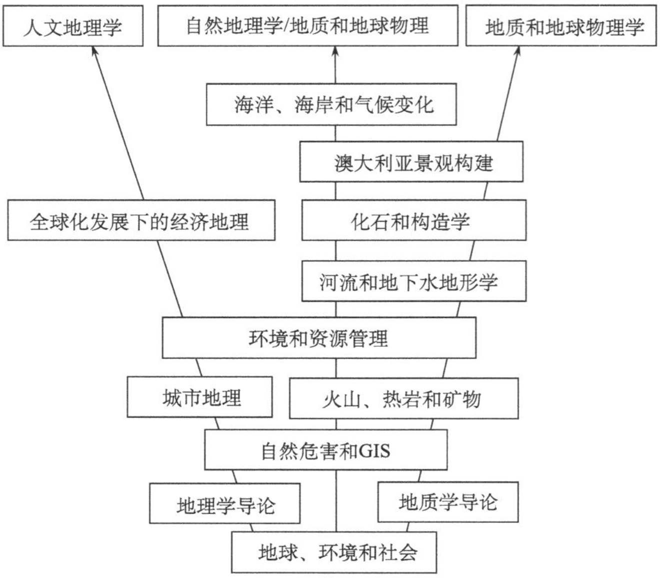

图 5.1　悉尼大学地学院初中级单元课程（改自张晶等，2015）

（二）地理学专业课程单元及要求

地理学专业分三个层次，即三个单元。初级单元设置在第一年，不需任何知识要求，主要是导论等专业入门课程，为今后专业学习提供地球、环境和社会等方面的基础知识。中级单元在初级单元基础上，提供宽泛的平衡的学科知识，如环境管理、经济地理、城市地理、河流地貌和地理信息系统等知识，每一个单元也给学生介绍各种研究技术（包括计算机辅助分析和野外实践技术），每一单元由讲课和指派工作组成（包括指南、实践、个人课程和野外实践），一些单元要求必须设置野外实践。

部分课程分为基础和高级两种授课形式，同一门课程根据不同方向和不同学生要求，设置不同要求，既保证专业共同基础，又利于培养有志于继续深入学习的学生参与实践，培养学生分析与解决问题的能力。高级单元学习为不同兴趣的学生提供不同专业的专门研究机会，有些高级单元课程需要某些中级单元课程作为先决条件，如学习火山、热岩和矿物课程的前提要求是地质学导论课程合格。要得到地理专业学位，必须最少修满 24 学分的高级单元课程，具体而言，地理专业分两个方向，社会和公共政策方向、地球资源和进程方向，其专业课程具体设置见表 5.2。

表 5.2　悉尼大学地理学的专业方向课程单元（改自张晶等，2015）

专业方向	年级/水平	学期	建议单元
社会和公共政策方向	初级单元	2 月	地球、环境和社会/地球、环境和社会高级教程
		7 月	地理导论/地理导论高级教程
	中级单元	2 月	以下两门课程中至少选择一门
			全球发展背景下的经济地理/全球发展背景下的经济地理高级课程
			大洋、海岸和气候变化/大洋、海岸和气候变化高级课程
		7 月	以下两门课程中至少选择一门
			环境和资源管理/环境和资源管理高级课程
			城市地理/城市地理高级课程
	高级单元	2 月	以下三门课程中选择两门
			区域发展和环境/区域发展和环境高级课程
			河流、科学、政策和管理/河流、科学、政策和管理高级课程
			亚太野外实践/亚太野外实践和亚太野外学校
		7 月	以下三门课程中选择两门
			可持续城市环境/可持续城市环境高级课程
			在海岸管理中的应用/在海岸管理中的应用高级课程
			环境评估
地球资源和进程方向	初级单元	2 月	地球、环境和社会
		7 月	地理导论
	中级单元	2 月	以下三门课程中至少选择一门
			全球发展背景下的经济地理/全球发展背景下的经济地理高级课程
			火山、热岩和矿物/火山、热岩和矿物高级课程
			大洋、海岸和气候变化/大洋、海岸和气候变化高级课程
		7 月	以下三门课程中至少选择一门
			环境和资源管理/环境和资源管理高级课程
			城市地理/城市地理高级课程
			河流和地下水地形
	高级单元	2 月	以下三门课程中选择两门
			海岸环境和演变/海岸环境和演变高级课程
			河流、科学、政策和管理/河流、科学、政策和管理高级课程
			区域发展和环境/区域发展和环境高级课程
		7 月	以下三门课程中选择两门
			在海岸管理中的应用/在海岸管理中的应用高级课程
			环境和沉积物地质/环境和沉积物地质高级课程
			可持续城市环境/可持续城市环境高级课程

二、日本的大学地理教育

（一）大学地理学专业与课程设置

1. 地理学专业设置

日本大学地理学教学的发展历史颇长，尤其是第二次世界大战后，日本地理学界与欧美交流密切，且结合本国实情，发展迅速。在日本，大学地理学教育分布广，层次多，课程设置精简，学术活动频繁。

日本大学中，类似于中国大学地理学院（系）设置独立的地理学学部很少，地理学科多设置于综合性大学的文科学部或理科学部，设置于文科学部的情况较多。其中，国立、公立大学中，除东北大学、东京都立大学是将地理学设在理学部，筑波大学将其设立在自然学部以外，一般多设置在文学、社会、教养等学部。日本私立大学的地理专业学生数略多于国立、公立大学，如立命馆大学、立正大学等私立大学对日本地理学的发展起着重要的作用，私立大学的地理学科设置，除立正大学从 1998 年将地理学科从文学部独立出来成立地球环境学部以外，其余几乎都设置在文学部。

日本大学地理学科的设置与归属反映出地理学的综合学科属性，同时也是第二次世界大战前的学科编成体系延续继承。1907 年日本最早开设地理课程的国立京都大学，就将地理学课程设置在文学部。第二次世界大战前，以培养中学教师为目的而设立的地理学专业多与历史专业设置在一起，同属文科，其影响延续至今。日本国立师范类及设有师范专业的高等学校也设有相当数量的地理学科，如北海道教育大学、东京学艺大学、爱知教育大学、大阪教育大学、京都教育大学、福冈教育大学等。

2. 课程体系设置

日本高校地理学科的设置归属虽有不同，但课程设置与教学形式具有许多共性。课程设置体系主要包括：①地理学基本概念；②地理学基础知识；③地理学研究法；④地理学野外实习；⑤毕业论文等几大部分。例如，基础地图学、地理学概论、自然地理学与人文地理学概论、地志学概论、各国各洲地志学等属于①②类；地理学研究法及其各分支科目的研究法、野外实习与调查法、地理学基础演习课程等属于③④类。这些课程作为地理学专业学生的基础课，目的在于提高学生的地理学理论水平，培养学生应用地理学的思维方式，观察、记录、分析地面现象、理解地理事物的能力。因此，这类课程所占学分数高，并要求学生在 1～3 年级内修完，进入 4 年级以后，基本上是集中力量准备毕业论文及从事求职活动或准备硕士升学考试。

日本高校地理学课程在设置上还十分重视应用电脑技术、测量学、情报处理学、地域统计学、航空图片制图学、气象卫星情报接收等应用性强、适应多种行业需求的课程，加强了学科的适应性，这一点也是地理学在日本高校中生存、发展的重要因素。例如，立正大学中，若取得公共选修中的数学、自由选修中的测量学、必修的地图学的学分后，就有条件参加国家举办的测量士候补资格考试。若考试合格，毕业后就有条件进入国家所属的测绘机构，享受公务员待遇。与此相似，初中、高中教师、博物馆馆员、学校图书馆司书教谕（类似学校图书馆的管理与负责人）、房地产鉴定士等各种国家统一资格考试都有可能在大学期间根据个人的选修与努力，既修满学分，又通过资格考试，为将来就业打下基础，这点对在读学生具有很大的吸引力，对我国大学地理课程的调整也有很大的参考借鉴作用。

（二）地理学专业教育特点

从地理专业课程教学的形式看，一般有授课、实习、实验、讨论课等形式。其中，授课类似中国大学课堂教学，低年级较多采用，主要是教师讲授并配合板书、挂图等，学生以听为主。日本的高校常常将“地理学概论”“经济地理学概论”等课程作为大学生教养课程，面向全校学生开设。因为选修了这些课程后，对地理学产生兴趣转而选修地理专业的情况也很多。

各学校也依据各校的研究强项开设“农业地理”“都市地理学”“气候地形学”等地理学分支学科，主讲教师多介绍目前自己从事的主题研究的内容。这些课程依实际情况有必修和选修之分。如果说基础课程教师侧重对地理学基础知识的传授，学生较被动地理解、吸收基础知识的话，这类课程更重激发学生学习的积极性。这些课程，要求学生学会对原始资料分析的方法，在此基础上，培养其论证地理现象的能力。

讨论课、讲读课是以介绍国内外的文献、研究成果、汇报各自区域地理考察成果、交流野外调查心得为目标的课程。课程不拘形式，学生在一学期内至少作一次报告性发言，时间15～20分钟，发言之后由教师与学生质疑，报告者作答，报告者要向在座全体人员提交报告的纲要。这类课可以开拓学生视野，加强学生独立查阅文献、区域调查与综合分析的能力，为四年级完成有质量的毕业论文打下基础。

野外实习是地理教学最重要的手段之一。野外实习几乎贯穿于地理学的每一科目中，野外实习的参加与否，常常关系可否得到此科目的学分。依据课程计划安排，有一日野外实地考察，也有住宿一地多日的当地考察。实际发生的地理现象与理论假设、模型有一定的差距，因此，日本地理教学中十分重视学生实际考察、分析能力的训练。野外实习前的一学期，每两周有一次实习讲解课。由指导教师提供或在教师指导下学生自备实习地的地图、乡土历史地理资料及与调查地域相关的各种资料，教学生学会使用不同比例尺的地图，讨论这一地区的地理特征。在此基础上，由学生初拟野外实习的调查提纲，在课上讨论、交流，并由指导教师审阅，提出修改建议，几经反复，确定调查提纲。

野外实习前两个月，由教师、学生共同商定包括实习路线、日程安排、经费使用在内的实习计划书。野外实习多安排在暑期或休假日，不影响正常课程，日本地理学专业实习次数多，经费由学生自理。实习不但能通过具体事例让学生认识地理学的实用价值、激发学生的学习积极性，还能培养学生观察、认识地理现象的能力，以及从事科学研究所必备的实事求是的精神与坚忍不拔的毅力。

（三）东京大学的地理学专业教育

1. 专业课程设置

东京大学的地理学在教育学部，学习课程分为第一二学年的前期教育和第三四学年的后期教育。前期课程包括人文地理学、宇宙地球、相关自然，后期课程包括广域文化科学课，美国地域文化研究、法国地域文化研究、德国地域文化研究、亚洲地域文化研究、东欧地域文化研究、韩国朝鲜地域文化研究等地域文化研究学科，基础学科，人文地理、广域系统等广域学科等。经过前期课程的学习，有利于学生深入学习广域科学科人文地理分科，广域科学科人文地理分科把都市信息地理学、经济地理学、农业农村地理学、行政财政地理学作为专业学科，分 6 个研究方向：少子高龄化社会方面地域变容，情报社会方面流通重编，生产全球化和产业集聚，边缘地域社会的持久性，热带、亚热带开发和环境，现代经济社会的多样性等。

2. 地理专业教育特点

突出技能培养。地域分析Ⅰ、地域分析Ⅱ、地图学实习这三门科目在第 4～6 学期阶段性配置，使学生系统有效地学习掌握人文地理学分析手法，为毕业论文研究积累方法，并使学生获得有用的独特技能。

重视演习课程。人文地理学演习Ⅰ、人文地理学演习Ⅱ、特别演习（第 4、第 5、第 7 学期）等，这些课程根据人数来设置演习上课的形式，增强学生学术实践能力。

加强研究能力培养。培养学生广泛涉猎多种文献，独立分析统计资料的能力，以及积累对样本的抽样调查分析方法，自己寻找并明确论文主题，毕业论文的创作过程中，在班级全员面前开展几次中间报告会，接受多面性的观点评价，完善论文。

强调实习和实验。通过实验、野外实习，要求学生能够使用 GIS（地理信息系统），将各种信息地图化，能够将理论运用到实践解释现象，透过现象剖析本质规律，构建新的理论。其中，人文地理学野外实习包括农业、工业调查、采访，完成报告等，要求学生采用地域分析技术解决社会经济问题。

强化跨学科课程。根据 2011 年的东京大学升学指导，教养学部的后期课程为教养科、学际科和统合自然科这三门学科，其中，学际科学科主要由科学技术论、地理空间、综合信息学和地球系统能源构成，并通过东京大学大学院情报学媒体信息研究领域和尖端技术研究中心、能源环境关联研究领域的研究人员授课，强化跨学科课程与内容。

三、新加坡的大学地理教育

（一）高等地理教育发展历史

1905 年，新加坡国立大学的前身，爱德华国王七世医学院建立。多年来经历了多次改名：莱佛士学院（1928～1949 年）、马来亚大学（1949～1961 年）、新加坡大学（1962～1980 年）和新加坡国立大学（1980 年至今），这是南洋大学和新加坡大学合并成立的大学，也是目前新加坡唯一设置地理学本科专业的大学。

1928 年，莱佛士学院下设艺术学院，地理学被列为三个最初提供的学科之一。在第二次世界大战之前主要教授来自新加坡和马来半岛的学生，当时的地理教学大纲反映了殖民地的文化，因此强调地区概念，如英国岛屿、欧洲、非洲、澳大利亚、美洲和亚洲。除了区域地理学之外，还有地貌学、气候学、海洋学等自然地理学课程，人类地理学和地图修读等“实用”地理学课程，以及系统地理学等课程。多年来，大学的文学学位经历了几个变化。直到 1968～1969 学年，学生仍然遵循一个为期三年的文学学士荣誉学位课程，2000～2001 学年，增加了一个独立的一年荣誉课程，在三年和四年的荣誉课程中，院系重视荣誉论文，2001～2002 学年，该学院启动了一个新的四年荣誉制度。

新加坡国立大学艺术与社会科学学院下设的地理系目前是世界前十大地理系之一，亚洲排名第一，作为全球领先的大学中排名最靠前的地理系，地理系教师和学生在广泛的研究项目上合作推动知识及其应用，具有高度的影响力，并在国际上受到尊重①。地理系课程旨在使该系继续走在国际教育和研究的前沿，并提高研究生的经验和专业发展。新加坡国立大学的地理学有一个悠久和骄傲的历史，它在 1928 年成为第一批在莱佛士学院艺术学院提供的课程之一，90 年来，一直是亚洲领先的地理学系，并一直被列为全球顶级地理系之一，这种声誉建立在三个关键领域的研究上：热带环境变化、亚洲城市的社会与文化地理、政治和经济地理。

（二）人才培养要求

在地理系，鼓励学生对自然和人文环境进行更深入和更重要的理解。学生将获得知识、技能和观点，这将使学生能够更好地评估和欣赏人们生活的相互依存的世界。地理系提供四个地理区域研究方向：①地球表面的自然地理特征和过程；②社会与空间之间的相互作用；③人与环境的关系；④区域专业化。重点是了解当地情况及区域和全球的影响，学生还将通过地理信息系统（GIS）和遥感及实地工作的研讨会、实验室会议、实践讲习班接触各种研究技术。

地理学本科学生毕业须达到以下要求：首先，通过地点、环境与社会课程。其次，通过至少 44 个学分的地理课程或地理认可的课程，包括以下内容：①地理学方法与实践；②至少完成 GIS 和遥感介绍、制图和可视化、地理学实地研究——东南亚、环境研究方法中的一项课程；③修读完社会/文化系列，政治、经济和空间系列，热带环境变化系列每组的至少 8 个学分，并且至少包括大二或大三设置的每个子学科领域的两个课程；④在三年级或更高级别至少有 24 个学分。另外，学生可以修读四年级模块，但需经院系批准。

设置荣誉项目：地理学荣誉项目学年不仅仅是学位的第四年，四年级模块课程将使学生了解特定主题前沿的关键问题。荣誉学生必须完成共八个地理模块或更高级别批准的地理认可的模块，当代世界地理是所有荣誉学生的义务，其余模块可以从每年提供的列表中选择。

（三）课程体系设置特点

新加坡国立大学地理学专业的课程设置分四个年级进行。大一年级主要注重基础知识的掌握和兴趣的培养，开设的课程有：地理的旅程——探索世界，通过地图看世界，地缘政治——战争与和平的地理，面临全球环境挑战，地点、环境和社会，新加坡不断变化的风景，以及新生研讨会模块等。

大二年级着重学习地理学方法与实践，自然与社会，生命和死亡的地理学，制图与可视化、转型中的城市，GIS 与遥感，陆地和沿海环境，休闲、娱乐与旅游等，另有气候、水与环境，天气与气候，能源与环境，新加坡景观变化，新加坡的生物自然环境，经济与空间，政治与空间，东南亚，社会和文化地理概论，地理学专题Ⅰ，生物地理，能源未来——环境

① Faculty of Arts and Social Sciences in National University of Singapore. http://www.fas.nus.edu.sg.

与可持续发展等课程可供选修。

大三年级主要开设课程有城市和地区——规划与变革、全球化问题、热带的环境变化、GIS 实习模块、GIS 与遥感应用、社会生活的地理、地理实习、地理学中的主题Ⅱ、地理研究——发展思想、东南亚现场研究模块、服务经济、旅游发展、自然灾害、环境污染、地球科学等，另有城市气候、商业组织地理，迁移地理学，沉积物和沉积盆地、GIS 设计与实践，东南亚的保护和城市热带生态，石油地球科学，性别、空间和地点，东亚，自然资源——政策与实践，全球化和亚洲城市，生态系统，文化景观，环境研究方法，历史景观与遗产，发展地域，运输和通信，迁移地理学，沉积物和沉积盆地，应用石油勘探，石油勘探的基础，东南亚的保护和城市热带生态等课程可供选修。

大四年级开设的专业课程则包括地理思想的发展 A，地理思想的发展 B，当代世界的地理，重塑全球经济，国际运输系统，城市空间——批判观点，环境建模，政治地理——空间与权力、解释旅游空间和文化，沿海管理，全球政治，环境遥感、高级地貌、性别和城市、青年人和儿童——全球视角，欧洲，先进水文和水资源管理，东南亚的发展与环境，实地地理学实地调查，人类地理的实地调查，移动空间——做社会世界，气候变化——过程、影响和响应，地球系统科学，大中华区，日本在全球经济中的城市，地理学主题Ⅲ、荣誉论文、独立研究模块等。

此外，新加坡的地理科学专业的野外实习是安排在临近的马来西亚、泰国等东南亚国家，注重自然和人文的考察；新加坡高校还采取交换生项目、联合培养项目为学生提供出国交流学习的机会。

第三节　发达国家大学地理教育的启示

近代地理学和大学地理科学类专业率先在西方国家发轫并不断向前发展，亚洲的日本和新加坡的近代地理学及地理学专业建立稍晚，但发展迅速，这些地区著名大学的地理学学科与地理学专业在教学水平、人才质量、科学研究、社会服务诸多方面取得了显著成绩，很多学校的地理学专业在世界范围内享有较高声誉，也成为各国学生趋之若鹜的名校。这些学校的办学经验值得我国地理学专业发展和改革借鉴。

一、地理专业人才培养目标创新

我国传统的地理教育观念认为地理大学生毕业面临的选择是从事中学地理教育、考研或参与地方经济建设，缺乏对地理大学生创新精神与自我创业意识的培养教育，导致人才的社会适应性低。借鉴美国、德国等高等地理教育的成功经验，从提高整个国民素质的高度出发，把创新创业型地理人才培养与研究型、应用型地理人才的培养放在同等重要的地位，鼓励和倡导各类高校地理教育开展各种形式的创新创业教育，包括把地理研究人员、创业家和各类社会创业资源引入高校；学校通过各种组织和企业共同设立各种奖学金，以便拉近在校大学生与成功创业者的距离；政府制定系列优惠政策，通过贷款担保，基金支持引导有创新创业愿望和创业能力的大学生创业，且要建立专家诊所，帮助他们解决创新创业中出现的各种问题。高校要改革传统地理教育人才培养模式，地理大学生创新、创业不仅应作为一种能力来培养，更应当作为一种尊重人才、尊重知识、尊重创造、崇尚科学和弘扬创新精神的校园文化氛围来塑造，充分激发和培育学生的创新精神和自主创业意识。

二、改革优化地理专业课程体系

（一）适应学科交叉发展趋势，设置综合性课程

科学技术的飞速发展和知识总量的高速增长，使得地理学科在高度分化的同时，又表现出高度综合的特点，仅靠地理专业知识是难以适应社会发展的，因此，综合地理、统一地理课程的设置几乎成了世界高校地理课程改革的趋势。在这方面，我国高校可借鉴美国、日本高校的做法：开设文理融合的综合交叉课程，并增加自然地理与人文地理综合性的专业课程，避免专业口径过于狭窄；增加人文地理比重，改变过于偏重自然地理的现状；开设与地理有关的专业或相近专业共同构建课程体系，或是开设跨学科课程，拓宽学生知识面；重视地理边缘课程学科的开发，开设地理复合型课程，如“地理学与物理学”“地理学与数学”“地质与工程学”等。

（二）重视实习实践课程，增加方法和技术类课程

地理科学本身就是实践性、应用性极强的学科，无论是欧美国家，还是日本、新加坡地理专业都非常重视实践教学。目前我国多数高校由于教学经费严重不足，取消了最能锻炼和培养综合分析、解决问题能力的综合区域地理实习，此外，许多高校因缺乏地理实验设备而严重影响了对学生动手能力的培养。因此，需要重视地理实践课程时数的增加和质量的提高。与此同时，国外高校普遍加强地理方法与技术能力培养，如英国高校地理方法与技术类课程几乎全都是必修课，而且课程数量多，一般会占到专业必修课课程数量的 1/3～1/2 和应修课程数的 1/4 左右。而目前国内地理学科各专业课程设置中有关研究方法与技术的课程相对较少，应增设有关地理学研究方法与技术方面的课程，全面提升地理教育学生的实际动手能力。

（三）减少专业必修课，增加专业选修课

发达国家地理学专业课程体系的设置中必修课强调地理学基础，体现内在科学规律及其逻辑关系，重点是构建专业基本框架，课程数量适当，要求学生必须修读与地理学相关的基础课程，使学生能受到地理学科的基础教育，给学生一个坚实而全面的学科基础。同时，又以专业知识的综合学习与基础教育为背景，广泛开设各类专业选修课程，比例一般比较高，给不同兴趣、爱好与需要的学生提供了极为广阔的学习空间与选择余地，以此调动学生专业学习的积极性与能动性，从而达到了较好的学习效果与培养效率。我国地理专业的课程体系中选修课数量很少，限制选修课多，自由选修课少，有关应用地理的选修课尤其短缺，这样不利于培养学生的兴趣和多方向发展选择。因此，应着重减少专业必修课课程的数量，广泛开设专业选修课，大幅度提高专业选修课课程的比例，增加多种多样的专业选修课程，但为了避免选修课程设置的盲目性，可以制定出不同系列的选修课，使学生以 2～3 个选修系列课程为主，如设置中学地理教学方法论系列选修课、地理信息系统系列选修课、环境学系列选修课和城市与区域规划系列选修课等。这样既避免选修课程的杂乱无章，又可使不同的学生有不同的选择；既保证了一定的选学方向，又可以形成学生的不同特色，这为学生营造一个广阔的专业学习空间，也为今后的学习和发展打下了宽口径的专业基础。

（四）发挥学科优势与传统，开设特色地理课程

国外各高校的地理专业都特别重视发挥地理学科研究的自身优势，突出优势特色课程的发展，如剑桥大学的人口与社会结构研究，新加坡的东南亚、东南亚现场研究、热带环境变化、东南亚的保护和城市热带生态等，为了提高学科声誉、吸引生源、提高办学效果和减少师资力量的无形损失，国内各地理系应充分发扬各自的学科传统与区域特色，发挥教师的学科专业优势，多方开设有关不同性质类型的地理学专业课程。同时，就业区域的限制可以使学生学有所用和用有所学，也可促使教师长期保持其研究方向而不断发展，彼此教学相长、相得益彰，从而更有益于学科传统与优势的保持与发展。

三、持续改进地理专业人才培养方式

（一）创新课程教学模式

目前，在教学上，我国高校地理专业本科的课程形式以讲座课为主，只有少数课时采用专家报告、专题讲座和实验课的形式，这种单调的教学形式使学生缺少主动学习的动力和机会，很大程度上剥夺了学生对学习内容、方法的选择，大大削弱了学生创新能力的发展与提高。我们应学习美国、日本、新加坡等国地理专业教学的经验，建立专题研讨、实习与研究报告、专题研究及报告等教学模式，其基本模式=研讨+交流，学生在这种学习过程中，能积极主动地投入到学习中去，紧密联系实际，认真思考、学习效果好，且能有效地提高学生的分析解决问题的能力及创新思维能力。

（二）创新管理模式

学习美国高校教育完全学分制，以学分计算学生的学习量。只强调毕业所需的最低学分数，不明确规定修学年限。这种学分制的教学计划弹性较大，学生可以根据自己的能力与兴趣安排个人的修学计划，还可以随时改变专业，有一个很大的选择空间。由于学制不确定，学生年级的确认也就不因年而划级，而随分定级。美国的师范院校在一、二年级的时候进行基础课的学习，期间学生必须接触大量的人文社科基本知识，后两年才正式转入地理教育专业学习。

（三）借鉴学生学习方法

美国、日本等高校地理学生学习的一大特点是小组学习。中国学生喜欢上自习，而美国人虽以独立自主闻名，却非常喜爱参加小组学习。几个学生聚在一起，讨论问题或一起学习某一章节。小组学习至少可以培养学生多方面的能力：合作精神，在共同解决一个问题的时候，学生们可以学会聆听别人发言容忍与自己不同的意见的辩论，最后达成共识;表达能力，在小组学习中参与者要训练清楚并简洁地表达自己思想；启发创造性，在讨论中他人的启迪可以激发自己的灵感。

（四）重视学生科研素质的培养

国外高校一般都重视学生科学素养的培养、科研素质的提高，美国大学十分重视让地理

学生参与研究工作以培养创新人才；新加坡国立大学设置地理学实地调查、独立研究模块、荣誉论文等凸显创造力培养。目前，我国普通高校对地理学生参与教师科研重视不够，甚至严重缺乏。我们要建立完善地理学生参与科研的机制，鼓励本科生积极参与教师科学研究。例如，向愿意参加教师指导的研究项目的学生提供研究机会奖学金，或者直接对参与课题研究的学生减免学分，或者教师和学院提供支持本科生作为指导现行研究项目研究助手的资金。这样可以促使地理教学与科研相结合，不仅仅是教学要与教师的研究相结合，而且教学要与学生的研究相结合。

本章小结

发达国家大学地理教育起步早，发展水平高，许多国家是世界高等地理教育强国，他们在人才培养模式、专业建设、课程设置与改革等方面有着丰富的经验，借鉴其成功的方面有助于优化我国地理科学人才培养模式、培养创新型地理人才、提高人才培养质量。

英国、美国、澳大利亚、日本、新加坡等发达国家的地理专业教育各有特色和优势，在地理学专业设置、课程体系设置、地理专业教育特征等方面也存在差异，但专业设置灵活、重视综合与基础教育、科学优化课程体系、教学方式多元化、强调实践创新能力培养、注重个性化人才培养等是其共同特点。发达国家高等地理教育发展对我国地理学专业教育改革发展具有多方面的启示作用，包括创新人才培养目标，加强综合交叉课程、实践课程、选修课程、特色课程开设，改进课程教学方式、教学管理、学习方法和学生科研素养培养等方面。

思 考 题

发达国家大学地理教育起步早、发展水平较高，有许多值得借鉴的经验，通过对我国目前高等地理教育专业教育状况进行调查分析，你认为我国高校地理专业发展与专业教育存在哪些问题？改革的路径有哪些？

主要参考和阅读文献

褚劲风，徐皎. 2000. 日本高校地理学科的课程设置与地理教学. 世界地理研究, (1): 100-104.
董玉祥. 2000. 英国高校地理学科专业课程体系的设置及其启示. 高等理科教育, (4): 39-43.
韩俊丽，丁占良，赵捷，等. 2005. 中外高校地理课程改革之比较. 世界地理研究, (1): 108-112.
李曼丽. 2000. 美国大学通识教育实践研究. 高等工程教育研究, (1): 45-49.
佩吉·特奥, P. P. 翁，李九全. 1991. 新加坡的地理学. 人文地理, (1): 78-80.
王承云，蒋菁菁. 2012. 日本高校地理专业课程设置与教学研究——以东京大学为例. 教育教学论坛, (30): 36-37.
王民. 2001. 国外地理教育动态. 北京：北京师范大学出版社.
熊平生. 2010. 美国高校地理专业课程设置的特点及其启示. 长春师范大学学报, 29(4): 145-147.
张晶，祁兴芬. 2015. 悉尼大学地理科学专业课程设置特点及启示. 德州学院学报, (2): 1-4.
Cousin G, Healey M. 2003. Pedagogic research methods in geography higher education. Journal of Geography in Higher Education, 27(3): 341-347.
Erickson R A. 2012. Geography and the changing landscape of higher education. Journal of Geography in Higher Education, 36(1): 9-24.
Foote K E. 2015. Directions and challenges of master’s programs in geography in the United States. Professional

Geographer, 67(3): 472-481.

Gold J R. 1996. Teaching geography in higher education : a manual of good practice. Geographical Journal, 159(3): 353.

Graves N. 1978. Aim and objectives in degree curriculum design. Journal of Geography in Higher Education, 12 (2): 64 (73).

Gravestock P, Healey M. 2000. Guides to key skills in geography in higher education. Journal of Geography in Higher Education, 24(3): 423-424.

Khan A U, Hassan M, Atkins P. 2014. International curriculum transfer in geography in higher education: an example. Journal of Geography in Higher Education, 38(3): 348-360.

Maddrell A, Strauss K, Thomas N J, et al. 2015. Mind the gap: gender disparities still to be addressed in UK Higher Education geography. Area, 48(1): n/a-n/a.

第六章　中国的大学地理教育

学习目标

通过本章的学习，了解我国高等地理教育发展初创阶段的地理教育特点。熟悉中华人民共和国成立以来高等地理教育发展的主要阶段及高等地理教育特点。了解我国地理科学本科专业、地理学硕士研究生授权点、博士研究生授权点的空间分布特征。理解我国高校地理科学专业教育改革发展趋势。了解我国主要高校的地理科学类专业和地理研究机构的教学科研基本情况。

第一节　1949年前中国大学地理教育的初创

一、1862～1919年的大学地理教育

（一）高等地理教育机构的建立

1861年，京师同文馆在北京成立，是中国最早出现的高等专科学校，因此也被看作是中国近代高等教育的萌芽，京师同文馆也是中国学校中最早开设地理课程的学府。同期设立的新式学堂还包括仿照京师同文馆创办的上海广方言馆，创建于同治二年（1863 年）；福州船政学堂于同治五年（1866年）创办，是近代最早创办的培养造船技术和海军人才的学校；上海格致书院于同治十三年（1874年）筹建于上海，是我国近代第一所学习自然科学技术的新式学堂；广州格致书院1888年创办于广州，后发展为私立岭南大学（现为香港八大公立大学之一）。

1893年自强学堂在武汉创办（武汉大学前身），1895年北洋西学学堂在天津正式创建（天津大学前身），1896年南洋公学创建于上海（上海交通大学、西安交通大学前身），1898年京师大学堂（北京大学前身，1912年改为现名）在北京创建，1902年京师大学堂设仕学馆、师范馆（西北大学、北京师范大学、西北师范大学前身），同年京师同文馆并入京师大学堂，还有山西大学堂（1902年，山西大学前身）等一系列新式学校创建，这些教育机构的建立标志着中国现代大学的创立。这些早期高等学校，在学校教育及课程设置中都不同程度涵盖了地理学教育。

（二）早期高等地理教育的特点

1862～1919年，中国的封建制度到了苟延残喘的时期，古老的中国在内忧外患中步履艰难，备受欺辱。不甘落后的中国人，开始寻求拯救中国的道路，并且他们都看到了人才的重要性，全国的新式学堂蓬勃发展。中国高等教育中地理教育教学应运而生，这时的地理教育具有以下特点。

1. 确立了地理学科在高等教育中的地位

无论是早期的京师同文馆、格致书院，还是后来的京师大学堂、北京高师、北京大学等学校，地理教育始终占有重要地位。早期各学堂纷纷开设近代西方地理学知识类课程。1904年，清政府颁布《奏定学堂章程》，规定大学堂分为八门专业学科，经学、文学、格致、农、商五科都设地理课，文学科又设中外地理专业，学制三年。《奏定学堂章程》还规定进士馆、译学馆、师范馆、优级师范都开设系列地理学课程。辛亥革命以后，设立教育部，1912 年颁布大学令，将大学分为文、理、法、商、医、农、工七科，其中文科分为哲学、文学、历史学和地理学四门，并规定了地理学的主要课程有地理研究法、测地绘图法、地文学概论等 13 门，1913 年北京高等师范学校增设历史地理部。可见，这一时期地理学知识教育或地理学专业在中国高等教育中已占有重要地位。

2. 地理教育内容具有很强的实用性

与中国古代的教育一样，这时的地理教育也受到社会需求和统治阶级价值取向的影响。此时的地理教育不是为了培养专门的地理人才，而是为洋务运动兴办的实业服务。例如，京师同文馆专门培养翻译人才，开设地理课程，就是希望这些翻译人才能多了解外国的概况；福州船政学堂开设地理和天文课程，主要是为远洋航海服务；而格致书院中开设地学课程，是因为懂得地学是寻找矿床的基础；京师大学堂师范馆、仕学馆的地理课程比较丰富，开设全球大事、本国各境、外国各境、兼仿绘地图、地文地质学、教地理之次序方法等课程。晚清的实学教育思潮，重视包括自然科技知识、军事知识和技能在内的经世致用之学，而此时的地理学知识，正好可以为这些实学的技能提供基础知识支持。

3. 地理教育内容中西方知识兼备

地理教育内容受时代影响较大。一方面，西方传教士带来了大量的西方地理学知识，再加上清末开明人士“放眼看世界”，翻译了许多的西方地理著作，使得近代西方地理学知识在中国有一定的传播，特别是在后期，随着西方地理知识的传入，新式学校中开设了以地质学和地文学为主的自然地理课程。同时，西方殖民者在中国进行测量制图，也促进了中国测量学、地图学的发展，地图学课程也开始在高校中设立。另一方面，传统地理学在中国有悠久的历史，许多思想已深入人心，如裴秀的“制图六体”，历来是制图的基本原理。因此，中西文化碰撞，使得这个阶段的地理教育内容，既有中国特点，也有西方的内容，兼容性明显。

4. 近代西方地理学知识体系不完备

此阶段的地理知识，散布于各个学科之中，系统性不强，体系不健全。例如，自然地理学内容只有天文部分比较突出，地貌、气象、水文等内容，在很多学堂开设的课程中没有提及，这和中国的社会历史及其时代背景有关。首先，在中国的传统文化中，天文学占有独特的地位，天在人们心目中具有崇高的地位，所以人们历来重视天文观测，天文工作在古代也是一项政府工作，天文学在中国的突出地位，再加上天文观测在远洋航海的作用，使得这个阶段的天文学占很大比重，而其他内容残缺不全。其次，地理课程的开办，主要是为洋务运动服务，所以对地理知识的学习具有自主选择性，如船政学堂中，只学习地理中的天文知识，用以航海时辨别方向，而地理中的其他知识则不学习；矿物学堂中，只学地理中的地学内容，其他知识知之甚少。

5. 地理教师以西方人为主且师资不足

从地理教育的师资来看，此时的地理教师多为外国人，并且师资不足。京师同文馆的三名外国天文学教授自不当说，上海格致书院的矿物学教师是英国人白尔敦。地理或天文教师和其他科目的教师比起来，人数很少，有的学堂竟没有专门的地理教师，而是由其他科目的教师兼任。这些学堂大多数是洋务派创立的，并且分布在洋务运动时的几个重镇，如天津、武昌、广州、北京等。这种分布使得这些地方的地理教育与其他地方相比较发达，这也为中国近代地理学专业团体（如中国地学会）的成立提供了土壤。

1862～1919 年的中国高等学校虽已开始有了近代高校的格局，但地理教学的内容讲授具有选择性，实用价值高，并且中西地理知识兼备，因时代背景所限，西方地理学体系不完善。尽管此时高等地理教育专业人员少、地理内容附庸于其他学科等，但它毕竟是中国地理高等教育的萌发初创阶段，为以后的高等地理教育打下了基础。这一时期的高等地理教育，因为受到西方的影响，内容中西兼备，但总体的趋势，是由中国传统地理学向西方地理学转型，这个时期的学堂，为近代地理学在中国的传播做出了贡献，为中国近代地理学研究群体的产生提供了依托，为近代地理学在中国的确立奠定了基础，在中国地理学史和地理教育史上占有一席之地。

二、1919～1937 年的大学地理教育

1919～1937 年，各地建立了一批地理学系科，揭开了我国近代高等地理教育的序幕。近代地理学内容不断充实到教学中，教学内容较前一时期已有了质的飞跃，其发展速度也是前所未有的，特别是南京中央大学、北平师范大学、清华大学和广州中山大学地理系的建立和发展，使南京、北平、广州成为当时我国地理教学和科研的三大重镇，四校地理系在办学上各有特色，在学术上各有精专。

1919 年中央大学的前身南京高等师范学校成立文史地部，1921 年聘竺可桢为地学教授。文史地部这种形式虽然仍带有旧时学堂的痕迹，但竺可桢所授的地学通论、气象学、世界气候、世界地理等课程却是现代地理学的内容。1920 年 12 月南京高等师范学校改组并扩大改为东南大学（后几经更名，至 1928 年 5 月改称中央大学），翌年文理科内设有地理学系，1924 年增设地质课程，改称地学系，竺可桢亲自担任系主任。地学系分地质学、地理学两个专业，1929 年根据竺可桢的建议，胡焕庸、黄国璋、张其昀提出了本校地学系地理门独立成系建议书，1930 年地学系分为地理、地质两系，地理系由胡焕庸担任主任，这一时期地理系开设了地学通论、地形学、气候学、世界气候、天气预报、人生地理、中国地理、亚洲地理、欧洲地理、美洲地理、地理教学法与研究法等。胡焕庸、朱炳海等及奥籍学者费思孟（Wissmann）等分别担任了这些课程的教学。为了使学生了解当时西方地理学的发展情况，竺可桢、胡焕庸、张其昀等编译了《新地学》一书，共收入著述 15 篇，介绍了近代地理学在欧美日的概况和动向。学校除注重理论教学外，也重视实验和野外考察，建立了矿物、岩石、生物标本室和气象测候站，还经常带领学生野外实习，与讲课内容相互印证，借以培养学生观察和分析问题的能力。中央大学地理系自 1919 年成立文史地部到 1937 年，共有毕业生 80 人，其中不

少人后来成为我国著名的地理学家、气象气候学家、大学地理系的负责人。

1928 年中央大学地学系创办地理杂志，这是一份“以促进中学地理教育为其旨趣”的杂志。我国不少著名的地理学者在这份杂志上发表了研究高等地理教育的文章，如竺可桢的《中央大学地学系之前途》《地理教学法》，胡焕庸的《地理教室之设备》，张其昀的《地理教育之目标》《地理与大学教育》等。1934 年中国地理学会在南京成立，会址设在中央大学地理系，同年《地理学报》创刊。1936 年由中央大学地理系发起组织中国地理教学研究会，并刊行《地理教育》杂志，共出版了两卷，计 16 期，到 1937 年抗日战争全面爆发后被迫停刊，《地理教育》是我国出版的第一种致力于地理教学的专门期刊，它“除从事一般科学地理之研究与地学知识之传布之外，尤注意于地理教育之改进”，这确实对当时我国各类学校地理教育的发展起到了促进作用。

北京高等师范学校，在五四运动以后将原史地部改为史地系，1921 年招生，设有四年科及六年科，基本具备了大学的实质。1923 年，北京高等师范学校改为北京师范大学（后称北平师范大学）。1928 年史地系分为历史系和地理系，从此中国教育史上出现了第一个师范性质的地理系，突出了“师范”的特点，该系倡办计划书中规定：“本校之研究地理学者，除注重教学应用，尚须兼习技术，研究学理”，因此，该校的学生毕业后大多从事各级地理教学。这一时期该系的主要课程有：自然地理学概要、人文地理学概要、数理地理学及测地学大概、气候学、海洋地理学、生物地理学、地形学、经济地理学、政治地理学、本国地理通论、本国地志、世界地志、地理学研究、地图学及实习、模型制作实习、野外实习等。白眉初、翁文灏、刘玉峰、王谟、黄国璋、黄汲清、冯景兰、王成组、张印堂等先后担任了这些课程的教学。

清华大学地理学系成立于 1929 年，1932 年易名为地学系，分设地理、地质、气象三组。先后担任地理方面课程的有王成组、黄国璋、张印堂、洪绂等，地质方面有翁文灏、袁复礼、冯景兰等，气象方面有黄厦千、李宪之、涂长望。该系以“进行界于地质、地理之间的教学和研究”为原则。三学科组综合教学，培养通才，以适应当时社会的需要，而实际上是地质强于地理。自 1935 年开始，该系决定一、二年级全体学生必修普通地质学、自然地理、人文地理、气象学等课程；三年级开始分组，其中，地理组三年级开设中国地理、世界地理、经济地理、气象观测、天气预报、野外实习；四年级开设世界地理、气象学与世界气候、地文学与地貌学、地图学及图表学、野外实习、毕业论文。此外，还规定地学组必修他系的普通测量、图表学课程。清华大学地理系自成立到 1937 年共有七届毕业生计 44 人。

中山大学地理系成立于 1929 年，起初由德国教授克里德纳（Credner）和卞沙（Panzer）担任第一、第二任系主任。自 1932 年夏开始由中国学者王益崖、蔡源明、孙宕越先后担任该系的主任。中山大学地理系自成立始专攻地理学，这一点有别于南京和北京高校地学系科。该系注重于实习，所开设的课程也与南京、北京当时的地学系有所不同。中山大学地理系自创办到 1937 年 7 月共毕业五届学生，计 29 人，其中有些人（如黄秉维、周立三、林超、周廷儒、吕逸卿等）后来成为我国地学界著名专家、研究所或大学地理系的负责人。

此外，从 20 世纪 20 年代末到 30 年代初，全国高等学校建立地理系的还有浙江大学、西北大学、东北大学、兰州大学、金陵女大、四川大学等校，当时系的名称不一，有称地理学系、地学系、地质地理系或史地系的，多数学校采用学分制。此外，还有些师范院校设有地理系或史地系。浙江大学史地系比较后起，是 1936 年竺可桢任浙江大学校长时建立的，张其昀任系主任。

这一时期，许多地理学前辈非常重视地理学的发展及地理教育教学事业，为中国的地理教育事业发展奠定了基础。竺可桢不仅是我国气象气候学、地理学的奠基人，而且是我国现代地理教育的奠基人。1918年他回国后，谢绝了高官厚禄的海关监督工作，到武昌高等师范学校教授地理学和气象学。1920年又转到南京高等师范学校，并亲自担任地学系主任，创办了我国第一个高等学校地理系。1926年他又到天津南开大学教地理学和气象学，1935年他出任浙江大学校长时，又创办了史地学系。竺可桢还十分注重地理教学的方法，《地理教学法之商榷》一文就是专门论述地理教学的。1936年正中书局出版了一本《教与学》月刊（地理教学专号），发表论文32篇，许多有名望的地理学者、地理教育家都为专号撰写了论文，如竺可桢的《旅行是最好的教育》、张其昀的《地理学上之三律》、胡焕庸的《改进大学地理教育刍议》、顾颉刚的《地理教学与民族观念》、黄国璋的《中学地理施教的目的》、褚绍唐的《中学地理教学目标的研究》、周立三的《我国中等地理教学的商讨》、史念海的《国难中地理教材的商榷》等。胡焕庸针对当时我国地理教学水平不高、大学地理系数目太少、中学地理师资缺乏的情况，提出了改进现有大学地理教育的三个办法（即在部分大学从速成立地理学系、凡现有地质系或历史学系之大学添授地理、所有大学一律添设地理讲座，使全部大学学生均有领略若干地理基本知识的机会），在80多年前提出这些建议是卓有远见的。

三、1937～1949年的大学地理教育

正当我国地理教学事业有了一定基础开始发展的时候，日本帝国主义发动全面侵华战争迫使我国各大学内迁，虽历尽千辛万苦，而仍不减教学之志，我国的高等地理教育进入艰难的发展时期。

中央大学地理系内迁到重庆，虽然困难重重，但是由于系主任胡焕庸注意萃集人才，新聘了丁骕、黄厦千等教授，到国外留学的李旭旦、任美锷、李海晨、徐近之也先后回国来到中央大学任教，师资力量有所增强。地理系仍然得到了发展，招生人数比1937年以前有增无减，1946年全系拥有大学部的在校生55人，研究生4人。当时中央大学因抗日战争而开设了八门新课程，地理系一家独占5门，1941年中央大学成立了地理研究部，胡焕庸任研究部主任。至1949年，研究部先后有学生40多人，毕业者授予硕士学位，地理学家吴传钧、金祖孟、宋家泰、陈振祥等都曾经在研究部深造过。这一时期，《地理学报》也随中央大学地理系迁到重庆出版，当时征集稿件、经费更加困难，有几年不得不用土纸印刷，条件极为艰苦，《地理学报》总编辑李旭旦回忆当年学报的情况时曾形象地说：编辑部的全部家当就在他办公桌的一个抽屉里，尽管如此，学报仍保持每年至少出一期，使学报成为在抗日战争时期不停办的唯一地理刊物。同时，地理系教师参加系列综合考察，为西南地区地理学研究积累了宝贵资料，1942年中央大学地理系与地质系、生物系联合组织了100多人的川西科学考察团（胡焕庸任团长），除进行实地考察外，还收集了大量的标本。此外，地理系教师还参加了一些综合考察工作，如1939年朱炳海参加了西康的考察，1941年李旭旦、任美锷参加了西北考察团等。

浙江大学史地系1937年随校西迁，随后三年中途经五省，后在遵义办学六年，广大师生虽历尽险阻艰难，但仍眷眷不忘竺可桢亲自制定的“求是”校训。师生教学勤奋，学校逐年扩大，被李约瑟誉为“东方之剑桥”。当时浙大史地系的师资力量也比较强，先后任教该系

的有张其昀、叶良辅、朱庭枯、涂长望、任美锷、黄秉维、么枕生、李海晨、严德一、刘志远、王维屏、李春芬、严钦尚、陈吉余等。1939 年浙江大学成立史地研究所和史地教育研究室，均由张其昀担任主任。浙江大学史地研究所分设史学、地形学、气象学、人文地理学四组，每年招收研究生，当时从事的主要研究是遵义的实地考察，其研究成果后来编成《遵义新志》一书，此书大多为地理学著作，特别注重地图之表现，与昔日方志体例不同。此外，浙江大学的学术氛围也较浓，如1942年举办了纪念徐霞客逝世300周年纪念会并出版了专刊。浙江大学史地系从 1936 年创办到 1947 年毕业生共 74 人，研究生获得硕士学位的 20 人，其中不少人如施雅风、陈吉余、陈述彭、丁锡社、赵松乔等都已成为我国地学界有建树的科学家。

中山大学地理系随校先迁到云南澄江，1940 年秋又复迁回粤北坪石，后又迁至东江梅县，直至 1945 年秋迁回广州。这一时期中山大学地理系发扬了注重野外实习的传统，1941 年师生们对坪石附近的白石渡等地作了多次考察，1943 年地理系还完成了前广东省政府委托编辑的广东省政治经济图和分县图的任务。迁回广州后，师生又进行广州地理调查，内容包括都市历史、交通、区域、人口、工商业、都市的发展，近邻的土地利用等项，其成果作为毕业论文。对城市地理进行如此规模的调查，在当时尚属罕见。该系还比较注重学术交流活动，如 1944 年邀请葛德石（Cressey）来校作地理系与地质系之新发展等学术报告，1946 年本系的王光玮作西沙群岛的重要性及其成因、我国领有南沙群岛之根据等学术报告。抗日战争期间，中山大学还出版了不定期刊物《地理集刊》和《地理与旅游》杂志。

“七七”事变以后，北京大学、清华大学、南开大学被迫经长沙迁往昆明，1938 年成立西南联合大学，理学院设地学系，分地质、地理、气象三个组，这时的师资力量增强了，开设了西南边地研究、地图投影、人类种族地理等新课。当时图书设备缺乏，室内研究受限，科研主要是野外调查，因此，这一时期该系做了不少野外工作，也发表了不少论文。抗日战争胜利以后，三校恢复，清华大学成立气象系，地学系分地质、地理两组；北大恢复了地质系。这一时期还出版了《地学集刊》、《地学专刊》和《地理教学》。

北平师范大学在抗日战争期间，先与北平大学等高校同迁往西安，后又南迁陕西城固县，组成西北联合大学（后更名西北大学）。迁校伊始就设立了地理系，黄国璋担任系主任。该系在西北艰苦创业，为后来地理系的发展奠定了基础，此时在该系执教的还有郁士元、谌亚达、王恭睦等。抗日战争胜利以后，由于国民党政府的阻挠，直到 1946 年年底北平师大地理系才由兰州迁回北平。北平师范大学在抗日战争前出版的《地理教学》杂志，由于“七七”事变发生，被迫停刊。后来在西迁途中，编辑部又克服了经费、纸张缺乏的困难，出版了一卷 5、6 期的合刊本。此后终因得不到支持，杂志被迫停刊，抗日战争胜利以后，该杂志于 1947 年又出版了四期。

此外，东北大学、燕京大学、南开大学、武汉高等师范学校等在地理教学方面都已具有相当的规模，培养了不少人才，为日后这些学校地理教育的发展打下了基础。一些综合性大学的教育学院及西南联合大学的师范学院都设有地理系或史地系，培养中学师资。中华人民共和国成立前，设有地理系的还有金陵女子文理学院、广东省立文理学院等；设有史地系的还有湖北师范学院、南宁师范学院、贵阳师范学院、昆明师范学院、西北师范学院、长沙师范学院、安徽学院、四川省立教育学院、台湾省立师范学院等。这一时期，我国也有不少地理学者对高校地理教育进行过研究，如张印堂在《地理研究法》一书中阐述了师范地理教育的重要性和高校地理教育的急务。

至中华人民共和国成立前，全国设有研究所（部、室）的高校有中央大学地理学研究部、浙江大学史地研究所、浙江大学史地教育研究室、东北大学地理学研究所、清华大学研究所，培养攻读硕士学位的研究生。20 世纪 40 年代，我国有一些地理学者应邀出国讲学，如 1943～1945 年张其昀应美国国务院文化关系司函请赴美国哈佛大学、克拉克大学、俄亥俄大学、芝加哥大学、威斯康星大学的地理系讲学，还参加了美国地理学家协会在田纳西州举行的学术年会。1946～1947 年李旭旦应马里兰大学聘请，担任该校地理系访问教授，讲授中国地理及经济地理等课，指导该系研究生。与此同时，鲍觉民应英国文化协会邀请赴英国讲学拜访考察英国土地利用工作。

1943 年中国共产党领导的华北联合大学教育学院在两家沟村设立了师范班，培养中学师资。当时缺少教学设备就充分利用天然条件，地理教师孙敬之经常带领学生观察星空。1946 年，设在张家口的华北联合大学逐步恢复扩大，全校分为文艺、法政、教育三个学院，教育学院下设有史地系，史地系开的地学课程主要有中国地理、地理研究法与教学法等。1948 年华北联合大学进一步扩大在石家庄成立华北大学，全校共分为四个部，两个院。第二部系教育学院性质，下设史地等六个系。学习时间为半年，目标是专门培养中等学校的师资。

这一阶段办学的条件是十分艰苦的，师生们含辛茹苦、艰苦创业，从培养人才和科学研究中得到安慰和乐趣，高校的地理教学不但没有中辍，而且不少学校师资力量还有所增强，招生人数有所增加，教学质量有所提高，为中华人民共和国成立后地理学与地理教育发展奠定了一定基础。

第二节　中华人民共和国成立以来大学地理教育的发展

一、改革开放以前的大学地理教育

中华人民共和国成立至改革开放初，这一时期统一地理学在世界范围内分化，部门地理（即系统地理）逐渐受到重视，我国地理学走的是部门与区域并重的道路。1952 年高等学校院系调整之后，高校地理学类专业分地理学（地理教育）、自然地理学、地貌学与第四纪地质学、气象学、水文学、经济地理学等专业。在高等教育中，受苏联地理学界自然地理与经济地理分离倾向的影响，区域地理被分解为区域自然地理和区域经济地理，地理学人才按专业培养，并且大大加强了数理基础。由于强调自然地理学与人文地理学（基本局限于经济地理学）属于不同性质的学科，人为地把两者割裂开来，地理学研究与教学都一直偏重于自然地理方面，因此长期以来，我国地理学发展与世界大多数国家的地理学发展不相适应。在这种情况下，部门自然地理迅速发展，除原来已有的地貌学与气候学有所加强外，还出现了新的专门学科，如陆地水文、土壤地理、生物地理和地图学等。这一阶段我国高等地理教育“全盘苏化”比较明显，通过对苏联的现代地理学，特别是自然区划、农业区划、经济区划和地域生产综合体的理论的研究实践，推动中国地理学进入了现代阶段，但是在学习苏联的过程中，曾一度照搬苏联模式，良莠不分地全盘吸纳，苏联的自然地理和经济地理二元化的发展道路削弱了地理学的综合性。苏联大学教育强调的专业分化，也给我国地理学教育带来较大影响，学科划分过细，导致培养出来的地理学生知识面狭窄。

二、改革开放到 20 世纪 90 年代末的大学地理教育

这一时期，我国地理学的理论和实践逐渐摆脱了单纯仿效西方或苏联，高校地理科学教育经过两次专业调整，独具中国特色的地理学研究与教学体系形成。

20 世纪 80 年代早期，高校地理学类专业延续前一阶段的专业设置。1986 年，国家教育委员会针对理科类专业设置不适应社会发展需要、专业划分不够恰当、名称不尽科学、方向不够明确的弊端，组织了大规模的理科本科专业目录修订工作，并于 1987 年正式推出《普通高等学校理科本科基本专业目录》，其中，地理科学类专业包括：自然地理学、地貌学与第四纪地质学、水资源与环境、经济地理学与城乡区域规划、地理信息与地图学共 5 个专业。1993 年，针对 1987 年专业划分过细、专业范围过窄、专业名称不尽科学及重复设置等问题，国家教育委员会组织对专业目录进行了修订。按照适应我国经济、科技和社会发展需要的原则，科学性原则，符合高等教育发展规律原则，拓宽专业、增强适应性的原则，本次修订工作进一步拓宽了专业口径和业务范围，调整归并了一批专业，充实扩大了专业内涵。同时，根据社会对专业人才的需要和某些门类、专业的办学现状，保留了部分专业范围较窄的专业，增设了少数应用性专业。在修订目录中，地理科学类专业共设地理学、地貌学与第四纪地质学、资源环境区划与管理、经济地理学与城乡区域规划、地理信息系统与地图学、地理学教育 6 个本科专业。

20 世纪 90 年代中后期，随着经济社会发展，为了突出地理在环境保护、城市规划管理、国土整治、水资源保护与利用、地图与遥感、房地产开发、旅游开发与管理和地理信息系统等方面的应用，也为了吸引考生报考、拓宽就业渠道，各大学地理系纷纷改为资源环境学院、城市与环境学院、旅游学院、规划学院等，很多高校和研究单位地理学科本科专业从原来的自然地理、经济地理、地图学、地貌学等，调整为资源环境、城乡规划、土地管理、地理信息系统等，招收研究生的专业方向，自然地理的研究方向由综合自然地理或地貌、气候、土壤地理、水文地理、植物地理等，调整为自然资源、环境、景观生态、海洋、减灾等；人文地理学的研究方向由农业地理、工业地理、城市地理、交通地理、商业地理、政治地理等，调整为城市规划、旅游经济、区域开发等；地图学与地理信息系统专业的研究方向由地图制图、测量制图、专题地图编制等，调整为遥感、地理信息系统、资源环境信息系统、全球定位系统、空间信息技术等。各地理应用领域都以专业形式出现，使得地理专业数量增加，各专业的差异也逐渐增大，拓宽了地理学的应用领域，也增强了地理学的服务功能，但不可否认的是高校的地理学基础研究和教学有所削弱。

三、20 世纪 90 年代末以来的大学地理教育

（一）本科地理学专业目录调整

为了适应我国社会主义市场经济体制和改革开放的需要，适应现代社会、经济、文化、科技的发展趋势，改变高等学校存在的本科专业划分过细、专业范围过窄的状况，1997 年，教育部按照科学、规范、拓宽的总体原则和思路，对 1993 年版的专业目录重新进行了大规模修订，并于 1998 年 7 月颁布《普通高等学校本科专业目录》，对地理学类专业进行了规范，该目录的学科门类与国务院学位委员会、国家教育委员会 1997 年联合颁布的《授予博士、硕

士学位和培养研究生的学科、专业目录》的学科门类相一致。地理学作为理科门类，将地理学划分为地理科学、资源环境与城乡规划管理、地理信息系统三个专业。地理科学专业，以培养理论性人才为主；资源环境与城乡规划管理专业，以培养应用型人才为主；地理信息系统专业，以培养技术型人才为主。1998 年实施的《普通高等学校本科专业目录》，改变了过去过分强调“专业对口”的本科教育观念，确立了知识、能力、素质全面发展的人才观，对引导高等学校拓宽专业口径、增强适应性、加强专业建设和管理、提高办学水平和人才培养质量，发挥了积极作用。

进入 21 世纪以来，我国经济社会快速发展，科技进步日新月异，高等教育实现历史性跨越，进入大众化教育阶段。社会环境和高等教育自身发生的巨大变化都对本科专业设置提出了新要求。1998 年制定实施的本科专业目录已不能很好地适应经济社会发展和社会需求的变化，不能很好地满足高校多类型、人才培养多规格的需要。为落实《国家中长期教育改革和发展规划纲要（2010—2020 年）》提出的建立动态调整机制，不断优化学科专业结构的要求，按照科学规范、主动适应、继承发展的原则，对 1998 年版的专业目录重新进行了大规模修订，并于 2012 年正式颁布了最新的“专业目录”。在本科专业目录整体压缩的情况下，地理科学类专业由原来的三个调整为地理科学、自然地理与资源环境、人文地理与城乡规划和地理信息科学共四个。这使得地理科学类专业设置更加合理，也更符合专业特点。同时，也在很大程度上反映了地理学在国民经济建设中的重要作用。

（二）地理学类专业教育的特点

1. 课程设置体系完整，层次性明显

大学课程一般分为两大类：必修课和选修课。必修课又分为公共基础课、专业基础课、专业课三类；选修课又分为指定选修课和任意选修课两类。公共基础课，是指国家教育部规定的所有大学生必修的非专业性课程和各专业根据其特点拟定的统一的非专业性技术课程；专业基础课是各专业拟定的有关基本知识和理论的课程；专业课则是在掌握了公共基础课学习的方法技能和专业基础课内容的基础上，学习专业知识和理论的课程；选修课则是侧重地理学分支领域或研究专题、相邻学科知识及注重实际运用的课程，其中，指定选修课和任意选修课是依据与专业的密切程度来区分的，前者的密切程度大于后者。区分两类选修课的目的是避免学生对这些课程不熟悉而造成盲目选课的现象发生。通过专业基础课程、专业课程及其必选修课程的系统设置，不同类型课程构成了课程设置中的不同层次，不同层次课程要达到的目标不同，各层次课程是一个循序渐进、彼此衔接的系列，由浅入深、由简到繁、由理论到实践，少了某个层次都会使培养的人才质量受到影响，课程设置具有明显层次性是几十年来中国高等教育实践的结果。

2. 设置课程门数和总学时均有所增加

各专业所开设的课程门数在 20 世纪 80 年代为 30～36 门，而到目前各专业的所有课程开设增至 60～95 门，课程数量大大增加，学生四年中实修课程数也增加，必修课程和选修课程均明显增加，课程门数增加导致总学时增多，学生的课程负担普遍增加。

3. 地理科学师范专业课程设置全面，其他专业课程设置表现出很强的专业性

师范类地理专业课程设置都比较全面，不仅涉及了各自然要素，如地质、地貌、土壤、植物、气象气候等，人文地理要素类课程也逐渐增加，如人口、城市、政治地理等；而且包括了大至全世界，小至地区的区域地理课程，如世界地理、中国地理、乡土地理等。与之形成鲜明对比的是其他专业的课程设置具有明显的专业侧重，如中山大学人文地理与规划类课程，北京大学、兰州大学和南京大学的自然地理课程，武汉大学的地理技术类课程等。专业之间课程设置的差别，是地理学教育专业与其他专业的培养目标不同所致。地理学教育专业的学生作为未来的中学地理教师，必须掌握有关地理学各分支学科的基本知识，而其他专业的毕业生则大多成为实际部门，如研究院所、环保部门、规划部门、国土部门的专业研究与应用型人才。

4. 应用型课程和新技术新方法课程增加

例如，中山大学的经济地理与城乡区域规划专业 20 世纪 90 年代增设了城市设计、土地规划与管理、市政工程、遥感概论、GIS 等课程。西南师范大学的地理学教育专业也增设了诸如国土开发与整治、遥感导论、系统论与地理学等课程。其他各高校的地理专业也有类似情况，普遍增加应用型课程和新技术、新方法课程，提高了学生分析解决知识的实践应用能力。

中华人民共和国成立到现在，特别是改革开放以来，我国高等地理教育在专业设置上基本表现为“初期专业设置较少—中期专业细化增加—目前专业规范精简”的发展过程。这一变化既符合我国当时地理学教育发展的客观现实，也体现了各个不同历史阶段社会对地理学人才需求的变化，反映了地理学教育在发展中变化、在变化中发展的客观规律。同时，地理学专业教育也从“苏联模式—苏联与欧美模式—中国特色模式”变化，改革开放前受苏联高等地理教育模式影响深刻；20 世纪 80～90 年代不断吸收欧美高等地理教育思想，人文地理学教育逐渐受重视，专业调整比较频繁。21 世纪以来，高等学校地理学专业教育重视本国地理学发展实际，即中国地理学一直在国家发展中发挥重要作用，学科发展积累深厚，初步形成了中国特色的地理学科。因此，地理学专业教育也在融合欧美、苏联模式基础上形成了中国特色的地理学专业教育模式。

第三节　地理科学专业的空间分布

一、地理科学本科专业空间分布

1. 空间分布基本态势

21 世纪以来，伴随我国中小学推行素质教育、高等教育大发展、高等学校体制调整，以及地理学在经济社会发展中的作用日益显现，我国地理学专业人才培养快速发展，设置地理科学专业的高校数量有了快速增长，增长来源主要有两个方面：一是部分专科升格，其地理教育专科专业升格为地理科学本科，如六盘水师范学院、贵州师范学院、郑州师范学院、宁夏师范学院等；二是新增了一些地理科学专业布点的高校，如昭通学院、西安文理学院、陇东学院等。到 2016 年年底，全国设有地理科学本科专业的高校有 150 所（除港澳台），如图 6.1 所示。

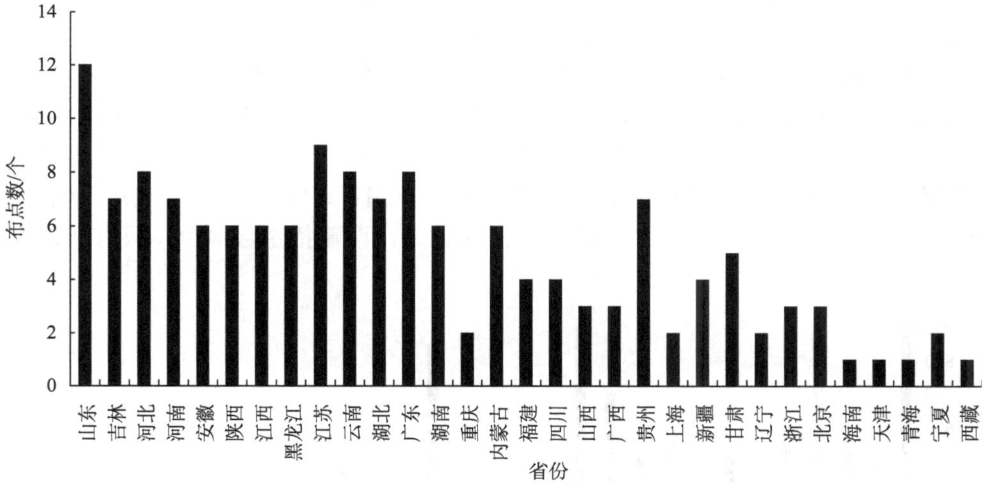

图 6.1　我国地理科学本科专业布点数（截至 2016 年）

资料来源：全国普通高等院校招生信息网、部分高校招生网

地理科学专业地域分布广泛，但区域差异大。地理科学专业在全国 31 个省份（港澳台地区除外）布点，各省级行政区都有分布，东部和中部最为密集，其中，专业布点数居前几位的省份是山东省（12 个）、江苏省（9 个）、广东省（8 个）、云南省（8 个）、河北省（8 个）、吉林省（7 个）、河南省（7 个）、湖北省（7 个）、贵州省（7 个），仅有一所学校设置地理科学专业的有天津市、海南省、西藏自治区、青海省，在同一个城市有多所学校设有地理科学专业的，如北京市、南京市、广州市、武汉市、长春市、兰州市、西安市等布点达 3 个，而重庆市、上海市、哈尔滨市、石家庄市、济南市、郑州市、昆明市、贵阳市、乌鲁木齐市等布点达两个。

2. 地理科学专业以师范为主

从地理科学专业布点学校类型来看，师范类院校有 75 所，综合性院校有 75 所，其中，985 高校有 8 所，211 高校有 19 所。师范类院校的地理科学专业基本都是师范专业，综合性院校中也有很大部分设置的地理科学专业属于师范类，这是因为部分综合性院校是在原师范类学校升本过程中调整为综合性院校的，或者在高校调整中部分师范院校并入综合性大学，这样原有的地理科学师范专业没有变化，前者如凯里学院是以黔东南民族师范专科学校为主体基础上升格的综合性院校，后者如西南大学是西南农业大学与西南师范大学合并的综合性院校，它们原有的地理科学师范专业性质未变，因此，目前地理科学专业主要集中在省属师范本科院校和部分部属综合性院校。当然，像北京大学、南京大学、兰州大学、中山大学等的地理科学专业为非师范专业，这些学校以培养地理科学创新及应用型人才为主，同时，如华东师范大学等高校的地理科学专业则是师范与非师范并重，师资培养与应用创新人才兼顾。

3. 招生规模与专业布点数量基本一致

以 2016 年招生数据统计，地理科学专业全国招生总数是 12479 人，各省的招生规模基本与其地理科学专业布点数量一致，如图 6.2 所示。从柱状图中可以看出，山东招生人数达到 950 人居首位，广东、河南、四川紧随其后，多于其他省份，均超过 800 人；其后依次是湖北、安徽两省，招生都在 600 人以上；招生数在 600～400 人的有吉林、河北、陕西、江西、黑龙江、江苏、云南、山西、贵州九省份；400～200 人的有湖南、重庆、内蒙古、福建、广西、甘肃、浙江七省份；200～100 人的有上海、新疆、辽宁、北京、海南、青海六省份；剩下天津、宁夏、西藏三省份招生数都在 100 人以下，西藏招生数最少，只有 72 人。

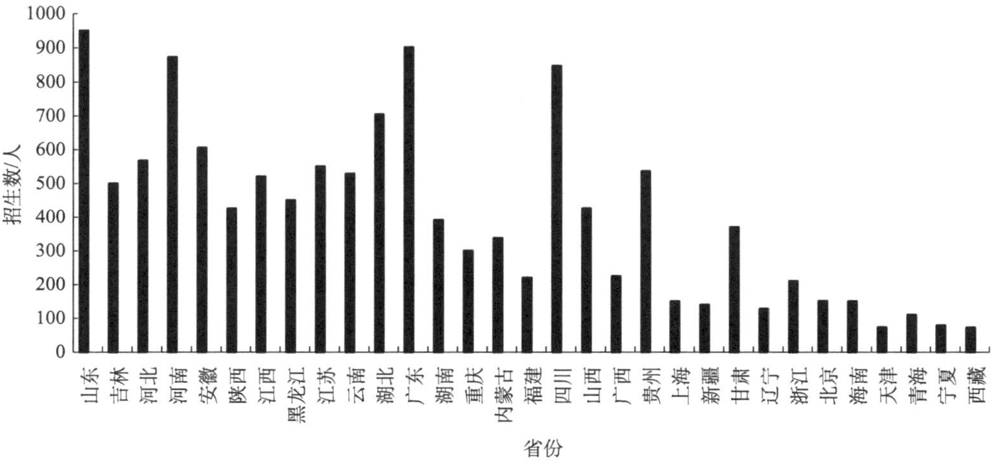

图 6.2　地理科学专业分省招生数（2016 年数据）

二、地理学硕士研究生授权点空间分布

（一）自然地理学硕士点空间分布

根据国务院学位委员会办公室公布的 2017 年新增博士硕士授权审核结果（下同），目前，除西藏自治区外，全国共有 91 个自然地理学硕士培养单位分布于全国 30 个省份（除港澳台），从图 6.3 可以看出，硕士点数量在地域分布上存在不平衡现象，北京最多，达到 9 个，江苏、湖北以 7 个居于第二，其次是吉林、山东、陕西，均有 5 个，四川、甘肃、浙江、福建、河南 4 个，其余省份的数量都在 1～3 个。

自然地理学硕士培养机构可以分为高师院校、综合性院校、中科院研究所、地矿农林水类高校，分别占有 40 个、33 个、8 个、10 个。从布点机构来看，高师院校占主体，这是由于地理学类本科专业发展历史较久，以此为基础逐步发展获得硕士授权点。其次是综合性院校，其中，部分学校在早期也是师范类院校，后在高校调整合并中成为综合性高校。再次，是中科院地理学相关研究所，中华人民共和国成立以来，中科院地理学系列研究所在资源环境、可持续发展国土开发利用、经济社会发展中一直承担重要任务，充分发挥了地理学的服务社会作用，因此，这些研究所也成为培养地理学和资源环境科研人才的重要机构。另外一类培养机构是地矿、农林、气象和水利类高校，自然地理学与这些学科或行业具有交叉性质，因此，这些相关学科的高校中也设置有自然地理学专业。

（二）人文地理学硕士点分布

目前，全国共有 91 个人文地理学硕士培养单位，从图 6.3 可以看出各省份布点数量也不均衡，北京以 8 个居最多，江苏和湖北各占 7 个为第二，陕西以 6 个居第三，吉林为 5 个，浙江、福建、四川、山东、广东、河南、甘肃分别为 4 个，重庆、山西、新疆、江西有 3 个，剩下的省份只有 1 个或 2 个布点，只有西藏目前还没有设置人文地理学硕士点。

人文地理学硕士培养机构与自然地理学布点特点相同的是高师院校最多，达到 42 个，其次是综合性院校、中科院研究所，分别有 37 个、7 个，但与自然地理学硕士点不同的是，人文地理学在地矿农林水利类高校分布较少，仅有 5 个。其中在一些人文社会科学研究力量较强的高校设有人文地理学硕士点，如西安外国语大学、河南财经政法大学和河海大学等高校。

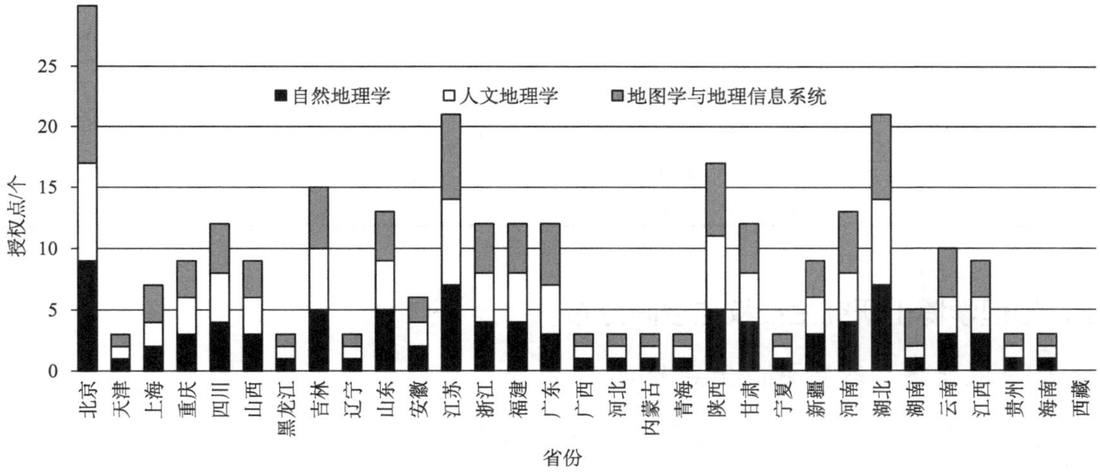

图 6.3　地理学二级学科硕士学位授权点（截至 2017 年）

（三）地图学与地理信息系统硕士点分布

地图学与地理信息系统专业作为地理学的二级学科，专业设置要比传统的自然地理学和人文地理学晚很多，但是因其应用广泛，学科发展迅速，目前硕士点数量已经多于自然和人文两个二级学科。截至 2017 年，全国共有 102 个培养单位。从图 6.3 可以看出，专业点的区域分布有明显的空间差异，集中分布于北京、江苏、湖北、陕西、广东、吉林、河南七省份，分别达到 13 个、7 个、7 个、6 个、5 个、5 个、5 个；其次是浙江、福建、甘肃、云南、山东、四川，均为 4 个，其余省份较少，在 1～3 个，目前只有西藏还没有设置该专业硕士点。

地图学与地理信息系统硕士培养机构的分布与自然地理学和人文地理学相同，主要在高师院校、综合性院校和中科院研究所，分别为 36 个、32 个、10 个。但在地矿、农林、水利、交通、理工、科技、信息类高校中也有为数较多的布点，达到 24 个，这是专业性质和应用领域所决定的，地理信息系统具有技术性、应用性强的特点，涉及计算机、地理学、地图学、测绘学、遥感学、环境科学、空间科学和管理科学等很多方面，因此在相关机构设置硕士点就是必然的。

（四）地理学一级学科硕士点分布

目前，我国地理学一级硕士点共有87个，大部分省份都有分布，见表6.1，北京和江苏、湖北布点最多，分别为8个和7个，只有西藏还没有一级学科硕士点。另外，从87个一级学科点所在机构类型看，28个是综合性大学，8个是中科院研究所，13个地矿农林水利类高校设有地理学一级硕士点，其余的38个都是高等师范类院校，这与地理学本科专业的师范性质及学科发展规模有关。

表6.1　地理学一级学科硕士点分布

布点数	省份
8	北京
7	江苏、湖北
5	吉林、陕西
4	四川、山东、河南、福建、浙江
3	广东、重庆、甘肃、新疆、山西、江西
2	上海、云南、安徽
1	天津、黑龙江、辽宁、广西、河北、内蒙古、青海、湖南、宁夏、贵州、海南

三、地理学博士研究生授权点空间分布

（一）地理学二级学科博士点分布

根据国务院学位委员会办公室公布的2017年新增博士硕士授权审核结果，目前全国二级学科博士点90个，分布于23个省份（表6.2）。其中，自然地理学博士点在全国21个省份布点29个点，北京以4个居最多，江苏、陕西、广东、湖北和甘肃分别有2个，其余的15个省份有1个自然地理学博士点。人文地理学博士点在全国22个省份布点30个，北京有4个，江苏、陕西、湖北、广东、甘肃各有2个，其余的16个省份各有1个。地图学与地理信息系统博士点在全国22个省份布点31个，北京以4个最多，其次是江苏、河南、广东、甘肃、陕西、湖北各有2个，其余的15个省份各有1个。

表6.2　地理学二级学科博士点分布　　（单位：个）

省份	自然地理学	人文地理学	地图学与地理信息系统
北京	4	4	4
上海	1	1	1
重庆	1	1	1
贵州	1	1	1
黑龙江	1	1	1

续表

省份	自然地理学	人文地理学	地图学与地理信息系统
吉林	1	1	1
山东	1	1	1
安徽	0	1	0
江苏	2	2	2
浙江	0	0	1
福建	1	1	1
广东	2	2	2
河北	1	1	1
陕西	2	2	2
甘肃	2	2	2
新疆	1	1	1
河南	1	1	2
湖北	2	2	2
湖南	1	1	1
云南	1	1	1
辽宁	1	1	1
江西	1	1	1
内蒙古	1	1	1

从博士生培养机构来看，三个地理学二级学科博士点所在机构可以归为综合性大学、中科院研究所和师范类高等院校三类，地理学二级学科自然地理学和人文地理学博士点在高师院校中分布较多，而地图学与地理信息系统博士点在三大类机构中布点数量基本一样，另外，在中国海洋大学和解放军信息工程大学也有设点。

（二）地理学一级学科博士点分布

根据国务院学位委员会办公室公布的 2017 年新增博士硕士授权审核结果，目前我国地理学一级学科博士点在全国 21 个省份共有 29 个分布点，其中，北京 4 个，江苏、广东、甘肃、湖北、陕西各 2 个，黑龙江、重庆、内蒙古、江西、吉林、辽宁、上海、山东、福建、河南、湖南、河北、新疆、云南、贵州分别有 1 个。从空间上看，主要分布在东部沿海地区和北方，培养机构多为 985 高校或 211 高校及相关科研院所。

第四节　地理科学专业发展展望

经过近代以来几代地理学家和地理工作者的努力，我国高等地理教育取得了丰硕成果。据不完全统计，到 2017 年年底，我国高等院校中招收地理科学类本科生的院校超过 260 所，占普通本科院校总量的 35%左右。其中，招收地理科学专业本科生的高校 150 所。全国地理学一级学科博士点 29 个，有近 90 个地理学二级学科博士点，280 多个地理学二级学科硕士点，全国从事地理科学研究与教学的人员有 20 多万，高校地理系和各类地理研究机构近 200

个，这为我国进一步创新地理科学研究与地理教育、建设高等地理教育强国奠定了基础。

一、新形势下高等教育发展改革趋势

高等学校的根本任务在于培养适应经济社会发展需要的数以千万计的专门人才和一大批拔尖创新人才，在我国建设创新型国家的关键历史时期，高等学校作为知识传播和知识创新的重要场所，肩负着创新型人才培养的使命，无论是研究型大学、教学型大学，还是技术型高校，其人才培养目标都是培养德智体美全面发展、基础扎实、知识面广、能力强、素质高、具有较强创新精神和实践能力的创新型人才。因此，未来我国高等教育将围绕创新型人才培养进行系统改革，推动人才培养模式变革，为经济社会发展提供持续的创新人才保障。

（一）改变教育观念、推动教育创新，树立创新人才培养的新理念

建设创新型国家，创新型人才培养是基础和关键。高校是创新型人才培养模式的主阵地。创新型人才培养必须树立正确、先进的创新教育观念，就是教育的价值观，即人们对教育与人的价值关系的认识，并以此确立教育行为的价值取向。现代心理学证明，创造性不是一种纯智力问题，也不是纯知识问题。创造性首先是一种精神状态，指具有强烈的问题意识和深刻的反思力，能将已学的知识作为方法和手段去探索未知的知识。但是，传统的大学教育重知识不重能力，重理论不重实践，重继承不重创新，重专业不重素质，重科技不重人文，重一致不重差异。通过多年的探索和研究，学校认为创新意识和创造能力是当前高层次人才必须具备的素质，为了提高学校的人才培养质量，必须开展创新教育。

（二）重视能力培养尤其是创造性能力和技能培养是当前高校人才培养方案改革之重

传统人才培养模式往往比较重视知识结构而相对忽视能力培养，特别是创造性能力和技能培养。大学课程教学中以教师为主的教学模式注重知识的传授，强调学生的学习结果，相对忽视能力培养和科技启蒙的培养。这只能使学生被动地、消极地接受知识，普遍缺乏探究创新知识和创新能力，缺乏探索问题的兴趣和激情。牛津大学校长科林·卢卡斯（Colin Lucas）曾说:“大学的使命是什么……大学更是打开心灵的钥匙，使他们认识到自身的能力，给他们以创造力。”21 世纪以来，社会发展越来越快，知识更新在加速，专业知识变化将更快。学生在大学期间学习的专业知识在毕业后很快会发生变化，这就要求高校既注重知识的传授，也要注重能力与素质的培养。同时，高校必须特别注重培养学生的创造性学习能力和素质，使学生学会怎样求知、怎样创造，培养他们善于观察、勤于思考、敢于探索、勇于创新的精神。

（三）全面推进素质教育，是培养创新型人才的基础支点

全面素质教育是“通识”教育与“专业”教育相结合。高等教育的目的是使学生成为一个既掌握某种专业知识和技能，又同时掌握作为一个人，即公民的一般能力的专才。作为中国的大学生，他们既是一个整体，又是众多的性格迥异的个体；既是一个沿着相同道路走向共同未来的国家公民，又是很多个沿着不同的道路前进的一代人，这种两重性正是通识教育与专业教育结合的基础。通识教育是大学教育的基础，专业教育是大学教育的核心，是学生

适应快速变动的社会结构并不断进步的手段。为社会输送专业化知识人才，是高等教育存在的基础。因此，在高校中应该树立“通识”教育与“专业”教育相结合的人才培养思想，保证培养的人才所具备知识体系的全面性。

全面素质教育是知识教育与人格教育相统一。大学教育不仅要教会学生做事，而且要教会学生做人；不仅要重视学问的修养，而且要重视人格的修养，只有德才兼备全面发展的人，才是一个完全的人。全面素质教育是知识、能力与素质相协调，知识是基础，能力和素质是获取知识的手段和载体，能力素质在促进知识的积累和扩展的过程中又会不断提升。要完善课程体系，促进学业知识、能力、素质协调发展，培养学生的实践动手能力。

（四）办学模式、教学方法和教学手段变革是创新型人才培养的基本路径

实施创新型教育必须有扎实的基础理论知识和宽广的知识面，这是创新型人才的知识基础；要培养创新的勇气和表达的习惯，这是创新型人才的文化基础；要有丰富的创造思维方法和实践能力，这是创新型人才的方法论基础，推动创新型教育的关键在于“教育的创新”。就我国高等教育的现状来看，创新教育除需有效推进教育观念改革外，在办学模式、教学内容、教学方法、教学手段等诸方面还应进行深刻改革。应走“实践—教学—实践”“产、学、研”“科、工、贸”相结合之路，把大学教育融入社会。教学内容要“少而精”“高精尖”，既要有知识延伸性，又要有前瞻性。要实现本土内容国际化、国际教育内容本土化。实现教学内容的“古为今用，洋为中用，古今结合，中外结合”的相互统一。

推进教学方法改革。一是要实行以问题为主线的教学。注重在教学中引导学生思考问题、提出问题、研究问题和解决问题。在一个班集体、一个学习小组或一个宿舍集体内，形成研究问题、讨论问题的风气，这是引发思考、启迪智慧、激发灵感最重要的渠道，是创新性学习最重要的形式，是最重要的学风。二是注重培养学生学习兴趣。学生有了学习兴趣，可以有效地提高其学习的内动力，就能做到忙而不累、乐而忘忧，就能够产生灵感，提高效率。现在我国高校教育中比较普遍的问题是学生学习的内动力不足，学习兴趣和求知欲望不足。因此，如何培养学生学习兴趣，提高学生学习的内动力成为高等教育要研究和解决的一个最重要的问题。三是引导学生善于综合，善于把学到的多门课程或多个学科门类的知识综合在一起，去解决一个实际问题。科学是内在的统一体，它被分解为单独的部门不是取决于事物的本质，而是取决于人类认识能力的局限性。当代科学技术不断分化与综合，而以综合化整体化为主。四是指导学生注重转化，就是由输入与吸纳知识到转化为能力与素质。知识不等于能力和素质，知识必须转化成能力与素质才能体现出其价值。知识存在着过时和忘记的问题，而能力和素质是更稳定更长久的。美国物理学家劳厄说过一句名言:“教育无非是一切已学过的东西都忘掉的时候所剩下的东西。”剩下什么呢？主要是由学到的知识而转化过来的能力和素质。五是鼓励学生勇于突破，有意识地突破前人，突破书本，突破自己的老师。如果一个老师把学生教得超过了自己，那是这个老师最了不起的成就。科学的发展，社会的进步，既以继承前人为基础，又以怀疑否定前人为突破。

（五）推进教育创新，不断提高教育质量是创新型人才培养的目标

培养创新型人才是大学建设最根本的任务，提高教育质量的主要目的在于培养创新型人才。一是要深化人才培养模式，从制度上保障创新型人才的培养。要以创新的思路和社会发

展的需要深化人才培养模式改革，进一步组建跨学院的学科基础平台，打破学院之间各自为政的封闭式教学方式，提倡资源共享和学科交叉，让学生有更大的选课自主权。二是要探索大众化教育下的高素质人才培养。选择一批师资水平高、教学条件好、优势特色学科支撑的学科大类或专业，招收优质生源。以高素质人才培养基地的形式，实施大众化教育环境下的高素质人才培养。三是要加强创新型师资队伍的培养。要创新师资培养工作思路，继续选送优秀教师到政府部门或企业挂职实习，了解社会需要什么样的人才，应该编写什么样的教材，应该给学生什么样的教育。同时要创造条件让教师到海外、境外进修学习，提升教师的教学水平。

二、地理科学专业教育改革发展趋势

（一）确立“专业导论”课程在课程体系中的基础地位

首先，对“地理科学专业导论”作为专业基础课程的定位必须足够重视。在地理科学专业课程体系设置中，许多高校到目前为止仍然缺乏专门阐述所学专业的学科属性、知识体系、能力结构及培养目标等方面内容的具有针对性、统领性的课程。学科及专业知识的贯彻大多表现为相对独立的课程或课程体系设置，学生直接接触的是系列课程，各课程或各系列课程的教学基本处于“天女散花”状态，这导致教学资源缺乏有效整合，知识与能力结构的整体设计和宏观统驭较差。现实中则表现为多数学生对本学科和专业的知识体系与能力结构的把握，只有通过三年或四年的学习到学业结束后方才“如梦初醒”，甚至到全部学业结束尚不知所学专业或学科为何物。开设“专业导论”课程使学生对本专业的学科发展、学科地位、专业特点、人才培养目标、专业知识体系、能力结构、素质要求，乃至职业取向、适应岗位等问题进行宏观的、总体认识和把握，本课程的学习对于新生专业入门至关重要，用“专业启蒙教育”来比喻是不为过的，本课程对于入学新生学习兴趣的培养、后续各专业课程的先行先导功能十分明显，在专业课程体系中占据基础性地位，本教材的出版正是顺应高等地理专业教育紧迫需求的尝试。

其次，配备高素质教师主讲确保“地理科学专业导论”的教学质量。由于“专业导论”是名副其实的“入门”课程，其教学效果可能影响学生对课程乃至专业的兴趣，任课教师良好扎实的专业功底和职业素养，对于初入高校门槛、刚从中学较为单纯的书本知识学习转入大学专业培养的新生而言，其意义是非同寻常的。优秀的教师往往是能够综合运用多元的教学方法和手段的行家里手，特别是能够通过循循善诱、深入浅出的教学方法将学习引入知识的殿堂，并懂得不失时机地将个人能力与团队合作精神的培养、人生观和价值观的灌输等融入各教学环节中，使学生在和风细雨般的学习中成长。这将使学生未来四年的学习乃至终身受益。因此，“地理科学专业导论”课程的讲授应由本学科和专业领域中的资深教授来担当，并逐步培养和建设一支能够担此重任的较为稳定的师资队伍，以确保其教学质量。

（二）重视综合教育，夯实地理基础

综合性是地理学的首要特点与学科精髓。进行地理学专业知识的综合教育与培养是高校地学专业课程体系设置的核心。在地理学专业课程体系设置中应从学科的综合教育出发，各高校在充分考虑地理学知识体系的基础上，结合自身在地理学教育与研究中的传统优势，制

定出相应的地理学相应的地理学专业课程体系：全面开设有关的地理学基础课程，分别在地理学总论、自然地理学、人文地理学、地理学研究方法与技术四个方面各选定1～3门为专业基础课，构成其基础课程体系；专业课程既设置相当数量的有关地理学理论的课程，又开设一定数量的有关地理学研究方法与技术的课程，理论知识讲授与研究方法及技术的传授并重；减少专业必修课课程数量，提高专业选修课课程和方向课程比例，为学生营造一个广阔的专业学习空间，为学生今后的学习和发展打下坚实的基础。

（三）增设方法与技术课程，突出学生动手能力的培养

目前，我国地理学专业课程设置中有关研究方法与技术的课程相对较少，学生在地理学研究方法与技术方面的训练不足。随着技术的进步，一些新技术引入地理学，又要求学生掌握相应的一些新的技能。例如，随着空间技术的发展和信息处理技术的进步，各高校的地理科学专业纷纷于20世纪80年代初开设了遥感概论课程；20世纪八九十年代以来，空间信息处理技术取得了长足的进步，各高校地理学专业又相继开设了地理信息系统概论课程，使得地理科学的现代专业技术课程体系逐渐形成，并且分量还在逐渐增多。所以，坚持理论知识讲授与方法及技术训练并重的原则，在专业课程中增设有关地理学研究方法与新的信息化技术方面的课程，并争取增加该方面课程数量在专业必修课中所占的比例。通过实验、实习和课程设计应尽量充分发挥学生的自主能力，多安排综合性和设计性的实验、实习和课程设计，对软件部分让学生先操作，再考虑让学生自己设计实验软件或软件的一部分，或对原软件进行二次开发。通过向学生传授各专业有关的地理学的方法与新兴信息技术，全面培养学生的动手能力、实际工作能力、熟练地获取、分析处理地理数据的能力和系统设计与开发的能力。

（四）强化实践教学的参与性，培养学生的专业特长

我国高校地理学专业现行的实践教学旁观较多，观看教师演示，野外实习听取教师讲解，观看教师操作，实验和实习一般不带实际研究任务，实验室设备和野外实习基地一般也不具备学生大规模参与的条件，尤其是由于经费问题，作为地理学重要基础课程的野外实习已远远不能满足专业学习的基本要求，造成对学生观察和动手能力的培养不够，学生缺乏实际工作能力等诸多问题。可行的解决办法：一是可让学生尽早参与教师科研；二是毕业实习与设计尽可能结合生产任务和科研项目进行；三是加强学生的野外实习与实验的能力，特别是与地理紧密联系的测绘实习、遥感实习等，引导学生掌握各种实验仪器的用法，学会怎么用设计实验方案，采用各种工具、方法与手段来解决地理学中的问题。以逐步改善办学条件为前提，提高学生在实践教学环节中的参与性，在培养他们实践能力的同时，提高其自身对知识的获取能力，从而培养学生的专业特长，增强社会竞争力。

（五）促进学科横向交叉与结合，服务区域经济社会发展

地理科学是介于自然科学和人文科学之间的一门交叉科学。综合性、区域性、跨学科交叉与渗透是地理学的学科特性。地理学科内部及相邻学科交叉、重组是切入地理学主题和教学内容、课程体系改革的主要方式。当前，解决国家资源环境安全、生态建设与区域可持续发展、提高人口素质、彻底消除贫困等一系列重大国家需求问题都离不开地理学的研究。城乡环境规划、新农村建设等都是综合复杂的系统工程，一方面急需各级各类地理人才，另一

方面也对地理人才的知识结构提出了新的要求。社会需要的地理人才，除了传统的地理学基础课程以外，还要与环境学、生态学及经济学和社会科学交叉，使地理科学向“经济化”“社会化”的方向渗透，这样才能培养社会需要的新型地理人才。目前，很多高校设置了以专业基础课程为依托，结合具体专业知识背景的方向课，就是一种很好的发展趋势。

（六）发挥学科优势与传统，体现学校的办学特色

每所高校有其各自的特色和自己的主体思想，也就是各学校有自己的专业背景，地理类专业与学科的系统化改造要体现学校的办学特色。不同区域的高校地理专业研究内容都有自己的区域特色，如东北地区研究黑土土质及湿地变化问题；西北地区研究干旱气候和土地沙化问题；西南地区研究喀斯特发育及其石漠化问题；华南地区研究水土流失引起的红色沙漠化问题；华东地区研究湖泊及海洋地质问题等。不同高校也分别以不同的专业见长，如土地管理专业、森林资源管理专业、园林专业、资源环境与城乡规划管理专业、水利与水土保持专业、地理教育专业、地理信息系统专业等，这些区域差异和专业知识背景反映了各学校的办学特色和办学差别。在调整、完善地理学专业设置的过程中，为了提高学科声誉、吸引生源、提高办学效果和减少师资力量的无形损失，各地理学系应充分发扬各自的学科传统与区域特色，发挥教师的学科专业优势，多方开设有关不同性质类型的地理学专业课程。要在“有所为，有所不为”的原则指导下，各高校充分发挥其特有优势，扬长避短，有效地利用其所处地域的资源。这样，一方面由于就业区域的限制可以使学生学有所用和用有所学；另一方面也可促使教师长期保持其研究方向而不断发展，彼此教学相长、相得益彰，从而更有益于学科传统与优势的保持与发展。

今后，应结合国民经济建设发展和科技进步，在保持地理学的学科传统优势前提下，及时调整、完善地理学的专业设置。既考虑国民经济建设对应用型人才的迫切需求，又考虑地理科学的传承、发展和壮大，我国高校地理类专业与学科必须在与时俱进中改革优化发展。

第五节　我国高等地理教育机构简介

一、高等院校

1. 北京大学城市与环境学院

北京大学城市与环境学院以地理学为主体，包含环境科学、生态学、城乡规划等多个相关学科。拥有地理学国家重点学科，地理学和生态学均是国家“双一流”重点建设学科，还拥有自然地理和人文地理两个国家级重点学科，地理学国家理科基础科学研究和教学人才培养基地、地表过程分析与模拟教育部重点实验室等。

城市与环境学院目前设有环境科学、生态学、自然地理与资源环境、人文地理与城乡规划、城乡规划（五年制工科）等 5 个本科专业；自然地理学、人文地理学、环境科学、生态学、第四纪地质学、地理学（历史地理学）、地理学（城市与区域规划）、建筑设计及其理论等 8 个硕士研究生专业；自然地理学、生态学、人文地理学、地理学（环境地理学）、地理学（历史地理学）、第四纪地质学 6 个博士研究生专业；学院还设有地理学和生态学两个博士后流动站。学院现有在读本科生约 400 人，在读硕士生约 250 人，在读博士生约 230 人。

2. 北京师范大学地理科学学部

北京师范大学地理科学学部以地理学为主体，包含测绘科学与工程和安全科学与工程等多个相关学科，是中国地理学教学、科研和社会服务的重要基地。学部下设地理学院、资源学院、遥感科学与工程研究院、陆地表层系统科学与可持续发展研究院等7个二级机构。拥有地理学国家重点学科、地理学国家“双一流”重点建设学科、遥感科学国家重点实验室、地表过程与资源生态国家重点实验室、国家级区域地理教学团队等。

学部现设5个本科专业：地理科学、自然地理与资源环境、人文地理与城乡规划、地理信息科学及资源环境科学专业，是地理学国家理科基础科学研究和教学人才培养基地。拥有自然地理学、人文地理学、地图学与地理信息系统、全球环境变化、课程与教学论5个博士点，自然地理学、人文地理学、地图学与地理信息系统、全球变化、区域经济学、课程与教学论、水土保持与荒漠化防治、摄影测量及遥感和土地资源管理9个硕士点。目前共有在读本科生464人，在读硕士研究生593人、博士研究生300人。

3. 南京师范大学地理科学学院

南京师范大学地理科学学院拥有地理学国家“双一流”重点建设学科、地图学与地理信息系统学科国家级重点学科、人文地理学国家重点（培育）学科，拥有地理信息系统和现代自然地理学两个国家级教学团队，地理科学国家级实验教学示范中心、国家级虚拟仿真实验教学中心两个国家级实验教学平台等。

学院设置地理科学（师范）、海洋资源开发、土地管理、旅游管理、地理信息科学、测绘工程、环境科学与工程、人文地理与城乡规划8个本科专业，专业门类涉及地理学、环境科学、测绘科学及管理学等学科。拥有地图学与地理信息系统、自然地理学、人文地理学、第四纪地质学、遥感技术与应用、环境地理学、海洋地理学、旅游管理、课程与教学论硕士点9个硕士研究生点，自然地理学、海洋地理学、环境地理学、人文地理学、地图学与地理信息系统、遥感技术与应用、第四纪地质学7个博士点。现有本科生约615人，硕士研究生300人，博士研究生100人。

4. 中山大学地理科学与规划学院

人文地理学是国家重点学科，是全国人文地理学重点学科之一，地图学与地理信息系统学科是国家重点（培育）学科。学院下设城市与区域规划系、国土资源与环境学系、水资源与环境系、遥感与地理信息系统工程系和旅游与休闲学系5个系。目前，学院具有地理学一级学科博士学位授予权，拥有自然地理学、人文地理学、地图学与地理信息系统、城市与区域规划等4个博士二级学科授权点；具有地理学、水利工程两个一级学科硕士学位授予权，拥有自然地理学、人文地理学、地图学与地理信息系统、城市与区域规划、水文学及水资源、水力学及河流动力学、工程硕士（水利工程）7个硕士二级学科授权点。其中，城市与区域规划为地理学与社会学交叉的二级学科授权点，设有地理科学、自然地理与资源环境、地理信息科学、人文地理与城乡规划、城乡规划、水文与水资源工程等6个本科专业。全日制在读学生共1167人，其中，博士研究生117人、硕士研究生197人、本科生853人。

5. 南京大学地理与海洋科学学院

南京大学地理与海洋科学学院拥有自然地理学国家重点学科，是地理学国家理科基础科学研究和教学人才培养基地。学院拥有海岸与海岛开发教育部重点实验室、国家遥感中心江苏业务部等科研平台和地球科学国家级实验教学示范中心。学院设有自然地理学系、国土资源与旅游学系、地理信息科学系、海岸海洋科学系，现设有地理科学、自然地理与资源环境、人文地理与城乡规划、地理信息科学 4 个本科专业，拥有地理学一级学科硕士点、博士点及博士后流动站。硕士点 9 个：自然地理学、第四纪地质学、环境科学、人文地理学、区域经济学、土地资源管理、地图学与地理信息系统、摄影测量与遥感、海洋地质。博士点 9 个：自然地理学、人文地理学、地图学与地理信息系统、旅游地理与旅游规划、海岸海洋科学、资源环境遥感、土地利用与规划、海洋地质、第四纪地质学。目前在校本科生和研究生约 1000 名。

6. 华东师范大学地理科学学院

华东师范大学地理科学学院是我国最早具有地理学一级学科博士点授予权的单位之一，是我国首批博士后流动站建站单位之一，也是我国最早两个具有自然地理学重点学科的单位之一；拥有河口海岸学国家重点实验室、地理信息科学教育部重点实验室、自然地理学国家级教学团队、国家理科基础科学人才培养和科学研究基地。学院设置地理科学专业（基地）、地理科学专业（师范）、地理信息科学专业等本科专业；有学科教学、课程与教学论、自然地理学、气象学、生态学、环境科学、地图学与地理信息系统、人文地理学等硕士研究生专业；课程与教学论、自然地理学、生态学、地图学与地理信息系统等博士研究生专业。现有本科生约 800 人，硕士研究生 440 人，博士研究生 150 人。

7. 兰州大学资源环境学院

兰州大学资源环境学院拥有地理学国家重点学科、一级学科博士点、博士后科研流动站，已成为我国西部地学与环境科学基础研究、学术交流和人才培养中心。学院设置自然地理与资源环境、人文地理与城乡规划、地理信息科学、环境科学、环境工程、水文与水资源工程等 6 个本科专业，地理学是“国家理科基础科学研究和人才培养基地”。学院有地理学博士后流动站，地理学一级学科博士点，自然地理学、人文地理学、遥感与地理信息系统、地球系统科学、第四纪地质、环境科学等 6 个二级学科博士点 6 个，自然地理学、人文地理学、地图学与地理信息系统、城市与区域规划、地球系统科学、第四纪地质、水文学及水资源、环境科学、环境工程等 9 个硕士点。全日制在读学生共约 813 人，其中，博士研究生 93 人、硕士研究生 190 人、本科生 530 人。

8. 武汉大学资源与环境科学学院

武汉大学资源与环境科学学院拥有地图学与地理信息系统、地图制图学与地理信息工程两个国家重点学科、国家重点实验室 1 个，国家理科人才培养基地，拥有“地理信息系统”教育部重点实验室、“数字制图与国土信息应用工程”国家测绘地理信息局重点实验室等。学院设置地理科学、地理信息科学、自然地理与资源环境、人文地理与城乡规划、环境科学、环境工程、土地资源管理等本科专业，涵盖测绘科学与技术、地理学、环境科学与工程、公共管理4个一级学科。拥有或共享4个一级学科博士点和4个博士后流动站，有二级博士学位授权点7个（地图学与地理信息系统、地图制图学与地理信息工程、环境科学与工程、土地资源管理、自然地理学、人文地理学、资源环境监测与规划）；硕士学位授权点8个（地图学与地理信息系统、地图制图学与地理信息工程、环境科学、环境工程、土地资源管理、人文地理学、自然地理学、测绘工程）。现有本科生1400余名，硕士研究生近400人，博士研究生120余人。

9. 东北师范大学地理科学学院

东北师范大学地理科学学院有国家环境保护部湿地生态与植被恢复重点实验室、植被生态科学教育部重点实验室等两个部属重点实验室。学院下设地理科学（地理教育）系、自然地理与资源环境系、人文地理与城乡规划系、地理信息科学系，设置地理科学（师范）、地理科学（非公费师范）、自然地理与资源环境、人文地理与城乡规划、地理信息科学等5个本科专业；自然地理学、人文地理学、地图学与地理信息系统、区域经济学、城乡规划学、旅游管理、土地资源管理、课程与教学论、地理学科教学（专业学位）等9个硕士研究生专业；拥有地理学一级学科博士学位授予权，区域经济学博士学位授予权，地理学博士后科研流动站。现有本科生557人，硕士生290人，博士生49人。

10. 西北大学城市与环境学院

西北大学城市与环境学院设有自然地理与资源环境、人文地理与城乡规划、地理信息科学、环境科学、环境工程、城乡规划6个本科专业。具有地理学、环境科学与工程、城乡规划学3个硕士学位授权一级学科，区域经济学硕士学位授权二级学科和环境工程、城市规划两个专业学位授权点，拥有地理学一级学科博士学位授权，设有地理学博士后科研流动站，现有本科生800人，硕士生300人，博士生100人左右。

11. 华中师范大学城市与环境科学学院

华中师范大学城市与环境科学学院现设地理科学、旅游管理、人文地理与城乡规划、自然地理与资源环境和地理信息科学5个本科专业，有人文地理学、自然地理学、区域经济学、农村与区域发展、政府经济学、旅游管理和土地管理7个硕士学位授权专业及地理学科教学论硕士研究生方向，拥有地理学一级学科硕士学位授权点和地理学一级学科博士学位授权点，政府经济学和历史地理方向两个跨院系设置的博士学位授权点。在校全日制本科学生近800人，硕士和博士研究生近500人。

12. 陕西师范大学地理科学与旅游学院

陕西师范大学地理科学与旅游学院设置地理科学、旅游管理、地理信息科学、环境科学4个本科专业。现有自然地理学、人文地理学、地图学与地理信息系统、区域环境学、国土资源学、自然灾害学、生态学、环境科学、环境工程、水土保持与荒漠化防治、第四纪地质学、旅游管理、课程与教学论等13个硕士学位授权点和环境工程、旅游管理、学科教学等3个专业学位授权点，以及地理学一级学科博士学位授权点（含自然地理学、人文地理学、地图学与地理信息系统，以及区域环境学、自然灾害学和国土资源学)、生态学一级学科博士学位授权点和旅游管理学博士学位授权点，地理学、生态学博士后科研流动站和工商管理博士后科研流动站，现有本科生 1200 人，硕士生 350 人，博士生 40 人。

13. 西南大学地理科学学院

西南大学地理科学学院拥有国土资源部岩溶生态环境——重庆南川野外基地。设置地理科学（师范）、人文地理与城乡规划、自然地理与资源环境地理信息科学等 4 个本科专业，拥有地理学一级学科博士学位科授、地理学博士后科研流动站，地理学硕士学位一级学科授权点，自然地理学、人文地理学、地图学与地理信息系统、第四纪地质学等 4 个硕士学位二级学科授权点。在读本科生 1100 人左右，在读全日制硕士研究生 200 人左右，博士研究生 30 余人，在站博士后 6 人。

二、主要的地理研究所

与地理学研究相关的主要研究所包括：中国科学院地理科学与资源研究所、中国科学院南京地理与湖泊研究所、中国科学院成都山地灾害与环境研究所、中国科学院东北地理与农业生态研究所、中国科学院西北生态环境资源研究院、中国科学院新疆生态与地理研究所等。

1. 中国科学院地理科学与资源研究所

中国科学院地理科学与资源研究所以解决关系国家全局和制约长远发展的资源环境领域的重大公益性科技问题为主，在我国区域可持续发展的资源环境研究领域具有引领和支撑作用。研究所设置包括资源与环境信息系统国家重点实验室等 7 个实验室（中心)、30 个研究室（中心)。地理资源所现设有地理学、生态学两个一级学科博士点；环境科学 1 个二级学科博士点。设有自然地理学、人文地理学、地图学与地理信息系统、自然资源学、气象学、生态学、环境科学等 7 个二级学科硕士点；农村与区域发展（农业硕士)、农业信息化（农业硕士)、环境工程（专业学位）硕士点。设有地理学、生态学、生物学 3 个一级学科博士后科研流动站。共有在学硕士生 297 人、博士生 494 人，在站博士后 278 人。

2. 中国科学院南京地理与湖泊研究所

中国科学院南京地理与湖泊研究所主要面向湖泊水环境治理与生态修复、区域可持续发展规划与评估两大应用研究领域。现设有湖泊与环境国家重点实验室、湖泊野外观测与数据中心等研究平台。设有地理学博士后流动站，地理学、环境科学与工程一级学科博硕士学位授予点，包括自然地理学、人文地理学、地图学与地理信息系统、环境科学 4 个博士学位授予点，自然地理学、人文地理学、地图学与地理信息系统、环境科学、环境工程、建筑与土木工程 6 个硕士学位授予点。现有在站博士后 20 余人，在学研究生 200 余人。

3. 中国科学院成都山地灾害与环境研究所

中国科学院成都山地灾害与环境研究所以山地灾害、山地环境和山区可持续发展为主要研究领域，是我国防御山地灾害、保障山区生态安全、促进山区经济社会发展的主要研究机构。拥有自然地理学、人文地理学、岩土工程、土壤学、生态学等 5 个博士培养点，自然地理学、人文地理学、地图学与地理信息系统、生态学、岩土工程、防灾减灾工程及防护工程、土壤学等7个学术型硕士培养点，环境工程、建筑与土木工程等两个专业型硕士培养点，并设有地理学博士后科研流动站。在学研究生200人左右，其中博士生80人、硕士生120人。

4. 中国科学院东北地理与农业生态研究所

中国科学院东北地理与农业生态研究所重点开展农业生态、湿地生态、遥感与地理信息系统、环境科学与技术、区域发展等学科领域的研究，是保障国家粮食安全、生态安全和东北老工业基地振兴的主要研究机构。该所设有地理学、生态学、环境科学与工程等3个一级学科博士培养点，包括自然地理学、人文地理学、地图学与地理信息系统、生态学、环境科学等5个博士学位授予专业；设有自然地理学、人文地理学、地图学与地理信息系统、生态学、环境科学、遗传学等6个学术型硕士学位授予专业，环境工程、生物工程等两个全日制专业硕士学位授予专业，并设有环境科学与工程博士后流动站、地理学博士后流动站，共有在学研究生196人（其中，硕士生81人、博士生115人）、在站博士后24人。

5. 中国科学院西北生态环境资源研究院

中国科学院西北生态环境资源研究院是由原寒区旱区环境与工程研究所、地质与地球物理研究所兰州油气资源研究中心、兰州文献情报中心及西北高原生物研究所、青海盐湖研究所于2016年6月整合而成的。它是我国专门从事高寒干旱地区生态环境、自然资源和重大工程研究的国家级研究机构，冰川、冻土、沙漠、高原生态、盐湖、油气地质和资源环境信息等主要研究领域处于国内引领地位。拥有冻土与寒区工程研究室、冰冻圈与全球变化研究室两个国家重点实验室。研究院设置自然地理学、人文地理学、地图学与地理信息系统、气象学、大气物理学与大气环境、矿物学、岩石学、矿床学、地球化学、构造地质学、生态学、岩土工程、防灾减灾与防护工程、寒区工程与环境（自设专业）、情报学等博士招生专业。设有自然地理学、人文地理学、地图学与地理信息系统、气象学、大气物理学与大气环境、固体地球物理学、矿物学、岩石学、矿床学、地球化学、构造地质学、生态学、岩土工程、防灾减灾工程及防护工程、寒区工程与环境（自设专业）、情报学等硕士招生专业；地质工程、环境工程、生物工程等专业型硕士招生专业。现每年招收博士研究生88名，硕士研究生78名。

6. 中国科学院新疆生态与地理研究所

中国科学院新疆生态与地理研究所面向国际干旱区生态、环境、资源领域科技前沿，重点开展“丝绸之路经济带”生态与环境监测和评估、干旱区水土资源利用与生态安全、新疆和中亚矿产探测与环境治理、干旱区战略生物资源可持续利用、农牧民增收和区域发展等研究。设有地理学、生态学、地质资源与地质工程等3个专业一级学科博士研究生培养点，自然地理学、人文地理学、地图学与地理信息系统、植物学、生态学、环境科学、水土保持与荒漠化防治、地球探测与信息技术、环境工程、测绘工程、生物工程等11个专业一级（或二级）学科硕士研究生培养点。并设有地理学、生物学、生态学等3个专业一级学科博士后流动站。在学硕士生220人，博士生214人，在站博士后50人。

本 章 小 结

中国高等地理教育发展经历了四个阶段：中华人民共和国成立前，高等地理教育在艰难曲折中初创；中华人民共和国成立至 1978 年，深受苏联地理学发展和地理专业教育的影响；1978 年至 20 世纪末，高等地理教育在改革复兴中探索前进；20 世纪末以来，高等地理教育稳定繁荣发展。由于历史、经济、文化等因素的影响，目前我国地理科学专业、地理学硕博士授权单位或授权点呈现明显的地域差异。面对创新型人才培养要求新形势，确立专业引导课程的地位、重视专业基础教育、强化实践动手能力、突出专业特长、推动学科交叉融合、坚持学科传统优势与特色是我国地理科学专业改革与发展的大趋势。最后介绍了与地理科学专业相关的主要高校和研究单位在学科及平台基础、专业设置、招生规模等方面的基本情况。

思 考 题

通过对我国高等地理教育的回顾及现状的调查研究，谈谈你是如何看待地理科学专业发展前景的？依据是什么？你将如何应对？

主要参考和阅读文献

蔡运龙. 2012. 地理学：科学地位与社会功能. 北京：科学出版社.
车裕斌，韩冰华，林祺胜. 2001. 中国高等地理教育改革发展的趋势与问题. 世界地理研究, 10(3): 99-105.
冯仲科，臧淑英，朱敏，等. 2007. 我国高校地理类专业与学科的系统化改造问题. 哈尔滨师范大学自然科学学报, 23(6): 97-101.
金宝石，闫鸿远. 2010. 我国地理学高等教育与人才培养现状分析. 世界地理研究, 19(2): 170-176.
林超. 1982. 关于高等学校的地理教育. 地理科学, 2(3): 284-288.
刘盛佳. 1990. 地理学思想史. 武汉：华中师范大学出版社.
刘祖望. 1990. 地理学的发展与地理科学体系的构想. 河南大学学报(自然科学版), (4): 50-56.
陆大道. 2003. 中国地理学发展若干值得思考的问题. 地理学报, 58(1): 3-8.
陆大道. 2015. 地理科学的价值与地理学者的情怀. 地理学报, 70(10): 1539-1551.
马蔼乃. 1996. 论地理科学的发展. 北京大学学报(自然科学版), 32(1): 120-129.
马蔼乃. 2002. 钱学森论地理科学. 中国工程科学, 4(1): 1-8.
史培军，宋长青，葛道凯，等. 2003. 中国地理教育：继承与创新. 地理学报, 58(1): 9-16.
王民，高翠微，蔚东英. 2016. 地理教师教育国内外比较与教师职业标准研究. 北京：北京师范大学出版社.
王乃昂，潘保田. 1995. 我国高等地理教育的发展和问题. 高等理科教育, (3): 18-23.
熊宁. 1987. 本世纪前半叶我国近代地理教育初探. 地理研究, 6(1): 10-20.
阎小培，欧阳南江. 1995. 浅析改革开放以来我国高等地理教育的新变化. 西南师范大学学报(自然科学版), (2): 203-210.
张佳静，侯甬坚. 2009. 中国近代高等地理教育的萌发期初探(1862—1904). 高等理科教育, (3): 26-29.
张乐育. 1986. 地理学的性质. 地理与地理信息科学, (2): 17-24.

第七章　地理科学专业人才培养模式

学习目标

理解人才培养模式内涵及构成要素。了解我国人才培养目标选择经历的阶段及人才培养目标发展的趋势。理解复合型人才与复合型人才培养的特征。理解地理科学专业复合型人才培养模式内涵及地理科学专业复合型人才的特点。掌握地理科学专业人才培养目标与规格要求。理解地理科学专业课程体系的整体框架及各模块课程设置对人才培养的作用。了解地理科学专业办学条件配置要求。

第一节　地理科学专业人才培养模式概述

一、人才培养模式内涵及构成要素

（一）人才培养模式内涵

目前学术界对本科人才培养模式的定义主要从培养过程、方式、方案、要素、机制等方面来认识。从过程来说：认为人才培养模式实质上是人才培养目标及素质要求的实施的综合实践过程，包括人才培养目标定位及其如何实现的整个过程。从方式来说：人才培养模式的本质是培养组织方式，指在一定的教育思想和教育理论指导下，为实现培养目标而采取的教育教学活动的组织样式和运行方式。或者，认为人才培养模式是教学方式，培养模式是教育思想、教育观念、课程体系、教学方法、教学手段、教学资源、教学管理体制、教学环境等按一定规律有机结合的一种整体教学方式，是根据一定的教育理论、教育思想形成的教育本质的反映。可见，人才培养模式是在一定的教育思想指导下，为完成特定的人才培养目标而构建起来的人才培养结构和策略体系，包括人才培养目标、制度、过程，是为了实现一定的人才培养目标的整个管理活动的组织方式。从方案来说：认为人才培养模式是在一定的教育教学思想、观念的指导下，为实现一定的培养目标，构成人才培养系统诸要素的组合方式及其运作流程的范式，是可供教师和教学管理人员在教学活动中借以进行操作的既简约又完整的实施方案，是为实现一定的培养目标而采取的教育方案和教育方式。从要素来说：人才培养模式是指在一定教育思想指导下，培养目标、教育制度、培养方案、教学过程诸要素的组合，是为实现人才培养目标而把与之有关的若干要素加以有机组合而成的一种系统结构。从机制来说：人才培养模式是指在一定的教育思想、教育理论和教育方针的指导下，各级各类教育根据不同的教育任务，为实现培养目标而采取的组织形式及运行机制。

上述有关人才培养模式的理解有差异，其原因在于学者们认识视角的差异，但本质上具有一致性。这些关于人才培养模式的认识体现出如下的共同性：第一，人才培养模式具有目标性，都承认人才培养模式本质上是以实现人才培养目标为宗旨。第二，人才培养模式具有相对稳定性，无论是方案说、过程说还是要素说，它们都承认人才培养模式具有相对的稳定性，人才培养模式的本质就是将人才培养形成一种固有的机制，即人才培养活动规范化、制度化。因此，人才培养模式不能够随意变化，应该保持人才培养的连续性，否则会造成人才培养活动的断裂。第三，人才培养模式具有发展性，随着社会发展和人才培养环境、条件的改变，人才培养模式也应与时俱进，在高等教育发展史上，为适应不同历史时期的社会发展对人才特征的一般性要求，大学自产生迄今，人才培养模式经过了三个历史阶段：前工业社会以知识为导向的人才培养阶段，工业社会以学科为导向的人才培养阶段，知识经济社会以素能为导向的人才培养阶段。第四，人才培养模式是一定教育理念的产物，都认同人才培养模式是一定教育理念的产物，教育理念直接规定人才培养模式中的人才培养目标、人才培养方式等，没有教育理念的指导，也就不存在人才培养模式。第五，人才培养模式由多要素构成，无论是动态过程说、活动说，还是要素说、方案说，它们都有一个共同的观点，即人才培养模式由诸多要素组成，只是它们对组成的要素内容理解存在差异。

综上所述，人才培养模式是指学校在一定的教育思想与教育理念指导下，为实现一定的培养目标为学生构建的知识、能力、素质结构，以及实现这种结构的教育教学运行机制，它是培养理念、培养目标、课程体系、培养方式等要素的有机组合，具有相对稳定性和参照性。

（二）人才培养模式构成要素

本科人才培养具有方向性和目的性，必须符合教育发展规律和个人成长规律，它是一个包含了多个要素的复杂系统，在本科人才培养的复杂过程中存在诸多因素，这些因素之间具有必然联系与关系，在运行过程中相互促进、相互制约，在不同层次、不同方面对人才培养起作用，构成了一个辩证统一的有机体。任何一个要素都是本科人才培养模式的必要部分、缺一不可。综合有关人才培养要素的各方观点，本科人才培养模式包括教育理念、培养目标、课程设置、培养过程、质量评估五大要素。

1. 教育理念

教育理念是指教育主体对教育及其现象进行思维的概念或观念的形成物，是理性认识的成果，包含了教育主体关于“教育应然”的价值取向或倾向。作为大学人才培养模式的重要指导思想和基本要素，教育理念对大学人才培养模式创建和发展起着重要的指导作用和影响，在很大程度上决定着大学人才培养模式的发展方向和趋势。在本科人才培养模式中教育理念影响和制约人才培养目标的制定、课程体系设置、培养过程的实施等其他各个环节，只有在科学合理的教育理念的指导下，才能形成高质量的人才培养模式。

2. 培养目标

本科人才培养目标是人才培养质的规定性，也就是针对人的发展和社会的需求而规定的培养什么类型的人才，是人才培养的总方向。培养目标受教育理念影响和制约，是一切教学活动的出发点和归宿，直接决定了设置什么专业和课程、选择什么教学方法和手段、采取什么考核方式等。培养目标依据社会发展和受教育者身心发展来制定，规定了人才培养的规格及通过相应的修业年限所必须达到的知识、能力、素质方面的要求，以及课程设置和教学运行等的依据。培养目标的设置必须符合社会发展规律和个人成长规律。社会发展阶段需要不同规格的人才，不同学历层次、不同专业的培养目标自然也是不一样的。

3. 课程设置

课程设置即培养内容设置，课程教学是本科人才培养的基本途径和必要手段，课程设置是实现教育理念和培养目标的载体，是人才培养模式中的实质性要素。课程设置依据培养目标设计，是培养目标的核心部分，它从整体上规划了实现培养目标的具体路径，体现着专业培养的特色。课程设置的内容十分丰富，包括设置哪些课程、课程的结构、课程的深度广度、课程的组织实施等，这些都会对学生知识、能力、素质结构的形成产生直接影响，进而制约培养目标的实现。

4. 培养过程

培养过程是培养目标的实施环节，包含教育教学活动及其配套的各项运行条件，如教学、实践、科研及与之相应的图书馆建设、师资队伍建设、学校管理制度建设等。培养过程取决于培养目标，培养目标不同，培养过程的设计就会有不同的侧重点。培养过程所蕴含的活动和条件，相对独立的对本科人才的规格、素质、能力发挥各自的作用，同时又相互联系和制约，发挥着整体的育人功能。

5. 质量评估

本科人才培养模式中的质量评估是培养目标的反馈环节，是对整个培养模式的价值判断。考核是本科人才培养的一个重要环节，是保证本科人才培养目标实现的重要手段。质量评估根据培养目标设定，对培养过程进行监控和反馈，并根据培养目标对培养过程随时进行调整，以便更好地实现培养目标，持续提高本科教育质量。

二、我国人才培养目标的演变

培养目标是人才培养的标准，是人才观在高校的集中反映和培养人的价值主张及具体要求，也是人才培养活动得以发生的基本依据和人才培养制度安排的基本原则。培养目标解决的是培养什么样人的问题，明确人才培养目标是确保人才培养应有质量的基本前提。

（一）通才型培养目标

1949 年以前，中国大学本科教育培养目标以“通才”为主，强调通才教育。近代高等教育肇始于 1861 年清朝政府批准设立的京师同文馆，一直到 1904 年清朝政府颁布《奏定大学章程》，始终以造就通才为宗旨，大学堂以各项学术艺能之人才足供任用为成效。民国时期大学人才培养目标提出大学的“专门人才”培养目标，实际上也是培养“通才”，这里的“专门人才”概念主要是一个学科性的概念，即有“专功一门”的性质，这种人才具有知识结构广博、知识基础扎实等特点。例如，1924 年教育部公布的《国立大学校条例》，制定了大学教育中的有关制度和规定，国立大学校以教授高深学术，养成硕学闳材，应国家需要为宗旨，大学分为文、理、法、医、农、工、商等科；南京国民政府时期，先后颁布了几个教育法规，提出大学要培养专门人才，1929 年制定、1934 年修正的国民政府《大学组织法》，规定大学教育宗旨及实施方针是以研究高深学术养成专门人才，大学分文、理、法、教育、农、工、商、医各学院，并开始采用学分制。

（二）专门型人才培养目标

中华人民共和国成立后直到 20 世纪末。除了中华人民共和国成立初期提出的培养“建设人才”和“文化大革命”时期提出的培养“普通劳动者”，我国大学本科教育主要以培养专门人才为主，强调专业教育。这种“专门人才”的培养目标，符合当时中国高等教育发展的实际情况和社会经济发展的实际需求。改革开放初期，在特定的历史条件下，也没有对“专门人才”的培养目标进行全面否定和抛弃，只是在反省的基础上进行了适当调整。

1951 年颁布的《关于改革学制的决定》中规定：高等学校应在全面的普通的文化知识教育的基础上给学生以高级的专门教育，为国家培养具有高级专门知识的建设人才，从培养目标定位的角度看，它既不是通才，也不是专才，而是兼而有之的“建设人才”。1961 年教育部颁布《教育部直属高等学校暂行工作条例（草案）》（史称“高教六十条”），其中，第一条明确规定高等学校的基本任务是：贯彻执行教育为无产阶级的政治服务，教育与生产劳动相结合的方针，培养为社会主义建设所需要的各种专门人才，本科教育“专门人才”培养目标的定型与定位确定，并编制本科专业目录，对本科专业进行调整、修订。“文化大革命”时期，从“教育为无产阶级的政治服务”这个根本指导思想出发，提出大学的培养目标是要培养“普通劳动者”，本科教育培养目标的基本定位从“专门人才”向“劳动者”或“普通劳动者”转变，本科教育的培养目标被调整为一个完全政治性的培养目标。

改革开放到 20 世纪末，我国以专门人才培养为目标十分明确。例如，1988 年，国家教育委员会下发的《关于加强普通高等学校本科教育工作的意见》，首次提出：高等学校的培养目标是使受教育者在德育、智育、体育等方面得到全面的发展，成为符合社会主义建设实际需要的高级专门人才，并分别对各科类提出了培养目标的基本要求。经过改革开放 10 多年的发展，高等教育的内外部环境发生了巨大的变化，在市场经济体制下，市场需求瞬息万变，“专才”越来越凸显出专业面窄、职业适应性差、可替代性差等缺陷，专门化人才的培养难以适应社会主义市场经济发展和社会发展的要求，迫切需要加以改革，1998 年《中华人民共和国高等教育法》规定：高等教育必须使受教育者成为德、智、体、美等方面全面发展的社会主义事业建设者和接班人，高等教育的任务是培养具有创新精神和实践能力的高级专门人才，高等学校在本科教育活动趋向重视素质、实践、创新能力培养。

（三）创新型人才培养目标

20 世纪末以来，专门人才的培养目标已越来越不适应社会经济文化发展的现实需要，“专才”的培养导向忽视了学科的联系性和实践的丰富多彩，易产生纯“工具意识”及“职业至上论”的偏颇，导致人们只在实用主义、功利主义层面上去判断事物、思考问题，同时，实行过早、过度的专门教育，淡化教育的教化功能，忽视和削弱了教育陶冶人格的功能，往往导致人的异化和工具化及应变能力的降低，难以适应社会的变化。

21 世纪以来，党中央、国务院提出的走中国特色新型工业化道路、建设创新型国家、高等教育强国等一系列国家发展战略，对我国高等教育提出了培养创新型人才的新要求。创新型人才就是具有创新意识、创新精神、创新能力，并能够取得创新成果的人。中国大学本科教育应确立“创新型人才”培养观，培养适应社会经济文化发展需要的创新人才。对于“创新型人才”而言，“专”与“通”不再是评判人才的绝对标准，“创新”成为评判人才的更高层次的核心标准。从知识结构和基本能力看，这种人才具有通才的性质，但不是通才，从专业知识和专业技能看，这种人才具有专才的性质，但不是专才。这类人才的特质是业务能力的“专”与知识储备的“博”协调发展；学术型人才与应用型人才的培养方式也可以不再是分立的，可以并行不悖、各显所长。确立“创新型人才”的培养观，大力推进教育创新，对于我国大学本科教育的改革与发展具有至关重要的积极意义。

当前，“创新型人才”培养目标具有两大突出特征：一是人才发展方向的多样化。培养目标多样化是实现社会多样化发展需求的客观需要，培养目标必须与社会对人才的需求相适应，体现培养目标与社会需求的符合度，从社会需求的角度看，现在既需要基础研究型人才，又需要技术型人才，也需要具有更快、更强解决问题能力的复合型人才，同时，培养目标多样化也是大众化高等教育发展的必然趋势，高等教育大众化不仅进一步满足了人们接受高等教育的需求，也扩大了人们选择接受什么样的高等教育的权利，受教育者需求的多样化必然导致培养目标的多样化。首先，不同类型、层次的大学人才培养目标应不同，研究型大学、研究教学型大学、教学研究型和教学型大学之间的人才培养目标理应不同，但现实状况却有单一化、趋同化的倾向。其次，同一类型、层次，但不同地方的大学人才培养目标应不同，我国是一个幅员辽阔的大国，社会经济发展很不平衡，各个地区在生产力发展水平、产业结构、地理环境、发展战略及优势、发展方式和途径上存在差距，而这种差距必然导致对大学人才培养目标的要求存在差异。最后，同一类型、层次且相同地方的不同大学人才培养目标也应不同，即使是同一类型、层次且相同地方的不同大学，由于办学历史、学科特点、办学条件、办学理念等不同，人才培养目标也应不同。二是向特色化方向发展。多样化是特色化的前提和基础，但多样化不一定就必然特色化，人才培养目标的特色是指大学在人才培养过程中形成的比较持久稳定的被社会公认的独特优良的人才特征，主要表现为：首先是“人无我有”，即独特性或个性；其次是“人有我优”，即杰出性或优质性；最后是“人优我新”，即开拓性或创新性，特色是在长期办学过程中积累形成的，是一个不断积累、完善的工作过程，是对长时期发展实践的高度概括和科学总结，大学人才培养目标要有鲜明的个性特色，反映自身的比较优势，特色化的人才培养目标必须根据大学的办学定位、办学特色和人才服务面向来确定，遵循校本化原则、地方化原则和行业化原则。

我国现行的人才培养模式对20世纪50年代初期为适应计划经济体制需要而建立的以特定的职业岗位为目标模式继承还比较明显。以生产对象或生产过程划分专业，强化专业知识和专门技能教育，其特点是学生毕业后很快就能适应对口岗位的工作要求。这种人才培养模式的主要不足是专业面过窄，在培养方式上重理工轻人文、重专业轻基础、重知识轻能力和创新、重技术轻素质，培养出来的学生只能在很窄的专业范围内发挥作用，缺乏对知识和技术的综合、重组和创造能力。因此，摒弃过时的、僵化的、保守的人才培养观念和模式，构建复合型人才培养模式，培养大批具有创新精神和实践能力的高素质人才，既是社会主义现代化建设的迫切需要，也是高等教育适应科技进步的现实性选择。

三、地理科学专业复合型人才培养模式

（一）复合型人才培养模式的内涵

何谓复合型人才?关于复合型人才的概念，不同学者在不同专业领域有各自不同的理解。

齐凤伟等认为复合型人才的培养是指高等学校在一定时间和学历层次条件下将有一定跨度的专业知识进行有机的交叉渗透，使受教育者的知识结构和能力结构达到优化组合，成为专业迁移能力较强、一专多能人才的过程，具备这种知识、能力、技能的人即为复合型人才。王北生认为复合型人才指基础宽厚、理论联系实际、适应性强、理工文管知识交叉，并具有开拓、创新意识的一专多能的人才。石宪昌认为复合型人才，是指具有自然、社会两大学科综合知识和业务知识能力的新型人才。朱春花认为复合型人才是指那些在各种社会实践活动中，具有一两门专业知识，且知识较为广泛，基础较为扎实，在广泛领域具有较强适应性和较高水平，并以自己创造性劳动，在认识、改造自然和社会方面做出某种贡献的人。赖江梅认为：复合型人才，即具有复合型知识、复合型能力，并且具有全面发展的综合素质的人才。王开友认为：复合型人才指德、智、体、美全面发展，基础扎实、知识面宽，能力强，素质高，具有创新精神的人才。

综上所述，复合型人才一般指具有多个专业（或学科）的基本知识和能力，综合素质高，具有创新精神的人才。主要有三种类型：跨一级学科复合型人才，跨二级学科复合型人才及以一个专业为主，兼有多门学科知识的复合型人才，简言之，复合型人才，即一专多能人才。

复合型创新人才培养模式突显四个主要特征：一是基础性——文理知识、通识教育与专业教育结合，知识结构完整、知识基础宽厚；二是融通性——专业素养和跨学科思维融通，思维更加健全、视野更加开阔、专业能力更加突出；三是实践性——专业培养目标、规格和课程设置上强调实践性，培养过程突出实践性，强化专业实践能力；四是个性化——以学生成长成才为中心因材施教，实现学生个性化发展。这四个方面相互联系、相辅相成。“基础性”侧重于知识层面，“融通性”侧重于思维和素质层面，“实践性”侧重于能力层面，“个性化”侧重于学生需求层面。学生只有实现知识、思维、素质和能力的个性化构建和系统性提升，才能够成长为复合型创新人才。

在当今时代，社会经济和科学技术的发展速度日益加快，新技术、新工种、新行业不断涌现，岗位职业越来越不稳定，学科相互交叉与渗透，不断向综合化、整体化方向发展，因此，在当下通才教育也不可能，专业化人才培养模式也越来越不合时宜，社会迫切要求培养高素质的复合型人才。复合型人才培养教育符合当代社会科技和经济的发展趋势，是未来我国高校人才培养模式的必然选择。

（二）西方国家的地理学专业人才培养模式

各国地理教育界都致力于探索地理人才培养模式，以提升地理专业人才的培养质量。20世纪中叶以来，许多国家也在探索其人才培养模式，提出培养综合型、复合型地理学人才。例如，英国部分大学地理系，一般安排有两类课程：一类是共同必修课，是每个地理系学生都必须学的；另一类是可以选择的课程，根据学生自己志趣决定选学。选学的课程如果是倾向于自然地理类，满足了理学士学位要求，毕业时授予理学士学位；如果选学的课程倾向人文地理，满足了文学士的要求，毕业时授予文学士学位。

再如，加拿大多伦多大学地理系的专业分三类，即地理主科、双主科、跨学科。地理主科，即学生在学习时应选地理学中一个主科作为自己的专业，地理主科有5种可供选择：地理、环境系统、生物自然系统、历史/文化地理、城市经济地理。这里的地理是指包括自然、人文两部分在内的总体地理学；环境系统即比较偏重于无机的环境部分；生物自然系统即比较偏重于有机的环境部分；历史/文化地理，即指人们所说的狭义的人文地理部分；城市经济地理即以城市地理与经济地理为主的人文地理。双主科，即学生想以两个主科为目标的学习计划。学一个主科要在4年60个学分中应有18个学分符合该主科要求，如果只满足主科的9个学分的最低要求的则称之为小主科。这样，学双主科的学生有两种选择，一是拿出36个学分，满足两个主科要求；二是拿出27个学分，满足一个主科，一个小主科的要求。学双主科的学生除去满足双主科课程要求外，剩下学分就少了，其选课范围与深度就受到影响。跨学科，即除学习地理以外，还可选择学习一个相关系的学科。在多伦多大学与地理学相跨的主要是人类学、经济学、生物学和历史学，其课程安排是在4年学习的60个学分中要拿出42～45个学分中一半学地理类课，另一半学另一相关系的课，课程计划分别由两个系同意即可执行。

由此可见，西方地理教育中的“通才教育”有其特点，首先，不是没有专业，而是有专业，且专业数量还比较多。其次，大学的专业安排是从整个学校出发，面向全校学生，与中国的“专业教育”从入学开始就分专业进行学习有很大不同。再次，西方地理教育在不断发展，新式“通才教育”是广与专相结合，即不仅考虑地理学发展的分化、新方向，还注意到地理学统一性，使两者有机结合起来，不仅反映在地理学本身的专业特征上，还反映到地理学与其他相关学科的交叉上，出现跨学科的专业设置。最后，在面临市场经济的迅速变化形势下，为使学生就业机会增多，还允许在地理系内有双科专业选择。这些经验值得我国高校地理教育人才培养模式改革借鉴。

（三）地理科学专业复合型人才培养模式

20世纪中叶以来，随着人类社会快速进步，大量错综复杂的新问题不断涌现，如资源环境问题、区域差异与均衡发展问题、区域可持续发展问题、全球变化等，这些问题具有突出的综合性，是任何一门学科无法单独面对的，需要多学科协同解决。

地理学学科是一门横跨自然科学与人文社会科学的边缘科学，具有很强的综合性特点，在认识和解决综合性问题时，具有明显的学科优势，地理学的系列理论与方法如自然综合体、人地共生系统等理论和综合分析、区域分析等独特方法，在解释和解决当今人类发展面临的系列问题中已经或正在发挥重要作用。地理科学专业涉及自然地理学、人文地理学、地图与地理信息系统、环境科学等主干学科，并与天文学、气象学与气候学、地质学等学科密切相关。

高师地理科学专业除涉及前述学科外，教育学、心理学也是其主干学科，其跨学科、综合性非常明显，具有地理学专业知识的复合化、专业知识与育人能力的复合化、教育教学能力与教育科研能力的复合化、教育教学能力与社会协调能力的复合化等特征。因此，无论是综合性大学还是高等师范院校地理科学专业培养的人才具有典型的复合性，复合型人才培养模式也是必然选择。作为高师地理专业培养的复合型人才，应具备良好的政治素质和公民素养、广博的自然科学和人文科学知识基础、较为精深的地理学科专业知识、较全面的教育学和心理学科专业知识；既有深厚的理论知识、良好的实践应用能力，又具有创新精神和创新能力。高师地理专业毕业生，应既能胜任中学地理、资源环境学科教学，又能从事教育教学研究及管理工作，又能在相关企事业单位从事专业技术与管理等工作。

地理科学专业复合型人才具有特有的知识和能力特征。知识特征包括两个方面：其一，基础宽厚、知识面广，要掌握地理学主干学科和教育学、心理学学科的基础理论知识和基本技能，熟悉相关的自然科学和人文社会科学的知识与方法，因此具有较宽的知识面和宽厚的基础，从而为多学科知识的融会贯通提供条件，也为不同专业知识的学习和能力的培养提供良好的基础。其二，知识的融通，多学科知识相互交叉融合，并萌发形成新的知识、新的思维方法和综合能力，不仅有助于解决本学科、本专业的问题，而且更容易创新，学科知识能否融合并综合地发挥作用，是复合型人才的重要标志。能力特征也包括两方面：其一，能力的综合性，宽厚的基础和多学科知识的交融有利于能力的形成，但又不是各学科能力的简单相加，而是彼此之间互相取长补短，并在多种能力的基础上形成综合能力，在实践中发挥其综合功能。其二，能力的创新性，通过不同学科知识和能力的融合而达到对原来的知识、能力的超越，即能用一种全新的思维方法来思考所遇到的问题，提出新的解决办法，实现人的创造力迸发、智能飞跃。例如，著名地理学家胡焕庸先生在研究我国自然地理环境、人文环境分异基础上，综合分析、创新性研究，于 1933 年发现了我国的人口地理分界线——瑷珲—腾冲线（国际上一般称“胡线”），该线发现至今已过去 80 多年，虽然多次受区域发展政策和人口迁移的影响，但瑷珲—腾冲线东南侧与西北侧人口分布格局变化甚微，这是因为其地理环境基础作用导致人地系统的分异规律，具有一定的客观性。

第二节　地理科学专业培养目标与规格

一、人才培养目标与规格的关系

人才培养目标与规格是体现高等教育本质和特色的两个重要方面，二者相互融合，但内涵又不完全一致。人才培养目标侧重解决人才培养的方向问题，是培养什么类型人才的问题；人才培养规格侧重解决人才培养的质量问题，是人才培养目标的具体化，是组织教学的客观依据，培养目标不具体化为人才培养规格，就缺乏可操作性，就无法控制教育全过程。

目前对人才培养规格构成要素的划分主要有三种认识，即专业知识结构与能力结构的二要素划分，知识结构、能力结构与素质结构的三要素划分，知识、能力、素质和价值四要素划分。比较普遍的认识是三要素划分法，其中，知识结构是复合型的，是包括专业知识、工具性知识和相关知识高度开放而协同的知识结构体系，专业知识包括学科及专业基础知识、专业核心知识，是从事专业工作的知识要求；工具性知识是谋生从业的文化基础、终身学习和创业立业的前提条件；相关知识是适应科技进步、社会发展所需要的专业及行业知识。能力结构是综合型的，以知识掌握为基础，能力具有明显的层次性，包括专业实践、创新、管理、认知、语言、社会适应等核心能力，合作、交流、自主学习、自我发展等相关能力；素质结构是内化型的，包括独立、创新、敬业、守信等精神，守望良知的自觉性，对真、善、美的追求与信念等。

我国目前设置了地理科学专业的高校有 150 所，各高校的地理科学专业立足自身发展历史、学科优势、国家或区域需求等方面，确定其人才培养的目标定位与知识、能力与素质要求。

二、地理科学专业人才培养目标

培养什么样的人才，即确定适合本专业特色的培养目标，是提高人才培养质量的基本依据。当今世界，需要能适应时代变化的高素质人才，而素质教育的核心是培养创新精神和实践能力，地理科学专业应重视学生地理思维方式和解决问题能力的培养。根据科学技术和社会发展的需要及国际上高等教育普遍加强通才培养的趋势，地理科学专业必须强调复合型（一专多能）、创新型人才的培养。因此，地理科学专业毕业生应具备的职业关键能力有四个方面：第一，地理学科知识应用能力，包括理论联系实际、野外工作和综合分析能力，地理学的实践应用性在经济社会发展中已越来越显现，地理学的独特的野外调研和综合分析方法是其他学科远不能及的，在解决当今人类社会发展面临的综合性难题时地理学独领风骚。第二，自主学习和终生学习能力，包括良好的自学习惯及能力、交流表达与信息技术应用能力，学习方法掌握和习惯养成至关重要。第三，具有较强的创新能力，包括具有一定创造性思维、开展科学实验与研究的能力，创新思维意识和动手能力培养是着力点。第四，地理科学师范专业毕业生还应具有良好的教师职业胜任能力，包括从事基础地理教育教学及教研的能力，未来教师应是教育家，这是教师规范和基础教育实施素质教育的要求。

地理科学专业人才培养目标：具有良好的政治素质、公民素养、健全的人格和健康的体魄，热爱大自然和地球科学，具备扎实的自然地理学、人文地理学和地理信息科学的基本理论、基本知识和基本技术，接受基础研究、应用研究的科学思维和科学实验训练，具有较好的科学素养；具备高素质人才所必需的人文社科基础知识和人文修养，富有创新意识和创新能力；地理科学师范专业学生还应具有现代教育理念、掌握现代教育基本理论与技巧，具备教育教学研究创新能力；能在科研机构、教学单位、政府相关部门、企事业单位从事地理学基础与应用研究、技术管理及教育教学。

重庆师范大学地理科学师范专业发挥历史与区域优势，坚持立足重庆、面向西南、辐射全国、放眼世界的人才培养目标定位，培养德、智、体、美全面发展，具有良好的政治素质、公民素养、人文修养、健全的人格和健康的体魄，具备坚实的地理科学基本知识、基本理论及自主获取地理知识的能力，既掌握地理科学基本思维方法和实践技能，又懂得现代教育基本理论与技巧，具有创新精神和实践能力的高素质人才。毕业生可以在中小学、中等专业学校从事地理与资源环境等相关学科的教育教学工作，也可在企事业单位从事地理研究与资源环境规划及管理工作，毕业生可以报考高等院校及科研机构的研究生。

三、地理科学专业人才培养规格

依据复合创新型人才培养目标要求，地理科学专业人才培养要求如下。

（一）知识要求

地理科学专业学生主要学习自然地理学、人文地理学、地理信息科学的基本理论和基本知识，接受地理科学思维和科学实验训练，同时，还应系统掌握自然科学和人文社会科学的基本知识与方法，受到良好的哲学、自然科学和人文社会科学思维训练。具体要求如下。

1. 工具性知识

熟练掌握一门外语，掌握计算机、现代信息技术知识和地理信息系统技术，熟悉文献检索和获取地学新知识及相关学科信息的手段和方法，能以全球化的视野进行合作与交流。

2. 人文社会科学知识

了解法律基础知识，具有文学、历史、哲学、社会学、管理学、艺术、法学、心理学等通识性知识。

3. 自然科学知识

系统地掌握高等数学、物理、化学、环境科学、计算机等相关学科的基本知识、方法，能够熟练使用相关软件。

4. 地理学专业知识

具有系统厚实的地理学基础理论，全面理解和掌握地理科学的方法论，掌握现代地理科学和地理学应用领域的基础理论、基本知识，了解地理科学领域的前沿动态和关键问题。掌握从事地理科学研究、资源开发评价、城乡与区域发展规划、地理信息系统操作等实际工作所需要的专业知识。

5. 教育教学知识与技术

师范专业学生还需要熟悉教育学、教育心理学知识与理论，具有先进的教育思想和理念，掌握地理教学的基本规律和基本原则，熟练应用地理教学的常规方法和现代教育技术。

（二）能力要求

1. 获取知识的能力

具有广博的知识面，较强的自主学习能力、高效的学习方法和终身学习的观念；具备较强的语言文字表达能力和国际学术交流能力；待人谦和，善于与他人合作，具有良好的社交和协调能力；掌握计算机及信息技术应用技能，具有利用互联网进行资料搜集和文献检索的能力。

2. 应用知识的能力

掌握自然地理学与资源环境管理等相关领域的基础理论、分析方法与应用技能，具有发现问题、提出问题、分析问题和解决问题的综合能力，如概括地理特征、分析因果关系、图表分析、总结与运用地理规律、正确评价人地关系的能力等，能够提出新思路、新办法解决社会生活中的实际问题。

3. 创新性思维能力

具有科学精神，具备通过野外综合考察、遥感图像判读、实验室操作等获取第一手科学资料和地理信息的能力，熟练掌握数理统计分析和计算机技术，并能够用之进行定量研究；在实验或者野外调查过程中，具备一定的自主设计实验或者开展野外调查的创新能力；具有较强的钻研精神和接受新理论、新知识和新技术的能力，以及良好的合作精神和集体意识。

4. 教育教学能力

师范专业学生还应掌握并能初步运用教育学、心理学基础理论，具备良好的教师素养和从事地理教学的基本能力；具备运用现代教育技术开展地理教学的基本能力；具有较强的组织能力，胜任班主任工作及其他社会工作。

（三）素质要求

1. 思想道德素质

具有正确的世界观、人生观和价值观，具有健全的人格和高尚的道德品质，具有强烈的爱国主义情感、高度的民族自尊心和社会责任感，具有合作精神和敬业精神，遵纪守法、诚信为人。

2. 文化素质

了解现代人文社科基础知识，继承、弘扬中国传统文化，具有较好的文学艺术修养；关心国内和国际大事，具有国际化视野和现代意识；具有积极、健康的人际交往意识；积极参加各种社会实践，具有广博的知识面。

3. 专业素质

富有专业自豪感，具备合理的专业知识结构，具有浓厚的专业兴趣、良好的专业思维和专业精神，热爱地理科学事业，具有科学创新精神。

4. 身心素质

熟悉体育基本知识、锻炼身体的科学方法，养成良好的体育锻炼和卫生习惯，达到国家规定的大学生体育的合格标准；心理健康，身心和谐发展。

第三节　地理科学专业的课程体系

一、地理科学专业课程体系框架

（一）学科、专业、课程的关系

大学各专业的课程体系设置以学科为基础，专业通过合理选择学科知识组成课程体系以适应社会对专业人才的需求。

1. 学科的内涵与分类

“学科”一词译自英文的 discipline， 其词义本身具有多重含义。一般都有科学门类或某一研究领域、一定单位的教学内容、规范惩罚等含义。因此，从其本源来说，学科一方面指知识的分类和学习的科目，另一方面指对人进行的培育，尤其侧重于带有强制性质的规范和塑造。

在我国关于学科内涵存在以下认识。《辞海》中对学科的条目释文为：其一，学科是学术的分类，指一定科学领域或一门科学的专业分支，如自然科学中的物理学、生物学，社会科学中的史学、教育学等。其二，学科是“教学科目”的简称，即“科目”，它是依据一定的教学理论组织起来的科学知识体系，是学校教学的基本单位。《学科分类与代码》（G/TI3735—2009）将学科定义为“学科是相对独立的知识体系”。教育部制定的“学科分类标准”中，把学科定义为“相对独立的知识体系”，是按性质所划分的知识门类、知识领域或教学科目，是教学、科学研究等的功能单位，也是对教学、科研业务隶属范围的相对界定。因此，学科是与知识相联系的一个学术概念，它是一个知识体系，是根据知识体系的相对独立性来划定的知识门类，宏观上包含反映自然、社会、思维等客观规律的知识体系，即学科又是自然、社会、人文知识系统或子系统的集合概念，如自然科学、人文科学、经济学、地理学、自然地理学、人文地理学、土壤地理学、人口地理学等。

目前一般采用 2011 年由国务院学位委员会、教育部颁布的《学位授予和人才培养学科目录（2011 年）》学科分类，共设置哲学、经济学、法学、教育学、文学、历史学、理学、工学、农学、医学、军事学、管理学、艺术学等 13 个学科门类、110 个一级学科，其中，地理科学属于理学下的一级学科。

2. 专业的内涵与分类

“专业”其意是专门学业或专门职业，东西方对“专业”概念的理解是有差异的。西方国家认为“专业”即不同课程的组合，或者说是不同的课程计划，《国际教育标准分类》则称专业为课程计划（program），美国高校称之为主修（major）。major 即指一系列、有一定逻辑关系的课程的组织，相当于一个培训计划或课程体系。西方国家认为：专业的划分只是对高等学校专业人才培养结果的一种统计归纳，专业的划分对所培养的具体人才的知识能力结构几乎没有影响；专业的设置往往取决于社会的需要与可开设课程科目的均衡，只要学校能开出必需的课程组合，而且社会有这方面的需要，就可以设置新的专业；专业之间的界限也比较模糊，学生可以自由变更专业。

在我国，“专业”是一个具有中国特色的概念，但它本身是“舶来品”，《辞海》将专业定义为“高等学校或中等专业学校依据社会分工需要所分成的学业门类”，并指出“各专业都有独立的教学计划，以体现本专业的培养目标和规格”。因此，我国的专业是国家根据社会分工需求而对高校人才培养所做的学业门类划分，同时，在我国及苏联，专业划分还发挥着一种很强的管理上的规范功能，规范着高等学校的专门人才培养的口径和领域，因而也直接关系所培养人才的知识能力结构，专业的设置往往要围绕规定的学科专业划分口径进行，当市场需求发生变化时，需要对整个学科专业进行调整，具有相当难度，专业界限也比较泾渭分明，学生变更专业较为困难。

目前我国高校专业设置与调整以 2012 年教育部颁布的《普通高等学校本科专业目录》为准。分设哲学、经济学、法学、教育学、文学、历史学、理学、工学、农学、医学、管理学、艺术学 12 个学科门类，专业类 92 个，专业 506 种。该目录哲学门类下设专业类 1 个，4

种专业；经济学门类下设专业类 4 个，17 种专业；法学门类下设专业类 6 个，32 种专业；教育学门类下设专业类两个，16 种专业；文学门类下设专业类 3 个，76 种专业；历史学门类下设专业类 1 个，6 种专业；理学门类下设专业类 12 个，36 种专业；工学门类下设专业类 31 个，169 种专业；农学门类下设专业类 7 个，27 种专业；医学门类下设专业类 11 个，44 种专业；管理学门类下设专业类 9 个，46 种专业；艺术学门类下设专业类 5 个，33 种专业。地理科学类属于理学门类下的专业类，其下设置地理科学、自然地理与资源环境、人文地理与城乡规划、地理信息科学 4 个专业。

3. 学科、专业、课程的关系

学科、专业、课程是三位一体的。课程是教育学概念，来源于学科，是从学科知识中选择一部分“最有价值的知识”组成教学内容；专业是由若干门课程组成的，围绕一个培养目标组成的课程群就是一个专业。学科、专业、课程相互关联、相互支撑，如图 7.1 所示，其中，学科是基础，办大学、办专业就是办学科，学科是大学的细胞，大学通过相关学科及其课程建设实现竞争力强的专业人才培养目标。

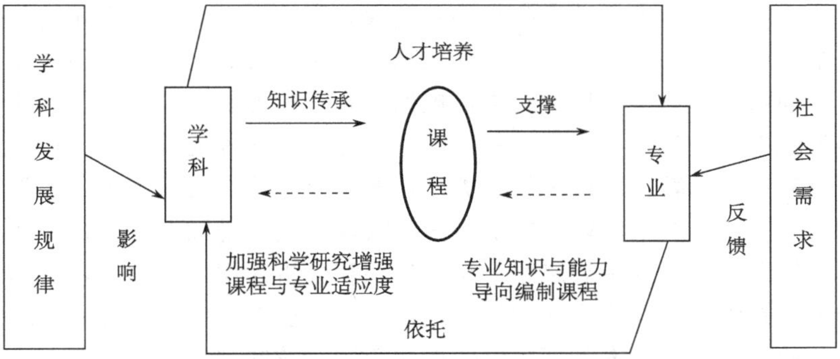

图 7.1　学科、专业与课程的关系（改自刘海燕和曾晓虹，2007）

学科、专业、课程的相互联系。第一，学科是专业及课程的基础。18 世纪后，自然科学从哲学中分化出来，本身又分化为不同的学科领域，以便分门别类地进行研究，出现了一系列学科门类，如力学、物理学、化学、天文学等。随着科学技术的不断发展，这些基础学科不断分化，相继出现二级、三级学科。与此同时，学科综合发展趋势日益明显，原有各学科间产生边缘学科、综合学科，如环境科学、空间科学、海洋科学、能源科学、材料科学等。这些都构成了现代大学专业与课程的基础。第二，专业是对学科及课程的选择与组织。设置专业既要考虑学科基础，又要适应社会用人的需要，从而确定专业适应范围、一定层次与规格的专业培养要求，再按专业培养要求，在系列的学科门类中选择 1～3 个学科作为专业的主干学科。这是专业对学科选择与组织的第一层。确立主干学科后，专业的教学是通过教师及教学管理人员组织课程、学生按指导性计划选择学科课程来实现的。在组织教学的过程中，教师要从学科知识中选择适应专业要求的专业学科知识，教学管理人员要遵照学科发展的规律，并结合学科的认识心理与规律，对学科进行选择并确定学科课程，编制主要课程结构、安排学科实践训练与学科研究方法、确定授予学科和相近相关专业等。这种对系列课程的多学科选择和组织，是专业对学科进行选择与组织的第二层。第三，专业特色主要是学科特色与社会适应特色。社会适应特色主要由大学的外部来进行评价，归根到底是对专业的基础学科与主干学科的认可与否。因此，专业特色实质上就是学科特色。一个学科的特色越强，以其作为主干学科的专业特色也就越强，一个有特色的专业其学科特色也一定很鲜明。当然，学科与专业的结合是通过课程的设置及课程内容的选择来体现的，依据一定的学科方向开设学科课程，并跟踪学科前沿动态、发现学科问题、拓展新的学科方向。同时，通过教学促进学科研究、科研与教学工作相结合来形成专业特色。此外，通过有特色的专业教学，培养专业学生的学科方法、学科思维，达到学科的知识创新，从而促进学科知识丰富与发展。

（二）课程体系设置依据与框架

1. 课程体系设置依据

本科课程体系设置应深入贯彻落实党的“育人为本”“改革创新”“提升质量”的教育改革方针，以《国家中长期教育改革和发展规划纲要》、教育部《关于全面提高高等教育质量的若干意见》、国务院办公厅《关于深化高等学校创新创业教育改革的实施意见》、教育部《关于加强师范生教育实践的意见》等系列文件的要求为指导。本科专业人才培养必须适应中国特色社会主义事业对人才的需要，适应大众化高等教育阶段对人才培养多样性、个性化、复合化的要求。地理科学专业属于理学门类，根据高等院校理工科本科专业人才培养的要求、教育部地理科学类专业教学指导委员会制定的《普通高等学校地理科学本科专业类教学质量国家标准》（2015 年）和教育部地理科学类专业教学指导分委员会制定《高等学校地理科学专业规范》（2010 年）的要求，以“知识是基础载体，能力是知识的综合体现，素质是知识和能力的升华”的现代理念为指导思想，科学认识和分析知识、能力、素质的辩证关系，通过定义专业的核心知识体系及典型课程构建地理科学专业人才培养教育内容总体框架，为各高校地理科学专业人才培养方案制订提供依据和个性化发展空间，以适应不同学校的学生来源、教育资源及培养目标上的差异。

2. 课程体系框架

专业课程体系是一个具有特定功能、开放性的知识与技能的组合体系，其系统结构不仅要使所包含的利于人的发展的通识教育和综合教育课程、学科基础课、专业课程、实践课等形成相互联系的统一整体；还必须正确地反映培养目标和专业要求，反映科学技术发展的现状和趋势，符合学制及学时限制。前者是课程体系内各门具体课程的相互联系，称为课程系统内部结构；后者是课程体系形成的环境条件和制订依据，即为课程体系的外部环境。环境制约着系统，系统要适应环境，一定的功能目标影响系统结构，系统结构决定其功能，课程体系结构与外部环境的相互作用关系模式，如图 7.2 所示。

我国高校本科专业课程体系设置，应以“三个面向”教育思想为指导，从人才培养规律及发展趋势、教育部关于高等学校本科人才培养系列要求出发，“厚基础、宽口径、高素质、强能力、重创新”的人才培养改革思想已成为各高校的共识，而课程体系大多按照模块化方式设置，形成了“通识课程+学科基础课程+专业主干课程+专业方向课程+实践课程+综合教育课程”的模块化课程设置体系，师范类专业还包括教师教育课程模块，学科基础课程与专业主干课程中的部分或全部构成专业核心课程。

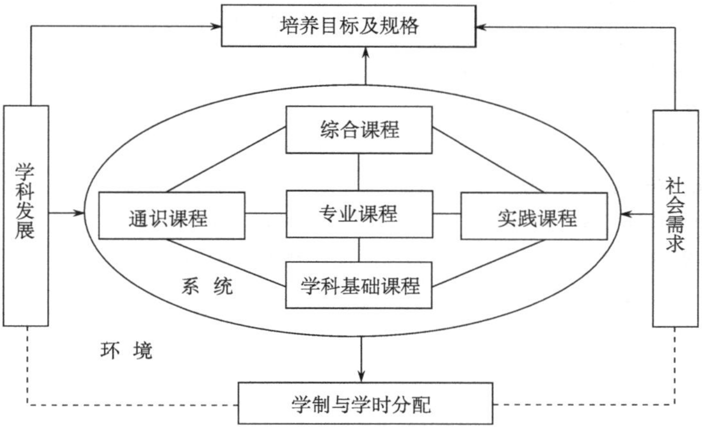

图 7.2　课程体系结构与其环境作用关系（改自孙根年，2002）

二、地理科学专业课程体系设置

经过几十年人才培养的探索，目前，我国高师地理科学专业人才培养的课程体系由“通识教育课程+学科基础课程+专业课程+专业实践教学课程+综合教育课程+教师教育课程”六大模块构成。

（一）通识教育课程模块

复合创新型人才培养要求扩展、提升学生视野和境界，拓宽通识教育课程是必要路径。将人文、社会、自然等不同学科知识进行系统集成，开设丰富多样的、交叉性强的通识课程，一般分为通识必修课程和通识选修课程两类。通识必修课程知识体系应包括自然科学、计算机信息技术、大学英语、体育、军事，以及思想道德德修养与法律基础、马克思主义哲学原理、马克思主义政治经济学原理、毛泽东思想概论、邓小平理论与“三个代表”重要思想概论、中国近现代史纲要、形势与政策等人文社会科学内容，同时也包括必要的实践训练，具体设置的课程数量和类型在不同的高校有一定差异。同时，应增加学生通识教育选修课学分要求，学生应在人文科学、社会科学、数学与自然科学、中华文明与外国文明、跨学科领域等系列课程中进行自由选课，各高校可根据本校优势设置特色通识选修系列课程。某高校本科通识教育课程模块设置，见表 7.1，鼓励学生跨专业、跨学科选课，拓宽学生的知识面，不仅丰富学生的科学素养和人文情怀，提升个人修养和品格，培养他们理性与感性相结合的思维方式，使学生以跨学科的、文理综合的广阔视角来观察世界、认识世界，同时也为学生突破专业限制，在更高的层面上自主选择发展方向提供了空间，有利于调动学生主动学习的积极性，有利于学生个性特征、兴趣志向的发展，使培养的人才适应性、多样性、创新性更优。

表 7.1　某高校本科通识教育课程模块的课程设置

必修课程	选修课程	
马克思主义基本原理	人文社会科学系列	至少选修 2 学分
毛泽东思想和中国特色社会主义理论体系概论	自然科学与技术系列	至少选修 2 学分
中国近现代史纲要	艺术、体育与卫生健康系列	至少选修 1 学分
大学语文	卫生健康（艾滋病预防）系列	至少选修 1 学分
思想道德修养与法律基础	创新创业系列	至少选修 1 学分
思想政治实践课 I	综合素质教育讲座	任选
思想政治实践课 II	网络精品视频公开课程	任选
形势与政策		
大学英语 I		
大学英语 II		
大学英语 III		
大学英语 IV		
计算机文化基础 I		
计算机文化基础 II		
大学体育		
军事课 I		
军事课 II		
职业生涯规划与就业指导 I		
职业生涯规划与就业指导 II		

（二）学科基础课程模块

学科基础课程旨在为本科专业类学生提供一种共同的学术体验，发展他们的批判性思维能力，帮助他们扩展知识结构。学科基础课应是地理学科各专业课程体系的普遍基础，体现学科门类最基本的原理和要求，课程体系中最稳定的部分及地理学科各专业教育基本规格的标志，应该较广泛地囊括各专业的核心内容和业务精髓，体现宽厚的基础性。学科基础课程设置要发扬基础理论课程系统性、科学性和严格性的传统，培养学生“寻根究底”的严谨学风和科学的治学方法。学科基础课的体系、结构框架、内容幅度和时间跨度，其设置应体现面向未来、面向世界的精神。一般来说，属于理论和方法论方面的课程组成学科基础课（如概论、导论等），应具有永久性基础的作用。教学内容宜采用跨学科处理方法，突出理论基础与地理环境的整体性。

地理科学专业基础课程设置强调与学科基本结构的衔接，以培养宽基础地理学人才为目标，强化学科基础课程。现代地理学借助地理信息系统、遥感分析、数据建模等成为地理学观察世界、分析问题、解决问题的主要手段。因此，学科基础课程模块既要妥善协调地理学学科课程如自然地理学、人文地理学、地图学、地理信息技术等课程的关系，实现地理学科理论、方法与技术实践的结合，又要特别重视对学生的地理信息现代化采集、分析、处理方法及研究能力的培养，增加地理信息系统、遥感和全球定位系统等现代地理技术类课程，体现新时代对地理创新型人才培养的新要求。同时，由于地理学研究和应用是对地球表层系统中的物理、化学、生物、经济和社会过程的综合，需要相关学科如数学、物理、化学、天文学等的思想、理论和方法，因此，高等数学、物理学、化学、环境科学、地球概论等课程均是必不可少的学科基础课程。一般按一级学科构建包括地理学科体系的自然、人文、技术等分支学科的基础内容，使学生了解地理学的内涵，为以后开始的专业方向选定和未来的学习打下基础，即由代表地理学理论基础的地球表层系统学，地理学表达方法的地图学、遥感概论、地理信息系统和地理学的方法论等六七门课程组成学科基础课。

学科基础模块含本学科基础课和相关学科基础课两部分，分理论与实验实践、必修与选修等课程选择。其中，本学科基础课一般设置地理科学专业导论、人文地理学、地理信息系统、遥感原理、地图学、地球概论等课程，相关学科基础课一般设置高等数学、环境学基础、天文学基础、大学物理、无机与分析化学、地理文献检索、生命科学导论等课程。这些学科基础课程的设置更利于学生多学科综合能力的发展和多学科思维的培养，为地理学科专业课程学习夯实基础。某高校地理科学专业学科基础模块课程设置，见表 7.2。

表 7.2　某高校地理科学专业学科基础模块课程设置

必修课程	选修课程
地球概论	天文学基础
地理科学专业导论	无机与分析化学
测量学与地图学	大学物理
遥感原理	高等代数
人文地理学	地理文献检索
地理信息系统	概率论与数理统计
环境学基础	
高等数学Ⅱ（一）	
高等数学Ⅱ（二）	

（三）专业课程模块

专业课程体系强调课程组合应符合学科基本结构，反映学科自身发展现状和趋势。因此，专业课程应包括研究地球表层各种自然现象与过程、人文现象与过程、区域分异规律的自然地理学、人文地理学、区域地理各分支学科课程。近年来，地理学和整个地球科学都经历了巨大的发展和变化，过去的地理科学学科体系是为了适应农业社会和工业社会早期资源调查、开发而建立的，已经不能适应以人地协调、生态文明与可持续发展为特征的现代社会发展的需要，资源环境、人地协调、区域可持续发展成为现代地理学理论和应用研究的主要领域，专业课程体系应反映这些新的趋势。

专业课程体系一般分为专业主干必修课程和专业方向选修课程，都包括理论与实践。专业主干课程应突出地理学综合性、区域性、系统性、环境性特点，课程不宜分得过细，主要包括地质与地貌、气象与气候、水文与水资源、土壤与生物地理、经济地理学、城市地理学、计量地理学等课程，地理科学师范类专业还包括中国地理、世界地理、地理教学论，一般七八门课程为宜，如某师范大学设置的专业主干课程为现代地貌学、气象学与气候学、土壤与植被系统、水文与水资源、现代经济地理学、中国地理、世界地理、城市地理学、地理教学论等。专业方向课以学生自学能力、研究能力、实际工作能力及素质结构个性的形成为主要目标，课程设置应体现国际地理学发展的新动向，加强全球变化、资源、环境与可持续发展教育，以适应社会经济发展对基础及应用地理人才的需求，此类课程必须注重“特色”“创新”“应用”和“发展”。各高校可以根据自身师资、特色领域并围绕地理学及相关学科设置多个专业方向及系列课程供不同兴趣与专长的学生选择，如北京大学的历史地理、中山大学的规划课程、武汉大学的生态恢复与生态重建、南京师范大学的地理信息技术、兰州大学的西部环境变迁等特色课程，专业方向课程一般设置 2～3 个专业方向，如自然地理与资源环境、人文地理与城乡规划、地理信息技术与应用、地理教师教育等方向，每个方向应选修课程 13 门左右，至少设置 2 倍于应修学分的课程数供学生选修。

地理师范专业还应结合基础地理教育教学实际设置地理教师教育专业方向选修课程，包含基础地理教育知识和教学能力提升类课程，前者如综合自然地理、灾害地理学、旅游地理学、海洋科学、环境保护与可持续发展、人口地理学、城市地理学、ArcGIS 软件应用等课程，后者如书写技能、计算机辅助地理教学、教师礼仪与沟通艺术、地理课程标准与教材分析、地理微格教学、中学地理命题与解题、中学地理名师讲座、地理课堂教学能力综合训练等课程。

（四）专业实践教学课程模块

地理科学作为一门认知性和实践性强的学科，明显地依赖于野外考察、探测和室内观测、实验所获得的基本科学数据、资料及其相关信息，实践教学对培养基础扎实、知识面宽、素质高、能力强、具有科研精神和科研能力的创新人才起着重要作用。随着实验技术的现代化和实习条件的改善，地理学实践性教学体系应越来越精细和规范，实践教学体系设计应从有利于学生系统地、渐进地掌握专业理论和技能入手，注重突出丰富性、操作性、设计性、创新性等要求，把创新意识和实践能力的培养贯穿于整个实践教学过程。总体而言，实践教学以地理基本理论为基础，紧紧围绕地理数据的采集、管理、分析、处理、表达及应用等各个环节，加强地理学二级学科之间实践教学内容的交叉融合，野外实习与室内分析相结合，构成一个有利于高素质人才培养的科学、完整的实践课程体系。

根据国内外大学地理学专业实践教学的经验，地理科学专业实践教学体系设置为课程实验、专业野外实习、综合实践训练等，详见第八章。课程实验包括自然科学基础实验、地图学实验、3S 实验、地质、地貌、气象与气候、水文、土壤、植物、地图、GIS、遥感、资源环境信息系统、环境学等实验，可以独立设置实验课，也可以与理论课程合并设置。专业野外实习实践包括地图与测量实习、地质地貌实习、气候水文实习、土壤生物地理实习、人文地理实习、地理综合实习等，一般设置为独立实践环节。综合实践训练包括毕业论文、学年论文、科研创新训练、生产实习、专业与社会调查、社会综合实践、学术科技与创新创业活动、专业竞赛与展示等，可以根据实际将部分环节设置为独立实践环节，并提出基本学分要求，其中，毕业论文是学生专业综合能力的集中检验，设置为独立实践环节，要求论文选题紧紧围绕地理学理论与应用的发展趋势，特别强调与教师科研方向结合、与学生自己的兴趣爱好和择业倾向结合，以科研促进教学及人才培养质量提高。

（五）综合教育课程模块

主要包括思想教育、学术与科技活动、文艺活动、体育活动、创新创业活动、读书活动、自选活动等。理想信念教育是大学生德育的重要组成部分，也是提高大学生思想道德修养和基本素质的主要内容之一，针对大学生在人生观、世界观形成过程中的实际问题，综合运用哲学、伦理学、教育学、心理学、美学、社会学、人才学等有关知识解决大学生理想信念教育问题。学术与科技活动包括参加“挑战杯”全国大学生课外学术科技作品竞赛、中国地理科学展示大赛、全国大学生创新创业训练等各级赛事与创新创业活动等，提高地理专业学生的学习与创新能力、团队协作能力、口头表达能力等综合素质，激发学生对地理学科的学习热情。通过形式多样、内容丰富、格调高雅、生动活泼的各种文艺活动，提高学生文化素养、促进学生全面成长。举办各种体育竞赛与大众体育活动，丰富学生的课余生活，给学生提供挖掘展现自我的才能机会，促进学生身心全面发展。自选活动包括大学生“三下乡”社会实践活动、地理科学知识竞赛或实践竞赛等。综合教育模块一般设置为读书学分、创新学分等相关课程进行考核。

（六）教师教育课程模块

教师教育课程模块是地理科学师范专业培养目标的特设模块。可以采取模块化设置，设置教育基础理论、教育实践、教育技术、学科教育四个课程模块，有利于学生教师教育课程知识的系统学习和教育教学技能的全面掌握。教师教育模块含必修课程和选修课程，以及理论与实践教学，必修课程一般包括现代教育技术、教育学、心理学、教育心理学、地理学科教学论、教育政策法规、教育科研方法、教师口语、中学地理教学设计、教育实习、教育见习等。各高师学校可以依据自身实际设置课程类型，如果专业方向选修课程设置学科教学方向选修课，那么教师教育模块只设置必修课程而可不设置选修课程。

第四节　地理科学专业的办学条件配置

一、师资力量

（一）师资队伍数量和结构要求

各高等学校地理类专业应当建立一支规模适当、结构合理、相对稳定、教学水平较高的师资队伍。地理类专业专任全职教师人数不少于 12 人，当折合在校生人数大于 120 人时，每增加 20 名学生，须相应增加至少 1 名专任全职教师，生师比应低于 16～18∶1。这里的专任全职师资人数不包括本专业政治、英语、体育、数学、物理、化学、计算机等公共课教学的教师、为其他专业承担公共课程的教师和专职行政管理人员，如班主任、党政工作人员等。计算依据可以按照教育部 2004 年 2 号文件《普通高等学校基本办学条件指标（试行）》规定，学生折合人数的计算方法是：折合在校生人数＝普通本专科（高职）生数＋硕士研究生×1.5＋博士研究生数×2＋留学生×3＋预科生＋进修生＋成人脱产班学生数＋业余大学学生数×0.3＋函授生数×0.1。

教师队伍中应有学术造诣较高的学科或者学术带头人。专任教师中具有硕士及以上学位的比例应不低于 60%～80%，具有博士学位（不含在读）的比例不低于 20%～30%，具有高级职称的教师比例不低于 30%。所有专任全职教师必须取得高等学校教师资格证书。在编的主讲教师均须通过岗前培训，其中，超过 90%的主讲教师需具有讲师及以上专业技术职务或具有博士学位；兼职教师人数不超过专任全职教师总数的 1/4。

新招收的实验技术人员应具有本科或以上学历。实验教学中每位教师指导学生数不超过 18 人，每位教师指导学生毕业论文（设计）的人数最多不超过 6 人。每 1 万实验教学人时数配备一名实验技术人员。

地理科学师范专业的学科课程与教学论教师不少于 2～3 人，教师教育课程教师具有 1 年以上境外研修经历教师比例不低于 20%；基础教育一线的兼职教师队伍稳定，占教师教育课程教师比例不低于 20%。

（二）教师的职业素质要求

按照教育教学规律开展教学，忠实履行教书育人职责，主动承担教学任务，积极参与教学研究、教学改革和教学建设，积极参与学科建设和专业发展，不断更新专业知识和教育理念，改进教学方法。

具有地理或相关学科的教育背景，熟练掌握课程教学内容，能够根据人才培养目标、课程教学的内容与特点、学生的特点和学习兴趣，结合现代教学理念和教育技术，合理设计教学过程，组织课堂教学，做到因材施教，加强启发式教学，注重效果。

关心学生成长。加强与学生的沟通交流，对学生的学习和职业生涯规划提供必要的指导。

教学科研相结合。积极参与科学研究，不断提高学术水平。掌握地理学科发展的最新动向，不断更新教学内容，指导学生课外学术、实践和科研训练项目，培养学生的创新意识和实践能力。

（三）教师发展制度环境

各专业应建立教学基层组织，建立教学梯队或团队，定期开展教学重点难点研讨等活动。

实施教师上岗资格制度、青年教师助教制度、青年教师任课试讲制度；实施青年教师培训计划，建立高效的青年教师专业发展机制，使青年教师能够尽快掌握教学技能，传承优良教学传统。

办学单位应加强教育理念、教学方法和教学技术培训，提高专任教师的教学能力和教学水平。

二、教学设施要求

（一）基本办学条件

地理类专业的基本办学条件参照教育部《普通高等学校基本办学条件指标（试行）》（教发〔2004〕2 号）规定的综合类和师范类的合格标准执行。

（二）地理教学实验室

（1）生均使用面积不低于 1.0m^2。实验台间距不小于 1.3m。

（2）照明、通风设施良好，水、电、气管道及网络走线等布局安全、合理，符合国家规范。实验台应耐化学腐蚀，并具有防水和阻燃性能。

（3）实验台消防安全符合国家标准。应配备防护眼罩，装配喷淋器和洗眼器，备有急救药箱和常规药品，具有应急处理预案。

（4）具有符合环保要求的三废收集和处理措施。实验室噪声低于 55dB；具有通风设备的实验室，噪声应控制在 70dB 以下。

（5）化学药品与放射性物质的购置、存放和管理符合国家有关规定。

（三）地理教学实验仪器

（1）室内仪器（含软件、数据、标本等）：玻璃器皿、生化培养箱、高温灭菌锅、电子显微镜、电脑、数据库服务器、GIS 平台软件、遥感图像处理平台软件、网络交换机、投影仪、多媒体系统、绘图桌、绘图仪、扫描仪、地球仪、电子天平、激光打印机、矿物与岩石标本、地形图、卫星影像图等。

（2）野外仪器：手持全球卫星导航定位仪、全站仪（或水准仪、经纬仪）、地质罗盘、放大镜、数码照相机、便携式气象测量仪（通风干湿表、风速仪、气压表）、加带全球卫星导航定位模块笔记本电脑等。

（四）实习基地

地理科学专业实践教学环节累计学分一般不应少于总学分的 20%～25%，同时对实践性教学的内容、考核等也要有详细的规定。

各高校必须建设满足教学需要、相对稳定的实习路线或实习基地，实习生数与教育实践基地数比例小于 20∶1。各高校应根据各自的办学特色、教学内容、区域特色、社会需求与毕业生去向，建立和完善实习基地。可以与其他高校、科研院所、企业合作，建立具有特色的实习路线或实习基地，满足地理学专业人才培养的需要。

地理科学专业实习基地一般分为野外实习基地或路线、地理教师教育实习基地两大类。野外实习基地或路线包括地图与 3S 实习基地、地质学认知实习基地、地质学与地貌学实习基地或路线、水文学实习基地、气象学实习基地、气候学与水文学实习基地或路线、土壤地理学实习基地、植物地理学实习基地、土壤与植物地理学实习基地或路线、环境科学实习基地、综合自然地理实习基地、人文地理学实习基地、野外综合实习基地或路线等，依托这些基地进行地理专业实践创新活动，不断提高学生的实践应用与创新能力。师范类地理科学专业一方面可以与基础地理教学和研究机构联合建立“基础地理师资培养中心”等卓越地理教师培养基地，同时，与基础地理教育单位广泛合作建立地理教师教育实习基地，依托这些基地进行教育见习、教育研习、教育实习等教育教学实践活动，提高学生的教育教学和教研能力。

三、信息资源要求

（一）基本信息资源

通过手册或者网站等形式，提供本专业的培养方案、课程教学大纲、实践教学大纲、教学要求、考核要求、毕业审核要求等基本教学信息。

（二）教材及参考书

1. 教材选用

地理科学专业选用的教材在内容上必须涵盖本规范规定的专业知识体系所含知识领域、知识单元和知识点。教材选用和评价标准包括：对于同类教材，选用时应注重“三基”（基础理论、基本知识、基本技能）、“五性”（思想性、科学性、启发性、先进性、适用性），充分考虑宽口径人才培养原则，使教材符合不同层次人才培养目标和培养模式，体现“三个特定”（特定对象、特定要求、特定限制）的要求。专业基础课中 2/3 以上的课程应采用全国通用规划教材或行业、省通用规划教材，其余专业基础课、专业必修课和专业选修课如无正式出版教材，应提供符合教学大纲的课程讲义，提供与课程相关的最新研究和相关文献资料。

专业基础课和专业课鼓励有条件的学校选用适用的英文原版教材。加快教材的更新换代，缩短使用周期。

应有科学的教材评价和选用制度，定期进行审核和评测。对于首次使用的教材，尤其是新编教材，任课教师应进行质量追踪调查，收集反映，作为今后教材修订、补充、评价的参考。

2. 教材建设

有条件的学校应该积极组织高水平教师编写专业教材，且具有广泛的通用性、相当的首创性和一定的学术性。教材编写要适应专业发展和社会经济发展的需求，研究新思路、新机制和新方法，注重质量，发挥学科优势，搞好重点规划。在重视和加强文字教材建设的同时，加强音像教材及电子教材的建设。鼓励教师自主开发与文字教材相配套的多媒体教材。

（三）图书信息资源

根据专业建设、课程建设和学科发展的需要，加强图书馆服务设施建设。注重制度建设和规范管理，保证图书资料采购经费的投入，使之更好地为教学科研工作服务。图书资料应包括文字、光盘、声像等各种载体的中、外文献资料。应保证一定数额的年度图书资料采集经费，使图书资料每年能保持一定的更新比例，计算依据可以按照教育部 2004 年 2 号文件《普通高等学校基本办学条件指标（试行）》规定，综合性高等院校的生均图书量为 100 册，每年生均进书量为 4 册，按照其中 50%为专业书籍计算，师范类专业教育类纸质图书生均不少于 35 册，建有中学教材资源库和优秀中学教育教学案例库，有国内外多种版本中学教材，其中现行中学课程标准和教材每 5 名教育实习生不少于 1 套。

提供数字图书馆和信息资源，可连接到国内或国外主要学术期刊数据库，提供主要的数字化专业文献资源、数据库和检索这些信息资源的工具并提供使用指导。能使用国家精品课程网、国家地理信息数据库等资源。建设专业基础课、专业必修课课程网站，提供一定数量的网络教学资源。

四、教学经费要求

（一）年生均教学运行费

教学经费投入能够满足人才培养的需要。生均年教学日常运行支出不低于 2500 元，且应随着教育事业经费的增长而稳步增长。

（二）新增教学科研仪器设备总价

平均每年新增教学科研仪器总值不小于设备总价值的 10%。教学、科研仪器设备总价值超过 500 万元人民币的专业，平均每年净增教学科研仪器设备不低于 5%。

（三）新专业开办的仪器设备价值

新开办的地理类专业，教学科研仪器设备总价值不低于 300 万元人民币，且生均教学科研仪器设备总值不低于 5000 元人民币。

（四）仪器设备维护费用

专业年均仪器设备维护费不低于仪器设备总值的 1%，且总额超过 10 万元人民币。

五、质量保障体系

各专业需在学校和院系相关规章制度、质量监控体制机制建设的基础上，结合专业自身特色，建立专业教学质量监控和学生发展跟踪机制。

（一）教学过程质量监控机制要求

有健全的教学过程质量监控机制。实行教授给本科生上课与教学质量评估制度；具有教学各环节的质量标准和教学要求，监督和保障到位；具有规范的课程考核机制，建立核心课程试题库；具有专业基本状态数据监测评估体系，能够开展专业评估和专业认证；有专业学情调查和分析评价机制，能够对学生的学习过程、学习效果和综合发展进行有效测评；强化学生评估与同行评价相结合，评价制度完善，促进教学效果。

（二）毕业生跟踪反馈机制要求

有健全的毕业生跟踪反馈机制，有高等教育系统内部及社会有关各方参与的社会评价机制，定期对包括培养目标、毕业要求、课程体系、理论和实践课程教学等在内的人才培养工作进行评价，并使评价信息得到有效应用。

（三）专业的持续改进机制要求

有健全的持续改进机制，并保证其有效运行，使质量监控结果、毕业生跟踪反馈结果及时用于人才培养工作的改进，促进教学质量的不断提高，保证培养的人才对社会需求的适应性。

本章小结

人才培养模式是指学校在一定的教育思想与教育理念指导下，为实现一定的培养目标为学生构建的知识、能力、素质结构，以及实现这种结构的教育教学运行机制，它是培养理念、培养目标、课程体系、培养方式等要素的有机组合，具有相对稳定性和参照性。其构成要素包括教育理念、培养目标、课程设置、培养过程、质量评估等。近代以来我国人才培养目标历经通才型人才培养为主、专门型人才培养为主、创新型人才培养等三个阶段的演变。复合型人才一般指具有多个专业或学科的基本知识和能力，综合素质高，具有创新精神的人才，即为一专多能人才。复合型创新人才培养模式具有强调基础性、融通性、实践性、个性化等四个主要特征。

地理学的跨学科性和应用实践领域的广泛性决定了地理科学专业人才培养的复合性。地理科学专业复合型人才具有基础宽厚面广、融通性好的知识特征，同时，具有综合能力强、创新能力优的能力特征。高师地理科学专业的跨学科、综合性更加明显，其人才培养的复合性也更突出，表现在地理学专业知识与能力复合化、专业知识与育人能力复合化、教育教学能力与教育科研能力复合化、教育教学能力与社会协调能力复合化等方面。

地理科学专业人才既重视专业基础与实践创新能力培养，也注重科学思维训练与科学素养提升。同时，强调综合素养、现代教育教学理论与教师技能培养。本专业培养专业基础知识扎实、实践技能突出、创新能力强、教育教学能力凸显、综合素质高的能在科研机构与教学单位、政府部门与企事业单位从事地理学研究、技术管理及教育教学的复合型人才。

地理科学专业一般按照“通识教育课程+学科基础课程+专业课程+专业实践教学课程+综合教育课程+教师教育课程”模块化设置课程体系。通识教育与综合教育课程是为拓宽学生知识面、开阔视野、提升综合素质和境界、培养复合创新型人才、促进人的全面发展而设置的；学科基础课程是地理科学类各专业的基础和各专业教育的基本规格要求，突出学科的核心基础知识，可以设置必修和选修课程；专业课程为必修课程，突出学生专业知识、专业学习能力、科学探究能力的培养，综合教育课程突出学生多样化培养和特长发展，一般设置为选修课；专业实践教学课程包括基础实验、野外实习、综合实践、教师教育实践等环节；教师教育课程模块是地理科学师范专业实现培养目标的特设模块，对提升学生教师教育能力有重要作用。专业课程、综合教育课程、专业实践教学课程及教师教育课程在学生专业能力和职业竞争力培养中居于主体地位。

地理科学专业人才培养模式实施、人才培养目标实现、课程体系贯彻实施都需要一定的保障条件作为支撑，概述了地理科学专业设置与教学的正常开展必须具备师资、教学设施、信息资源、经费与质量保障体系等基本条件。

思考题

1. 通过对地理科学专业人才培养体系的调查分析，你认为该专业的人才应具备哪些关键能力？你将如何规划大学的学习生活以提升这些关键能力？

2. 结合地理学科体系与地理科学专业人才培养体系，谈谈学科、专业、课程的关系。你对地理科学专业各类课程的作用有何认识？在自己的学习中将如何处理各类课程的关系？

主要参考和阅读文献

陈翠荣. 2012. 反思与建构: 大学办学特色问题研究. 武汉: 华中师范大学出版社.

杜才平. 2011. 地方性本科高校应用型创新人才培养研究. 北京: 高等教育出版社.

冯艳芬. 2017. 中英普通高校地理本科人才培养体系比较——以广州大学与亚伯大学为例. 高等理科教育, (1): 72-81.

高丙成. 2014. 我国普通高校办学条件的测评研究. 大学(学术版), (2): 49-57.

高宗泽, 蔡亭亭. 2009. 斯坦福大学的人才培养模式及其特点. 外国教育研究, (3): 61-65.

郭雷振. 2015. 美国本科人才培养模式研究. 成都: 西南交通大学出版社.

胡志昕, 李琳, 角媛梅, 等. 2014. 师范类大学地理科学专业特色课程体系构建解读——以云南师范大学地理科学专业为例. 云南师范大学学报(自然科学版), 34(3): 70-74.

李孝坤, 韦杰, 杨娅娜, 等. 2015. 专业规范修订下的高师地理科学专业人才培养体系改革探讨. 职业时空, 11(8): 64-67.

刘海燕, 曾晓虹. 2007. 学科与专业、学科建设与专业建设关系辨析. 高等教育研究学报, 30(4): 29-31.

马廷奇. 2009. 我国研究型大学人才培养模式改革新进展. 高等教育研究, (4): 87-92.

史培军, 宋长青, 葛道凯, 等. 2003. 中国地理教育: 继承与创新. 地理学报, (1): 9-16.

孙根年. 2002. 课程体系优化的系统观及系统方法. 系统工程理论与实践, 22(6): 139-144.

王英杰, 刘宝存. 2008. 世界一流大学的形成与发展. 太原: 山西教育出版社.

吴国英. 2010. 高校人文社科专业实践教学体系的构建. 北京: 中国社会科学出版社.

肖红艳. 2010. 论高校基本办学条件指标体系的完善. 武陵学刊, 35(3): 139-141.

阎元红. 2004. 科学教育教师培养课程体系构建研究. 北京: 科学普及出版社.

杨靖萍, 亓文涛. 2014. 高校本科复合型人才培养模式现状研究. 教育教学论坛, (42): 96-98.

杨新. 2010. 新编地理教学论. 北京: 科学出版社.

张广花, 秦耀辰, 胡良民. 2014. 中国7所师范大学地理专业教育类课程的设置及其优化. 辽宁师范大学学报(自然科学版), (4): 565-571.

赵晓霞. 2012. 大学精神与我国人才培养模式改革的几个原则. 中南大学学报(社会科学版), (5): 241-246.

周廷刚, 苏迎春, 杨晓霞, 等. 2012. 地理科学类专业课程体系构建与课程设置研究. 中国大学教学, (1): 56-58.

周宪. 2003. 略论新世纪大学生的素质要求. 现代教育论丛, (4): 45-47.

第八章　地理科学专业实践教学体系

学习目标

认识地理科学专业实践与创新能力培养的重要性，理解地理科学专业实践教学的目标。熟悉地理科学专业基础实验、野外实践、综合实践三大模块实践教学的体系及主要实践课程的内容设置。

第一节　地理科学专业实践教学体系构建

一、地理科学专业实践教学的重要性

（一）地理科学专业实践教学的由来

地理科学作为一门认知性和实践性强的学科，明显地依赖于野外考察、探测和室内观测、实验所获得的基本科学数据、资料及其相关信息，所以包括实验和野外实习的实践教学是本专业教育不可或缺的重要环节。自 19 世纪以来，国外大学地理系学生均不同程度地参加教师、学者的野外工作，从中耳濡目染地学会野外工作的方法，成为大学进行地理教育的重要过程之一。20 世纪以来，各国高等地学教育均十分重视实践教学，在课程体系中安排有大量的实验和野外实习，其所占课时比重在 15%～20%。例如，英国的伯明翰大学每个荣誉学生必须在 3 年的学习期间花约 100 天的时间到野外实习，通过野外工作充分研究各种地理现象，并受到严格的野外工作技能训练。实习地点主要在英国国内，也有到爱尔兰、法国、西班牙、意大利、奥地利、瑞士、挪威和美国的，没有固定的实习基地，一般结合项目进行选择，野外实习的费用由学生自己支付。所完成的实习报告和图件是学生野外实习最后评定成绩的一个重要组成部分。俄罗斯莫斯科大学地理学相关专业，要求大学生在一年级期末要到莫斯科郊外进行测量教学实习，到克里木进行普通地质实习及构造地质实习，二年级以后到科研教学基地进行系列实习，三年级以后要进行生产实习，如跟随科考队、科研项目进行实习。

目前，国外大学地理系野外实习大致有两种模式：一种是在相关课程进行中开展，如澳大利亚墨尔本大学地理系第三学年在复活节期间安排学生 9 天的野外实习；另一种是在相关课程结束后进行综合实习，如美国加州大学伯克利分校的人文地理实习安排在暑假，时间长达数周。无论哪一种模式，各个大学地理系的共同做法是在进行野外实习之前，都开设一门或几门野外实习的指导课程，如伯克利大学的“城市野外研究”和“乡村野外研究”，墨尔本大学的“环境研究的野外工作”，美国密执安大学、圣迭戈州立大学的“野外地理”，堪萨斯大学的“野外工作经验”和“高级地理分析”，澳大利亚莫那什大学的“地理调查及分析”等。

我国 9 位著名地理学前辈、院士，除去毕业于历史系的谭其骧、侯仁之外，黄秉维、周立三、周廷儒、任美锷、吴传钧、施雅风、陈述彭，在大学期间都受过良好的野外实习训练。前三位毕业于中山大学，后两位毕业于中央大学，最后两位则是毕业于浙江大学。中央大学

是第一个建立地理本科的地理系，浙江大学是第一个建立硕士研究生的学校，各出了两位院士。中山大学建立地理系并不早、培养的毕业生并不多，却出了3位院士，这与其早年受过严格的野外训练是分不开的，当时，中山大学聘请了一位德国地理学家克里德纳（Credner）主持系务与教学，他的教学传授了当时世界先进的德国地理学，并重视野外工作，对学生后来成长十分重要。克里德纳的教学计划中，有一门“科学调查”课程，专门培养学生野外工作能力。克里德纳在校时，每周野外考察一次，假期则作长途考察，课堂与野外实践相结合，使学生独立工作能力加强。又如，通过50年的发展，青藏高原科学考察研究事业造就和团结了一大批具有科学献身精神的高级人才，仅1991～2007年，至少已有10位科学家先后当选为中国科学院或中国工程院院士。其中有3位出自兰州大学资源环境学院，与其系主任、留德博士、著名地貌学家王德基教授十分重视野外实地调查、提倡“五勤”（指腿勤、手勤、眼勤、脑勤和口勤）有很大关系，“五勤”现已成为兰州大学地理学的优良传统，毕业学生在南北极、珠穆朗玛峰科学考察中发挥了重要作用。

我国在改革开放初期，地理科学专业实践教学地位相对重要，野外实习安排相对较多，对于学生的地理实践能力培养起到了良好的作用。但从1990年以来，教学实习的成本大幅度提高，经费几乎不变，甚至很多高校地理专业没有专项实习经费，经常性的或较大规模的野外实习无法保障，学生的实践能力、野外工作能力、地理思维发展受到严重影响。例如，80年代初兰州大学地理学系的自然地理学野外实习，设有一年级的地质学、测量学野外实习，二年级的气候学、水文学实习，三年级则在兴隆山实习基地开展植物、动物和土壤实习等，但由于近些年来食宿、交通等费用的大幅度增加，加之课时数的减少和教学经费短缺，在课时分配上实习与实验所占比例大大压缩，野外实习内容大为减少，其负面影响已逐渐显现，表现为学生对实际自然地理现象的观察和分析能力较差。

（二）地理科学专业实践教学的重要意义

1. 科学的实践教学体系是国家发展战略的重要载体

我国建设资源节约型与环境友好型社会的国家战略和创新、协调、绿色、开放、共享五大发展理念，是在21世纪全球协调人地关系的可持续发展理论指导下所提出的。在《中华人民共和国高等教育法》《中国教育改革和发展纲要》及教育部系列文件中，已从国家法律及国家教育政策层面多次指出，要加强高校实践教学，注重学生实践能力和创新能力的培养，为国家新的战略发展提供创新性高素质人才。所以，实践教学体系构建和改革创新是创新型人才培养的重要支撑和保障。

2. 强化实践教学体系及其创新是学科发展的必然趋势

实践教学环节的科学设置，是教学质量工程建设的重点环节。因地理科学专业是以地球表层系统为其研究对象，需应用现代科学技术手段和通过综合野外考察，获得地球表层属性和不同区域第一手资料，体现实践性强的专业特点，所以在专业人才培养方案中必然要体现重实践性特点。只有加大实践环节教学力度，着力实践教学环节的全面改革，才能有效落实本科教学质量工程建设，保障人才培养方案的科学制定，通过不断创新实践教学体系，全面提高地方高等师范院校的教学质量，培养与时俱进的创新型高素质人才。

3. 完善实践教学体系是创新型人才培养的重要依据

实践教学体系的全面创新与改革，要充分发挥地方本科院校办学优势，突出地方学院特色办学的途径《地理教育国际宪章》中关于地理教育的 10 个能力（明确问题和争端、发现一般性结论、收集和组织信息、应用一般性结论、处理资料、做出判断、解释资料、做出决策、评价资料、根据调查结果和价值观念采取行动），就需要在相关地理研究学习中形成，即通过地理实践培养地理教育能力。在现代教学中实现地理教育能力培养目标，就要彻底转变传统教育观念，以能力培养为核心，以创新精神培养为目标，以科学实践教学为途径，使培养目标服务于学生未来发展。

二、地理科学专业实践教学课程体系

（一）实践教学的目标设置

实践性强的地理学科特点决定了地理科学专业必须坚持强实践、善实践、能创新的人才培养要求。实践教学必须以社会发展对人才的需求为导向，以“基本理论、基本知识、基本素质、基本技能”为基础，以创新能力培养为核心，加强专业技能和综合创新实践训练，使所培养学生具备科学的观察与实验、专业实习实践、研究创新能力。因此，实践教学目标层次为：①基本素质与基本技能目标，重视学生思想修养和综合素质的提高、基本知识的掌握和基本技能形成训练，培养学生团队精神和创新创业意识等基本素养；②专业思维与专业技能养成目标，强化专业思维训练与专业技能培养，提高学生的求知欲，使学生全面掌握专业基本理论和方法，不断深化学生对专业知识的理解，促进专业知识和技能的迁移与发展；③实践创新能力提升目标，加强综合实践、创新实践训练，以探索性、设计性试验及科研训练为主，突出学生发现问题、分析问题和解决问题能力的培养，着力培养学生的创新能力和综合解决科学与实践问题的能力。

（二）实践教学课程体系设置

大学要培养综合素质良好、能力强的创新型或复合应用型人才，科学设置实践教学内容体系是其前提和基础。遵循教育教学规律，实践教学内容体系要目标明确、层次分明，要符合实践教学中连续性与系统性规律，同时，实践教学的设置服务于实践教学内容的有效开展，要依据实践教学阶段循序渐进的规律与特点建立不同的实践教学环节或实践教学模块，达到各实践教学阶段的能力培养目标。地理科学专业实践教学体系一般设置依次渐近的四大模块，即基础实验模块、专业野外实践模块、综合实践模块、拓展实践模块，形成完整的专业实践教学体系。

1. 基础实验模块

实验教学是创新型人才培养的最重要教学环节之一。按照实验内容的基础性、综合性、研究性层次来安排实验训练计划，并在不同层次分别设置多种类型的实验内容，以供不同的教学对象选用。在地理学一级学科的框架下，可以设置自然科学基础实验、地图学与 3S 技术实验、自然地理学实验和研究性创新实验等 4 个模块或系列，高师院校应设置地理教学能力训练相关实验模块，同时，测试技术与应用、环境学基础实验可以作为选修模块。各学校根据各自特点，在这些模块中选择合适的内容进行组合，形成本校课程实验体系及实验内容。

基础实践模块包括课程实验、教学技能训练实习实践等。主要依托实验室、教学实习基地、各级竞赛等平台，通过课程实验、课程见习与研习、教学技能比赛等途径实现。该模块培养学生的基本实验技能、训练教育教学技能。

2. 专业野外实践模块

专业野外考察实习是地理科学的学科特色，是地理科学研究获取科学资料的基本途径之一，也是最富有特色的研究方法，其主要目的是对所研究的论题获得最直接的感性认识，进一步验证所获科学资料的真实性和可靠性，补充所缺的资料信息、数据。美国地理学家索尔（Sauer）主张通过实际观察地面来研究地理特征，他对野外考察的评价是“地理学家的训练就是实地考察的训练”。学生在教科书、课堂或网络上所学到的专业基础知识，大多是十分抽象的或是模式化的，对所学内容的理解还是非常肤浅或不准确的。只有到野外亲自看到了，才能使校园内所学到的知识和理论得到印证，从而加深对地理学基本原理和实际问题的理解和认识，培养地理学的空间观点和综合分析能力。因此，野外实习是野外考察训练的重要教学环节，是高等院校地理科学教育教学计划中的重要组成部分，要求学生能将学到的理论和知识应用于实践，要求学生掌握地理学研究的主要方法，掌握区域考察与研究的技能和技巧。

专业野外实践模块包括各课程实习、自然地理综合实习、人文地理实习、地理综合野外实习等。主要依托课程实习基地、自然野外实习基地、人文野外实习基地、综合野外实习基地等平台，通过野外考察、调研、监测、实验、综合分析等途径实现，该模块培养学生的观察与分析技能。

3. 综合实践模块

实践创新训练是提高大学本科教育教学质量的重要经验之一，是培养具有创新意识和创造能力的研究型人才的有效途径。创新创业训练作为一条主线，作为一个载体，带动人才培养的各个方面。对学生来说，通过创新创业训练可以使他们思想更成熟、业务学习更扎实、成才目标更明确、有利于全面提高学生的综合素质。

地理综合实践模块包括科研训练、论文写作、教师教育实习、创业实践等。主要依托各级学生科研创新训练项目、教师科研项目、学科创新大赛、开放实验室、本科生导师制、毕业论文、教育教学实习基地、相关企事业单位和师生自创企业等软硬平台，通过参与科研项目过程、参加创新大赛、科学论文写作与发表、毕业论文写作、教育教学实习、顶岗及创业实践等学生相对独立地参与实际工作的途径实现，该模块培养学生的科学研究素养与实践创新能力、社会适应力与岗位竞争能力。

毕业论文是本科生教育的一个综合性科学实践教学环节，是本科学生培养计划中的一个重要组成部分。毕业论文是学生参与科研实践的重要载体，毕业论文质量水平也是衡量学生创新能力的重要依据，它是在导师指导下大学本科高年级学生运用所学的基础理论、专门知识和基本技能，来探讨、分析、研究和解决本学科的某一具体科学问题的科学实践的总结性报告。同时，教学、科研与生产实际相结合是教育必须遵循的规律，而毕业论文是科研、教学与实践结合最为密切的环节。

第二节　地理基础实验模块及主要教学内容

地理学作为六大基础学科之一，实验教学可以弥补课堂理论教学的不足，加深学生对理论知识的理解，使学生与教师面对面直接交流，有助于启发学生深入思考，培养创新能力，达到理论联系实际的教学效果。在实验教学中，一方面向学生传授实验基础理论知识，包括仪器仪表的原理、测量方法、操作规范、数据分析等；另一方面训练学生的基本实验技能，包括仪器设备的使用和维护、实验设计、故障排除等。

实验教学目的是让学生学会怎样去做地学科研工作，而不只是掌握一项专门的技术，应把教学目标放在培养学生提出问题、研究和解决地学问题的能力上。既要重视教学内容的前沿性，又要重视基础、注重内涵、注重研究性、注重科学实验方法论的教学环节。实验讲义在原理部分可写得比较详细，操作部分尽可简单，要求学生自己动脑设计实验的内容和程序。因此，实验课程需要配有相应的任课教师、教学大纲、实验指导书及教学实验室。

一、自然科学基础实验

（一）自然科学基础实验课程设置

自然科学基础实验包括物理实验、化学实验、生物实验、地学实验、计算机操作等，高校应建立完整的自然科学实验室、规范化实验数量、实验内容和操作步骤等。

（二）自然科学基础实验的基本要求

首先，明确实验课程设置，优化实验课程内容。其次，要摆正实验课程地位，明确规定其课时、学分与考核方式，使实验课程课时在一定程度上与理论课程课时相对平衡，不能少于总课时的三分之一。再次，对地理实验课程考核要采用形成性评价方式，重视学生在实验操作过程中的具体表现，关注学生在实验操作过程中的进步与提高，不能仅以实验报告作为考核评价标准。例如，学生实验操作技能评价就必须从实验设计、实践操作、实验优化、实验创新等不同方面展开。学生实验设计技能评价应考虑其实验设计方案是否可行、实验步骤是否正确、实验目的确立与实验器材选择是否合理。学生实验操作技能评价，应观察学生是否正确使用有关仪器进行测量，是否按科学步骤进行实验操作，能否准确记录和收集实验信息等。

二、地图学与 3S 技术实验

（一）实验课程设置

随着地理信息科学在社会经济建设中的广泛应用，其在地理学科中的地位也日益提高，掌握地理信息科学知识与技能是社会发展对当代地理人才的新要求。地理信息科学课程具有较强的操作性与应用性，轻视实验操作课程会影响学生地理信息科学技术的熟练掌握。首先必须明确实验操作课程的课时、学分与考核方式，突出实验操作课程的地位，总体上，地理信息科学实验操作课程的课时应达到相应课程总课时的三分之一，促进理论知识和实践知识学习的相辅相成。改变重理论轻实践的课程考核方式，需充分利用评价的导向与激励功能，增加实验操作课程的考核比重，理论课程与实验操作课程分开进行考核，增加实验操作考核占整体考核成绩的比重。在专业拓展课程中开设与地理信息科学紧密联系的应用性实验课程，如“地理信息与技术”“遥感图像处理与地理学分析”“GPS 原理与应用”“数据库原理与运用”等。

（二）实验课程目的与要求

熟练阅读使用纸质地形图，并结合 GPS 利用数字化地形图进行相关的地貌、地物识别和定点等方面的操作，能正确使用、阅读、量算地形图，绘制剖面线、道路选线等基本技能，掌握在 GIS 软件环境下编制专题地图的方法和步骤；掌握遥感影像数据的各种处理技术及其技巧，了解并掌握监督分类和非监督分类过程与方法，掌握图像分类后处理的过程、方法及分类结果的分析，设计相应方案进行遥感图像的综合处理、遥感影像地图的制作；初步掌握空间数据库的结构、建库方法和分析方法。

（三）实验课程内容设置

GIS 数据编辑、创建数据库，地形图的选取、室内读图与分析及地形图量测，编图资料收集与分析、编图符号设计、专题地图的表示方法、计算机制图，空间分析与三维分析，GPS 接收机的基本应用、差分 GPS 定位，绘图软件操作，典型地物光谱的野外测试，遥感图像几何纠正，遥感图像增强处理、融合处理和图像分类，航空像片的立体观测与高程测量，空间数据库建立与应用管理等。

三、自然地理学实验

（一）实验课程设置

自然地理课程实验设置应包括基础操作性实验、综合设计性实验与研究创新性实验三个层次。基础操作性实验旨在培养学生科学的地理实验规范与基本实验技能，体验地理实验的基本过程，该层次的实验应以验证性实验为主，通过相对简单的地理实验来使学生学习基本实验操作、熟悉实验仪器、掌握实验方法、体验实验过程，为综合设计性实验和研究创新性实验打好基础。综合设计性实验，是各分支学科课程内容的有机结合，由多种实验技术手段和多层次实验内容组成，如不能仅单独开设气候气象实验、植被土壤实验或地质地貌实验，应该通过设计自然地理综合实验将植被土壤、气候水文、地质地貌等相关知识内容进行整合与渗透。通过综合设计性地理实验，在培养学生实验综合设计能力与地理思维的同时，也提高了其综合运用地理知识的能力。研究创新性地理实验，旨在培养学生的实践创新能力与科学研究能力，该层次的实验具有较强的灵活性与自主性，不受具体课时限制，学生能够根据自身兴趣自主选题。基础教育地理课程改革不仅在教材中丰富了地理实验内容，也要求地理教师具备相应的地理实验操作与设计技能，要求教师能够开发地理实验课程资源，做研究型教师。因此，地理专业应改变过去单一的验证性地理实验，增加综合性与研究创新性地理实验，通过地理实验不仅要培养学生的实验操作与实验设计的技能，也要提高学生发现问题、分析问题、解决问题的能力。

（二）实验课程目的与要求

主要培养学生实际动手进行观测、分析、统计、考察和判别的能力和自然地理要素相互作用综合分析能力，使学生在掌握基本技能的同时，不但知其然而且知其所以然。此外，通过实验课补充和巩固课堂讲授的内容，做到两者相辅相成。完成实验报告是本课程的基本训练，一个实验成功与否，只有通过报告形式才能体现。所以完成实验报告能培养学生正确、有效的表达能力，它将使学生在对数据的处理、作图、问题归纳总结等方面得到训练和提高，学生实验报告的质量在很大程度上反映了学生的实际操作能力。

（三）实验课程内容

实验课程内容包括：①测量当地子午线，地球运动、四季更替演示实验，太阳出没时刻、方位、中天高度和昼夜长短演示实验，月球表面月海、月陆分布、环形山和辐射纹观测实验。②地图投影变形、地物地图概括、符号与图例设计、地形图长度与面积量算、坡度量算、剖面图绘制、专题地图绘制等。③温度、湿度观测，气压观测订正，风向、风速观测分析，雨量观测和分析，云量、云状、云高观测并分析与天气变化的关系，天气现象的观测。④矿物物理性质观察，造岩矿物、岩浆岩、沉积岩、变质岩、古生物化石识别，地质罗盘使用与地质构造类型判识，水平岩层地质图判读并判识岩层产状，倾斜岩层地质图判读，编制倾斜岩层剖面图，判读褶皱区地质图并绘制褶皱地区剖面图，判读断层地区地质并作断层地区综合剖面图，地质图综合判读。⑤水位水深测量，流速和含沙量测量，水位流量关系实验，达西定律实验，波浪波长、波高、波速等的测量与计算，孔隙度、持水度和给水度测定，人工模拟降雨产流、汇流观测，地下水入渗模拟实验，水质分析实验。⑥土壤物理性质测定与分析，土壤化学性质测定及分析，土壤及水体氮素含量分析测定，土壤及水体磷素等含量测定，土壤及水体钾素、钠素含量分析，测定有机碳含量，测定地表水、地下水、饮用水和环境水中的氰化物、挥发酚、阴离子表面活性剂、硫化物、总磷、总氮、氨氮、硝酸盐/亚硝酸盐、六价铬、正磷酸盐、酸度、色度等成分，汞、砷、铅、硒、锡、碲、锑、锗等微痕量测定，重金属含量测定，岩土颗粒筛分和土壤粒径分析，土的抗剪强度实验，岩土应力应变三轴试验。⑦校园观察孢子植物、裸子植物和被子植物的代表种，观察低等植物（藻类、真菌）、高等植物（苔藓植物、蕨类植物）营养器官和繁殖器官的形态特征、细胞结构，裸子植物叶片、配子体的解剖及观察方法，被子植物单、双子叶植物纲的不同器官形态特征，植物对不同水分条件的适应特征观察。⑧平面图和剖面图上分析滑坡形态特征，观测和描述流水地貌类型、岩溶地貌、冰川地貌、黄土地貌（黄土塬、黄土梁、黄土峁）。⑨气象气候与地貌，气候与水文，水文与地貌，地质与地貌，区域地质-地貌-气候-水文-土壤-生物综合实验等。

（四）自然地理实验课程改革

一直以来，自然地理实验教学主要是根据各理论课教学内容设置实验课程，如地质学基础实验、土壤学实验、植物学实验、水文学实验、气象观察实验等，其优点是实验与理论教学紧密结合，使学生能够较好地理解理论教学的内容，按课程内容设置实验课有其合理性，因为不同课程研究对象的差异而需要不同的实验技能和仪器设备。但各专业课都在追求知识体系的完整性，造成了实验室的重复建设，不利于资源（包括仪器设备和实验材料等）的共享，各课程之间一般联系松散，实验内容的重复或缺失往往不易发现，而且实验课程数量大、种类多。随着专业课时的不断压缩，理论教学尚嫌课时不足，许多实验课程形同虚设。因此，应围绕学生的知识结构需要和培养目标的要求，构建科学的自然地理实验教学课程体系，设置自然地理综合实验，达到既强化学生实验技能和动手能力的训练，又着力培养学生综合分析能力。

第三节　地理专业野外实践模块及主要教学内容

一、地理野外实践环节总体安排

（一）地理野外实践在实践教学中的重要地位

地理科学专业野外实习是该专业课程体系的关键内容，是学生获取科学研究资料、验证学科理论知识，培养观察能力、分析能力、动手操作能力、实践创新能力与沟通合作能力的有效途径。因此，地理野外实践教学低层次目标是巩固地理课堂所学的理论知识，高层次目标是帮助学生树立正确的情感态度和价值观，包括激发学生学习地理的兴趣和动机，养成求真、求实的科学态度，提高地理审美情趣，增强热爱祖国、热爱家乡的情感，增强关心和爱护环境的社会责任感，养成良好的行为习惯。

（二）地理野外实习课程设置

地理科学专业野外实习内容涵盖了自然地理、人文地理、区域地理、地理信息科学等四个方面，其中，自然地理实习是地理科学专业实习的基础，以自然地理实习为核心构建地理科学实习课程体系是科学合理的。自然地理实习课程，既包括地质与地貌、土壤与生物地理、气象气候与水文等部门自然地理实习，还应设置综合自然地理实习，通过综合自然地理实习设置整合部门自然地理的理论与实践知识，有利于学生建构完整的自然地理实践知识体系。人地相关与共生、人地关系地域系统分异决定了人文地理、区域地理与自然地理具有同等重要的学科地位，因此，自然地理实习、人文地理学实习、区域地理综合实习及认识地理环境规律的现代方法手段——地理信息科学实习一切构成地理科学专业完整的实习体系。

地理科学专业各实习课程内容的合理安排是构建完整实习课程体系的重要条件。首先需要合理安排部门自然地理实习，如地质地貌实习、气候气象实习、水文实习、植被土壤实习。在地质地貌、水文、植被土壤实习中可以融入地图测绘、环境监测、3S 实习等，部门自然地理实习之后是人文地理实习，包括经济地理、城市地理、乡村地理、文化地理、人口地理等，其后，自然地理综合实习、区域地理实习、地理综合实习合并进行，并结合地理信息科学实习内容，实现地理学的综合性实践。

（三）地理专业野外实习实施途径

（1）构建三大平台，保障实习开展：第一，课程短途实习平台。就是结合教学需求就近设置课外实习基地，旨在结合理论与实践，完善常规课程教学，提高教学质量，如地质公园、气象园、土壤观测站、植物园、水文观测站、天文观测站、城郊农业景观、商业街、城市开发区、工业园区、新农村建设、民俗村等。第二，建设野外综合实习平台。野外综合实习平台以服务地理学学科的不断发展和满足国家对提高地理学人才培养质量的迫切需求为主旨，自然地理综合实习基地应选择较完整的地域单元，地质地貌现象类型多样、植被群落丰富、植被与土壤带谱明显、水文现象和水系形成及变化有其独特的规律，能满足野外综合自然地理教学实习和科学研究需要，并能向社会开展地学科普活动的条件，如重庆师范大学选择“四川盆地及其邻区”进行野外综合实习；人文地理学野外实习基地的选择以吴传钧院士提出的人地关系地域系统理论为基本指导思想，使学生能清晰地把握实习基地人地关系地域系统的特征及其人地关系地域系统的时空变化关系等。第三，构建虚拟网络实习平台。地理虚拟网络实习平台根据实践教学需要，结合虚拟现实技术、三维模型构建技术、Web 技术和数据库技术构建以文字、图片、虚拟野外实习场景等多维媒体有机结合网络平台，虚拟网络平台功能模块分为虚拟实习模块，就是对学生野外实习的模拟、资料下载模块、自主交流模块。

（2）采取三种实习方法，保障实习效果。实习方法主要是以学生为主体，教师为引导，教师辅导与学生独立实习相结合，重视知识深化、能力提高与学生体验等方面，以观察讨论、自主调查、虚拟体验三大形式结合的小组讨论实习法、课题式实习法、自主探究实习法，使学生充分理解地理学综合性、区域性、动态性，感受地理学科的生活性与趣味性。

二、地质学与地貌学实习

（一）课程概述

地质地貌实习作为地理科学专业野外实习课程，具有重要的前导性和基础性，是对从事地质地貌野外工作必不可少的一次全面、系统的野外地质地貌教学实践活动，具有不可替代的作用。该课程是在完成室内自然地理学、地质学、地貌学、地图学等学科基础课程的基础上，结合各校所在地区的自然地理特征，选择实习路线和具有代表性的若干实习点开展野外实践教学。通过对学生的综合性训练，使其达到具有识别各类地质作用与地质现象、掌握野外地质地貌工作方法及具有初步的野外独立工作能力和编写考察报告、制作专题图件的基本能力的目的。

（二）实习目的要求

通过实习点、路线、区段的实地观察，初步培养学生观测和分析地质地貌现象的能力，巩固加深室内教学内容和对地貌学基本理论的理解。要求掌握罗盘、GPS 的使用方法，地形图、地质图和遥感图的读图与野外使用，并掌握简单的填图方法；认识主要造岩矿物和三大类岩石及其野外鉴别，了解古生物化石并掌握其时代；认识地质构造现象及其类型；认识各种地貌类型并初步掌握其成因。

（三）实习内容

进行地质露头的观察（岩性观察、地质构造观察、地层接触关系观察）、测量（产状要素的测量、岩层厚度的测量、断裂产状测量）和地层的划分与对比；正确辨别三大类岩石（沉积岩、变质岩、岩浆岩）、侵入岩与喷出岩及其中主要矿物类型，进行岩石的命名及描述、标本的采集、岩性变化的观察与记录；古生物化石赋存的层位特征、采集、初步鉴定及编录；

节理、断层、褶皱等各种基本构造现象的识别与确定，构造要素的测量与统计及成因机制等方面的观察、分析和描述；第四纪沉积物野外调查（地层厚度、产状、颜色、沉积物的结构、岩性矿物成分、沉积物的构造特征、沉积物的物理性质、沉积物的成因类型划分、第四纪地层的划分）；主要地貌类型（所在地区或实习区）的观察与测量，初步分析有关现象、特征形成的原因；旅游地质、环境地质、灾害地貌（崩塌、滑坡、泥石流）等方面内容的初步了解；地质剖面、地质遗迹、地貌景观的拍照与素描；对实习区地层系统、地质特征、地貌景观进行总结，完成实习报告。

三、气象学与气候学及水文学实习

（一）课程概述

气象学与气候学、水文学是实践性较强的学科，需要通过气候、水文观测、水文实验等途径获取第一手科学资料。因此，从教学要求和学生的实际出发，组织有关野外观察和测量教学活动是气候学、水文学教学的重要环节。可安排野外短期实习计划，也可分别配合相关章节的内容在校园或学校附近进行。

（二）目的要求

要求学生掌握主要气象、水文测量仪器的原理和使用方法，具备使用水准测量、气象仪器和水文仪器的能力。通过定位观测、路线考察、调查访问等内容的实习，使学生掌握在野外获取气候水文资料、认识气候变化和水文要素分布规律的基本方法，训练和培养学生在不同地理环境下，进行实地气候、水文考察和研究的能力。

（三）实习内容

了解各种气象仪器的结构、原理、使用方法、数据记录格式与分析方法，掌握气象观测场的基本要求、仪器配置规范和气象要素观测；掌握主要气象要素和天气特征的观测、记录与统计分析方法，了解云图分析的基本方法；利用历史的气候要素资料进行制图，并通过资料的分析，对这些资料反映的气候型进行判读；了解水文要素测验仪器的结构、原理、使用方法、数据记录及其分析方法；选择适宜水文测验的河段（最好能利用天然河道中具有断面控制或河槽控制作用的地点）通过测量流速、泥沙等，认识河流垂向流速变化和横断面的流速分布，选择历史洪水痕迹明显的流域、水系或河段进行洪水调查；选择地下水类型比较齐全的地区，了解岩石的空隙、水理性质和地下水的成因类型，调查区域地下水和运动状态，填绘综合水文地质图；气候水文野外实习总结，包括资料整理、分析、撰写报告三部分内容，附各种气候水文图件、曲线等。

（四）课程说明

不同学校，应选取不同的实习地区。例如，中、西部地区的学校，应以山地为实习区，这有助于学生了解气候分异的基本规律；东部沿海经济发达地区的高校，应以城市为实习区，以加深学生对城市气候、城市水文特点的直观认识。山地气候、水文野外实习，实习期以春、秋季为宜，春、秋季物候规律明显，景观特征清晰；城市气候、城市水文实习以冬、夏季为宜，届时城市的热岛、干岛、湿岛等气候水文效应比较突出。不同的实习区，观测网点的布设应有不同要求：在山地，应该考虑海拔、坡向、坡位、坡度的差异；在水域，应该考虑水体本身和距离水体远近的差异；在城市，应该考虑路面、水面、草地、林地、裸地等地表覆盖物的差异。

实习报告应包括的内容有：实习区域和观测地点，观测时间，实习的目的、内容、方法，主要实习过程，存在的问题、气候水文调查的主要结论等。报告中应附上整理过的各种观测、考察、调查、访问资料（数据、图表、文字记录）。撰写小专题论文，除了要正确选择题目外，还应阅读有关参考文献，了解前人在这方面的研究方法和研究成果，以便从中发现问题，力争在小专题论文中有新见解或突破。

四、土壤地理与生物地理实习

（一）课程概述

野外实习是土壤与生物地理学教学的重要环节，旨在培养学生掌握区域生态系统多样性调查的方法、步骤与技巧、常用计算公式，认识所在地区主要土壤-植被的基本特点、物种组成及其生存环境和规律。通过野外实习，使学生实地感受不同人为干扰对当地生态系统的影响和主要受损生态系统类型。

（二）目的与要求

培养学生调查地学现象和事物的能力，初步掌握地理环境组成要素的分布规律。具体包括：加深对土壤、生物地理学基本知识和基础理论的理解，应用和验证课堂教学所学的知识和理论；学习和掌握土壤、生物地理野外研究的调查方法，学会独立从事土壤生物地理的野外研究；了解实习地点土壤与环境、植物与环境的相互关系，掌握几种典型土壤、植被类型（如掌握若干常见科的识别特征，认识常见植物若干种以上）的基本特点，熟悉当地土壤类型、草原、森林的主要物种。

（三）实习内容

正确使用罗盘、GPS、地形图、遥感资料；掌握阅读及编写土壤图、植被图的程序、要领，掌握典型土壤-植被的遥感判读方法、步骤与技巧；利用土壤环刀、铲、钻、分析筛、混合指示剂等工具对土壤剖面进行观测及对土壤组成、结构等特征和土壤剖面理化性状的简易测定、土壤样品及标本采集；调查土壤所处的环境条件，认识各种成土因素对土壤所起的作用；了解实习区域土壤、植被的种类、分布规律及各种土壤的形态特征，根据野外调查资料绘制各种土壤图件；熟悉生态序列法、样线法、频度法、植物物候观测法、植物群落样地调查法、植物群落无样地调查法等常规技术方法，初步开展植被的野外调查；实地开展当地植被最小面积测定、频度及多度测定、地上及地下生物量测定、种群及群落分布格局测定，进行植物群落的分类与排序、野外填图等；掌握植物标本的制作方法、程序，了解植物检索表的使用方法；对第一性野外资料（空间数据、属性数据、标本样品、影像资料和野外记录簿等）用常规方法和计算机软件系统进行整理、分析、统计、存储和二次开发利用；对各种野外图件进行编制、清绘，附特殊生物地理现象（如旗形树）的示意图、照片或素描等；完成土壤生物地理实习报告。

五、人文地理综合实习

（一）课程概述

人文地理综合实习是地理科学专业人文地理类课程的综合实践，涉及人文地理领域各相关学科，包括经济地理（含农业地理、工业地理、交通运输地理等）、旅游地理、聚落地理、社会文化地理等。考虑人文地理要素的系统性，一般采取选择典型线路和地点作为实习空间开展实习活动。

（二）目的与要求

通过对实习区域人文地理要素、现象及综合景观的观察、感知和分析，深化对人文地理各学科相关理论知识的认识和理解；通过对实习区域人文景观形成机制及人地关系的探讨，初步掌握综合分析研究区域人文地理问题的一般方法；培养学生观察分析和研究解决实际问题及撰写实习考察报告的能力。

（三）实习内容

明确沿实习线路的人文地理现象分异及特征、分析区域人文地理各因素间的内在联系、分析各种人文现象形成的自然环境基础及人类活动与地理环境间的相互关系；了解实习地区大农业生产条件、农业结构、各部门布局，考察分析农业产业化与地域专门化发展状况，分析农业发展与布局存在问题及发展方向；分析工业发展条件、工业结构与优势、工业布局特点、工业发展方向；了解交通运输发展的自然和社会经济基础、交通运输基础设施建设与路网布局、交通运输方式、货流及客流分布状况、主要的交通枢纽分布及形成分析；沿线路城乡居民点体系分布特点及其形成原因分析、实习城市的城市性质和发展方向、城市功能区布局、产业布局、城市基础设施布局、城市形象设计等；考察实习地民族与文化地理特征及其价值、认识区域旅游资源特征及其开发利用价值评价、分析影响旅游业发展的一般因素和主导因素、认识各旅游点开发现状和存在的问题并提出进一步发展方向、分析旅游业与区域经济的互动发展关系。

六、地理野外综合实习

（一）课程概述

地理环境的各种要素是互相联系、互相制约的，它们在不同的区域有不同的表现和不同的组合，人类与自然环境的关系也呈现明显的区域差异。部门自然地理课程实习和人文地理实习还不能满足整个专业教育需要，必须安排综合实习作为实习深化的重要途径。因此，该课程是在地质学、地貌学、气候学、水文学、生物地理学、土壤地理学、人文地理等野外实习的基础上进行的。要求运用低年级的基础知识和技能，选择具有代表性的典型地域开展自然环境整体性及其分异规律、人地相互作用地域系统的考察实习及人与自然环境相互关系的综合性训练。综合实习应有专门知识和特有技能的训练，着重培养学生的调查访问、野外观测、综合分析等三个方面的独立工作能力，特别是在培养学生野外考察的独立能力方面应有一定的要求。通过综合性训练，使学生对区域特征的概括、内部差异的分析、改造利用问题的处理等有进一步的理解，为第四学年撰写毕业论文打下基础。

（二）目的要求

掌握识别及分析区域地理特征的方法、步骤和技巧，达到综合分析自然地理、人文地理现象的目的；巩固加深室内教学内容和对自然地理学基本理论的理解。教学方式以学生为主体，创造条件进行分组野外考察，要求独立完成区域地理调查任务，培养学生的野外观察、地理思维、逻辑判断、信息采集和野外生存能力。要求学生熟悉野外科学考察研究的类型、工作性质、组织形式、工作流程、各阶段工作内容和业务要求；要求各实习小组围绕专题制定野外调查的具体方案，熟练掌握观测、读图、填图、素描或摄影技术等特有技能；要求学生关注在区域开发利用中的问题，认识人类活动与地理环境变化之间的复杂性及当前我国实施可持续发展战略的重要性和必然性。

（三）实习内容

观察实习沿线自然和人文景观地域分异特点，并分析形成原因；在实习基地或实习线路考察山地各垂直带和跨区域自然地带，掌握水平地带性、垂直地带性和非地带性地域分异规律；观察人类活动干扰下的地理环境演变趋势和人类破坏自然的教训，了解人类活动强度对自然环境产生的影响，确定资源利用方向与环境整治模式；考察并比较分析不同地理区自然环境特征、工农业生产布局、城乡居民点体系结构、城镇内部空间结构、民族与文化等方面的差异及其形成原因；观察沿线土地利用的变化特点、调查实习点土地利用特点、交通系统布局特征，并剖析其存在问题、探讨进一步优化路径；调查主要自然灾害种类、典型灾害事件，提出防灾减灾措施等；通过野外观测与抽样统计，确定地理界线，填绘类型图，编制综合剖面图等。

（四）课程说明

地理野外综合实习必须让学生带着一定的任务，按照一定的方法和程序，有组织、有分工地进行，这样利于激发学生独立思考的主动性，把科学研究的视角和思维方式带入野外教学过程之中，使学生在学习中感受研究的过程和思维方法。对存有争议的地理学问题，由学生自行收集、分析地理资料、信息，并提供条件进行研究，以此来训练学生捕捉问题和综合解决问题的能力。

地理学具有区域性、综合性强的特点，综合实习内容应立足所在地区的典型地学资源实际，紧密结合当前社会经济发展需求和本地区的资源环境生态、人地关系热点问题，开展地理综合实习，如重庆师范大学地理专业选择“四川盆地及其邻区”为实习地域，该区域跨川东平行岭谷区—四川盆地—成都平原—横断山区—川西高原，自然与人文景观丰富多样，而且地域分异明显，是开展地理综合实习的理想地域。地理综合实习应注重培养学生对野外科学考察的兴趣，加强对学生区域考察与区域分析等的综合训练；为调动学生的学习能动性，可在确定了野外实习主题之后，由学生独立设计野外实习的方案，而后在教师的指导下进行野外工作。野外考察应“点、线、面”结合，“点”上的深入工作主要锻炼学生资料的获取能力，“线”上的工作主要培养学生观察变化的能力，“面”上的工作主要锻炼学生综合分析能力。

第四节　地理综合实践模块及主要教学内容

一、科研创新性实践

（一）学生创新实践缘起

科学的本质在于探索，科学探索包括两个方面：一是未知现象的探索，主要依赖于观察技术或手段的进展；二是未知规律的探索，主要依赖于逻辑思维。科研训练是提高大学本科教育教学质量的重要经验之一，是培养具有创新意识和创造能力的研究型人才的有效途径。科研训练作为一条主线，作为一个载体，带动了人才培养的各个方面。对学生来说，通过科研训练可以使他们思想更成熟、业务学习更扎实、成才目标更明确、有利于全面提高学生的综合素质。最早的真正意义上把学生科研能力训练纳入本科培养体系的当属麻省理工学院，1969 年其创设了“本科研究机会计划”，鼓励支持达到一定条件的本科生参与教师的研究项目。20 世纪 80 年代，加州大学洛杉矶分校开始系统支持本科生科研，“本科生研究中心”获得美国国家自然科学基金颁布的“促进教学与科研相结合成就奖”。此后，学生可用总学分的 1/6 以上学分进行研究工作，从而形成著名的“伯克利模式”。1998 年博耶委员会（研究型大学本科教育全国委员会）发表题为《重建本科教育：美国研究型大学发展蓝图》报告（简称《蓝图》报告）。《蓝图》报告针对美国研究型大学本科教育中存在的问题及未来的改革方向提出了 10 条建议，倡导教学与研究相结合，学生的学习基于研究，建立以研究为基础的教学模式。2001 年博耶委员会对 123 所研究型教学实施情况进行了调查，形成题为《重建本科教育：博耶报告三年回顾》。调查显示：16%的研究型大学中约有 75%的本科生参与科研，26%的研究型大学中有 50%的本科生在特定领域参与科研，48%的研究型大学仅有 9%本科生参与科研活动；约 9%的调查者未回答该问题。

（二）实践创新能力培养途径

科研创新性实践主要为培养学生综合能力、创新能力和研究能力而设计，形式较为灵活，不受课时限制，可在课内或课外完成。目前，我国高校的科研创新训练主要是以课外培养、实验室全面开放、本科生导师制等为依托，采取多种方式和多种渠道提高学生创新意识和实践能力，如重庆师范大学通过每学期“16+2”排课制，专门安排两周开展科研创新训练活动。科研创新实践项目设置可以包括两大类：其一，设置研究性创新实验，主要指反映学科前沿内容、有一定深度的设计性、综合性实验，提倡独立思考、鼓励创新，重视个性化塑造和对学生科学素养及研究能力的培养；其二，开展多样化研究创新性项目，包括毕业实习、毕业论文、开放实验项目、大学生科研立项项目、第二课堂、各种学科竞赛等多种形式的研究创新性课题，其中，与地理科学有关的重要赛事和科技项目包括“中国高校地理科学展示大赛”“挑战杯全国大学生课外学术科技作品竞赛”“大学生创新创业训练计划项目”等，这些创新性项目鼓励学生自主选题，大胆尝试科学实验和研究，学生可根据自己的兴趣或科技竞赛的内容自选课题，自拟实验步骤、自构实验平台，其成果是学生参加各级科技大赛作品的主要来源，另外，还包括由教师科研项目转化而来的研究创新性项目，力求课题来源多样化。

（三）毕业论文

毕业论文是本科生创新教育的一个重要实践教学环节，是本科学生培养计划中的一个重要组成部分。它是大学本科高年级学生在导师指导下运用所学的基础理论、专门知识和基本技能，来探讨、分析、研究和解决本学科的某一具体科学问题的科学实践的总结性书面阐述。撰写毕业论文是提高本科生科学素质，学习提出问题、分析问题、解决问题的科学研究方法，培养初步的科学研究能力、从事专门技术工作能力和写作能力，为毕业后运用所学知识，从事科学研究和专门技术工作打下良好基础的一次综合训练。对本科学生毕业论文的评审，则是对本科学生毕业时学术水平和科学研究能力的一次综合考核。应把是否发现新问题、挖掘新材料、获得新数据，是否提出新观点、采用新方法、构建新理论，作为衡量毕业论文质量的主要指标。毕业论文可以从科研任务或者社会实践中选择规模适当、相对独立的题目，与特定的研究群体、科研院所、社会部门、企业单位等密切结合。优秀本科生可以在大学三年级或更早阶段参与教师的科研工作，以获得更多的科研锻炼机会。

毕业论文应达到的基本要求为：①科学性。毕业论文内容表述必须保证科学性和客观性，科学的论断必须有可靠的实验依据或理论论据。不可采用含混、模糊的语言来表述科学内容，不能用含主观评价和情绪的描述语言来表述科学内容，不能采用口头讲话的语言或讲演稿的形式来撰写理科本科毕业论文，不能用报道或各种文学作品形式表述理科本科毕业论文，也不能用一般科学普及读物的形式来撰写理科本科毕业论文。②开拓性和创新性。科研论文：无论是基础理论研究还是基础科学实验研究，都应该有前人尚未得到的新成果，简单重复和复述前人已经得到的研究结果不能作为本科毕业论文。该类型毕业论文的研究成果，主要看它在科学上的创新程度，即国内外前人在科学研究中尚未得到的新成果，且在所有有关的科学著作和科学文献资料中均无记载。科学考察报告论文：应该系统报告科学考察的内容，应有本项考察所得到的特有的新进展和获得切实具体的新成果。模拟实验研究报告论文：应记载本项模拟实验研究的课题内容和方法，毕业论文应有本项模拟实验所得到的特有的新进展和切实的新具体成果。专项研制报告论文：应记载本项专项研究课题的内容和目标、研制工作方法，应包含有本专项研制工作在技术、方法上特有的创新或取得的新成果。专题调研评述论文：应有对所调研的专题范围，国内外科学研究工作发展和成果的系统总结分析综述，简单的文献阅读笔记或读书报告不宜作为毕业论文。③系统性和完整性。本科生参加的科研实践可以有各种不同的类型，其毕业论文可以有各种不同的课题，题目涉及的范围可以大小不同，但毕业论文对本课题题目所包含科学内容的表述，必须具有系统性和完整性。科研课题研究论文：应包括问题的提出、前人对本课题研究进展概述、本课题所进行的研究工作内容、所取得的成果的描述、总结和讨论、参考文献等内容。科学考察报告论文：包括问题的提出、前人对本课题相关科学考察进展概述、本课题所进行的科学考察工作情况、考察所取得的成果的描述、总结和讨论、参考文献等内容。模拟实验研究报告论文：包括问题的提出、前人对本课题研究进展概述、本课题所采用的模拟实验方法、模拟实验所取得的成果的描述、总结和讨论、参考文献等内容。专项研制报告论文：包括专项研制问题的提出、前人对本课题研究进展概述、本课题所采用的专项研制方法、专项研制所取得的成果的描述、总结和讨论、参考文献等内容。专题调研评述论文：包括专题调研课题的提出、前人对本专题范围研究工作进展和成果系统综述、对本专题领域研究发展的总结评述和讨论、参考文献等内容。④规范性。毕业论文引用文献资料，必须注明资料的来源。这一方面是对他人劳动成果的尊重，证明作者具有实事求是、认真严肃的工作态度。另一方面也会增加材料的信息量与可信度，提高论文的学术价值，读者可以以此为线索，追溯查找资料，继续进行同一课题或相关课题的研究。通过参考文献目录，不仅能了解文章内容形成的依据，甚至可以对论文的价值大致地评估。亲自阅读过的、与论文密切相关的最新的主要文献，如引用的文献近5年内的比例高，说明作者的研究接近当前水平，具有及时获得新文献、新知识的能力。因此，应引用研究原著，勿引用译文、文摘、转载及内部资料。

二、教师教育实践

高等师范院校旨在培养理论扎实、知识全面、基本技能熟练，能在中等学校从事地理教学、教学研究和其他教育工作，也具备在科研机构、相关管理部门和企业从事科研、管理、规划与开发的基本知识的高素质复合型专业人才。因此，高师地理科学专业实践课程体系设置不仅要考虑地理学术性，而且更应重视教师职业技能性的特色，教师教育实习相关课程是师范大学最重要的独立实践环节之一。

（一）构建科学完整的地理教育实习课程体系

完整的地理教育实习过程包括地理教育见习、地理教育演习和地理教育综合实习等循序渐进的三个环节。教育见习是学生熟悉教学环节、了解教学过程、接触教学环境、体会教学意义的途径。微格教学、教学技能训练是教育演习的主要环节，包括了阅读课程、备课、设计课件、试讲与听评五个环节，是学生提高教学技能、准备教学实习的必经过程。教育综合实习是培养师范生教师职业素养、职业能力、职业道德的必由之路。因此，各高校地理科学专业教育实习课程设置优化必须首先建构起包含地理教育见习、地理教育演习、地理教学实习的完整课程体系。

（二）明确教育见习课程设置，合理安排教育见习时间

地理教育见习是学生掌握了一定学科专业知识与教育学、心理学知识后，有计划、有组织地到中学地理课堂听课学习，并参加相关教育教学活动。各高师院校应首先在地理教育实习课程体系中明确设置教育见习课程，规定其学分与开展时间。其次，合理安排地理教育见习时间，提高教育见习的实效性。最后，应规范教育见习实施过程，见习前课程内容准备要充分，听课中学习任务要明确，课后指导要专业并及时。科学的认识过程是感性认识上升到理性认识，学生缺乏对地理教学过程的感性认识是无法实现理论联系实际、理论指导实践这一科学认识过程的。因此，地理教育见习应安排在教育学与心理学相关课程学习之后，地理教学论课程学习之前，一般安排在第四或者第五学期。

（三）延长并灵活安排地理教育综合实习时间

地理教育综合实习时间较短会造成学生、实习学校、指导老师适应时间不足、过程体验不多、实习态度消极等现象，降低教育综合实习的效果。首先，地理教育综合实习时间在14～16周为宜，其中见习时间4周以上，这样师生才能在时间相对充足的实习过程中整合教学

理论与技能，进行教学经验反思与总结，最终提高地理教学能力。其次，可以灵活安排教育综合实习时间，把教育实习分为体验实习阶段、反思实习阶段与研究性实习阶段，使地理教育实习达到一个实践、认识、再实践、再认识的过程，地理教育综合实习时间可以从第五或第六学期就开始进行，初期主要以教育实习体验为主，体验真实的课堂教学和管理，初步学会地理教学，在第六学期后半段和第七学期上半段，教育实习要以反思实习为主，努力提高地理教学的实际能力，第八学期，可以进行带有研究性的教育实习，提高师范生的教育教学调查能力、社会交往能力，同时为教育教学类毕业论文写作提供素材，在第六、七学期进行教育反思阶段的实习会相对延长教育实习时间，灵活安排地理教育实习时间，使学生在六、七、八三个学期进行不同内容与不同目的的教育实习。

（四）丰富教育综合实习内容，加强实习过程考核管理

完整的地理教育实习内容应包括地理教学实习、班主任管理与学生管理实习及教学研究实习等，在学生地理教育实习过程中，应该避免只重视地理教学实习而忽视其他实习内容的弊端。首先，要丰富教育实习形式，可以安排师范生在多个年级阶段进行地理教学实习或进行相邻学科的教学实习，并将集中实习、分散实习、支教实习、置换研修进行结合，学生在不同年级阶段进行地理教学实习利于充分检验其地理学科专业知识和教育教学知识掌握和灵活应用的水平。其次，在实习内容上除去课堂教学实习与班主任管理实习外，也要安排师范生进行地理实践活动实习和地理教学研究实习，基础教育地理课程改革强调开展探究性与实践性教学，要求教师具备一定的教学科研能力。

为保证地理教育综合实习实效性，还必须加强教育实习管理。首先，加强高校地理教育实习师资队伍建设，建立教育实习教师责任制，强化教育实习师资队伍建设旨在使更多优秀的高校地理教师指导学生教育实习，帮助学生及时解决教育实习过程中所遇问题与困惑。其次，高校应加强与中学教育实习基地的沟通合作，使中学实习基地能够给予师范生充足的实习时间，拓宽其实习内容，深化其地理教学参与度，并得到中学教师的有效指导。地理教育实习是一个综合性、持续性的教育教学体验过程，强化考核是提高其实效性的途径之一。最后，教育实习考核评价应采取形成性考核评价法，教育实习中，学生熟悉教学环境、体验教学过程、把握教学环节、提高教学能力是循序渐进的过程，地理教育实习考核评价不能仅以实习报告或其他单一指标作为考核与评分依据，应拟定教学实习形成性评价考核表，考核评价监控学生实习过程、端正学生实习态度、肯定学生实习成果，及时发现并解决实习中存在的问题，保证教育实习质量。

（五）开发多种资源为本科生进行教师教育系列实习提供条件及保障

师范大学若想培养出更好的教师，必须将模范中小学作为实践场所，而中小学想变为模范学校，必须不断从大学接受新思想和新知识，两者密切合作、融合发展，从而建立起一种共生、平等伙伴关系，实现共同进步。因此，高师院校应积极建设大学-中学教师教育共同体，与地理卓越工作室、地理名师工作室等构建合作机制，通过这些平台建设并依托这些平台，使学生亲历中学教育教学过程经常化，大学师生与中学教师紧密合作，观察教育现象，梳理教育问题，分析问题成因，进而改进教育教学实践。同时，让部分中学精英教师以导师身份参与到大学人才培养过程之中，最终在这一开放的合作实践过程中实现共享资源、共同发展

与共同成长。另外，结合国家长短期国培项目，为学生教育综合实习提供充足岗位保障，让学生参加顶岗实习、支教实习等，独立体验真实的教育环境，丰富教育经验，为师范生未来成为合格教师或卓越教师提供良好的实践平台，也为学生就业赢得竞争优势。

本章小结

地理科学是实践应用性强的学科，地理科学专业应极其重视实践创新能力培养。因此，地理科学专业实践教学的体系构建和改革创新是创新型人才培养的重要支撑、是学科发展的必然要求。

地理科学专业实践教学体系设置的目标是使所培养学生具备科学的观察与实验、实习实践、研究与创新能力；实践教学内容体系包括基础实验、专业野外实践、综合实践等模块。因此，地理科学专业实践课程体系设置为基础实验、野外实习、科研创新实践、教师教育四大实践系列，其中，自然科学基础实验、地图学与 3S 技术实验、自然地理学实验等构成基础实验系列；地质学与地貌学实习、气候学与水文学实习、土壤与生物地理实习、人文地理实习、地理野外综合实习等构成野外实习实践系列；创新实验项目、创新研究项目、毕业论文等构成科研创新实践系列；高师地理专业还包括由教育见习、教育演习和地理教育综合实习等构成的教师教育实践系列。系列实践课程都有明确的目的要求、清晰的实践内容及实施规范。

思　考　题

高等学校加强实践创新型人才培养是现代社会人才市场需求，更是我国建设创新型国家的迫切要求。收集相关高校地理科学专业人才培养方案或课程计划，比较分析它们在实践创新能力培养方面的有益之处，对你大学四年的实践创新训练与能力提升做出初步规划。

主要参考和阅读文献

毕燕，胡宝清，张胜前，等. 2012. 地方高校地理实践教学改革研究与实践. 桂林：广西师范大学出版社.
杜才平. 2011. 地方性本科高校应用型创新人才培养研究. 北京：高等教育出版社.
何太蓉，郭跃. 2017. 四川盆地及其邻区地理学野外综合实习指导教程. 北京：科学出版社.
李家清. 2010. 新理念地理教学技能训练. 北京：北京大学出版社.
李孝坤，冯维波，翁才银，等. 2011. 人文地理实践教学体系构建与实现路径探讨. 教育与教学研究，25(4): 83-86, 93.
李孝坤，韦杰，杨娅娜，等. 2015. 专业规范修订下的高师地理科学专业人才培养体系改革探讨. 职业时空，11(8): 64-67.
刘桂芳，卢鹤立，杨康. 2014. 河南省高校地理科学专业教育类课程建设探讨. 中国电力教育，(14): 154-155.
邵云飞，何伟，刘磊，等. 2015. 高校协同创新机制与人才培养模式研究. 北京：清华大学出版社.
王静爱，葛岳静. 2011. 本科生科研训练和创新人才培养专辑 . 北京：北京师范大学出版社.
吴国英. 2010. 高校人文社科专业实践教学体系的构建. 北京：中国社会科学出版社.
谢越，韩传红，段立珍. 2016. 国内外高校环境科学专业实践教学体系的差异比较. 大学教育，(12): 33-34.
熊黑钢，陈西玫. 2010. 自然地理学野外实习指导：方法与实践能力. 北京：科学出版社.
杨木壮，周平德，潘文彬. 2013. 自然地理实习与实验指导：粤北地质、地貌与水文实习地球概论实验. 北京：气象出版社.

杨胜天, 黄大全, 罗娅. 2012. 地理综合实践教程. 北京: 科学出版社.
杨新. 2010. 新编地理教学论. 北京: 科学出版社.
张雪梅, 董坤, 李伟妙, 等. 2015. 地理科学专业野外实践教学改革与实践. 实验科学与技术, 13(2): 89-91.
赵敬民, 彭淑贞, 杨炯. 2011. 地理科学专业(教师教育)实践教学内容优化研究. 高教论坛, (2): 50-53.
赵永峰, 郑慧, 贾福平. 2015. 地方高等师范院校地理科学专业实践教学体系构建探究. 内蒙古师范大学学报(教育科学版), 28(11): 149-151.
赵媛. 2010. 南京地区地理综合实习指导纲要. 北京: 科学出版社.
周宪. 2003. 略论新世纪大学生的素质要求. 现代教育论丛, (4): 45-47.
朱爱琴, 周勇, 谢双玉, 等. 2011. 地理科学专业“模块式、层次化”实验教学体系构建与实践. 实验室研究与探索, 30(10): 116-119.

第三篇　地理科学专业

主干学科知识结构与学习方法

第九章 自然地理学知识结构与学习方法

学习目标

理解自然地理学研究对象、学科特点与分类体系，了解自然地理学的研究任务及与相邻学科的关系。熟悉地理科学专业自然地理学系列的学科基础课程、专业主干课程的教学目的要求、核心知识内容体系，了解专业方向课程教学目的要求及核心知识内容体系。熟悉自然地理学学习方法，了解自然地理学的研究前沿趋势。

第一节 自然地理学学科对象与学科体系

一、自然地理学学科对象与研究任务

自然地理学是研究地球表层自然环境的学科。自然地理学是以人类赖以生存的地球表层自然环境的区域特征、区域分异及其发生发展过程与变化规律为研究对象的。或者说，自然地理学是以人类赖以生存的地球表层自然系统的区域特征与空间分布、变化规律为研究对象的。自然地理学不仅是一个课程，更是一个学科体系，主要涉及两个层次：研究自然地理环境整体特征的称为综合自然地理学，研究自然地理环境各组成要素的称为部门自然地理学。

（一）自然地理学学科对象

地球表层的自然地理环境是自然地理学的学科对象。这个“地球表层”是具有独特的物质结构状态和一定厚度的圈层，称为“地理圈”“地理壳”“景观壳”或“地球表层”。既包括只受到人类间接或轻微影响，而原有自然面貌未发生明显变化的天然环境，也包括长期受到人类直接影响而使原有自然面貌发生重大变化的人为环境。

自然地理环境是指地球表面，具有一定厚度的圈层，即岩石圈、水圈、大气圈、生物圈相互作用、相互渗透的区间内的一个特殊圈层。它是在太阳辐射能、地球内能和生物能作用下形成的，比地球的其他圈层的特征要复杂得多。主要包括四大圈层，即大气圈、水圈、岩石圈和生物圈。大气圈主要由元素状态的气体混合物组成（只包含对流层）；水圈由世界大洋、河流、湖泊、冰川、沼泽、地下水、大气及生物和矿物中的水组成；岩石圈主要由沉积岩、岩浆岩及变质岩组成；生物圈是地球表层生物存在及生物生命活动影响所及的空间，一般是地表上下 100m 厚的范围。这里的岩石、气候、水体、生物、土壤等组成成分之间存在着密切的相互联系和相互作用，通过水循环、大气循环、生物循环、地质循环等进行着复杂的能量转化和物质交换。在物质能量转化和交换过程中，还伴随着信息传输，从而形成一个完整、有序的自然地理系统。该系统还从地球内部和外层空间输入一定的能量和物质，以维持其各组分和各区域间的有序结构，并保持其平衡状态。

（二）自然地理学研究任务

自然地理学的研究内容随着学科的发展越来越广泛，但主要还是研究各自然地理成分（气候、地貌、水文、土壤、植被和动物等）的特征、结构、成因、动态和发展规律；研究各自然地理成分之间的相互关系，彼此之间的物质和能量的循环与转化的过程；研究自然环境的动态，从整体上阐明其变化规律，预测演变趋势；研究自然地理环境的地域分异规律；研究各个区域的部门自然地理和综合自然地理特征，并进行自然条件和自然资源的评价，为区域开发提供科学依据；研究受人类干扰、控制的人为环境的变化特点、发展趋势、存在的问题，参与自然条件、自然资源的评价及自然灾害防治研究，寻求合理利用的途径和整治措施。

英国著名地理学者格里高利借用了一个数学公式来表达自然地理学研究的任务：

$$F=f(P, M)\,\mathrm{d}t$$

自然地理学关注地表形态要素或自然环境的结果（F）、在自然环境中运作的过程（P）、过程赖以在各时期（t）进行的物质（M）。简言之，自然地理学研究的焦点是时间（t）期间过程依赖物质作用而产生的结果。以这种表达，自然地理学的研究可以分为五个层次，如下。

第一层次：研究该方程的要素或组成部分。分别研究组成自然环境的各个组成要素，如地貌、气候、水文、土壤、生物等，或分别研究特殊的自然环境和自然现象，如沙漠、冰川、灾害。这个层次的研究常常看成是为其他层次做准备。

第二层次：平衡该方程。研究该方程在不同尺度上和自然地理学不同分支中平衡的方式。在大陆水平上，这包括说明能量平衡如何通过将环境过程可得的能量与辐射联系起来，将得到的水分与当地可得到的物质联系起来而实现。此类研究专注于当代环境，专注于过程、物质和格局形式或环境条件之间的相互作用。

第三层次：对该方程进行微分。分析该方程随时间变化，因而一种平衡状态被打破并被另一种平衡状态取代时的各种关系。可以认为这是对方程的微分，而且此类研究依赖于对不同时间尺度上所得的数据加以拟合，依赖于随时间调整环境的一些概念性方法。其中包括气候变化的影响，也包括人类活动的影响。

第四层次：应用该方程。自然地理学的研究成果被导向应用问题。其基础常常是将过去趋势推演至未来，其难点在于从特定的时间或空间尺度推断到需要信息以解决管理问题的其他尺度。

第五层次：鉴赏该方程。涉及文化自然地理学方法，即鉴赏自然过程和结果对文化的影响，也包括人类对自然环境和自然景观的反作用影响环境管理和设计的方式。

二、自然地理学学科特点

（一）综合性

综合性是指自然地理学多学科交叉、多要素融合的特性。自然地理学的研究对象是地球表层系统，地球表层自然系统是由大气圈、水圈、岩石圈、生物圈相互作用而构成的。研究大气圈、水圈、岩石圈、生物圈的核心学科分别是大气科学、水文学、地质学与生物学。自然地理学是大气科学、水文学、地质学与生物学的交叉学科或边缘学科。

（二）区域性

区域性是地理学的本质特性。区域特征、区域联系与区域分异规律为主要体现。地球表面最显著的特征，就是它的自然现象和人文现象空间分布具有明显的地区差异。如果没有区域间差异刺激和吸引人们去探索自己生活域内和城外的未知世界，那么地理学就不会有今天的发展了。美国地理学家哈特向甚至认为“地理学是地区差异的研究”。这样说虽然过于简单，但他却指出了一个事实，那就是区域研究在地理学中是极为重要的。我国地理学家林超教授指出“区域概念是地理学的基本观点，区域地理是地理学的核心”。现代地理学将区域研究已经提高到了一个新的水平，不仅限于认识世界，而且直接参与指导改造世界的实践，如自然地理学中的自然区划、农业区划、土地规划、流域综合开发治理等，经济地理学中的经济区划、城市规划等，都为生产建设做出了贡献。

（三）环境性

人类生存环境是地理学研究的主要对象与内容。人类赖以生存的环境由自然环境和社会环境（人工环境）组成。自然环境是人类生活和生产所必需的自然条件和自然资源的总称，即阳光、温度、气候、地磁、空气、水、岩石、土壤、动植物、微生物及地壳的稳定性等自然因素的总和。而社会环境是人类在自然环境的基础上，为不断提高物质和精神生活水平，通过长期有计划、有目的地发展，逐步创造和建立起来的一种人工环境。社会环境是人类物质文明和精神文明发展的标志，它随经济和科学技术的发展而不断地变化。社会环境的发展受到自然规律、经济规律和社会发展规律的支配和制约。社会环境的质量对人类的生活和工作，对社会的进步都有极大的影响。以人为中心的环境既是人类生存与发展的终极物质来源，又同时承受着人类活动产生的废弃物的各种作用。

（四）系统性

地球表层环境就是一个系统，可以称之为地球表层系统。系统具有整体性、层次性、动态性与结构功能性。从系统科学的角度，可将地球作为一个巨大的系统——地球系统，地球表层系统是相对于地球内圈而言的组成部分，它主要是由岩石圈、大气圈、水圈、人类圈和生物圈构成的地表自然社会综合体，是人类圈与地相互作用的复合物质系统，是地球圈层结构中的特定部分，与周围的地球圈层其他部分存在物质能量交换关系，是一个开放的复杂次级巨系统。

三、自然地理学学科体系及其与相邻学科的关系

随着自然地理学的发展及与许多自然科学发生联系，形成了众多的分支学科。

（一）自然地理学的学科体系

按研究的特点，自然地理学可分为部门自然地理与综合自然地理两大分支。

1. 部门自然地理学

部门自然地理学是从自然地理各组成要素角度进行研究，阐明各要素的类型、特征、过

程和与其他要素相互作用关系与结果的学科。主要包括地貌学、气候学、水文地理学、土壤地理学、植物地理学、动物地理学、化学地理学、医学地理学、海洋地理学等学科。虽然部门自然地理学的研究各有分工，但是其中每一个研究对象的存在和发展变化，都是以整体的自然地理环境为背景，而且不同程度地以其他组成要素为因素或条件的。

2. 综合自然地理学

以各部门自然地理学为基础，以综合研究自然地理环境的整体性特征——自然景观进行系统综合研究，即着重研究整体各部分的相互联系和相互作用，以回答这个环境整体的组构特点、形成机制、地域差异和变化发展规律等问题。它包括综合自然区划研究、土地类型研究和自然综合过程研究等几部分，是自然地理学的重要分支学科。

综合自然区划研究的特点是按地域分异规律对地球表层进行区域系统的划分，划分出的地域单元是彼此不重复出现的；土地类型研究的特点是按地段分异规律进行类型系统的划分，划分出的类型单元在地表是重复出现的；自然综合过程研究包括现代物理过程（热量水分平衡）、化学过程（化学元素迁移与平衡）、生物过程（生物地理群落与生态平衡）和时间过程（古地理过程）等。现代地理过程的综合结果展现了自然地理环境的现代特征，古地理过程的综合结果是自然地理的古环境。现代自然地理环境是古地理环境演替的结果与延续。

无论部门自然地理学或是综合自然地理学都需要对其基本原理与方法、生产实际的应用及具体区域等方面进行研究。

（二）自然地理学与相邻学科的关系

地球表层系统作为自然地理学的研究对象，与地球内部系统构成地球系统，它们之间的关系和各自的主要关联学科，如图 9.1 所示。

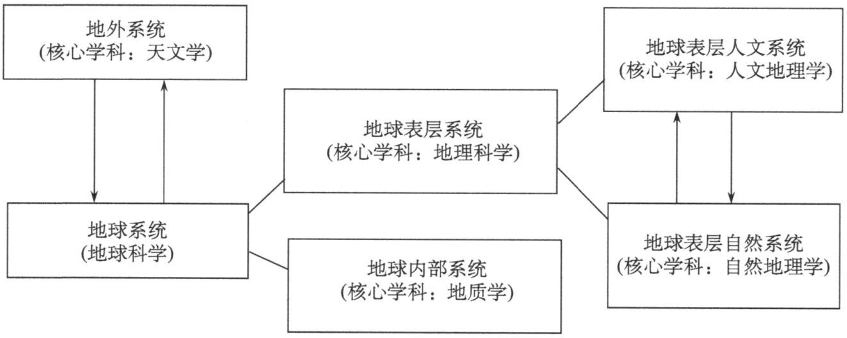

图 9.1　自然地理学与其他学科的关系

地球表层自然系统是由大气圈、水圈、岩石圈、生物圈相互作用而构成的。研究大气圈、水圈、岩石圈、生物圈的核心学科分别是大气科学、水文学、地质学与生物学。自然地理学是大气科学、水文学、地质学与生物学的交叉学科或边缘学科。同时，自然地理学也与人文地理学、经济计量学、社会学、经济学、人类学、历史学等有联系。因此，自然地理学常常借鉴这些学科的科学思想、方法论和研究方法。

作为地理学分支学科的自然地理学与地理学的其他分科有密切关系，区域经济地理研究必须与区域自然地理研究结合进行。自然地理研究如果能考虑区域经济开发的要求，就能更好地为生产实践服务。

自然地理学与其他地理学学科和生物科学也有密切联系。部门自然地理学便是自然地理学与相邻科学之间的边缘学科。例如，地貌学是自然地理学与地质学的边缘学科，气候学是自然地理学与气象学的边缘学科，植物地理学是自然地理学与植物学的边缘学科等。自然地理学正是通过部门自然地理学与其他地理学学科或生物科学处于紧密联系之中。

第二节　自然地理学主要课程概要

一、学科基础课程

（一）地球概论

1. 课程概述

地球概论是地理科学专业的学科基础课程，课程性质为必修。地球概论以行星地球的天文学为主要研究对象，从宏观上研究和阐述地球整体的一般特性，揭示制约全球自然地理环境形成和变化的外部因素，作为地理科学中的一门重要学科，与自然地理学的分支学科均发生密切的关系。地球概论的知识体系也有较为广泛的应用。在研究潮汐引力、月相变化、气候形成的宇宙因素等方面发挥着巨大作用。

2. 目的要求

本课程教学的主要目的和基本要求是，通过课堂教学及基础实验让学生掌握地球在宇宙中的环境，了解地学与天文学的关系，尤其是日月地之间的关系，掌握地理坐标、天球坐标等定位手段的方法；认识地球的外部宇宙环境，特别是能够掌握恒星的基本特征，理解不同空间尺度上宇宙环境的范畴；掌握太阳系基本的组成，理解行星的视运动；掌握月球的基本特征，能够分析月相的变化；掌握地球的运动及其产生的后果，能够分析潮汐、日月食等基本天文学事件；掌握太阳高度、昼夜长度及晨昏蒙影等现象产生的原因，并就其对地理环境的影响进行深入分析。

教学过程中，通过多媒体技术向学生展示地球与其他星球距离及关系、地球的运动对人类的影响、晨昏线等。通过实验利用电子星图认识星空；用地球仪演示天文四季的形成；地球运动演示等，以使学生在实验中更生动具体地了解地球的宇宙环境、地球的运动状况。

3. 核心知识内容体系

地球概论课程核心知识内容分为两大部分，即地球的天文学和地球的物理学。前者主要包括地球的宇宙环境（地月系、太阳系、银河系）、地球的运动（地球的自转和公转）及其地理意义（四季五带、历法和时间），以及地球和月球的关系;后者包括地球的形状大小、内外结构及其他物理性质。主要内容包括地理坐标和天球坐标、地球的宇宙环境、地球运动的地理意义及地球和月球之间的关系。课程教学注重反映地球运动的规律及其对人类的影响。

（二）地质学基础

1. 课程概述

地质学基础是地理科学专业的学科基础课程，课程性质为必修。地质学基础主要研究地球的物质组成、内部结构及演化历史，不仅要探索认识地球的圈层结构、物质组成，以及由物质记录的地球环境和生物演化历史，阐明控制物质转换的动力学机制，而且要研究改变固体地球外层的营力和过程，探明和开发可供利用的能源，揭示人类活动和地质过程的关系。地质学的知识体系也有较为广泛的实用性，如在地质勘测、矿产开发、土地利用与灾害治理等方面均可发挥出巨大作用。

从科学历史来看，地质学与地貌学关系密切，与地貌学有着不可分割的关系。地质动力学中的内营力和外营力构成了地貌学的动力基础，构造地质和第四纪地质是地貌形成发展的背景和基础。

2. 目的要求

通过课堂教学使学生掌握矿物和岩石、地质构造和大地构造及地质发展史，地壳的组成物质、构造变动和发展历史组合，培养学生利用地质学的基本原理分析地质现象和过程的能力，要求学生了解地质科学的基本知识，理解常见的地质现象产生和演化的机理，使学生掌握地质学的基础知识以便为地貌、土壤、水文、区域自然地理和经济地理及环境学概论等后续课程打下一定的地质基础。

在教学过程中，通过多媒体技术，向学生展示岩石的分类及成因，构造运动的特征、表现及板块运动，地壳的演化简史，并且使学生通过实验学会基本矿物和岩石的鉴定，以及了解地质构造。

3. 核心知识内容体系

本课程注重反映地质学研究的最新成果、体系。讲授内容以目前地质学发展概况和技术进行组织与安排。课程从不同角度深入地研究地质科学的基本知识，以及地质学在资源与环境方面的应用等内容，突出了基础性与实用性；主要矿物与岩石的识别是地理专业野外工作的基础；地质构造分析是认识区域地理特征的基础，大地构造学说是认识洲际地貌特征和海陆变迁规律的基础；地壳演化历史是了解过去、认识在现在、估测未来的基础；岩矿、地层、构造的基本知识和野外认知能力也是应用地质学的基础理解常见的地质现象产生和演化的机理，初步掌握地质科学的基本工作方法，为相关学科的学习和科学研究服务。

二、专业主干课程

（一）气象学与气候学

1. 课程概述

气象学与气候学是地理科学专业的专业主干课程，课程性质为必修。气象学是以大气为研究对象，研究大气中物理现象和物理过程及其变化规律的科学。气候学是研究气候特征、形成、分布和演变规律，包括一般原理、气候特征的时间和空间分布、演变及其分类，以及气候与其他自然因子和人类活动的关系学科。作为地理科学中的一门基础学科，自然地理学中重要的分支学科之一，气象学与气候学也与自然地理学中的其他分支学科有着密切关系。气象学与气候学的知识体系也有较为广泛的实用性，如在生产建设中的应用，农业、沿海的盐渔业生产、海陆空的交通运输、城市建设及水利建设、国防建设等方面的应用。气象学与气候学属于自然地理学中的一个分支，它对整个地球环境影响巨大，与区域地理学及部门地理学关系密切。地球表层系统各要素均与之相互影响。气象学与气候学和区域地理学相互作用、相互影响表现为不同的自然地理环境形成不同的气候类型，气候条件的不同又深刻地改变着自然地理环境，如潮湿地区与干旱地区的植被差异明显、东亚海陆热力差异巨大等。气象学与气候学和部门地理学的相互作用、相互影响表现为气候条件不同，地貌类型不同。气候条件不同，土壤类型不同，气候是影响土壤形成过程的最基本因素之一，它影响着成土的过程、方向、强度等，如热带土壤为砖红壤、温带土壤为暗棕壤。

2. 目的要求

通过课堂教学和野外实习，使学生掌握气象学与气候学的基础知识、基本原理和基本方法；掌握运用上述基本原理分析问题、解决问题的能力。掌握学习和探究气象学与气候学问题的基本方法。通过课程学习，使学生具有良好的自学习惯和能力，具有一定的对大气科学问题的理解和科学思维能力；使学生具有一定的实践能力和综合分析能力，能独立完成气象实验，能综合运用所掌握的理论知识和技能，分析和解决实际问题；使学生具有中学地理教学中有关气象气候部分的教学能力，今后能指导中学生的相关课外活动。

在教学过程中，通过多媒体技术及相关实验，向学生展示大气的运动过程、天气系统，以及气候的分布变化。通过气象观测场及气候资料的统计分析等实验让学生更加直观地学习气象与气候学的相关知识，在进行科学知识传授的同时，也进行爱国主义教育。

3. 核心知识内容体系

课程的主要内容有引论、大气的热能和温度、大气的水分、大气的运动、天气系统、气候的形成、气候的分布和变化等。包括大气热学、大气水分、大气运动、天气系统、气候形成、气候带和气候类型、气候变化及人类影响等内容。在气候系统，了解大气环流、海-气作用及青藏高原对气候的影响，以及观测和研究各种各样的大气现象，从定性和定量两个方面说明大气层与下垫面之间的相互作用及人类活动所产生的气象效应；系统地、科学地解释这些现象、作用和效应，阐明它们的发生和演变规律；根据所认识的规律分析，诊断和预测过去、现在和未来的天气，为国民经济和人们的日常生活服务；从理论和实践上探索和模拟人为的天气过程、人为气候环境，为人工影响天气、气候提供科学依据。根据大气科学发展的新成果和卫星气象获取的新资料，结合陆地表面、海洋、冰雪覆盖层和生物圈来研究气候的形成原因，结合国民经济的需要，研究气候的地理分布规律、气候分类方法，进行气候分类和区划；研究气候变化的原因，掌握变化规律，探索气候预报的方法和途径，从而进行气候预报；探索人类利用气候、改造气候的方法、途径，有效地利用气候资源。本课程注重于反映天气系统的变化过程及气候与其他自然因素之间的关系及其与人类之间的相互影响。

（二）地貌学

1. 课程概述

地貌学是地理科学专业的专业主干课程，课程性质为必修。地貌学是研究地球表面的形态特征、成因、分布及其发育规律的一门科学。作为地理科学中的一门基础学科，自然地理学中最为重要的分支学科，地貌学的理论部分所涉及的内容与地理学的各门分支学科，尤其是自然地理学的分支学科均发生密切的关系。地貌学的知识体系有较为广泛的实用性，如在地质调查、区域开发、土地科学、城乡建设规划、水利、交通和港口工程的建设、农业生产、水土保持、减灾防灾等方面，地貌学的知识均可以发挥相应的作用。从科学历史来看，地貌学脱胎于地质学，与地质学有着不可分割的关系。地质动力学中的内营力和外营力构成了地貌学的动力基础，构造地质和第四纪地质是地貌形成发展的背景和基础。地貌学与地理学分支学科关系十分密切。地形与气候、水文、土壤、植物等同为自然地理环境的组成要素，它不仅与其他自然要素之间有相互作用和普遍联系，而且是自然景观的主要组成部分。世界地形的主要类型和它的分布规律都受气候条件的影响和控制，如温暖湿润地区的流水地貌、干旱地区的沙漠地貌；土壤的发育和植物的生长也深受地形的影响。地貌学与很多关于自然作用过程的学科也有着密切的关系。河流地貌与海岸地貌学着重依赖于流体力学与沉积学；块体运动、风化作用、风力作用的研究要凭借大气科学、土壤科学和空气动力学；某些地形类型的研究需要用地球物理学与火山学的原理和方法；人类对地形影响的研究要依靠地理学和人类生态学的分支学科。

2. 目的要求

通过对地貌学的教学，使学生掌握地貌学的概念、研究对象，能阐述内外营力在地貌形成发展演变中的作用；了解熟悉地貌学的发展历程（古代地貌的萌芽阶段、近代地貌学发展阶段和现代地貌学的发展阶段）及其特点。了解地貌学在生产实践中的应用，分析地貌学的发展趋势及其与其他学科的关系。在野外能辨识常见的地貌现象并进行简单解释；能运用地貌学知识解决生产实践和资源环境管理问题；能结合中国或家乡或学校所在区域的具体地貌情况，正确评价地貌条件对当地工农业生产布局、城镇建设、交通港口建设、水利工程、旅游开发、人居环境、生态建设等社会经济发展的影响效应，并能提出有针对性的合理利用地貌、改造自然的对策措施。能编写简单的野外地貌调查报告。

在教学过程中，通过多媒体技术，向学生展示祖国各地的自然面貌，如青藏高原的现代冰川、冰缘地貌形态，干旱地区的风成沙丘和黄土堆积，各种气候条件下的岩溶地貌形态，以及我国主要河流不同河段的河床及冲积平原形态。

3. 核心知识内容体系

课程从不同时空尺度深入地研究各种地貌的特征、形成过程、发展趋势与演变规律，总体框架分为地貌学基本理论、各种地貌的特征与成因，以及中国大陆地貌格局的形成演化三部分内容。具体包括地貌学的研究内容及其意义、地貌的构成和形态测量、地貌学的基本研究方法、地貌学史和基本理论、全球大地构造地貌、风化过程、坡地发育与重力地貌、流水地貌、岩溶地貌、冰川地貌、冻土地貌、风沙地貌、黄土地貌、海岸地貌与气候地貌，最后讨论中国构造、气候地貌的形成及青藏高原在地质历史时期的发展演化。本课程注重反映现代地貌学研究的最新成果、体系，讲授内容以目前地貌学理论和技术进行组织与安排。

（三）水文学

1. 课程概述

水文学是地理科学专业的专业主干课程，课程性质为必修。水文学是研究地球表面水体的形成、演化、分布和运动规律及其与自然环境和人类社会的关系及相互作用的学科。作为地理科学中的一门基础学科、自然地理学中极为重要的分支学科，它与自然地理学中一些其他分支学科也密切相关。水文学的知识体系也有较为广泛的实用性。例如，在水资源的保护与开发、防洪减灾、水利交通建设、水土保持等方面，水文学的知识均可发挥相应作用。从科学历史发展来看，水文学在其发展过程中与气象学、地质学等学科关系十分密切。水文学的发展对相关学科的发展研究意义重大，人类对水文和水资源的研究可以通过掌握水文规律，最大程度上地趋利避害，解决水污染与水资源短缺等问题。

水文与气候、岩石、土壤、植物等同为自然地理环境的组成要素，它不仅与其他自然要素之间有相互作用和普遍联系，而且是自然景观的重要组成部分。水是成云致雨的物质基础，是天气现象形成的基本条件，也是维持生命存活、保证生物体正常生长发育必需的物质之一，水分状况是区域动植物特征的重要形成因子。在土壤发育和区域景观特征形成中也起着重要作用。因此，水文学对分析自然地理其他要素和综合特征有着重要作用。

2. 目的要求

本课程教学的主要目的和基本要求是通过教学使学生掌握地球上水的性质、分布、循环、运动变化规律及其与地理环境、人类社会之间的相互关系；以水循环、水量平衡为纲，将地球各圈层中的水体，按水循环过程作系统的、有机联系的阐述，使学生掌握各种水体运动、变化和相互转化的基本理论及分析计算方法。另外，通过本课程的教学，使学生掌握水资源开发利用和保护的一般知识，并为后续课及中学地理教学提供必要的基础知识。

在教学过程中，通过多媒体技术，向学生展示地球上的河流、湖泊、冰川、沼泽，以及不同气候条件下的水体形态、水污染现状，我国的水文区划、水资源保护。

3. 核心知识内容体系

课程内容从不同时空尺度深入地研究各种水资源的特征、形成过程、发展趋势与演变规律，总体框架分为水文学基本理论、各种水体的特征与成因，以及水资源利用保护三部分内容。具体内容包括水文循环与水量平衡的理论；水分循环各环节的概念和理论；河流、湖泊、沼泽、冰川、地下水、海洋等各种水体的水文规律和研究方法；天然水质及其保护和人类活动的水文效应问题；水文区划的基本理论与方法。本课程注重反映目前水文学研究的最新成果、体系，讲授内容以目前水文学理论和技术进行组织与安排。

（四）土壤地理学

1. 课程概述

土壤地理学是地理科学专业的专业主干课程，课程性质为必修。土壤地理学是研究土壤与地理环境相互关系的学科，是土壤学和自然地理学之间的边缘学科。它研究土壤的形成、演变、分类和分布，为评价、改良、利用和保护土壤资源，发展农、林、牧业生产，提供科学依据。土壤地理学的理论部分所涉及的内容与地理学的各门分支学科，尤其是自然地理学的分支学科均发生密切的关系。土壤地理学的知识体系也有较为广泛的实用性，如在农业生产、工程建设、环境污染防治等方面，土壤地理学知识均可发挥相应的作用。从土壤地理学的发展历史来看，土壤地理学在其发展过程中受到自然地理各要素影响及制约，并且土壤是母质、气候、生物、地形和时间五大自然成土因素综合作用的产物。土壤地理学对相关学科的发展意义重大。

土壤地理学的发展与地质地貌学和气候学关系密切，气候影响土壤的水热状况，而水热状况又直接或间接影响岩石风化、土壤溶液和土壤空气的迁移转化过程，气候影响着岩石矿物风化程度，对土壤有机物质的积累和分解也起着重要的作用。

2. 目的要求

通过课堂教学使学生理解土壤及土壤肥力的概念，明确土壤在地理环境中的地位；了解土壤地理的研究对象、内容、方法及发展简史，掌握土壤原生矿物、次生矿物的概念和类型，土壤矿物质对土壤物理、化学性质的影响；掌握土壤有机质的概念、来源、分类及土壤有机质的转化过程；理解土壤结构的概念、类型及其对土壤物理性能及肥力的影响；理解土壤溶液的酸碱反应、氧化还原反应及土壤缓冲性能的机理；掌握土壤胶体的概念、性质，土壤胶体吸收性能的概念、种类及其对土壤肥力的影响。了解土壤形成因素学说的基本观点；重点掌握五大成土因素在成土过程中的作用；理解人类活动在成土过程中的作用及成土因素的相关性问题；掌握地质循环和生物小循环在成土中的作用及各主要成土过程中主要的物理、化学和生物作用的过程。了解中国土壤系统分类中土纲的形成条件、主导成土过程、诊断层及诊断特性。掌握 14 个土纲之间具有明显的发生联系、形态特征及空间分布联系。

3. 核心知识内容体系

课程内容在土壤学基础知识的支撑下，从各类土壤的诊断性状、生成过程及其与地理环境之间的关系，阐述土壤在空间分布的状况和基本规律。本课程注重反映目前土壤地理学研究的最新成果、体系，讲授内容包括土壤剖析、土壤发生、土壤的分类、土壤的类型及注意用生态学观点研究土壤地理学；土壤学与地理学及其他有关学科的联系和渗透；土壤学向指标化、数值化发展及介绍土壤学未来的发展方向。其中，课程核心内容主要是土壤剖析，包括土壤原生矿物、次生矿物、土壤胶体及土壤有机质的概念，土壤胶体吸收性能的概念、种类及其对土壤肥力的影响。

（五）植物地理学

1. 课程概述

植物地理学是地理科学专业的专业主干课程，课程性质为必修。植物地理学是研究植物在地球表面分布规律的科学，包括植物区系地理学与植被地理学两个分支。它研究植被的分类、植物类群、植物区系、植物群落及世界植被类型。植被地理学的理论部分所涉及的内容与地理学的各门分支学科，尤其是自然地理学的分支学科均有密切的关系。土壤地理学的知识体系也有较为广泛的实用性，如为农业生产种植、植物保护及确定自然保护对象，自然保护区设置地点、范围及保护区网的布设等提供依据。从科学历史来看，植物地理学的发展与其他自然地理学有着密切联系，植物地理学与生态学相互联系、相辅相成。植物地理学与群落生态学、景观生态学、全球生态学、植物生态学、地生态学有着密切联系。

植物地理学与自然地理学分支学科关系十分密切。植被与气候、水文、土壤、地形等同为自然地理环境的组成要素，它不仅与其他自然要素之间有相互作用和普遍联系，而且是自然景观的主要组成部分。世界植被的主要类型和它的分布规律都受到气候条件的影响和控制，如热带地区的热带雨林、温带地区的温带落叶阔叶林；植物的发育和生长也深受各地理要素的影响。

2. 目的要求

通过课堂教学和实验使学生系统地掌握植物分类类群、植物区系、植物群落、植被与环境条件的关系等内容。通过本课程的学习，使学生建立完整的植物地理学理论体系；掌握植物地理调查的基本能力和室内实验分析的基本方法。使学生掌握植物与地理环境之间的关系，从宏观上把握土壤、植被分布的基本规律。要求学生掌握植物类群、区系、群落等的基本理论，对中国的土壤、植被的类型、分布规律性有较为全面的掌握，使学生具备从事中学地理教学的能力，并为后续课程学习和科研打下基础。

在教学过程中，通过多媒体技术，向学生展示世界各地的自然植被，如荒漠地带植被类型、温带地区植被类型、植被的地带性分布，以及我国不同地带的植被类型差异。

3. 核心知识内容体系

课程从不同时空尺度深入地研究各种植被的特征、形成过程、发展趋势与演变规律，总体框架分为植物分类类群、演化与地理环境。本课程注重反映现代植物地理学研究的最新成果、体系，讲授内容主要包括植物分类类群、演化和地球环境、植物区系分析、植物生活与环境、植物群落及世界植被地理。重点了解掌握植物区系概念，理解植物区系研究意义，掌握植被分布的地带性规律，了解世界植被分布的规律性及中国植物群落的类型。

（六）综合自然地理学

1. 课程概述

综合自然地理学是地理科学专业的专业主干课程，课程性质为必修。综合自然地理学是研究自然地理环境结构的科学。它的研究对象是自然地理环境的整体性、分异性、结构和功能，包括自然地理环境各要素的相互联系、相互依存和相互制约，自然地理环境的地域分异规律，制定等级系统，划分各级自然地理综合体及其动态、发展史，预测其未来变化，以及人类与整体自然环境的关系等。综合自然地理学的理论部分所涉及的内容与地理学的各门分支学科，尤其是自然地理学的分支学科均有密切的关系。综合自然地理学的知识体系也有较为广泛的实用性，如在农业区划、国土整治与开发、工业布局交通建设、旅游等多方面，综合自然地理学均能发挥相应的作用。综合自然地理学是在部门自然地理学的基础上对自然地理环境整体进行系统的综合研究。地球表层自然系统是由大气圈、水圈、岩石圈、生物圈相互作用而构成的。研究大气圈、水圈、岩石圈、生物圈的核心学科分别是大气科学、水文学、地质学与生物学。综合自然地理学是大气科学、水文学、地质学与生物学的交叉学科或边缘学科。

作为地理学分科的自然地理学与地理学的其他分科有密切关系，区域经济地理研究必须与区域自然地理研究结合进行。综合自然地理研究如果能考虑区域经济开发的要求，则能更好地为生产实践服务。当代环境污染的严重性及人们保护和改善环境的迫切性，导致一门新的综合性学科，即环境科学形成。它汇集了自然科学、技术科学及社会科学，共同对这个新领域进行综合研究。综合自然地理学也责无旁贷参与其中。

2. 目的要求

通过课堂教学使学生掌握自然地理学的研究对象，正确理解其内涵，了解自然地理学的研究领域、研究方法和研究意义，正确认识自然地理学与相邻学科的关系，地球圈层的结构性与物质能量交换关系，自然地理系统的物质构成，地貌、水文、生物、土壤自然过程，地域分异的基本规律。

在教学过程中，通过多媒体技术向学生展示世界各地的自然地理景观，物质与能量的交换过程，气候带的分布及地域分异规律等。

3. 核心知识内容体系

课程从不同角度深入地研究各自然地理要素（气候、地貌、水文、土壤、植被和动植物界等）的特征、形成机制和发生规律；各自然地理要素的相互关系，彼此间的本质联系和作用效应；自然环境的动态，从整体上阐明其变化规律，预测演变趋势；自然地理环境的空间分异规律，划分不同等级的自然综合体；确定其特征和开发利用方向；参与自然条件、自然资源的评价及自然灾害防治研究；协调环境、资源、人口和发展的关系，探求自然环境和资源的永续利用途径。本课程注重反映自然地理学研究的最新成果、体系，讲授内容以目前自然地理学发展概况和技术进行组织与安排。

三、专业方向课程

（一）灾害地理学

1. 课程概述

灾害地理学是地理科学专业的专业方向课程，课程性质属于选修。灾害地理学是研究地理环境中各类自然灾害的发生、发展和分布的地理规律及其对地理环境影响和防治对策的地理学分支学科，是应用地理学与自然灾害学之间的交叉学科。它与自然地理学的其他分支学科有着密切的关系。灾害地理学的知识体系也有着较为广泛的实用性，如在分析各类自然灾害区域分异规律、区域开发、国土整治等方面灾害地理学的知识体系发挥着巨大作用。灾害地理学在其发展过程中与生态学，以及气象学与气候学、土壤学、水文学、地貌学等都有着密切的联系。灾害地理学研究的是各类自然灾害区域分异规律、形成机制和本质联系、发生发展趋势，以及定量分析评定；各种防御措施的效果分析，进行经济核算，提出最佳防御决策。因此，在其发展过程中自然地理各要素的变化对其产生深刻的影响。灾害地理学的发展与经济地理学的发展也密切相关，如其在区域规划、国土资源开发中的应用。

2. 目的要求

通过课堂教学培养学生利用灾害学的基本原理分析灾害现象和过程的能力，要求学生了解灾害科学的基本知识，理解常见的自然灾害现象产生和演化的机理，初步掌握灾害地理学的基本工作方法。

在教学过程中，通过多媒体技术向学生展示灾害种类及应对措施，使学生认知灾害的主要类型和影响因素，掌握各种灾害的时空分布规律及其机制，了解灾害对人类的危害方式和影响程度。

3. 核心知识内容体系

课程从不同角度让学生掌握灾害地理学的概念、特征及性质；地震、滑坡与泥石流、洪水、气象、海啸、火山、生物灾害等各种灾害的概念与分类、成因及特征，地理分布及危害，应急处理和防治措施；灾害的区域分异及形成因素。旨在让学生熟悉并基本掌握灾害地理学的基本理论、方法和实际工作能力，培养学生运用灾害学的理论、方法分析灾害现象、过程、演变与防治，并能解决实际灾害问题。本课程注重反映灾害地理学研究的最新成果、体系。讲授内容以目前灾害地理学发展概况和技术进行组织与安排。

（二）生态学概论

1. 课程概述

生态学是地理科学专业的专业方向课程，课程性质属于选修。生态学是研究生物与环境之间相互关系的学科。作为地理科学中的一门重要学科，生态学的理论部分与地理学的其他分支学科，尤其是自然地理学的分支学科有着密切的关系。生态学的知识体系也有着较为广泛的实用性，如在运用现代生物技术开发生物资源、维护生态安全、管理自然环境等方面生态学知识体系发挥着重大作用。

生态学在其发展过程中与环境学、灾害学密切相关。它们之间的发展是相辅相成的关系。气候、水文、土壤、植物都属于生态环境的一部分，都是生态学所要研究的对象，生态学研究各自然地理要素的发展状况及各自然地理要素与环境之间的关系。因此，它对自然地理其他学科的发展起着重要作用，自然地理其他学科研究的发展进步也在不断推动着生态学的发展。

2. 目的要求

通过课堂教学让学生了解当前生态环境问题及其与生态学研究的关系，明确生态系统平衡的现实意义及我国主要生态系统的特点与分布；体现生态学学科的综合性和复杂性，把握学科发展趋势、前沿领域、热点问题和最新的研究成果，探讨实现可持续发展的有效途径；目的在于树立学生的生态保护意识，激发学生对生态环境问题认识、治理及管理等方面内容的学习兴趣，为后续环境相关课程的学习打好基础，也为日后从事生态、环保相关专业工作作铺垫。

在教学过程中，通过多媒体技术向学生展示种群及其基本特征、种群间的相互关系等。在进行科学知识传授的同时，也进行爱国主义教育。

3. 核心知识内容体系

课程从不同角度全面系统地介绍生态学基本概念、基本原理、基本思想和基本事实，主要体现在个体生态、种群生态、群落生态和生态系统生态几个层次，生态保护与环境可持续保育的关系；生物与环境之间的必然联系，种群增长模型、群落演替、生态系统物质循环与能量流动及其建立在这些理论之上的生态过程及其机理的分析。主要内容包括生物与环境、种群及其基本特征、种群生活史、种内与种间关系、生物群落的组成与结构、生态系统的一般特征、生态系统的物质循环与能量流动，其中重点内容是生物与环境。

（三）环境科学概论

1. 课程概述

环境科学概论是地理科学专业的专业方向课程，课程性质属于选修。以“人类-环境”系统为研究对象，研究它的发生和发展、调节和控制、改造和利用。环境科学作为与自然地理学相关的重要课程，环境科学的理论部分所涉及的内容与地理学的各门分支学科，尤其是自然地理学的分支学科均有密切的关系。环境科学的知识体系也有较为广泛的实用性，如在环境保护、污染物治理、噪声污染治理等方面环境科学知识体系均发挥着巨大作用。

当代环境污染的严重性及人们保护和改善环境的迫切性，导致一门新的综合性学科即环境科学的形成。它汇集了自然科学、技术科学及社会科学，共同对这个新领域进行综合研究。环境科学具有涉及面广、综合性强、学科交叉与渗透较多的特点，曾一度侧重于污染物在环境中的运动规律、环境质量变化、污染物的生物效应对人体健康的影响及其控制和改善的方法等研究。

2. 目的要求

通过课堂教学使学生掌握环境概念、环境科学、环境问题的基本知识，大气污染及防治的基本知识和基本理论，以达到保护大气环境的目的；掌握水环境污染及防治的基本知识和基本理论，学习和探究环境科学问题的基本方法。培养学生综合分析能力及实践能力；培养学生环境科学素质、科学思维和研究能力，提高学生的环境保护意识。通过课程学习，使学生具有一定的对环境科学问题的理解和科学思维能力；开展实践活动，使学生具有一定的实践能力和综合分析问题的能力，具有从事一定环境科学及其相关领域科学研究的能力；具有中学地理教学中有关环境保护部分的教学能力，能指导今后中学生的有关课外活动。

在教学过程中，通过多媒体技术，向学生展示大气污染、水污染、土壤污染的种类，使学生具有一定的对环境科学问题的理解和科学思维能力。

3. 核心知识内容体系

该课程主要内容包括：环境、环境科学、环境问题概述，大气污染和污染物、大气污染物的化学转化、大气污染物扩散和输送、大气污染的危害、大气环境管理，水环境概述、水体污染源和污染物、水体富营养化过程、水环境污染控制和管理，土壤环境污染、重金属及化学农药对土壤的污染、土壤污染的防治措施，固体废弃物与分类、固体废弃物污染途径、固体废弃物污染的危害与防治，环境噪声特征、来源、危害和噪声控制的基本途径等。课程从不同角度深入地探讨大气污染、水污染、土壤污染、噪声污染的种类、特征及环境保护等，提高学生的环境保护意识，促进环境保护和环境教育事业的发展。

（四）水土保持学

1. 课程概述

水土保持学是地理科学专业的专业方向课程，课程性质属于选修。水土保持学是研究土地资源和水资源的保护及合理利用的一门科学，作为与自然地理学相关的一门课程，它与自然地理学的其他分支学科有着密切的联系。水土保持学的知识体系也有着较为广泛的实用性，如在研究土壤侵蚀、水土流失的防治措施、水土保持动态监测系统等方面水土保持学的知识体系发挥着重要的作用。从科学历史的发展过程来看，水土保持学脱胎于水文学和土壤学，它主要研究水土流失及土壤侵蚀等，并且水土保持学的发展也受到自然地理学其他分支学科的影响，如气象学与气候学、地质地貌学等。自然地理学的发展推动着水土保持学的进一步研究和发展。

2. 目的要求

通过课堂教学培养学生应用水土保持原理指导水土资源的合理开发、利用和保护。掌握土壤侵蚀、水土流失和水土保持等基本概念的内涵和水土保持的意义；熟悉水土保持的研究内容、中国土壤侵蚀的基本特点和中国水土保持应重视的问题；理解我国水土流失的现状及其危害，了解国内外水土保持的发展历史。

3. 核心知识内容体系

课程主要内容包括土壤侵蚀、水土流失和水土保持基本概念，水土保持的研究内容，我国水土流失的现状及其危害，国内外水土保持的发展历史，水土保持与其他学科的关系；土壤侵蚀过程、土壤侵蚀地带性分布规律，水、沙平衡原理，景观生态学原理；土壤侵蚀分类系统、水力侵蚀的主要形式和特征，土壤侵蚀程度和强度分级，影响土壤侵蚀的各种因素；水土保持的工程、生物、农业技术措施；水土保持效益估算与评价动态监测与管理等。

（五）水资源管理

1. 课程概述

水资源管理是地理科学专业的专业方向课程，课程性质属于选修。水资源管理是以河川径流为研究对象，包括地表径流、壤中流、地下径流。作为地理科学中的一门重要学科，水资源管理学的理论部分所涉及的内容与地理学的各门分支学科，特别是自然地理学的分支学科均有密切的关系。水资源管理学的知识体系也有较为广泛的实用性，如在水资源的开发、水价的制定、水污染治理等方面水资源管理学的知识体系发挥着巨大的作用。从科学历史发展上来看，水资源管理学脱胎于水文学，水文学是水资源管理学研究的基础，水资源管理与水资源现状、水污染情况等密切相关，水文学的知识体系及研究成果是水资源管理学发展的基础。随着水文学的发展水资源管理学才能进一步发展并且不断地得到完善。

2. 目的要求

通过课堂教学培养学生掌握地球上水资源概况、水资源调查和评价方法、水资源规划管理开发利用和保护等知识；使学生掌握地球上水资源概况、水资源调查和评价方法、水资源规划管理开发利用和保护的知识，并为后续课及中学地理教学提供必要的基础知识。

3. 核心知识内容体系

内容以目前水资源管理利用发展概况和技术进行组织与安排。课程从不同角度介绍水资源管理研究内容、水资源开发利用的现状、水资源管理研究方法、地表水调查内容、地下水调查的任务及原则、水文地质调查方法成果、水文分析与计算方法。主要内容包括：地表水资源量评价指标与评价方法；水资源供需平衡分析；地下水资源分类、评价内容与原则；地下水补给量和储存量的计算，允许开采量的评价模型；水质指标体系与天然水化学特征；生活饮用水评价、工业用水评价、农业用水评价、农业用水途径、农业用水量计算；生活用水特点；生活用水定额及生活用水与健康；生活用水处理技术；水资源管理的内涵和水资源管理目标；水资源管理中的法律管理、经济管理和行政管理。

（六）城市气候学

1. 课程概述

城市气候学是地理科学专业的专业方向课程，课程性质属于选修。城市气候学是以包括城市边界层、城市覆盖层和城市尾羽层在内的局地气候为研究对象的一门学科，作为与自然地理学相关的一门课程，它与自然地理学的其他分支学科也有着密切的联系。城市气候学的学科知识体系有着较为广泛的实用性，如在研究大气污染、城市气候灾害的防御和局地气候改善等方面发挥着重要的作用。

从科学发展角度来看，城市气候学的发展脱胎于气象气候学，气象气候学的研究成果对于城市气候学的研究与发展具有很大的参考价值。作为气象气候学的下属分支学科，城市气候学的研究对象是与气候相关的地理现象，如热岛效应、大气污染、城市气候灾害等。因此，城市气候学的研究依赖于气象气候学，以及其他自然地理分支学科的研究。

2. 目的要求

城市气候学课程的教学目标是要求学生掌握城市气候的特征、时空分布规律、形成原因；城市气候灾害的防御等基础知识、基本理论和基本原理。掌握城市气候学实验技能，掌握学习和探究城市气候问题的基本方法。培养学生运用城市气候学理论方法独立分析、研究和解决城市气候问题的能力，为学生将来从事地理教育、地理研究、城市建设、城市规划、环境保护等工作奠定基础。

通过课程学习，使学生具有一定的对城市气候问题的理解和科学思维能力；使学生具有一定的实践能力和综合分析能力，能独立完成城市气候学实验，能综合运用所掌握的理论知识和技能，分析和解决实际问题，具有一定从事相关领域科学研究的能力和创新能力。

3. 核心知识内容体系

城市气候学以包括城市边界层、城市覆盖层和城市尾羽层在内的局地气候为研究对象，介绍城市气候的特征、时空分布规律、形成原因；城市气候灾害的防御等基础知识、基本理论和基本原理。主要内容包括：绪论；城市的大气污染；城市的云量、日照和辐射；城市能量平衡和水分平衡；城市热岛；城市的风场；城市的温度、雾、降水和能见度；城市气候灾害的防御和局地气候改善等。

（七）全球变化

1. 课程概述

全球变化是地理科学专业的专业方向课程，课程性质属于选修。全球变化是研究地球系统整体行为的一门科学。它把地球的各个层圈（如大气圈、水圈、岩石圈和生物圈）作为一个整体，研究地球系统过去、现在和未来的变化规律和控制这些变化的原因和机制，从而建立全球变化预测的科学基础，并为地球系统的管理提供科学依据。它与自然地理学其他分支学科密切相关，全球变化的学科知识体系也有着较为广泛的运用，如在环境污染、自然灾害、全球气温变化、海平面变化等方面，全球气候变化的知识体系发挥着重要的作用。

从全球变化的研究发展角度来看，全球变化作为研究地球系统整体行为的一门科学，它与自然地理各要素都息息相关，与自然地理学的各分支学科紧密联系在一起，全球变化学的研究发展得益于各分支学科的不断发展。各自然地理学分支知识体系也在广泛应用于全球变化的各分支学科中，海平面变化的研究得益于水文学的发展，环境污染研究与环境学息息相关，各种自然灾害的研究与土壤学、地质地貌学、气候学等息息相关。全球变化从自然地理学各分支学科发展而来，反过来又对自然地理学的各分支学科做出贡献。

2. 目的要求

通过课堂教学培养学生了解掌握全球尺度上自然和人为原因造成的环境变化问题的实质，掌握全球变化的过程与驱动力和人类对全球变化的影响与适应，同时帮助学生从时间维，认识地球表层系统在不同时间尺度上的变化规律及人与环境相互作用的规律，认识地理环境的过程、区域特征的形成和人地关系等问题，使学生建立起地理科学是时空耦合的综合科学的观念。增强学生关注地球、关注环境和从整个地球系统认识环境变化的意识。

3. 核心知识内容体系

本课程讲授内容以目前全球变化发展概况和技术进行组织与安排。课程从不同角度讲述全球变化的概念、过程和驱动力，人类对全球变化的适应及全球变化的研究方法与技术，按过去、近现代和未来的时间顺序，揭示各时间尺度上全球变化的特征；地球系统各部分在全球变化过程中的彼此关系，以及全球变化与人类的相互作用；介绍影响我国现代环境特征的重大历史环境演变事件，长期人类活动对环境的影响，重点强调未来全球变暖背景下我国环境变化的趋势及影响等。

第三节　自然地理学学习方法

一、坚持综合性与区域性的理念

在学习自然地理学时，坚持综合性与区域性的理念，就是运用正确的思想和规则去指导我们学习自然地理学，这是学习自然地理学的大前提和必备思想。

综合性是指自然地理学多学科交叉、多要素融合的性质。自然地理学研究的对象是地球表层自然环境，它涉及四大基本圈层（大气圈、水圈、岩石圈和生物圈），同时也包含五大要素，即地、气、水、生、土。也就是说，它研究的对象涉及许多方面、许多要素。这些要素相互作用、相互影响，构成了人类赖以生存的地表环境。因此，多要素的融合便成了自然地理学的特征。值得注意的是，这里是多要素融合，而不是多要素的拼凑，拼凑只是简单的综合，不是真正意义上的自然地理学的综合。也可以说，自然地理学是地质科学、生物科学、大气科学、水文科学等学科的交叉学科。这里多学科的交叉，不是多学科知识的拼凑，而是建立在多学科基础上具有自身特色与体系的综合。

多要素的融合、多学科的交叉，决定了自然地理学具有综合性的特征。尽管其他一些学科也具有一定的综合性，但自然地理学的综合性表现得更明显一些。在学习自然地理学的过程中，坚持用综合性的理念去看待问题，就是教导我们全面分析问题，用整体的思维去思考问题，不要以偏概全；要看到其中要素相互作用、相互联系的方面，进而综合分析，整体把握。

地球表层自然现象空间分布不均一的特点，决定了自然地理学研究的区域性特点。区域性是自然地理学的本质特征，是区别于其他学科最根本的性质。人的一切活动都离不开区域，即使区域内的事物呈现出相似的某些特点，又以区域的边界使其与另外的区域相区别开来。研究特定区域的自然地理特征、与其他区域的相互联系和区域内的分异规律正是自然地理学的根本任务。

在学习自然地理学的过程中，要坚守区域性的理念，就是学会具体问题具体分析；在分析自然地理学问题时，要根据区域的不同情况考虑问题的不同方面，甚至同一区域的同一问题，只要某一要素的改变，其答案也将会是千差万别。

综合性和区域性是自然地理学的性质，二者的存在贯穿于学习自然地理学的始末，坚持综合性和区域性的理念，并不是让我们分裂地看待这两种思想，而是二者的融会贯通、相辅相成。在分析问题时，既要考虑自然地理的多要素、多学科的综合特性，又要明确其区域特性，具体问题具体分析。

二、注重理论与实践的结合

作为一门学科，自然地理学是理论与实践联系非常紧密的学科，在学习过程中，既要努力学好其理论知识，也要积极参与实践活动，才能把握好这门学科。自然地理学的学习首先是理论课程的学习，包括上一节介绍的各门相关课程的理论学习。同时，还应该多阅读参考书目，多听相关前沿发展报告。关于理论学习，无非是相对传统的学习。预习—上课—复习—作业等环节在理论学习中仍然是行之有效的。在学习过程中注意思考并总结，多尝试写作心得和文献综述。自然地理学课程的理论性强，同时实践性也非常强。因此，要求学生一定要积极主动参与相关实践。大学期间可以参与的实践活动有：各门课程教学计划中开设的实验实习课；学院开设的开放性实验和综合性实验；学院老师的科研项目训练；各种挑战杯等杯赛实验和训练；国内重点大学和科研所举办的夏令营等科研训练活动；全国高校地理科学专业展示大赛等比赛，以及各种相关的学术会议等。

三、熟知自然地理学的研究方法

了解自然地理学的研究方法有助于理解这门学科的原理和知识。自然地理学研究方法也比较多。这里，仅介绍以下几种常用的自然地理学研究方法。

（一）历史自然地理资料的分析和整理

研究以时间为顺序的地理现象，离不开对历史自然地理资料的分析和整理。这里以气候变化研究为例，介绍相关的历史自然地理资料的分析和整理。

目前，气候变化备受关注，不仅仅是为了洞察过去的环境，还为记载和评价日益增长的人类活动影响提供了基础。仪器记录通常太短，不足以提供完整的气候变化情况。基于仪器的气候观测始于17世纪晚期西欧，许多国家都是在19世纪晚期，也就是1873年维也纳气象学会成立之后，才开始建立气象水文观测网络。当前，两极地区的地表气候数据仍然很少。因此，仪器记录对当前自然和人为因素导致的环境变化和发展提供的证据还很少。因而，必须借助代用资料，也就是生物系统、化学系统或者物理系统内可量测的一些属性，来为过去的温度、降水、冰川等的变化提供定量信息。代用资料就是历史（文献）档案或各种自然体系，它们与气候密切关联，而且其结构上随时间而保留下来的某些指标能反映这种关联，它不能提供直接的气候信息记录，但它们能够起到转换器的作用，也就是将一个时间点或一段时间内的气候条件转换为物理的、化学的或生物的信号。

在定量地重建过去气候时，有两类最常用的气候代用资料：一是生物代用资料，来源于对动植物体内组成的分析及对它们生长率的测量，如在北纬地区发现棕榈类树木，就可以推断几千万年前的气候比现在温暖；二是地质代用资料，来源于地球物质经长时间积累而发生的数量变化（物理变化和化学变化），主要包括海洋或湖泊的沉积物，以及两极的冰川和冰川高原等，通过分析这些地球物质的沉积率、物理性质（大小、形状）和地球化学性质（矿石、微量元素及同位素组成）来提供过去的气候信息。

历史古气候信息的潜在来源也包括古代抄本、记录、官方档案、个人财产记录、海运及贸易记录、个人文集（日记信件等）和科学或准科学文献（如非仪器记录气象杂志）。这些历史资料包括：直接的天气观测资料，如霜冻、降雨、降雪的记录；与天气相关的现象的记录，如干旱、洪水的记录；物候记录，它主要记载由天气决定的生物现象，如乔木、灌木的开花时间，候鸟的迁徙及农作物的生产。文献记录通常能够准确地确定事件的时间，从而提高时间分辨率，还常常描述与人类密切相关的重要事件。但是许多记录都是不连续的、局部的，还可能受不同观测者的主观影响。同时，文献记录通常用来关注那些极端事件，而不能记载长期的变化趋势，因而很难对数据进行复杂的统计分析。

（二）野外考察与采样方法

野外考察既是地理课堂教学的延续和补充，也是系统培养学生独立从事野外调查与研究工作的重要过程。自然地理学具有很强的实践性，要求地理工作者必须到野外去全面考察、分析地理要素和地理过程的发生、发展与分异规律， 以便总结和探讨人地关系的时空演变特征及其地域系统协调共生的根本途径。

掌握野外考察这一学习方法，可以扩大地理视野，提高地理思维能力。地理野外考察是学习者充分接触大自然和人类社会的实践过程，在野外考察中因穿越不同的地理景观带，不仅开阔了视野，使课堂上所学的知识和理论得到印证，而且自然界和人类社会中出现的许多地理学问题会引发更多的思考和探索，从而加深对问题的研究、理解和记忆，提高地理思维能力。野外考察还可以培养野外考察和研究技能。在整个过程中，学习者运用罗盘、高度表、地质锤、土壤刀、标本夹及地形图、地质图、遥感图像等工具和资料，对各观察点进行认真的观察、测量、测试、访问，并做详细记录，必要时还要采集标本、试样，进行填图、摄影等。学生在掌握了这些野外调查的基本要求和方法后，还要进行一段独立的调查工作，在对所获得的第一手材料进行分析、整理、归纳、综合的基础上，得出调查的主要结论，从而提高从事野外工作和科学研究的能力。

采样在自然地理学中包括很多，如岩石采样、土壤采样、生物采样、大气采样、水样采集等。

（三）室内实验分析方法

自然地理学的野外实习花费较多，且受自然地理条件，如气候、水文、植物季相等的制约也较大，需要室内实验加以弥补。同时对于野外调查中所采集的各种样品，也需要根据研究内容进行室内试验分析。自然地理学室内实验涉及的问题较多，如实验的性质、目的、内容、原理、技术、方法、步骤、操作要求、注意事项、仪器和试剂制备、实验组织、时间安排、实验报告要求等。

鉴于自然地理环境的复杂性，自然地理学室内实验的内容可能涉及组成自然地理环境的各个要素及其综合体，相应的实验方法和手段也多种多样，有观察、观测、测量、采样、分析、鉴定、图件判读等。就某一个具体分析测试项目而言，也是方法不一。例如，水环境污染分析中的化学需氧量实验测试，目前有高锰酸钾法、重铬酸钾法两种，高锰酸钾法又有酸性高锰酸钾法和碱性高锰酸钾法之别。

（四）样方调查

样方，也称样本，是从研究对象的总体中抽取出来的部分个体的集合。在被调查种群的生存环境内随机选取若干个样方，通过计数每个样方内的个体数，求得每个样方的种群密度，以所有样方种群密度的平均值作为该种群的种群密度，在抽样时要使总体中每一个个体被抽选的机会均等。抽样是获取较大群体或总体上相对较小部分的消息，通常是为了推断总体的一般特征。抽样的必要性在于：要获得全部总体的信息是不可能的，也是不现实的。无论是在自然地理学还是人文地理学中，无论是哪一种形式，抽样都是几乎所有经验性研究赖以进行的基础。案例研究存在不确定性和局限性，特别是在定量研究中，通常都需要在内部做广延性抽样来采集信息。那如何得到好的样本，就是同学们需要学习和思考的重点了。

（五）数值模拟的方法

数值模拟也称计算机模拟。依靠电子计算机，结合有限元或有限容积的概念，通过数值计算和图像显示的方法，达到对工程问题和物理问题乃至自然界各类问题研究的目的。数值模拟技术诞生于 1953 年，Bruce 和 Peaceman 模拟了一维气相不稳定径向和线形流。受当时计算机能力及解法限制，数值模拟技术只是初步应用于解一维一相问题。两相流动模拟诞生于 1954 年，West 和 Garvin 模拟了油藏不稳定两相流。自然地理学中对数值模拟的应用，主要起到认识、解释与预测的作用。

第四节　自然地理学研究的前沿趋势

自然地理学源于人类对生活环境的观察与认识，是地理学的传统与基础。随着人类社会的发展，新思想的涌现、科技的进步，人类对自然环境的认识水平也在不断提高。当今世界人口不断增多，人类对自然环境的干扰越来越严重，人类的资源消耗越来越多，与此同时，人民生活质量的要求不断提高，对自然环境的稳定性和舒适度的要求也越来越高。这些给自然地理学家们提出了越来越多的新问题，促使和推动着自然地理学研究的不断创新与发展。

一、系统思想与方法在自然地理研究中得到广泛认同与应用

系统的存在是客观事实，一般系统论来源于生物学中的机体论，是在研究复杂的生命系统中诞生的。系统研究包括三个方面：一是系统科学，用各门学科的理论对系统进行科学研究；二是系统方法和技术，即将相关理论（如博弈论）和计算机操作应用于解决各种问题；三是系统哲学，即科学思想和世界观的重新定向。系统研究一般包含四个阶段：①概念界定，包括界定系统组分；②结构分析，包括建立系统组分间的关系；③模型模拟，建立系统模型，解释模型中的联系，不断修正模型；④解题应用，力图对系统模型求解。

普通系统论几乎为所有学科提供了一个新的研究框架。系统理论的思想与方法把自然地理学的各个分支更加紧密地联系起来，为综合研究提供了一个有力的武器。系统模型分析，如生态学模型、土壤侵蚀模型、水文学模型、跨界层模型、全球模型与区域模型等，在自然地理学研究中得到了广泛的认同与应用。

二、关注过程是当今自然地理学的主要使命

自然地理过程就是在地球表层各自然地理成分相互作用下，自然综合体的形成和演变过程。研究自然地理过程的目的在于了解地球表层的形成和演变。通常分为部门和综合两类，气候形成和变化、河谷发育、水文过程、土壤发育、植物群落演替等属于部门自然地理过程，景观形成则为综合自然地理过程。自然地理过程的时间尺度通常分为日变化、年变化、多年变化、长期变化等。现代的变化信息可通过设立定位观察站来取得，或从已有长期观察的气象、水文站台网取得。较长时期的自然地理过程主要用溯因法和遗迹分析法加以重建。

目前自然地理过程研究主要集中于：①坡地侵蚀发育过程及坡地改良利用；②气候变化的自然韵律及人类活动的影响；③水文循环过程与水转化；④土壤-植被-大气连续（soil-plant-atmosphere continum, SPAC）系统研究；⑤自然地理过程的实施研究；⑥自然地理界面过程的综合研究。

随着自然地理过程研究的不断发展完善，未来自然地理过程研究着重于陆地表层过程和格局的综合研究。陆地表层系统包括与人类密切相关的环境、资源和社会经济在时空上的结构、演化、发展及其相互作用，是地球表层最复杂、最重要、受人类活动影响最大的一个子系统。因此，对它的研究是地理科学未来发展的重要趋势。当前，人们日益关注与人类生存密切相关的陆地表层环境的状况和变化趋势。从本质上看，陆地表层的环境变化是特定地域上地表过程的方式和强度在人为或自然因素作用下发生改变的结果。陆地过程的研究将朝微观深化和宏观综合两个方向发展，关键在于地理系统中界面过程的综合研究。其主要意义在于：能有效地研究开放系统间物质、能量和信息的交换，从而促进地理学向理论方面深入；界面过程研究实际上是系统间接口的研究，将促进发展地理学的综合方法，导致跨学科、跨部门的相互渗透和相邻学科成就的引进。

三、全球环境变化研究已经成为自然地理学研究的主要前沿领域

由于日益严重的全球环境变化问题，地球系统科学联盟（Earth System Science Partnership, ESSP）应运而生，由四大全球环境变化计划组成：世界气候研究计划（World Climate Research Programme, WCRP）、国际地圈生物圈计划（International Geosphere Biosphere Program, IGBP）、国际全球环境变化人文因素计划（International Human Dimensions Programme on Global Environ-mental Change, IHDP）及生物多样性计划（DIVERSITAS）。这四个计划分别侧重研究全球环境变化过程中的不同方面，是当前全球环境变化领域主要的国际性研究计划。全球变化研究是20世纪80年代兴起的跨学科、综合性的迄今规模最大的国际合作研究活动，其目的是研究人类所面临的一系列重大而紧迫的全球环境问题，即研究造成这些全球环境问题的物理过程、化学过程和生物过程之间复杂的相互作用，以解释当今日益显见的变化的意义，从而提出措施以减缓或适应全球变化的结果。

全球环境变化用来描述可能改变地球支撑生命能力的环境变化，包括了气候变化、海洋和水资源的变化、陆地的变化、大气的变化、生态系统的变化。地球表层系统作为一个开放体系，太阳辐射、大气成分、大气过程、海陆关系、海洋环流、冰盖、陆地地形、地表组成物质和人类活动等的相互作用，在一个时间序列当中可表现为多层次驱动、响应、反馈、放大等十分复杂的关系。因此，全球变化既会表现出某种周期性变化，又会表现为一些渐变

和突变。

目前全球环境变化的研究主要集中于：①全新世环境演变；②全球环境变化及其区域响应；③极地、高山与冰冻圈（青藏高原）研究；④土地系统及土地人口承载力研究；⑤环境变化及预测、评价；⑥自然灾害及减灾对策的地理研究；⑦生态环境建设、景观建设（生态退化及重建）。

四、自然地理学主导人类活动与环境变化的研究

自然地理学者最早注意到人类活动对环境的影响，并在此类研究中一直居主导地位。自然地理学家作为主要创始者发起了国际全球环境变化人文因素计划（IHDP）。近年来西方国家的研究视角从人类活动与地理环境变化开始转向城市安全、城市环境变化、贫困与环境问题、资源可持续发展等相对更加具体的方面。资源、生态、环境及可以管控的手段成为“人”与“自然”研究的桥梁，资源环境研究的人文化与社会化趋势明显。地理学中的核心概念“空间”和“地域”也越来越多地成为“人”与“环境”研究相结合的重要载体。

各自然地理学分支都重视评价人类活动的影响：①生物地理学与环境考古学联系，重视人类影响的历史时序和生物地理系统演变的效应。②土壤地理学聚焦土壤剖面及其演变、土壤侵蚀与土地利用变化。③气候学关注城市气候、大气污染，研究人类活动对地球表面的热量、水分和粗糙度等参量及大气化学组成的影响，聚焦全球变暖及其区域响应与适应。④地貌学和水文学研究人类活动在沉积年代学过程中的影响，几十年尺度上人类对地貌（如河道）的影响，人类活动影响地貌过程等；综合自然地理学加强了土地利用/覆被变化研究，以及人类活动的世界性影响（如荒漠化、碳收支等）研究。⑤地球灾害研究重视各种极端事件，研究自然灾害与社会经济的关系，研究环境感知影响决策因而影响管理的方式。

土地利用变化是人类活动影响环境变化的最重要、最直接方面，自然地理学特别活跃地参与 IGBP 和 IHDP 共同设立的“土地利用/土地覆被变化（Land-use and Land-cover Change, LUCC）”核心计划。IGBP 在集成研究的基础上，重新调整了研究方向，进入第二阶段（Phase II），LUCC 和全球变化与陆地生态系统（Global Change and Terrestrial Ecosystems, GCTE）已整合为“全球土地计划”（Global Land Project, GLP）。GLP 主要关注 3 个论题领域：①土地系统变化动力学；②土地系统变化的后果；③针对土地可持续性的综合分析和模拟。

城市是人类影响环境最突出、最典型、最剧烈的领域，自然地理学发展出了城市自然地理学分支，研究城市气候、土地向城市利用的转化及其对自然环境的影响，分析排放物，调查城市水体泥沙量、水质、污染物处理场、城市地区下游河道变化等，并促进了城市生态系统的研究。

自然地理学中的人类影响研究进一步推进了自然地理学的应用，并与可持续性概念关联，把对人类活动全球因果认识推向深入，促使全球变化的诸多方面被提上议事日程，还发展出文化自然地理学的概念和研究方向。

五、全球自然地理学研究已初见端倪

自然地理学认识到传统小尺度、短时期和当时状态的研究，既导致学科分裂，也在解决实际问题时有所局限。一种解决途径就是联系全球问题进行自然地理学研究，并需要加强不同尺度间各种因素交互作用的研究。尤其在气候变化方面，所有的国家都重视两大基本问题：

①全球气候变化将如何影响各国的自然资源、环境变化和人类发展?②指向政策响应的各种国际压力，特别是减少温室气体排放的国际条款，将如何影响各国的产业、经济和社会发展？

全球自然地理学是基于遥感、地理信息系统、全球数据库等技术，以全球视野和综合思维，研究全球环境变化过程、情景及其驱动因素和机理的学科，是从全球尺度对自然地理环境进行研究。全球自然地理学的发展有赖于研究技术的极大发展，这些技术的进步大大扩展了自然地理学的时空尺度，主要包括遥感、地理信息系统、全球数据库、全球定位系统、地统计学和地理计算等，以及学科间联系和实时分析。

自然地理学切入全球变化研究的关键包括以下几点：几十年至百年尺度的全球变化事件的发生规律和特征；变化的成因、人类活动的诱发机制及主导全球变化的相互作用的物理、化学和生物学过程；全球变化早期信号的捕捉、监测与预警；全球变化过程的建模、模拟与预测；重大全球变化事件的影响及后果；全球变化减缓、规避与适应对策。研究方向包括：亚洲季风环境系统的变化特征与主要驱动因素;季风气候与环境的相互作用机理和耦合过程;区域碳源汇估计的信度与不确定性；陆地生态系统碳、氮过程及其相互作用；西太平洋、东印度洋与青藏高原“三角区”的海、陆、气相互作用的概念模型与实验设计；西太平洋、东印度洋与青藏高原“三角区”的海、陆、气相互作用的诊断分析；多种代用资料的整合方法与我国高时空分辨率环境记录的重建；（近20万年来具有全球意义的）重大区域环境变化事件、特征及主要驱动因子；东亚地区对全球变化的响应和适应问题研究；地球系统模式的理论框架、概念模型、初步设计与发展。

自然地理学应以整体观点看待自然环境，在与其他学科间的界面上或交叉领域内获得更多机会；可对特定地方的特殊问题提出解决方案。全球自然地理学切入研究的关键包括：①继续提供与地球内部环境改变相关的数据(特别是遥感数据)；②建立大气环流模式与环境系统各部分模型之间的联系；③进一步发展关于全球自然环境影响的研究和调查；④开展多学科和跨学科研究，包括建立与社会科学间的联系。

六、自然地理学文化转向的趋势明显

全球化发展的大趋势下，受“文化转向”的影响，同时也为了应对日益严重的人口、资源与环境之间的矛盾，人文地理学最先响应，在文化转向及后现代化的潮流中，新文化地理学又因时而生，成为最具时代精神的地理学分支之一。文化地理学显示出来的问题、批判意识，以及与当代各种学术话语的融合促使自然地理学家意识到自然地理传统学派对于“文化”问题讨论的欠缺，从而启发了自然地理学将研究领域扩展到对非物质方面，如文化、信仰、观念和期望等作用的探讨。自然地理学的研究方法、研究重点及各种议题都发生了显著的变化，各种研究使自然地理学更趋于文化性，各种研究更趋向于文化自然地理学。

“文化转向”开始在自然地理学的研究中逐渐受到重视，使自然地理学研究范式、研究内容都有所发展。自然地理学中的“文化转向”至少开拓了3条研究线索：①日趋整体论的研究视角。地球表层永远处在与人类的关联中，长期社会及环境问题的严重性和相互连锁性质与人类大规模的干预有关。②对环境的感知与想象。自然地理学需要一种新的研究方式，应该勇于超然于其物质世界之上而不是仅从具体地方看问题。更新对自然形态的兴趣，适当地开展环境感知、审美及伦理等研究。这样才能更深入各种问题或现实的表象之下，更清楚地认识人类与其生境之间的相互依赖性。③对文化的全方位考察。对自然客体的评价或感受不存在于自然界，而是人类借助文化认识自然、感知自然。所以人类对自然环境的感知和想象要通过文化过滤器，这就必须做文化上的考察。

文化自然地理学的研究论题包括：如何鉴赏自然或景观，以综合的地理观研究技术、文化和自然资源之间相互联系、生态系统和人类社会系统之间的复杂相互作用、文化景观、环境文化、环境设计等。

自然地理学以“文化转向”为契机重塑自己。打破传统界限，试图在动态社会空间组织及文化背景下探究新问题。在日趋整体论的视角下和更具文化关联的背景下，自然地理学需要适当地开展一些新的论题来连接人文方法和环境方法之间的传统鸿沟：①人居环境研究。对人居环境的研究既包含了自然地理学家所研究的那些传统论题（自然环境、人地关系、地表空间），又包含了人类、文化研究和社会科学，从自然地理学角度开展人居环境研究是自然地理学开始对综合角色关注的标志，也是对日趋整体论的研究视角的响应。这种关注与响应虽然困难但极其重要，需要建立在自然地理学与其他地理学分支或其他学科交汇的基础上。②关于环境意象的研究。对环境的感知和想象涉及人对世界的主观经验，并包含心智结构和观念，关于这些主观思想的研究无法运用自然地理学的严格的科学法则实现，要以文化与心理因素的复杂交互影响为条件来进行。③环境伦理研究。从自然地理学角度开展环境伦理研究，既能让人们很好地认识“自然环境”的本质含义，又可以为处理好当代人之间的关系、当代人与后代人间的关系及人与自然之间的关系提供伦理原则，对真正实现人与自然的和谐及整个社会的和谐具有重要而深远的意义。④景观修复和环境设计。景观修复就是把景观或环境某一部分修复到被认为是“自然”或“正常”的状态。例如，在国外，露天采矿后，需要对该地段的景观进行修复。在自然地理学“文化转向”的大背景下，“自然”有了更广泛的含义，既然社会建筑物也可以看成是环境，那么任何一个地方所要重建或修复的都不是一种简单的自然状态。

本章小结

自然地理学是研究地球表层自然地理环境的科学，具有综合性、区域性、环境性和系统性等学科特点。地理科学专业涉及的自然地理学类课程包括地球概论、地质学、环境科学等学科基础课程，气象学与气候学、地貌学、水文学、土壤地理学、植物地理学、综合自然地理学等专业主干课程，以及生态学、全球变化、灾害地理学、水资源管理、城市气候学、水土保持学等专业方向课程，从课程概述、目的要求、核心知识内容、教材选用建议等方面对各课程进行了阐述。在自然地理学的学习过程中，要始终坚持综合性与区域性的统一、理论性和实践性的统一，同时还要熟知自然地理学的常规研究方法，如历史自然地理资料的分析和整理、野外考察与采样方法、室内实验分析方法、样方调查法和数值模拟法等。自然地理学研究呈现以下六大趋势：自然地理系统研究、关注自然地理过程、全球环境变化研究、人类活动与地球表层自然地理环境交互作用研究、全球自然地理研究和自然地理学文化转向等。

思考题

你如何理解自然地理学的研究对象与学科体系构成？谈谈你对感兴趣的自然地理学研究趋势的认识。

主要参考和阅读文献

蔡运龙. 2010. 当代自然地理学态势. 地理研究, 29(1): 1-12.

蔡运龙, 李双成, 方修琦. 2009a. 自然地理学研究前沿. 地理学报, 64(11): 1363-1374.

蔡运龙, 宋长青, 冷疏影. 2009b. 中国自然地理学的发展趋势与优先领域. 地理科学, 29(5): 619-626.

克利福德. 2012. 当代地理学方法. 北京: 商务印书馆.

李双成, 许学工, 蔡运龙. 2011. 自然地理学方法研究与学科发展. 中国科学院院刊, 26(4): 399-406.

李小云, 杨宇, 刘毅. 2016. 中国人地关系演进及其资源环境基础研究进展. 地理学报, 71(12): 2067-2088.

李雪铭, 李建宏. 2010. 自然地理学的文化转向. 地理科学进展, 29(6): 740-746.

刘昌明. 1984. 水文地理学与水文学的地理研究. 人民黄河, (2): 59-62.

刘燕华, 葛全胜, 张雪芹. 2005. 关于中国全球环境变化人文因素研究发展方向的思考. 中国科学基金, 1: 1-7.

孙成权, 张志强`. 1994. 国际全球变化研究计划综览. 地球科学进展, 9(3): 53-70.

许学工, 李双成, 蔡运龙. 2009. 中国综合自然地理学的近今进展与前瞻. 地理学报, 64(9): 1027-1038.

赵生才. 2005. 中国全球环境变化研究. 地球科学进展, 20(10): 1154-1156.

中国科学技术协会. 2012. 地理学学科发展报告. 北京: 中国科学技术出版社.

Gregory K J. 2000. The Changing Nature of Physical Geography. London: Arnold.

Pitman A J. 2005. On the role of geography in earth system science. Geoforum, 36: 137-148.

第十章　人文地理学知识结构与学习方法

学习目标

理解人文地理学研究对象、学科特点与分类体系，了解人文地理学学科性质、学科任务及与相邻学科的关系。熟悉地理科学专业学科基础课程、专业主干课程的教学目的要求、核心知识内容体系，了解专业方向课程教学目的要求及核心知识内容体系。熟悉人文地理学研究与学习方法，了解人文地理学研究的前沿趋势。

第一节　人文地理学学科对象与学科体系

一、人文地理学研究对象与学科特点

（一）人文地理学学科对象

人文地理研究地球表层人类活动与地理环境之间相互作用所形成的人文事象的分布、变化规律及地域差异。由于人类活动与地理环境相互关联，即人地关系及人文事象随时空变化而发展变化，人们对人地关系的认识也因所处的时代不同、侧重点不同而存在差异。因此，不同时期，不同学者对人文地理学研究对象的认识也有所不同。

德国地理学家赫特纳认为，人文地理学是“考察人类生活的大部分现象，总是限于它们和地区性质密切联系并可以理解为地区性质现象”.“若是人们撇开东方宗教的伊斯兰教不提，就不会懂得标志东方城市景色特点的清真寺和寺院尖塔”。在这个思想中，“地区性质”即区域性质是核心要素，它表现在不同地点、不同时间、地区间的差别及其和人类活动的相互作用中，它不是把人类活动的事象作为区域中的一个“景物”，而是在区域关系中认识。

法国人文地理学家阿·德芒戎认为，人文地理学是研究人类集团和地理环境关系的科学。

英国人文地理学家 R. J. 约翰斯顿认为，人文地理学是研究与空间和地方有关的，那些社会的特殊方面（包括自然环境）。在纵向方面，研究人与环境的相互关系；在横向方面，研究不同地方之间的相互关系。

英国地理学家哈格特认为，地理学探讨的对象是人类生活空间的地球表面，而人文地理学探讨的则是其中的人文与社会要素。

李旭旦认为：“人文地理学是以人地关系的理论为基础，探讨各种人文事象的分布、发展和扩散，以及人类社会活动的空间结构的一门科学。”人文地理学研究的主线是 “人地关系”，反映人文事象能动变化的时空性。

张文奎认为：“人文地理学是研究地表人文事象的空间分布及空间差异，并预测其发展和变化规律的科学。”强调学科的预测功能。

吴传钧院士认为：“人文地理学是研究人地关系地域系统的形成过程、结构、特点和发展趋向的规律。”强调要以地域为单元，用系统论观点研究人地关系。

陈慧琳认为："人文地理学是以人地关系地域系统为核心，研究地表人文事象的分布演变和传播及其空间结构的形成过程、特点并预测其发展变化规律的科学。"

尽管关于人文地理学研究对象的认识不完全一致，但人文地理学三大研究传统是得到学术界公认的：①人地关系研究，人地关系即人与人类活动和地理环境的关系，人类活动是如此广泛，包括经济、政治、聚落、军事、旅游、文化、行为活动等，许多学科研究人地关系，但人文地理学关注人类活动与其赖以生存的地理环境之间的关系，着重研究人文事象的空间发展演变规律，揭示地理环境与人类活动的相互作用规律，并探讨人类如何能动地适应环境，持续协调人地关系，实现人地和谐共生。②区域研究，人文地理学从地域的观点去研究人文事象的区域差异、区域分布、区域特征及其形成过程、发展规律和演变趋势。③空间分析，人文地理学关注地球表面自然现象和人文事象的相互关联及空间变化，强调地方和空间对过程和现象的重要性，着重说明在什么地方有什么样的人文活动和人文特征，探讨其形成过程、揭示与地理环境的相互关系，并预测其发展变化的方向。

由此可见，人文地理研究对象决定其研究内容所囊括的范围之广是其他人文社会学科难以企及的，人文地理学所包含的研究方向和次级学科门类也非常丰富，这也决定了人文地理学与经济学、政治学、社会学、人口学甚至军事学科都存在着广泛的联系与交叉。

（二）人文地理学学科性质

学科性质是指该学科在人类整个科学知识体系中的基本地位或隶属关系，即回答属于什么学科。不同学科都有其特定研究对象，它们揭示的客观事实和规律的知识体系是人类知识体系的一部分，人类的科学知识体系是一个整体。

人类科学知识体系的传统划分，一般分为自然科学、社会科学两类，或者分为哲学、自然科学、社会科学三类。20 世纪以来，现代科学技术呈现两大发展趋势：其一，各学科将客观世界的某一客观实在作为其研究对象，甚至几个学科都研究某一客观实在，因此，部分学科之间的区别不在于研究对象，而在于他们的研究角度有差异、有不同侧重，如人地关系为许多学科所研究，技术学科、工程学科、地理学等都要研究人地关系。其二，现代学科既不断分化又日益综合，就综合趋势而言，科学分类中出现了横断科学、边缘科学、综合科学，横断科学是各学科都应用的理论和方法，如系统论、信息论等学科；边缘科学是介于两大学科之间的科学，特别是出现了介于自然科学与社会科学之间的科学，如生态经济学、海洋经济学等；综合科学是兼有自然科学和社会科学性质，综合研究某一客观实在，如海洋学、城市学等。

人文地理学的学科性质是指人文地理学在人类整个科学知识体系中的基本地位或隶属关系。人文地理学研究对象的客观性质决定了其学科性质，人文地理学关注人类活动与其地理环境之间的关系，着重研究人文事象的空间发展演变规律。无论人地关系地域系统，或者人文事象的空间发展演变都是非常复杂的：第一，在人地关系认识方面，长期以来强调人类活动的主导性，但从宏观和长远视角看，地理环境的作用不应被低估，事实上人类活动受地理环境制约和影响无时不在，人类活动须臾不能脱离地理环境，人类或人类活动与地理环境实为"命运共同体"，即使在人类"征服"自然的能力异常强大的今天，人类活动与地理环境关系反而变得越加紧密，因此，人地关系中人类活动居于主导地位的正确理解应该是人类在认识、适应、协调人地关系中具有能动性，人类可以通过不断发展壮大自身实现与地理环境的协调共生，这才是人地关系命运的钥匙掌握在人类自身手中的真正内涵。第二，人文事象的空间发展演变规律必须从社会、经济、政治、自然、技术、心理行为等因素去研究，才能正确认识其客观规律性，从短期或微观视角看，某些因素在特定时期或地域可能起主导甚至决定作用，如 20 世纪 80 年代以来，我国在新疆扩大棉花生产，是受国内外市场、消费、自然条件等因素的影响，不断增加的消费需求等经济因素是决定因素，但如果没有自然条件的适宜性，新疆也不可能成为我国最重要的棉花生产基地，我国棉花生产空间格局也不可能有此明显的空间转换，具体到新疆的某些局部区域由于水资源匮乏而无法进行棉花生产，自然因素又起着主导的作用。

因此，人文地理学研究对象具有特殊性，其科学性质也不能简单由此及彼归为自然科学或人文社会科学。按照现代学科分类体系，人文地理学性质应当是跨自然科学和人文社会科学的边缘学科，是自然科学与人文社会科学的结合，有的学者将人文地理学理解为地理学中的人文社会科学也是基于同样的认识。

（三）人文地理学学科特点

人文地理学的学科特点是由其研究对象的特殊性决定的。人地关系地域系统研究具有区域性、综合性、社会性、统一性的特点。

1. 区域性

区域性是地理学的基本特征。任何地理现象都存在于特定时间和空间，具有客观分布区域。人文地理学对人文事象的研究必须与一定地域空间结合，即地域系统研究，这就是地域性。许多自然学科或人文社会学科研究时，不一定与地域结合或较少结合，而人文地理学研究必须与地域环境结合，研究人地关系或人文事象的分异规律，抛弃地域性或地域性不强，人文地理学的研究对象就不成立，人文地理学也就不存在了。

人文事象的区位、分布范围、界限、特征、类型、分异规律、区域类型、区划研究等都是区域性的体现。人文地理学视角的独特之处在于其区域性，经济地理学与经济学、人口地理学与人口学、社会地理学与社会学、文化地理学与文化学的根本差别都在于人文地理学对于地域性的关注。只有做好地域分析，其独立的学科地位才能巩固，学科才能不断向前发展，在与其他学科共同完成实践任务时，人文地理学在地域特色、区域发展定位分析等方面的独特作用才能更好地发挥，因此，人文地理学只有强化地域分析、凸显地域性特色才能不断提高其学科地位和实践地位。

2. 综合性

人文地理学的综合性是由其研究对象的综合复杂性决定的。人文地理学研究对象决定了人文地理学的边缘科学性，要求人文地理学研究既要遵循社会发展规律，也要遵循自然发展规律，必须从社会、人文、自然等方面进行综合；人地关系及其人文事象涉及范围广阔，内容多样，如人口、经济、政治、聚居、文化、旅游、气候、地形、海陆差异、区域人文特征及差异等，而且它们之间有着错综复杂的关联，需要进行高度的综合，同时，综合研究一个一个区域的人口、经济、社会、文化及其与地理环境的关系，揭示其特点与分布规律，并进行区域分析比较，在更高层次上发现和解决问题，唯有人文地理学才能真正做得到；人地关系与人文事象具有沉积性、历史性、继承性，因此人文地理学研究需要在历史、现状与未来层面进行综合。

3. 社会性

人文地理学是一门社会性较强的地理学科。第一，人文事象的空间分布是社会现象的空间形式，是特殊的人地关系的反映，不同地域人文事象的分布、发展和变化，在特定时期主要受制于社会、经济、文化、政治等要素的影响。第二，人文地理学的社会性还表现在它的历史继承性，各地区人文事象的分布是与其历史发展分不开的，人文地理学研究要运用历史分析的方法，从时间序列动态地看待人文事象的发展演化规律。第三，人文地理的实践性也反映其社会性特征明显，人文地理研究的人及其活动不是孤立的个体，而是根植于社会文化纽带的群体，受社会文化影响明显，如全球化下的经济、文化、科技竞争力，企业、区域和国家的竞争力不仅源于相对成本优势，更重要的是取决于其动态的创新能力，而区域动态创新能力是与特定的地方环境分不开的，这种地方环境不仅是经济方面的，更重要的是社会文化和制度方面的，这就要求人文地理学基于地域联系的角度，考查人类的社会性和区域的社会文化背景。

西方人文地理研究从 20 世纪 80 年代开始，即开始对特定地点的社会、文化及经济空间特征进行剖析，并强调人的能力及角色与社会结构如何影响区域特征的形成，即人文地理学的社会文化转向。越来越多的学者认为区域特征源于社会文化背景中，广泛地受到宗教、种族、民族、阶层、性别等各种社会文化因素的影响。因此，人文地理学将把各行为主体的作用和社会关系纳入人文地理学的思维体系和空间分析框架中，探求人类活动空间特征的社会文化背景和根源。由此可见，在地理学科体系，人文地理学的社会性非常明显，这也是它与地理学其他分支学科的一个主要差异。

4. 统一性

与地理学“二元论”观点相对立，地理学“一元论”主张自然地理学与人文地理学的一体化。洪堡主张地理学应在复杂性中去了解统一性，将人类作为自然统一体不可缺少的部分包括在内。李特尔认为统一性正是地理学的特点。赫特纳倡导统一地理学，认为区域是地理现象与社会经济现象的结合，二者统一于区域研究中。哈特向指出地理研究对象很少是纯自然的或纯人文的，分为两半是有害的。麦金德认为，地理学成功发展道路需要将它作为一门统一的科学。马尔科夫力主地理学的统一性，认为统一地理学或简称地理学，就是现代地理学。中国不少学者均主张地理学的统一性，他们主张研究客体的统一性，决定了地理学最终应是统一的，认为在人与自然相互作用的关系上需要统一地理学；人类发展中的一些重大问题需要综合探讨解决，多学科共同作战；不能缺乏科学依据地人为地划分成“无人”的自然地理学和“无自然”的人文地理学。

地理学的统一性问题其实质就是人地关系的统一，而人地关系地域系统是人文地理学研究对象，人文地理学的中心任务之一就是要谋求地域乃至全球人地关系统一和协调，统一性也成为人文地理学与其他人文社会学科最明显的区别之一。

二、人文地理学与相邻学科之间的关系

人文地理学是地理学体系中的主要分支学科，具有边缘科学性质，因此，人文地理学与自然地理学、经济学、政治学、人口学、历史学、社会学、文化学、计量地理学、地图学等学科存在着广泛而紧密的联系。

（一）人文地理学与自然地理学

人文地理学和自然地理学同属地理学的主要分支学科，它们之间是相互密切联系的。自然地理学的研究对象是自然地理环境，也包括受到人类直接或间接影响而使原有自然面貌发生变化的人为环境，自然地理学研究自然地理环境的组成、结构、功能、动态及其空间分异规律。人文地理则着重研究人地关系，关注人类活动与其赖以生存的地理环境之间的关系，着重研究人文事象的空间发展演变规律，揭示地理环境与人类活动相互作用规律，以及探讨人类如何能动地适应环境、持续地协调人地关系。因此，自然地理学是人文地理学的基础，人文地理学只有充分吸收自然地理学的成果，才能科学地揭示人地关系的本质，也才更有利于推动人地和谐共处，作为人文地理工作者，必须具备坚实的自然地理基础，掌握自然地理学基础知识和研究方法，在人文地理理论研究和人地关系系列实践活动中才能发挥科学指导作用。

（二）经济地理学与经济学

经济学是研究人类经济系统运行基本规律，即价值创造、转化、实现规律的学科，研究经济产出、消费、储蓄、投资、物价、利率、货币需求和货币供给等经济变量之间的关系，探讨经济增长、经济周期、失业和通货膨胀等经济问题。

人类经济活动是其他一切活动的基础，认识人类经济现象及其客观规律，也成为认识把握其他人类活动规律的钥匙。人文地理学研究人类活动包括经济活动空间发展演变规律，因此，掌握经济学的知识、理论、方法对人文地理学的分支学科——经济地理学研究具有重要意义，反映在三方面：其一，经济学研究揭示的基本经济规律对经济地理学研究具有指导意义；其二，政治经济学研究人类不同社会阶段物质资料生产与分配规律，对于经济地理学研究不同国家、地区经济活动区位规律性、国际与国内劳动地域分工规律、经济活动与自然环境关系等具有理论指导价值；其三，工业经济、农业经济、旅游经济、消费经济等部门经济学与经济地理学的产业部门区位及地域经济空间组织研究存在重叠和交叉，前者更侧重经济规律研究，后者以前者为基础，更侧重地域性。当然由于要素空间差异性，考虑经济活动与环境的关系对经济学的资源有效配置也具有重要价值。

（三）政治地理学与政治学

政治学是一门以研究政治行为、政治体制及政治相关领域为主的社会科学。政治活动与现象是地球表面最显著的人类活动与人文事象之一。领土变迁与疆界进退、国家体制和民族纠葛问题、行政区域划分与政权设置、首都区位选择及其迁移、外交斗争和军事冲突等种种政治现象或过程受到地理位置、自然地理环境、经济地理环境和社会文化环境的综合影响，自然也成为人文地理学研究的主要内容，人文地理学研究人类社会政治现象与地理环境的关

系，着重分析政治区域结构及功能与政治区域之间的相互关系，包括政治疆界、政治区域形成与演变、政治区域类型划分、区域政治的相似性与差异性、国际关系、国际政治集团形成与演变、世界政治格局与趋势等，这些内容与政治学形成交叉，政治学与人文地理学研究可以互相借鉴、相互支撑。

（四）人口地理学与人口学

人口学是研究人口发展、人口与社会、人口与经济、人口与环境相互关系的规律性的科学。其中，人口自然变动、人口结构、人口迁移、人口素质、人口与经济的关系、人口与社会的关系等是人口学研究的重要内容，而这些研究对象和区域地理环境因素有密切关系，因此，它们也成为人口地理学研究的重要内容，人口地理学需要借鉴人口学研究的原理、规律，客观地揭示人口现象、过程的发生发展规律，人口发展是经济、文化教育、医疗卫生、人口迁移、宗教、习俗、人口政策、战争等社会经济因素和自然环境诸因素综合影响的结果。同时，人口变动也影响地理环境，适度的人口增长可以促进社会经济、资源、环境的协调发展，人口过快增长却导致资源紧张、生态环境破坏、阻碍社会的可持续发展。因此，人文地理学与人口学具有学科亲缘关系。

（五）历史人文地理学与历史学

历史学是对历史事件的整体系统研究，包括自然、经济、社会、宗教、科技、文化诸方面。地理学的历史自然地理分支学科研究过去时代自然环境要素与自然综合体发展演变过程与特点，而历史人文地理分支学科研究过去时代人类活动与地理环境的相互作用，包括经济布局过程与特点、政治地域结构发展特点、地域文化沉积过程、人口分布格局等，显然，人文地理学研究需要以历史学研究成果，进而认识人地关系的过去、现状，并探索未来发展趋势，而历史研究也同样不能缺少对作为历史现象或事物赖以存在和发展的舞台——地理环境的分析，历史科学要阐明历史事件真相、发展过程及其演变规律，也需要历史地理学的帮助，两大学科之间相互借鉴、相互促进、共同发展。

中国以浩瀚的地方志闻名于世，方志蕴涵丰富珍贵的历史资料，中国历史学者对城市起源与发展、历代民族与国界变迁等的研究都离不开地方志的积淀，地理学者也借助历史学研究成果，在历史时期区域水文状况、沙漠与冰川变迁、疆域与边疆变更、人口与聚落变化、工农业及交通运输变迁的研究及历史地图编绘等领域取得很大成就。

（六）社会地理学与社会学

社会学是系统地研究社会行为与人类群体的学科，是研究人类各种社会生活、社会交往、社会工作、社会结构、社会发展等社会现象和社会问题，使人们更清楚地了解自己所处的社会环境，以及这种环境中各种现象之间的相互关联，形成对社会整体认知的一门学科。人文地理学中的社会地理学是研究各种社会集团区域分布、空间行为类型及其地域类型形成过程的学科。因此，社会学是社会地理学认识社会现象、社会行为的基础，社会地理学研究应把握社会现象和社会运行规律，有利于正确认识社会现象的空间格局与演化及形成机理。

社会学侧重研究作为社会主体的个人及其社会行为。社会地理学重视人口、民族、宗教、语言等社会条件分析，以及各种社会因素下的聚落的分布与形式。其中，社会集团行为特征起源与特定的物质和生活方式相联系，生活方式的差异代表不同社会集团对不同环境的反馈，反映了不同社会集团开发利用自然资源和环境的差异。因此，社会学与社会地理学或人文地理学具有无可厚非的紧密关系。

（七）文化地理学与文化学

文化学是研究文化起源、演变、传播、结构、功能与本质的学科。文化是人类在适应、利用甚至改造自然的过程中形成并发展的，因此，人类文化活动必然产生、发展于一定的地域空间，与地理环境息息相关，也就是说，在一定地域空间中人、文化、环境共同构成人类活动的地域文化系统。人文地理学的分支学科——文化地理学从人类文化空间组合的角度，解释各种文化要素与现象的区域特征，探讨各地区人类文化活动与环境的相互作用、人类文化在地域文化景观塑造中的作用规律，以及区域文化特性的继承性。文化学与文化地理学都是以人类、人类文化为主体，文化地理学探讨文化与地域空间的关联影响，它们之间存在研究内容的部分交叉，二者可以相互借鉴、吸收甚至相互融合发展。

（八）人文地理学与计量地理学

计量地理学是20世纪50年代以来发展起来的现代地理学方法论学科，计量地理学应用数学方法研究解决地理学问题，是地理学中发展较快的学科。它运用数理统计分析、数学分析、数学模拟等数学工具，采用计算机技术，研究自然地理、人文地理、综合地理现象与过程，获得地理现象与过程的规律。

人文地理学现象、过程、空间格局研究都离不开计量方法，借助计量地理学方法可以对人文地理现象与过程进行数据采集、加工处理、建立数学模型、探索规律与趋势、进行预测预报。主要方法包括统计分析法、空间统计分析、线性规划与多目标规划、投入产出分析、AHP 决策分析、随机型决策分析、地理网络分析、非线性方法等，这些方法与人文地理实践问题结合，可以揭示人地关系地域系统特征与变化规律，可以说计量地理学已成为人文地理学研究的有效工具，为人文地理学的定量分析和科学化提供了有力的支持。

（九）人文地理学与地图学

地图学是地理学的传统重要分支学科，也是地理学研究与表达的重要工具，地图学对人文地理学具有重要的意义。地图学是研究地图理论、编制技术与应用方法的科学，是一门研究以地图图形反映和揭示各种自然与人文社会现象空间分布、相互联系及动态变化的科学、技术、艺术三结合的科学。地图学主要研究地图信息的表达、处理和传输的理论和方法，以地理信息可视化为核心，探讨地图的制作技术和使用方法。人文地理学研究人文地理环境各要素空间发生发展规律，地图是人文地理学最形象的语言，最有力的手段和工具，最有效的表达形式。任何人文事象空间特征与过程规律研究往往需要从研究地图开始，地图也是成果呈现的最佳形式。因此，人文地理工作者要善于运用地图、编制人文地理地图，当前利用遥感影像认识人文地理现象及过程、利用 MapGIS 编制人文地理地图已越来越普遍。

三、人文地理学学科体系与任务

（一）人文地理学学科体系

人文地理学是地理科学体系中的一大分支学科，随着科技进步和实践需求的推动，人文地理学科自身不断发展而形成为一个完整的学科体系。按照地理学传统的学科分类方法，人文地理学可以分为通论人文地理学、部门人文地理学、区域人文地理学，人文地理学学科体系如图 10.1 所示。

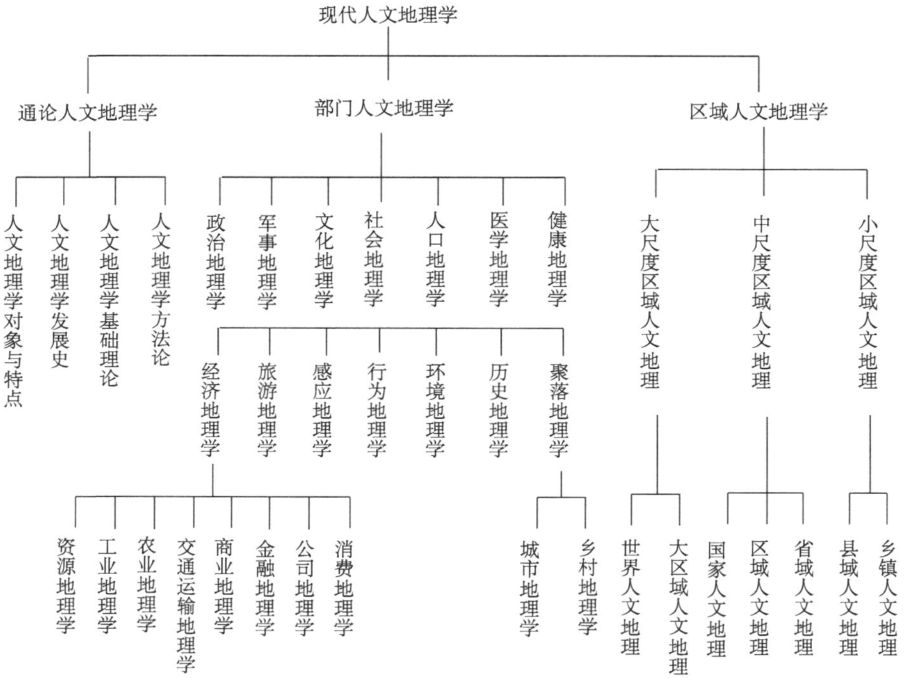

图 10.1　人文地理学学科体系

1. 通论人文地理学

通论人文地理学是人文地理学学科理论的概括和总结，也是该学科的核心和灵魂，对各分支学科研究具有指导意义，包括人文地理学研究对象、学科特点、学科任务、发展历史、基础理论、一般规律和方法论等。

2. 部门人文地理学

部门人文地理学是对各种人文事象空间发生发展规律的研究。由于存在多样的人类活动，而各种人类活动与地理环境相互作用过程、机理、结果存在一定差异，从而形成系列部门人文地理分支。部门人文地理的分支学科划分主要根据各分支学科研究对象和内容的差异，兼顾各分支学科在人文地理学科体系中所起的作用和任务，以及约定俗成和学科成熟程度进行划分。①根据人类活动基本特征分类有政治活动、经济活动、文化活动、旅游活动、科技活动等，形成相应的分支学科，如政治地理学、经济地理学、文化地理学、旅游地理学、军事地理学、社会地理学等分支学科。②人类群体本身的活动（人口的出生、死亡、迁移和人口构成）与人类政治、经济等活动差异明显，故有人口地理学、医学地理学、健康地理学等，同时，人类作为特殊的生物群体，与环境发生交互作用，研究人类本身对环境的感应、反馈乃至行为决策规律，即感应地理学与行为地理学。③人类群体在地表居住形成各种居民点，即聚落，有聚落地理学，包括城市地理学、乡村地理学。④人类的一切活动所形成的社会经济环境与自然环境相互作用、互相影响，具有综合和整体性，因而出现新兴的环境地理学分支学科。⑤人类活动随着历史发展而发展变化，人类活动的影响不断在地表沉积，从这些沉积中研究人文事象演变规律，有历史人文地理学。随着各分支学科研究的深入，某些部门分支学科甚至出现次级分支学科，如经济地理学分为资源地理学、工业地理学、农业地理学、交通运输地理学、商业地理学、金融地理学等。

3. 区域人文地理学

区域人文地理学是对一定区域内的人文事象空间发生发展规律进行综合研究，根据研究的区域范围不同而进行细分，可以世界、大洲、大区域（如中东、东欧）、国家、国内各区域等为空间范围，如世界人文地理、亚洲人文地理、中东人文地理、国别人文地理、广东人文地理等；也可以某一特殊意义的区域为研究范围，如丝绸之路人文地理、西南山区经济地理、河南人口地理、巴蜀人文地理、八闽文化地理等。

（二）人文地理学学科任务

我国现阶段人文地理学的学科任务包括三个方面：其一，加强人文地理学学科建设，不断总结和深入探讨人地关系地域系统一般规律；其二，广泛参与经济、社会、文化建设实践，为实现人类美好生活提供实践决策参考；其三，积极参与科学文化普及工作，承担学科的文化教育功能。

1. 不断加强人文地理学科建设

人文地理学具有社会性特点，它研究的人地关系地域系统随着人类社会的发展变化而动态变化，人文地理学研究内容、重点、方法、面临的老问题与新问题都会动态变化。同时，人文地理学本身仍然存在学科研究方法薄弱、理论还不十分完备等问题，因此，人文地理学需要不断加强理论研究，持续推动学科向前发展。

2. 广泛参与经济社会发展实践

随着生产力的发展和科学技术的进步，人类和自然的关系不断向广度和深度发展，对有关人地关系地域系统发展的种种问题，如人口盲目增长、资源供求失调、城市恶性扩张、环境严重污染等世界性重大问题，都要做出科学的回答，协调人类活动和地理环境的相互关系是人文地理学的主要任务之一。人文地理学参与社会实践的领域和空间广阔，如地区或全球人口和经济与环境的协调发展，城市与区域协调发展、城乡协调发展，国土空间优化发展、主体功能区发展与协调，人类美好生活与资源环境支撑体系的匹配，地区经济与世界地缘经济区发展的调适、国际关系与地缘冲突消解，行政与经济区划的合理调整优化，人口迁移与人口流动、农村劳动力转移与乡村振兴，旅游资源开发与旅游规划、区域文化建设与文化传承、社会群体分化与空间协调等。人文地理学运用人地关系地域系统分异规律可以引领经济、社会、文化发展实践，有利于科学处理人类与自然的关系，探索人口、社会、经济发展与资源及环境协调的有效途径，建立公正和平的社会关系与国内国际分工格局，实现地区、国家、区域共同体乃至全人类共同发展的目标。

3. 积极推进人文地理科学文化普及教育工作

人文地理科学文化知识是国民文化素质的重要组成部分。人文地理科学文化知识的普及可以使国民了解认识人地关系地域系统发展规律，从而使大众在经济、社会、文化、政治、旅游、居住、生活中正确处理人类活动与资源环境的关系，树立正确的资源观、发展观、文化观、社会观、地域观、全球观。可以通过编写各种专著、科普读物、媒体宣传、科普讲座、会议交流、各级学校开设人文地理类课程等方式大力宣传普及人文地理学知识。

第二节　人文地理学主要课程概要

在多数高校的地理学科学专业课程体系中，涉及人文地理学类的课程一般有三类：一是人文地理学导论学科基础课程；二是经济地理学、城市地理学等专业主干课程；三是人口地理学、文化地理学、区域分析与规划、城乡规划、旅游地理学、行为地理学、工业地理学、农业地理学等专业方向课程。

一、学科基础课程

1. 课程概述

人文地理学导论是高等院校地理科学专业的学科基础课程，课程性质为必修。该课程以人地关系为主旨，着重探讨人类经济、文化、社会、政治、旅游活动与地理环境的相互关系。随着地理科学人文化和人们对生态环境的日益重视，加强人文地理学教学是适应发展大趋势、培养新时代合格地理教师的需要，同时，人文地理学的强实践性，也可以提升学生参与经济社会实践的能力，拓宽就业门路。

2. 目的要求

通过人文地理学导论的教学，使学生了解人文地理学发展历史和趋势，掌握人文地理各要素的特征和各分支学科的主要内容，并对学科当前与未来的重大问题有正确的认识。培养学生人文地理思维和研究方法，训练学生观察和分析解决人文地理事象与问题的能力。①掌握人文地理学的基本理论、基本知识，了解人地关系在社会经济发展中的表现，能胜任中学地理教学中有关人文地理方面的教学任务。②掌握人文地理学研究的基本方法，培养运用人文地理学空间分析、时间分析、综合分析、社会生态分析等方法研究区域人文地理现象和问题的认知能力、应用能力和创新能力。③了解人文地理学各主要分支学科尤其是比较重要的分支学科，如文化地理学、聚落地理学、旅游地理学和政治地理学等，为进一步学习打好基础。④培养正确的人地观，树立可持续发展和环境保护意识。

3. 核心知识内容体系

人文地理学导论课程核心知识内容包括三大部分：第一部分，人文地理学研究对象与学科特点等基本问题、人文地理学基础理论与研究方法；第二部分，人类经济活动、聚居活动、文化活动、旅游活动、政治活动及人口与地理环境的相互关系，涉及人文地理学各分支学科，具体内容主要包括人口增长、分布与迁移、农业的起源与发展、工业的出现与发展、聚落地理、民族的区域特征与民俗、文化生态与文化景观、宗教与宗教景观及行为过程与行为空间、政治的空间结构与空间过程等；第三部分，当前全球人地关系面临的重大实践问题，包括资源、环境、发展不平衡问题等。

二、专业主干课程

（一）经济地理学

1. 课程概述

经济地理学是地理科学专业的专业主干课程，课程性质为必修。经济地理学以经济活动区位、空间结构及其与地理环境关系为研究对象，不仅研究经济地理事物空间分布和空间结构，而且阐明经济活动空间差异和空间联系，并揭示经济地理事物空间运动与空间演变的规律。经济地理学在现代地理科学体系中占有重要地位，在解决当代人口、资源、环境和经济发展等问题中具有重要作用，经济地理学的科学地位决定了其在地理科学类专业课程体系中的重要地位。

2. 目的要求

经济地理学课程的主要目的在于使学生掌握经济活动区位和空间组织，以及与地理环境相互作用的一般规律和经济地理学基本研究方法，并能将经济地理学基本理论方法与中国地理、世界地理等区域地理学习相结合，从而为学生将来从事基础地理教育、地理科学研究、经济社会发展实践等工作，以及中国地理、世界地理等后续课程的学习奠定坚实基础。①使学生了解国内外经济地理学发展动向，掌握经济活动区位条件评价、经济空间发展规律、产业部门布局原理、城市经济布局、经济区划与区域发展规划、区域经济分工写协调发展、经济全球化及其区域影响等基本知识和基本理论。②培养学生运用经济地理基本知识、基本原理进行推理判断的能力；培养学生理论联系实际、分析解决经济地理问题的能力；使学生熟悉经济地理研究方法，具有独立或合作进行经济地理实践调查与分析等基本技能，并具备一定的独立思考与实践创新能力。③通过课堂教学使学生学会通过多种途径和手段搜集经济地理信息，并能用所学的经济地理知识和技能对经济地理信息进行整理、分析、运用。通过课内外研讨、课程实习、学生生活实践使学生善于发现、分析和解决经济地理问题。通过师生课堂互动、作业与交流等教学活动，使学生能恰当地表达、交流、反思自己学习和研究的见解或成果。④通过课程学习，激发学生探究经济地理问题的兴趣和动机，使其养成求真、求实的科学态度。关心国家经济发展与布局，增强关心国家经济建设的社会责任感，养成良好的行为习惯，树立和坚持可持续发展理念。通过合作学习、探究学习、讨论式学习及实践活动培养团队协作精神、合作交流意识。

3. 核心知识内容体系

经济地理学课程核心知识内容包括三大部分：第一部分，经济地理学学科基本问题，包括经济地理学研究对象、学科发展历史及趋势、经济地理学与研究方法。第二部分，经济活动区位原理，包括经济活动区位因素、产业部门区位理论、主要产业部门布局原理、区域经济增长与空间结构演变等。第三部分，区域差异与区域协调发展，包括区域经济分异与经济区划、区域分工与协调发展、经济全球化及其区域影响等。

（二）城市地理学

1. 课程概述

城市地理学是地理科学专业的专业主干课程，课程性质为必修。城市地理学是研究在不同地理环境下，城市形成发展、组合分布和空间结构变化规律的科学，既是人文地理学的重要分支，又是城市科学群的重要组成部分。城市地理学最重要的任务是揭示和预测世界各国、各地区城市发展变化的规律性。

2. 目的要求

城市地理学课程目的在于使学生掌握城市化与城市区位及空间结构规律。熟悉城镇体系规划的一般方法与流程，重点理解空间视角在城市与区域规划领域的应用。通过本课程的学习，使学生全面系统地了解和掌握城市地理学的发展历程，理论构建的历史背景和理论之间的脉络关系，以及方法论变革的时代背景、理论与实践的关系等，从而全面准确地把握城市地域运动规律。在系统掌握城市地理学的理论和方法的同时，全面了解中国城市地理理论研究和实践进展。

3. 核心知识内容体系

城市地理学课程核心知识内容包括五大部分：第一部分为城市及其形成发展，涉及城市、城乡差异、城镇设置标准、城市区位及地理位置、自然、社会经济与历史等条件对城市形成、发展和布局的影响。第二部分为城市化过程，涉及城市化、郊区化、逆城市化、再城市化、城市化衡量尺度、城市化过程与动力机制、城市化效果与问题、城市化水平预测、城市化区域差异等城市化基本内容。第三部分为区域城市空间组织，包括城市规模分类、城市形态和职能分类等城市分类，区域城市体系结构和空间组织、城市间相互关系、城市在区域中的集聚与扩散、大都市带或城市连绵区的形成和发展等区域城市体系研究内容。第四部分为城市内部空间组织，主要内容包括城市内部功能区分化和合理组织、城市结构理论模型及城市内部市场空间、社会空间、感应空间研究等内容。第五部分为城市问题研究，主要研究城市环境问题、交通问题、住宅问题和内城问题的具体表现形式、形成原因、对社会经济发展的影响及解决这些问题的对策。

三、专业方向课程

（一）人口地理学

1. 课程概述

人口地理学是地理科学专业的专业方向课程，课程性质属于选修。人口地理学是人文地理学的重要分支学科，它以人口为研究客体，侧重研究人口过程和人口现象的空间表现形式及其地域差异，以及它们与各种自然、人文环境因素之间的相互联系。人口是人类其他活动的主体，人口数量、质量、结构对人类经济、社会、文化、政治活动产生多方面影响，这些活动也受人口主体的作用，因此，人口地理学与经济学、经济地理学、社会学与社会地理学、政治学、文化学等学科有着广泛的联系。

2. 目的要求

通过本课程的教学，使学生掌握人口地理学基本知识和基本理论，使学生掌握人口地理问题研究的方法，培养学生的人口地理问题研究的初步能力，为学生进行中学地理、人口、社会等课程的教学和人口地理研究打下必要的知识基础。该课程教学具体应达到的基本要求是：①掌握人口再生产、人口结构、人口迁移、人口空间分布、人口容量等基本知识和基本理论。②树立科学的人口观。正确认识人口与资源、环境、经济发展的关系，明确合理利用资源、保护环境，实现人口、经济可持续发展的重要性和必要性。③初步掌握人口地理研究的基本方法，培养分析研究人口地理问题的初步能力。

3. 核心知识内容体系

人口地理学以人口为研究客体，侧重研究人口过程和人口现象的空间表现形式及其地域差异，以及它们与各种自然、人文环境因素之间的相互关系。人口地理学核心知识内容包括人口地理学研究对象、人口地理学基础理论、人口自然变动及其地区差异、人口转变理论与人口转变模式、人口自然结构及其分布、人口经济结构及其分布、人口社会结构及其分布、人口移动与人口再分布、人口城镇化与城乡人口迁移、人口地域分布、人口容量与适度人口、人口可持续发展、人口地理学研究方法等。

（二）区域分析与规划

1. 课程概述

区域分析与规划是地理科学类专业的专业方向课程，课程性质属于选修。区域是地理学研究的客体，区域分析与规划课程以具有可度量性、系统性和不重复性等特征的区域为研究对象，对区域特征及区域发展演化进行系统研究，进而进行区域发展战略规划，为区域发展提供科学决策依据，区域规划已成为促进生产要素优化配置、实现区域合理有序发展和实施政府有效调控区域发展的主要手段。该课程与城市地理学、经济地理学有交叉，但互有侧重。

2. 目的要求

通过区域分析与规划课程的教学，使学生掌握系统区域规划的基本知识、理论和编制方法，培养学生的区域综合思维能力，树立正确的人口观、资源观、环境观和可持续发展观；为学生能够独立或与人合作，运用区域规划基本原理，对区域发展阶段与趋势做出正确评判，制定科学合理的区域规划奠定基础。①掌握区域分析与区域规划相关概念、区域发展评价理论、区域优势与区域产业理论、区域战略与空间结构理论、区域基础设施和区域城镇体系规划理论与方法等。②熟悉区域发展的支撑条件理论、区域经济发展战略理论、区域生态环境规划理论与方法。③了解区域竞争与国家竞争相关知识、区域创新机制、区域土地利用与产业布局理论。

3. 核心知识内容体系

区域分析与规划课程的核心知识内容分两大部分：第一部分，以区域分析为主，包括区域的定义与特征、区域的结构与组织、区域分析的理论基础、区域分析方法、区域要素分析、区域综合分析等内容。第二部分，以区域规划为核心，阐明区域规划概念、类型、编制方法和程序，区域规划发展历程，区域发展理论，区域发展战略，区域产业布局规划、土地利用规划、基础设施规划、城镇体系规划及环境规划等。

（三）文化地理学

1. 课程概述

文化地理学是地理科学专业的专业方向课程，课程性质属于选修。文化活动是极其重要的人类活动之一，文化地理学是人文地理学的一个分支，探讨人类文化活动与地理环境关系，将人文现象视为人类的文化创造，进而研究这些文化现象的空间特点和空间规律。文化地理学研究人类塑造文化景观过程的规律及人类对景观的开发利用和影响，人类文化在改变环境与景观过程中所起的作用，区域文化演变与文化继承性，人类文化活动的空间规律等。20 世纪 70 年代以来地理学的“文化与社会转向”趋势，进一步推动了文化地理学的发展。

2. 目的要求

文化地理学教学的目的是使学生掌握文化地理学基本知识、基本理论和基本研究方法，并能运用文化地理理论与方法分析解决文化地理实践问题，积极参与繁荣祖国文化的各项事业和区域文化传承建设任务。①了解文化地理学的发展过程。②了解并分析文化与环境的关系，能够分析聚落、建筑、服饰、习俗、艺术、语言、宗教等与地形、水体、气候、植被、土壤等因素的关系。③学会分析不同环境产生不同文化现象或文化事物的机制，提高学生分析问题的能力。④培养学生理论联系实际的观点与方法，并能把生产生活经验上升到一定的理论高度，增强学生实践应用能力。

3. 核心知识内容体系

文化地理学课程的核心知识内容分四大部分：第一部分，文化地理学研究对象与发展历史、研究方法等学科基本问题。第二部分，分要素讨论文化与地理环境的关系，涉及生产社会等物质文化地理、语音艺术等精神文化地理。第三部分，文化生态、文化源地、文化传播与扩散、文化区等内容。第四部分，文化的地方性、文化景观形成与演变、文化产品开发等内容。

（四）旅游地理学

1. 课程概述

旅游地理学是地理科学专业的专业方向课程，课程性质属于选修。旅游地理学是研究人类旅行游览与地理环境关系的学科，本门课程以地理学理论和旅游行为理论来研究旅游产生的条件及其地理背景、旅游者行为规律、旅游需求预测、旅游通道、旅游资源分类和评价、旅游地的生命周期和空间竞争、旅游环境容量及其在景区管理中的应用、旅游区划的方法及中国旅游区划、旅游开发的区域影响及旅游可持续发展、旅游规划。

2. 目的要求

通过本课程学习，使学生掌握旅游地理学基础理论和研究方法，并能运用于旅游需求的预测、旅游资源的分类和评价、旅游环境容量的计算、旅游开发的影响分析及旅游规划，促进旅游业可持续发展。①熟悉旅游者行为规律，初步掌握旅游需求的预测方法；②理解旅游地的生命周期理论，掌握旅游资源的分类和评价方法；③了解城市旅游的概念和重点，主题公园的建设依据；④掌握旅游环境容量的类型和各种旅游容量的估算；⑤理解旅游区划的方法和中国旅游区划，掌握旅游开发的区域影响和旅游规划方法。

3. 核心知识内容体系

旅游地理学课程的核心知识内容包括旅游地理学对象与发展历史等学科基本问题，旅游者动机、决策与空间行为，旅游需求分布规律与预测方法，旅游资源分类与评价，旅游地生命周期与空间竞争，城市旅游与主题公园、旅游环境容量测度与应用，社区旅游与新兴旅游，旅游开发的区域影响、旅游规划等。

（五）政治地理学

1. 课程概述

政治地理学是地理科学专业的专业方向课程，课程性质属于选修。政治地理学起源于西方，是人文地理学中发展较早、也较为活跃的一个分支学科，但在我国却是一门起步较晚的学科。政治地理学是侧重以地理空间来研究国家间与国家内空间政治格局及其与相关因素互动关系的学科。政治疆界、政治区域形成与演变、政治区域类型划分、国际政治集团发展，世界政治格局及其变化等研究直接为国家利益服务。在国际局势不稳定、地区冲突仍较频繁、美国等西方国家对我国实施“围堵”的今天，政治地理学研究肩负着促进国家长治久安和增强凝聚力的重担，为国家制定对外政策和参与国际事务提供科学依据，对创立和发展具有中国特色的政治地理理论体系和积极参与政治实践具有十分重要的意义。

2. 目的要求

通过本课程的教学，使学生掌握政治地理基本知识和基本理论，以及分析政治地理问题的方法，培养学生考察、分析、解决政治地理问题的初步能力。该课程教学应达到的基本要求是：①了解政治地理学对象、历史发展。②掌握国家起源与发展、民族和民族主义等基本知识和基本理论。③理解和初步掌握国家空间特征，国家政治体制、区划、政党和选举地理，综合国力，国家政治地理学理论等。④了解地缘政治学说，世界政治格局演变与趋势。⑤初步掌握政治地理研究的基本方法，具备研究政治地理问题的初步能力。

3. 核心知识内容体系

政治地理学课程的核心知识内容包括：政治地理学的对象，国家与民族，国家的空间特征，国家政治制度、政党与选举地理，综合国力基本要素与国力分析，国家政治地理理论，帝国主义、殖民主义与地缘政治学各家学说，国际政治格局形成与演变等。

（六）城乡规划概论

1. 课程概述

城乡规划概论课程是地理科学专业的专业方向课程，课程性质属于选修。城乡规划概论介绍城乡规划基本原理、规划设计原则和方法，侧重城市与乡村规划的形成与发展、城乡规划思想演变、城乡规划价值观、城乡规划的影响要素分析、城乡空间规划、城乡专项规划、城乡规划管理等内容。地理科学专业开设城乡规划概论是城市地理学、乡村地理学的延伸和拓展，是人文地理学在经济社会发展中的应用实践。

2. 目的要求

通过本课程的教学，使地理科学专业学生全面系统地了解城乡规划的相关知识和基本原理，并掌握城乡规划的基本方法，具备参与城乡规划工作的初步能力，且能将地理学、人文地理学思想和原理应用于城乡规划实践，发挥人文地理学在经济社会发展中的独特作用。

3. 核心知识内容体系

课程的核心知识内容分为四大部分：第一部分，城乡规划的形成与发展，包括城乡规划思想、城乡规划价值观的形成与发展。第二部分，城乡规划影响因素分析，包括城乡规划的生态环境、经济与产业、人口与社会、历史与文化、技术分析。第三部分，城乡空间规划，包括城乡用地分类与适宜性评价、城乡区域规划、城乡总体规划、城乡基础设施规划、城乡公共服务设施规划、城乡生态环境保护规划等。第四部分，城乡规划管理及实施等。

（七）行为地理学等

1. 课程概述

行为地理学是地理科学专业的专业方向课程，课程性质属于选修。行为地理学是研究人类不同类群（集团、阶层等）在不同地理环境下的行为类型和决策行为及与地理、心理等形成因素的关系的科学，是在行为科学、心理学、哲学、社会学、人类学等科学的基础上发展起来的带有方法论性质的应用地理学分支。感应与行为地理学在西方地理学中占有重要地位，并在美国、英国、加拿大等国形成研究中心地区。在人文地理学人本主义转向背景下，中国的行为地理学研究进入新一轮学习与借鉴西方地理学理论与方法的高潮，并力求构建具有中国特色的行为地理学研究框架，实施全方位的实证研究与规划应用。

2. 目的要求

通过本课程学习，使地理科学专业学生全面具备行为地理学的基本知识和基本理论，并具有运用行为地理分析方法进行空间行为分析的初步能力。①了解行为地理学发展过程及最新进展。②理解空间认知过程与行为、日常生活空间与行为 、消费者行为与空间认知。③初步理解基于时间地理学、活动分析法的空间行为分析法，并具备初步应用能力。④理解掌握居民通勤行为空间、居民购物行为一般规律与行为时空决策、居民休闲行为时空规律与决策、居民日常行为空间规律性。⑤熟悉居民行为决策分析过程，理解掌握旧城居民的行为空间及分析方法、单位居民的行为空间与分析方法、郊区居民的行为空间与分析方法等。

3. 核心知识内容体系

行为地理学课程的核心知识内容分四大部分：第一部分，人文地理学的行为转向与行为地理学。第二部分，基于行为论方法的空间行为、基于时间地理学的空间行为、基于活动分析法的空间行为规律与分析方法。第三部分，居民通勤行为空间规律与形成机理、居民购物行为空间与决策分析、居民休闲活动行为空间与决策分析、居民日常出行时空规律性。第四部分，旧城居民出行时空间特征与差异分析、单位居民出行时空间特征与差异分析、郊区居民出行时空间特征与差异分析等。

第三节　人文地理学学习方法

地理学源远流长，不同时期地理学研究有不同的前沿领域，采用的手段和方法也有很大差异。古代地理学面向农牧业，以自然语言为主要记述工具，哲学基础不明显；近代地理学面向工商业，分门别类地描述地表现象，并对地表现象间的关系做一般性解释；现代地理学面向工业社会与信息社会，地理学把人类居住的地球看作统一的系统，采取定性与定量、实证与规范相结合的研究方法，并试图使其能够预测未来。人文地理学的发展路径也大体如此，在人文地理学学习中应特别重视以下方法的应用和实践。

一、博览群书扩大知识面，增强跨学科素养

地理学作为一门边缘学科，其优势在于其与相关学科具有广泛的协作空间。作为地理科学专业的学生，学科视野不能仅局限在地理学范畴内，厚实的跨学科知识与素养是优秀地理工作者不可或缺的。特别是人文地理学的学习，需要广泛了解哲学、经济学、人口学、历史学、社会学、人类学、文化学、自然地理学、环境科学、生态学、技术学、数学等学科的知识与方法，才能更深入地理解与把握经济、社会、文化、人口、政治、环境感应、空间行为

与行为空间等现象或过程的内在机制和演化规律。

二、注重日常观察分析，强调理论联系实际

人文地理学与人们日常生产生活的各个方面都紧密联系，这就要求对人文地理学相关理论的学习不能仅停留在死记硬背的层次，要充分地理解这一理论诞生的经济、社会与文化背景，以及实践应用价值。随着新科技发展，新的生活方式、文化理念的不断涌入，特定地理现象的发展演化也会随之发生改变，如在当今社会，互联网一定程度上可以使人们克服时空阻力，瞬间建立联系，使得某些原本服从距离衰减定律的地理现象其空间分布与布局发生较大变化。因此，人文地理学习要始终保持对社会、文化、经济生产生活的足够敏感性，才能从不断变化的具体实际出发，不断发现地理问题、探索新地理现象。

三、掌握质性分析方法，善于实地调研

调查与访谈等质性分析方法在地理学中的应用由来已久，不过，在 20 世纪 50 年代的“计量革命”中饱受争议。大量的空间计量模型进入地理学的视野，为地理学走向科学化、精确化做出了贡献。然而，由于人文地理学研究对象的多样性和复杂性，纯粹的定量分析方法不能很好地解释地理学现象。特别是对“经济人”假设的质疑，导致质性研究方法在人文地理学的再次复兴。

质性研究是以研究者本人作为研究工具，在自然情境下，采用多种资料收集方法（访谈、观察、实物分析），对研究现象进行深入的整体性探究，从原始资料中形成结论和理论，通过与研究对象互动，对其行为和意义建构获得解释性理解的一种活动。通常是相对量化研究而言。研究者要参与到自然情境之中，而非人工控制的实验环境，充分地收集资料，对社会现象进行整体性的探究，采用归纳而非演绎的思路来分析资料和形成理论，通过与研究对象的实际互动来理解它们的行为。

（一）参与式调查

参与式调查，指的是为理解和解决人们或社区而与其在一起生活、工作一段时间的一种调查方法。参与式调查是一种基于参与和观察的方法，利用现场笔记或者视频记录来采集数据。这种研究是最大限度地接近并融入所研究的空间现象，因此，不同于那些保持距离和客观性的方法。不强调研究者的客观性，而是强调研究者要融入被研究对象的社群中，只有研究者不被视为“局外人”，才能真正获得有价值的研究结果。

此类调查方法在调查少数族裔、社群的研究中经常被采用。

（二）深入访谈

邓恩认为，访谈就是一个人（访谈者）试图从另一个人那里获得信息时的口头交流，主要有三种类型：结构化访谈、非结构化访谈和半结构化访谈。结构化访谈是按照预先确定的标准化问题列表展开，总是按照同样的顺序提问。非结构化访谈就如口述历史。半结构化访谈则是在某种程度上具有预先确定的顺序，但在访谈过程中视被访谈者的情况，在阐述问题上具有一定的灵活性。可以采用焦点小组的形式展开。关于访谈，两个重要的道德问题就是保密性和匿名性。

由于访谈的形式，不给被访者限定回答内容，不像调查问卷的形式那样呆板和具有心理暗示，且灵活安排访谈内容与顺序，因此调查结果对于人文社会现象的分析深度较计量模型深入得多。在调查过程中，可能获得研究者在调查之前并未预想到的结果。

但是，此类研究的局限性在于无法据此调查形成“普遍规律”的认识，往往研究结论是地域性的，无法应用于其他区域。

（三）视觉影像解读

地理学是一门高度可视化的学科，地理学者们极其重视视觉影像在证实景观、地方和过程等论断中的重要性（克里福德和瓦伦丁，2012）。通过对电影胶片、照片、宣传材料、计算机游戏等的解读，地理学者可以体会空间、位置、景观等重要概念的应用和生成于视觉图像中的方式。

近 15 年中，文化地理学者对于视觉图像表现出了浓厚的兴趣，已经开展了一些著名研究。其中，包括电影地理学（Aitken and Zonn，1994；Clarke，1997）、景观艺术（Cosgrove and Daniels，1998；Daniels，1993）、景观摄影（Kinsman，1995）和地方广告（Burgess and Wood，1988）。地理学者可以从影像资料中认识到权力关系在视觉图像创作和接受中的作用。

四、掌握必要的数学方法，重视理论探究

地理事物、现象甚至过程在一定条件下可以利用计量模型和统计技术等数学分析方法来认识、探究，从而揭示地理规律。早期的人文地理学研究多采用定性描述的方法，人文地理学者在 20 世纪 50 年代后开始广泛采用数学定量分析方法，定量分析方法通过提出假说、建立模型，以此解释、预测、模拟人类活动的空间行为并做出决策。

（一）定量分析的数据获取途径

1. 一手资料

人文地理学研究所需要的一手资料往往来自于问卷调查。实地的调查研究一直是人文地理学获取基础数据的重要手段。

在研究伊始，首先需要研究者对拟研究的问题有清晰而全面的认识。然后将研究的问题进行分解，设计研究问卷。根据实际情况灵活采用当面访谈、电话访谈、邮递调查问卷、上门调查、网上调查等方式进行具体的问卷调查。如果被调查对象的数量较大，则需采用科学的统计抽样方法抽取调查样本。获得问卷后，通过相关的软件对问卷结果进行统计和分析。

此外，随着互联网及计算机技术的普及，社交媒体软件、地图导航软件、网络论坛、搜索引擎、微博空间、手机信令等数据都可以成为人文地理学研究获取数据的重要途径。构建在大数据平台上的地理学研究实现了动态更新，说服力及对人文地理现象的解释能力大大增强。

2. 二手资料

就研究现状来看，我国人文地理学研究获取二手资料的渠道主要来自于各种类型与层次的统计年鉴。国家和省级尺度的统计年鉴在各级统计局的官方网站大多可以直接下载。地级

市及县级市的统计数据往往通过《中国城市年鉴》及各省级行政区统计年鉴来获得。国家及省级各主管部门往往也会公开发布各类专项调查数据，如人口普查数据、1%人口抽样数据、经济调查数据等。

运用此类数据进行研究的优点是数据连续性较好、权威性较好，可以比较容易地获得长时间尺度的连续数据。然而由于特定目的或者调查过程不够科学，部分二手数据的真实性存疑。

（二）常用的数学分析方法

1. 相关分析

相关分析（correlation analysis）是研究现象之间是否存在某种依存关系，并对具体有依存关系的现象探讨其相关方向及相关程度，研究随机变量之间的相关关系的一种统计方法。其目的在于检验两个随机变量的共变趋势（即共同变化的程度）。

相关分析有多种分析方法，其中最为常用的是线性相关，即相关系数法。相关系数的计算主要有两种：①Pearson 相关系数，对定距连续变量的数据进行计算。②Spearman 和 Kendall 相关系数，对分类变量的数据或变量值的分布明显非正态或分布不明时，计算时先对离散数据进行排序或对定距变量值排（求）秩。

2. 回归分析

回归分析（regression analysis）是确定两种或两种以上变量间相互依赖的定量关系的一种统计分析方法。按照涉及的变量的多少，可分为一元回归和多元回归分析；按照因变量的多少，可分为简单回归分析和多重回归分析；按照自变量和因变量之间的关系类型，可分为线性回归分析和非线性回归分析。如果在回归分析中，只包括一个自变量和一个因变量，且两者的关系可用一条直线近似表示，这种回归分析称为一元线性回归分析。如果回归分析中包括两个或两个以上的自变量，且自变量之间存在线性相关，则称为多重线性回归分析。利用回归模型，可以初步实现对变量的预测。

3. 聚类分析

聚类分析指将抽象对象的集合分组为由类似的对象组成的多个类的分析过程。对地理学而言，可以将不同属性特征的地理单元进行合并、分组，从而实现区划的目的。

研究的样品（网点）或指标（变量）之间存在程度不同的相似性（亲疏关系——以样品间距离衡量），于是，根据一批样品的多个观测指标，具体找出一些能够度量样品或指标之间相似程度的统计量，以这些统计量为划分类型的依据。把一些相似程度较大的样品（或指标）聚合为一类，把另外一些彼此之间相似程度较大的样品（或指标）又聚合为另一类，直到把所有的样品（或指标）聚合完毕，这就是分类的基本思想。在聚类分析中，通常将根据分类对象的不同分为 Q 型聚类分析和 R 型聚类分析两大类。R 型聚类分析是对变量进行分类处理，Q 型聚类分析是对样本进行分类处理。

4. 主成分分析

主成分分析（principal components analysis，PCA）是一种分析、简化数据集的技术。主成分分析经常用于减少数据集的维数，同时保持数据集中的对方差贡献最大的特征。主成分分析由卡尔·皮尔逊于 1901 年发明，用于分析数据及建立数理模型。其方法主要是通过对协方差矩阵进行特征分解，以得出数据的主成分（即特征向量）与它们的权值（即特征值）。例如，影响一个地理现象的因素有很多。主成分分析则可以帮助人们从众多影响因素中提取出最重要的几个因素，从而实现化繁为简，抓住重点。

5. GIS 空间分析方法

GIS 空间数据分析往往区分为栅格数据分析和矢量数据分析。对于人文地理学的空间统计来说，矢量数据的空间分析与处理是最常遇到的情况。矢量数据的空间分析往往包含缓冲区分析、叠置分析及网络分析。

（1）缓冲区分析与叠置分析。缓冲区分析是根据数据库的点、线、面实体，自动建立其周围一定宽度范围内的缓冲区域多边形实体，从而实现空间数据在水平方向得以扩展的信息分析方法。

叠置分析是地理信息系统中常用的用来提取空间隐含信息的方法之一，叠置分析是将有关主题层组成的各个数据层面进行叠置产生一个新的数据层面，其结果综合了原来两个或多个层面要素所具有的属性，同时叠置分析不仅生成了新的空间关系，还将输入的多个数据层的属性联系起来产生了新的属性关系。

（2）网络分析。空间数据的网络分析是对地理网络、城市基础设施网络（如各种网线、电缆线、电力线、电话线、供水线、排水管道等）进行地理化和模型化，基于它们本身在空间上的拓扑关系、内在联系、跨度等属性和性质来进行空间分析，通过满足必要的条件得到合理的结果。网络分析的理论基础是图论和运筹学。网络分析的主要用途是：选择最佳路径、设施及进行网络流的分析。

（3）核密度分析。核函数根据点或折线要素计算每单位面积的量值以将各个点或折线拟合为光滑锥状表面。这一功能可以通过 ArcGIS 软件的相关工具来实现。

（4）空间插值。空间插值常用于将离散点的测量数据转换为连续的数据曲面，以便与其他空间现象的分布模式进行比较。通常包括确定性方法和地统计方法。确定性插值方法可根据相似程度（反距离权重法）或平滑程度[径向基函数（RBF）插值法]使用测量点创建表面。地统计插值方法（克里金法）利用测量点的统计属性。地统计方法会对测量点之间的空间自相关进行量化，并会考虑预测位置周围的采样点的空间配置。

（5）空间自相关分析。空间自相关分析的目的是确定某一变量是否在空间上相关，其相关程度如何。空间自相关系数常用来定量地描述事物在空间上的依赖关系。具体而言，空间自相关系数用来度量物理或生态学变量在空间上的分布特征及其对领域的影响程度。如果某一变量的值随着测定距离的缩小而变得更相似，这一变量呈现空间正相关；若所测值随距离的缩小而更为不同，则称为空间负相关；若所测值不表现出任何空间依赖关系，那么，这一变量表现出空间不相关性或空间随机性。例如，在一个居住区内的居民的旅游行为很大程度上就是空间自相关的。因为这些邻近的家庭可能对某一个旅游景区有同样的可达性。

空间自相关分析一般涉及 3 个步骤：取样、计算空间自相关系数或建立自相关函数、自相关显著性检验。

（6）探索性空间分析。探索性数据分析（exploratory data analysis，EDA）在 20 世纪 60 年代被提出，其方法由美国著名统计学家约翰·图基（John Tukey）命名。探索性数据分析，是指对已有的数据（特别是调查或观察得来的原始数据）在尽量少的先验假定下进行探索，通过作图、制表、方程拟合、计算特征量等手段探索数据的结构和规律的一种数据分析方法。特别是当人们对这些数据中的信息没有足够的经验，不知道该用何种传统统计方法进行分析时，探索性数据分析就会非常有效。探索性的空间分析对后续空间差值提供一定的依据。

由于人文地理学与其他学科的广泛交叉性，在面对具体的人文地理问题时，往往不局限于上述定量分析方法。

第四节　人文地理学研究的前沿趋势

当前，我国人文地理学研究呈现“百花齐放”“百家争鸣”的良好发展局面。在理论研究方面，强调客观量化研究、突出人的“主体性”质性研究、人地系统综合研究并行共进。在实践方面，地理学者结合中国“三农”问题、城镇化快速推进过程中的问题与挑战、国际地位不断提高而带来的地缘政治格局的剧烈动荡、经济发展到一定程度后萌生的后现代社会文化现象等前沿领域开展了卓有成效的研究。

一、人地系统与空间相互作用等综合研究日趋深入

（一）人地系统研究的核心地位不断加强

人地系统是地球表层上人类活动与地理环境相互作用形成的开放的复杂巨系统。人地关系地域系统始终被视为人文地理学研究的永恒主题与核心。近年来，伴随全球性人口、资源、经济和环境问题的日益加剧，人地矛盾日益突出，开展人地系统研究显得越来越重要和紧迫，人地系统的性质及人地关系理论内涵在演进中不断深化，科学发展观、“五个统筹”、循环经济、低碳经济、绿色经济、资源节约型与环境友好型社会建设、主体功能区建设、生态文明理念、“两山”理论等都是新形势下人地关系理论的具体实践形式，充分体现出人地关系论在指导国家和区域经济社会发展中的重要地位与重大作用。

1. 全新视角研究人地关系，从哲学思辨转向理性升华

全新视角研究人地关系，从哲学思辨转向理性升华是近年来人地关系研究出现的新动向。近年来一大批学者分别从哲学、历史学、社会学、地理学、经济学、生态学、环境学、管理学、伦理学等多学科不同层面，以及技术进步、制度变迁、知识经济和信息化、全球化等不同切入点思考人地关系的本质与内涵、基本特征、客观规律和学科分支等问题，实现了人地关系研究视角由单源切入向多源转化，从哲学思辨向理性升华的转变。

2. 新型人地关系理论不断出现，正在逐步形成理论体系

近年来，一大批致力于人地关系研究的专家学者，分别从不同角度提出了一系列人地关

系研究的相关理论，包括人地系统优化论、人地关系异化论、人地关系辩证论、人地太极图论、人地关系冲突论、人地关系危机论、人地关系错位论、人地关系协同论、人地差异协同论、人地协调共生论、人地协调阶段论、人地关系构型论、天地人系统论和人地关系分形论等。这些理论从正反两方面诠释了人地关系的本质与内容，促使中国人地关系研究正在逐步形成理论体系。

3. 人地系统研究广泛应用新方法和新手段

随着新型人地关系理论的不断出现，与理论相适应的研究方法与方法论体系趋于多元化，定性研究方法、定量研究与数学模拟方法、系统集成研究方法、人地系统的动力学模拟方法、非线性人地系统动力学分析方法、3S 技术研究方法、综合集成方法、制度创新方法越来越多地应用于人地系统的研究与区域发展实践中，解决不同时空尺度的国家、城市与区域的人地系统优化发展问题。

（二）区域可持续发展研究正方兴未艾

区域发展问题是人文地理学一直关注的重点。人文地理学将区域看作由自然、社会、经济、文化等多系统组成的复杂巨系统。区域复杂巨系统研究集中在发展因素和机制、区域发展格局、资源环境效应、区域管治等领域。在国家自然科学基金、中国科学院知识创新工程及科学技术部科技计划等资助下，近年来中国人文地理学者针对人地系统作用机理、人地系统模型与调控及不同类型地区人地关系差异等展开研究，并取得了显著的进展和成果。主要体现在区域发展及城市化进程的资源环境基础研究、流域尺度人地系统模拟研究、半干旱地区社会-生态系统对干旱的适应演化机制研究、老工业基地经济发展与环境变化的关系及其区域差异性研究等。

近年来，中国经济地理学在满足国家战略需求及自由探索学术研究两个方面共同展开工作，对区域发展新因素和新格局的研究取得了明显进展，主要集中在全球化、信息化、技术创新等新因素的研究，区域发展状态监测及区域政策、区域发展战略、区域经济格局演进、区域要素空间配置等研究。中国科学院有关单位在大量实践工作基础上编制了《区域发展路线图》，成为今后一个时期区域发展研究的纲领性文献。

（三）空间相互作用与空间组织研究日益深化

在“后工业化”和“流空间”背景下，随着信息基础设施网络和高速交通基础设施网络的不断完善，信息、人口、货物、资金、技术、服务等在高速流通道中实现“时空压缩”，流空间开始出现并日益频繁地挑战场所空间的既有逻辑。流空间的逻辑在各种时空尺度的社会经济生活中发挥着越来越重要的作用，服务经济取代制造业成为引领经济社会发展的主导产业。

人文地理学在空间相互作用与空间组织领域主要的研究议题包括：空间集聚因素、产业群演化、全球生产网络、空间组织效率、产业空间扩散与空间转移机制、现代服务业空间结构与空间组织、区域空间结构、区域间相互作用等。近十年来，关于空间相互作用与空间组织研究内容不断丰富，主要围绕区域创新体系、产业集群、空间结构与空间优化、空间组织模式、动力机制等内容展开，全球化与网络化特征受到关注，尤其是对城市、大都市区、城市群等区域空间组织的研究比较多，乡村地域空间尺度的研究还比较缺乏。

空间相互作用研究与 GIS 空间分析、复杂网络分析、结构方程模型等技术手段融合的趋势。从研究内容来看，区域联系特征及区域空间结构的研究较多，而针对区域间地缘经济关系的探讨还有待加强，尤其是在测度方面需要更为深入地探讨，质性方法在研究中的分量也需要强化。同时，在现代信息和通信技术支撑下，“空间”的内涵得到不断延伸，成为地理空间和虚拟空间的统一，信息技术在区域-产业的发展中起到越来越突出的作用，区域空间对信息流动、技术创新等因素的影响具有积极的响应，针对虚拟空间中的空间相互作用研究也应做出积极回应。随着流空间作用范围逐渐拓展，作用强度在逐渐加强。在这种背景下研究区域空间相互作用，首先是对流的测度发生较大变化，这也是制约区域空间相互作用研究深化的关键因素，区域空间相互作用具备二维联系特征，而已有研究对水平层面的联系较多，随着全球城市网络逐渐受到学界关注，借助各种属性数据探索垂直层面的联系、不同尺度下的城市与区域间的网络结构、功能和关系研究将成为关注的重点。

二、城市地理与旅游地理等传统优势领域日趋繁荣

（一）城镇化与城市地理研究更加开放且深入

国外城市地理近期研究热点与趋势包括：①城市总体空间形态、城市边缘及郊区、住房及居住空间、工业及公司分布空间等关于城市形态与结构的研究。②全球城市及全球城市区域的研究。20 世纪 80 年代以来，这一研究领域迅速发展，至今仍是城市地理学关注的热点领域。近期主要集中于全球城市及相关城市的网络及“流”的联系、全球城市区域（global city-regions）和全球城市国家（global city-states）及巨型城市区域（Image-urban region）的研究上，对几个主要全球城市以外的其他全球城市进行研究以揭示全球城市体系新节点及网络、全球城市的社会不平等和城市网络研究。③低碳城市研究，主要集中在低碳城市概念、城市低碳经济生活方式与碳排放的关系、城市碳排放计算与预测、低碳城市的影响因素及空间结构、“低碳城市试点”等方面。④城市地理学与其他人文地理学科的交融研究，表现在城市地理研究进一步分化为城市社会地理、城市经济地理、城市文化地理、城市信息地理、城市创新地理等领域。

研究不同地区资源环境条件、社会经济发展阶段差异背景下的城乡一体化是我国城市化与城市地理研究的一大特点。研究成果反映我国城乡一体化模式的多样化特征，体现了我国城乡空间组织研究的新进展。例如，“圈层结构”与“梯度发展”等城乡一体化发展模式；苏南沿海地区城乡空间组织模式，包括乡镇企业主导下的从低水平“核心+外围村镇空间”向“核心+外围混合发展区”的空间结构转变，外向型经济主导下的从“核心+外围混合发展区”向“核心+外围片区”转变；海东地区县域“引擎元胞+簇群化+点轴式”城乡空间组织模式；“多核-链状”城市群空间组织模式等新思想、新模式。

我国城市化与城市地理近期研究热点与趋势主要包括：我国城镇化的动力机制研究，全球背景下城市化过程与空间重构模式研究，城市化发展水平的评估体系与动态监测方法研究，城市化发展的类型划分与模式选择理论方法，城市化进程的资源环境效应及其对全球变化的影响和区域适应性研究，典型城市群、城镇密集带地区的可持续发展模拟与预警体系研究，城市空间过程与社会过程对城市与区域发展的影响机制研究等。随着研究的深入，将逐步与

国外城市地理研究潮流融合。

（二）农村发展与农业地理研究受到重视

作为有着5000年历史的农业大国，农业、农村、农民问题是首先必须面对的基本国情。人文地理学者对“三农问题”的关注由来已久。全球化和快速城镇化背景下，农民大量涌入城市打工，由此产生的农村社区的社会问题、粮食安全问题、土地利用问题、农村社会保障问题等都是人文地理学关注的重点。

我国农村发展与农业地理近期主要热点研究领域议题包括：全球化背景下农业地域功能类型及区域化新格局研究，耕地与粮食生产的时空演进及安全评估和预警体系研究，乡村生产要素快速非农化的格局机制与优化配置研究，转型期农村空心化过程时空规律及资源环境效应研究，统筹城乡发展机制与新农村建设的地域模式和途径研究，农业产业化与农村信息化的类型、模式和保障体系研究等。

结合国际上乡村地理学新近研究进展，联系中国乡村转型发展进程和新型城镇化推进中存在的实际问题，未来中国农业与乡村地理学研究将重点关注以下两个方向：①构筑助推城乡转型发展的村镇建设格局。构筑乡村地区县城、重点镇、中心镇、中心村（社区）的空间布局、等级关系及其治理体系。其核心是村镇发展新主体、新动力、新战略、新制度的培育与塑造，推进形成中国特色的城市、村镇、农业、生态“四位一体”的国土空间新格局。②重构支撑城乡一体化发展的乡村“三生”空间。通过开展农村-土地综合整治，重构乡村-生产、生活和生态空间，为推进乡村振兴和城乡一体化发展搭建新平台。其核心是通过产业发展集聚、农民居住集中和资源利用集约优化调整乃至根本变革乡村地域的生产、生活和生态空间。

（三）旅游地理学理论与方法研究趋于多元化

在加强传统研究领域的同时，突出城市旅游、旅游景观、旅游规划理论等方面的研究。在加强量化方法的同时创新独特的理论与方法，因此，大量来自于文化学、社会学、人类学的概念与研究方法开始进入旅游地理学的研究视野。旅游对人们在美学、心理学、社会学方面的效应逐渐得到重视，强调对意义和价值的深入探讨，关注旅游现象的非生产性特征。随着学科外部和内部交流的不断增多，研究方法和技术得到创新。多元统计的数理方法和地理信息系统（GIS）的广泛应用，使旅游地理学走向“精确研究”。在新的时代背景下，信息技术的革新和现代生活方式的改变，旅游地理学者将会采用更新的技术评估、分析和预测旅游流、旅游行为和旅游空间。

旅游规划中不断创新旅游发展机制和模式。旅游地理学发展始终得益于改革开放后旅游业的兴旺繁荣，积极参与规划实践，从规划中获得研究的可进入性、从实践中发现并解决问题始终是中国旅游地理学发展的重要途径。规划与研究的良性互动推动了学科的发展。近年来，旅游地理学者在旅游规划编制中提出的创新性发展机制和模式有力推动了地方旅游业快速发展，如“国家旅游综合改革试验区”“滨海旅游产业试验区”等创新发展机制，“旅游+地产”的旅游导向型土地利用模式，旅游与温泉综合开发的发展模式等，都是结合区域特点，在具体旅游规划中提升的理论成果。同时，将社区参与、社区增权理论引入旅游规划中，为地方旅游业可持续发展提供了智力支撑。

新时期中国旅游地理学的主要研究议题与方向：中国旅游业发展的行业管理、旅游影响、主客关系、社区发展、城市发展等问题为旅游地理学研究提供了新的方向，并深入相关领域的研究，更加侧重于制度、经济方面的探讨。新兴的研究方向则主要覆盖了旅游发展中的权力关系、社区增权、产权与旅游发展、旅游与城市发展、旅游与社区发展等具有政治、经济色彩的议题。与此同时，旅游地理学传统的游客流和游客行为空间研究将引入心理学和行为学理论及方法，呈现行为地理学倾向。

（四）历史地理学创新研究的中国特色凸显

不少地理学家在探寻地理学研究深度时，都看到历史地理学所具有的独特作用，自觉关注历史地理学研究并寻求双方合作，这无疑为历史地理学未来的更大发展提供了重要途径。无论是在地理学或历史学的旗帜下，集中历史地理学学术力量进行研究都是可行的，关键是要坚持历史自然地理、历史人文地理两大主干研究，不仅要善于用自然解释自然现象、用社会解释社会现象，还需要用自然解释社会现象或用社会解释自然现象。并且在最后的判断表达上，这种解释应是方向对应、阐释适度，而不是偏离了方向、对论题进行过度的阐释。

近期研究热点与趋势主要表现在以下八个方面：①历代疆域政区研究，其中清代疆域政区研究成果不断出现。②移民史和人口史研究，关于南宋、辽宋金元时期南北人口不均衡发展、清代陕甘人口变迁、西南民族地理研究等新成果先后涌现。③城镇和乡村聚落研究，出现了上海地区城市化过程中的市镇及乡村聚落的空间结构、民国海宁硖石镇的区位条件与空间结构、清代黄土高原城镇文化景观特征、《中国历史城市地理》、《黄土高原地区乡村地理研究（1368—1949）》等历史聚落地理研究成果。④历史经济地理研究。历史经济地理研究的兴起与发展是近 10 年来历史人文地理研究引人关注的重要方面，取得了丰富的系列成果。⑤历史文化地理研究，主要体现在历史时期宗教地理和民间信仰的地理研究上。⑥区域历史地理研究，主要有徽州区域历史地理研究，历史时期丹江口水库地区的政区、人口、城邑、经济开发和环境变迁状况等成果。⑦生态环境史和灾害史研究。⑧历史地理信息系统研究，地理信息系统在历史地理研究中具有重要价值，近年历史地理学研究不断加强 GIS、RS 手段的应用，复旦大学历史地理研究中心与美国哈佛大学等合作的“中国历史地理信息系统”（China Historical Geographic Information System, CHGIS）项目最具代表性，CHGIS 项目的研究成果，被有关专家学者公认达到世界先进水平，以 CHGIS 为标志的历史地理数字化研究得到社会各界的高度重视。

三、政治地理与行为地理等领域逐渐回暖日趋兴盛

（一）地缘政治经济格局研究由低迷逐步回暖

随着经济的崛起，我国在国际社会中的地位和作用正在发生着巨大变化，国际政治、经济格局面临根本性的改变。如何在保障国家安全的前提下，开展区域合作，构建新型的合作关系，开拓更为广阔的国际市场，在经济合作的同时实现产品和价值观念乃至文化的输出，提高我国的软实力等问题，也是人文地理学者关心的话题。

近期研究热点与趋势主要包括：我国能源资源保障格局研究，国际区域一体化研究，跨界流域开发利用研究，国际区域合作研究，贸易格局研究，跨国投资研究，世界地理研究，

冲突热点地区研究等。有学者认为地缘政治最基本的内核是地理要素，即地理位置、国土幅员、邻国、地形与气候、资源及距离，认识地缘政治学基本的地理要素，是正确把握、运用地缘政治学的先决条件。地缘政治学理论、地缘政治要素和地缘政治活动三个方面的地缘政治理论塑造了国家安全战略制定者的思维，地缘政治现实是国家制定对外安全战略的重要依据，地缘政治活动构成国家安全战略的重要组成部分。有学者从地理学思想出发，提出构建研究地缘相关问题的新学科——地缘地理学，并探讨其研究对象、研究内容、研究领域及学科框架体系等相关问题。针对风云变化的国际形势，不少学者广泛深入地探讨了全球性的、热点地区的地缘政治问题，如地缘政治与地缘经济变化下的国际多极化关系新格局、区域一体化理论与实践、全球战略资源与战略要地的争夺等。有地理学者从地理要素角度深入分析地缘冲突双方的政治、经济、军事、外交等因素，提出了遵循国际法、和平解决国家间领土争端的思路。针对近年对北极、里海等热点地区的高度关注，世界地理学者研究当今北极地缘政治格局特征、北极航线、北极地区原住居民的人口结构与社会问题；里海的国际法状态、能源安全及西方对该地区的地缘政治战略等问题，为地缘政治学创造了新的研究空间。随着中国的和平崛起，世界主要大国和周边国家都将战略重点移向亚洲及与中国的关系，相关研究包括大国地域布局战略及其对中国的遏制战略、中国周边国家的地缘关系及周边地区面临的地缘挑战等。可以预见，从地理学视角研究地缘政治将在国家安全系统中发挥特殊的作用。

（二）新文化地理背景下的文化地理研究视野更为开阔

近年来中国文化地理的研究成果主要集中在传统文化区、文化扩散、文化生态、文化整合和文化景观五大主题，随着学科的发展，一些学者将欧美新文化地理学研究引入国内文化地理学界，开拓了更广阔的文化地理学研究视野，研究进展与趋势体现在以下五个方面。

1. 进一步挖掘文化景观背后的多重意义

中国文化地理学者研究除继续关注聚落、建筑、农田等物质文化景观外，还关注地名、饮食、音乐、美术、摩崖石刻等非物质文化景观，开始挖掘这些文化景观的多重意义，寻求文化多样中的一致性，透过物质景观表象探寻其背后的抽象文化，识别文化基因和文化“遗传”因子，解读内含的深层次文化理念。

2. 尝试解读电影、小说、建筑等“文本”所表征的地方文化特征

文化地理学的索尔学派主要研究生计文化层面的景观，如谷仓、加油站等，通过这些景观在地表的分布来反映某种生计类型的空间分布。但新文化地理学者开始将文化景观视作文本，认为它们如同文字、图画、影像等其他文本形式一样，表达了人们的某种文化理念。受西方新文化地理学的影响，中国学者开始尝试研究电影、小说、建筑等所要表达的地方性或区域文化特征。

3. 开始关注小尺度文化空间及文化生产的研究

中国大陆以往的文化地理学研究往往将文化空间中的实体空间与抽象空间割裂开来，即便研究世俗民风等抽象文化事物，也只是停留在大尺度的区域框架中，缺乏对小尺度文化空间及空间生产的关注。近几年学者对小尺度文化空间研究开始增多，如对城市公共文化场所、

乡村公共空间、城市广场、城市文化街区、传统商业区等进行研究。从这些研究中可以看到，学者们不再仅仅注重空间的物质形式，而是开始探讨抽象文化的生产。文化空间所生产的文化不单体现在文化企业的产品中，还体现在地方的文化形象上。

4. 开展一系列地域文化认同的研究

近年来文化地理学界对许多地方文化特征的研究，既包括对区域内单个文化特质的研究，也包括对地区文化综合体的研究。前者如对传统建筑、饮食文化、禁忌文化等分析；后者如对海南岛区域文化、粤港澳区域文化、岭南文化、内蒙古草原文化等的探讨。这些研究均着眼于确定人们认同的地方文化要素，但尚未触及深层次的文化地理学问题。

5. 探索运用 GIS 技术等新技术手段研究文化地理学问题

一些文化地理学者开始利用 GIS 手段分析文化地理现象和文化景观的空间分布特征；运用 GIS 工具呈现主观的空间意象，如绘制佛山城市认知地图、香港老社区油麻地、天后庙的情感空间等；利用 GIS 空间插值功能，绘制文化景观的等值线分布图，建立古村落景观文化基因模型及利用 GIS 叠层分析手段评价文化遗址景观的脆弱性。

（三）行为地理学进入研究转向与繁荣发展时期

在中国人文地理学研究从科学主义导向走向人本主义导向的背景下，行为地理学研究自 2003 年以来进入新一轮学习与借鉴西方行为地理学的高潮，开始尝试构建具有中国特色的行为地理学研究框架，并实施全方位的实证分析，行为地理学的研究主题和研究内容日益丰富，研究重点集中在迁居与通勤行为、消费行为、认知地图与城市意象、空间行为与行为空间等方面。特别是随着信息技术的快速发展，GPS、手机、网络等新型调查方法在城市的行为地理学研究中逐步得到广泛应用。

近期热点研究领域与趋势有以下四个方面：①消费者行为仍然是行为地理学研究的核心。已有研究从不同角度分析居民购物行为的影响因素、决策认知与决策过程，从消费者行为的角度完善与拓展了商业中心地理论，创新与发展了微观商业区位论；从而为制定消费行为政策和建立可持续消费模式提供了科学依据，这在一定程度上丰富了行为地理学理论与研究方法。②重点从微观角度分析了不同类型城市居民的动态迁居特征、影响机理、居住郊区化、季节性郊区化与第二住宅等现象，深入探讨了迁居行为与社会转型、空间重构的相互关系。③认知地图与城市意象迎来了新的发展势头。随着行为地理学的逐步复兴，开始注重认知地图变形、认知距离、城市意象等方面的研究，更多地关注认知地图的空间模式、现实行为模式解析和空间行为的分析。④空间行为与行为空间的研究推动了“时间地理学”时代的到来。时间地理学是一种开展空间行为与行为空间研究的方法论。北京大学行为地理学研究小组作为国内时间地理学的主要引介者与积极倡导者，将时间地理学、活动分析法、行为地理学等相结合，开辟了中国城市转型研究的行为视角，开创了基于个人行为的城市空间研究范式，并与欧美及日本的时间地理学者进行了广泛而深入的交流合作，推动了时间地理学研究在中国人文地理学界的发展。

本章小结

人文地理学是研究人地关系地域系统，探讨人文事象空间发生发展演变规律的学科，是地理学基本分支学科之一。人文地理学研究对象的特殊性决定了其学科性质属于自然科学与人文社会科学之间的边缘学科，具有区域性、综合性、社会性、统一性等学科特点。人文地理学与自然地理学、经济学、社会学、历史学、文化学、人口学、政治学、地图学等学科在学科渊源、研究领域与研究方法上关系密切。人文地理学可以分为通论人文地理学、部门人文地理学、区域人文地理学。加强学科自身建设、广泛参与经济社会和文化建设实践、积极参与科学文化普及工作是人文地理学学科的三大任务。

从课程概述、教学目的要求、核心知识内容与教材选用等方面对地理科学专业人文地理类课程进行了规范。包括的课程有：人文地理学导论学科基础课程，经济地理学、城市地理学等专业主干课程，人口地理学、区域分析与规划、文化地理学、旅游地理学、政治地理学、城乡规划概论、行为地理学等专业方向课程。

人文地理学的学习应注重博览群书，增强跨学科素养；注重日常观察分析，重视理论联系实际；掌握质性分析方式，善于实地调研；熟悉必要的数学方法，重视理论探究。

人文地理学的科学价值和实践意义决定了学科地位不断提高，近十年来，人文地理学在理论研究与实践应用方面的热点领域与发展趋势体现出三大特点：其一，人地系统与空间相互作用等综合研究日趋深化，表现在人地系统研究的核心地位不断加强、区域可持续发展研究正方兴未艾、空间相互作用与空间组织研究日益深化。其二，城市地理与旅游地理等传统优势领域日趋繁荣，表现在城镇化与城市地理研究更加开放深入、农村发展与农业地理研究受到重视、旅游地理学理论与方法研究趋于多元化、历史地理学创新研究的中国特色凸显。其三，政治地理与行为地理等领域不断回暖日趋走强，表现在地缘政治经济格局研究由低迷逐步回暖、文化地理研究视野更为开阔、行为地理学进入研究转向与繁荣发展时期。

思考题

人文地理学与自然地理学同属于地理学的分支学科，在研究对象、内容、方法上有交叉，对客观世界存在的现象、过程甚至趋势的地理研究，需要两大学科协同，你认为在哪些研究领域特别需要发挥两大学科的协同作用？并以具体地域、面临的具体问题进行剖析。

主要参考和阅读文献

阿·德芒戎. 1999. 人文地理学问题. 葛以德，译. 北京：商务印书馆.
阿瑟·格蒂斯，朱蒂丝·格蒂斯，杰尔姆·D. 费尔曼. 2013. 地理学与生活. 黄润华，等译. 北京：世界图书出版公司.
包亚明. 2003. 现代性与空间的生产. 上海：上海教育出版社.
保罗·诺克斯，史蒂文·平奇. 2005. 城市社会地理学导论. 柴彦威，等译. 北京：商务印书馆，52-54，196-197.
彼得·霍尔，凯西·佩恩. 2010. 多中心大都市——来自欧洲巨型城市区域的经验. 罗振东，张京祥，译. 北京：中国建筑工业出版社.
柴彦威. 2012. 城市地理学思想与方法. 北京：科学出版社.
陈才. 2009. 区域经济地理学. 北京：科学出版社.

陈慧琳. 2001. 人文地理学. 北京: 科学出版社.
陈秀山, 张可云. 2010. 区域经济理论. 北京: 商务印书馆.
大卫·哈维. 1996. 地理学中的解释. 高泳源, 译. 北京: 商务印书馆.
顾朝林. 2002. 城市社会学. 南京: 东南大学出版社.
顾朝林, 于涛方, 李平, 等. 2008. 人文地理学流派. 北京: 高等教育出版社.
顾朝林, 张敏, 甄峰, 等. 2012. 人文地理学导论. 北京: 科学出版社.
何雪松. 2006. 社会理论的空间转向. 社会, 2: 34-48.
贺艳华, 李民, 宾津佑, 等. 2017. 近 10 年来中国城乡一体化空间组织研究进展与展望. 地理科学进展, 36(2): 219-230.
金学良. 1996. 中国人口地理学研究的回顾与展望. 人文地理, 11: 112-115.
李旭旦. 1982. 人文地理学的理论基础及其近今趋向. 南京师大学报(自然科学版), (2): 3-12.
理查德·皮特. 2007. 现代地理学思想. 周尚意, 译. 北京: 商务印书馆.
刘劲松. 2014. 中国人口地理研究进展. 地理学报, 69(8): 1177-1189.
刘卫东, 金凤君, 张文忠, 等. 2011. 中国经济地理学研究进展与展望. 地理科学进展, 30(12): 1479-1487.
刘卫东等. 2013. 经济地理学思维. 北京: 科学出版社.
刘易斯·芒福德. 2005. 城市发展史——起源、演变和前景. 宋俊岭, 倪文彦, 译. 北京: 中国建筑工业出版社.
柳坤, 申玉铭. 2014. 国内外区域空间相互作用研究进展. 世界地理研究, 23(1): 73-83.
陆大道. 2003. 中国区域发展的理论与实践. 北京: 科学出版社.
陆大道, 樊杰. 2009. 2050 中国的区域发展. 北京: 科学出版社.
美国国家研究院地学、环境与资源委员会, 地球科学与资源局重新发现地理学委员会. 2002. 重新发现地理学: 与科学和社会的新关联. 黄润华, 译. 北京: 学苑出版社.
苗长虹. 2004. 变革中的西方经济地理学: 制度、文化、关系与尺度转向. 人文地理, 19(4): 68-76.
苗长虹, 魏也华, 吕拉昌. 2011. 新经济地理学. 北京: 科学出版社.
尼古拉斯·克里福德, 吉尔·瓦伦丁. 2012. 当代地理学方法. 北京: 商务印书馆.
诺南·帕迪森. 2009. 城市研究手册. 上海: 格致出版社.
沈丽珍. 2010. 流动空间. 南京: 东南大学出版社.
汤国安. 2012. Arcgis 地理信息系统空间分析实验教程. 2 版. 北京: 科学出版社.
王法辉. 2009. 基于 GIS 的数量方法与应用. 姜世国, 滕骏华, 译. 北京: 商务印书馆.
维克托·迈尔舍恩伯格, 肯尼思·库克耶. 2012. 大数据时代——生活、工作与思维的大变革. 盛杨燕, 周涛, 译. 杭州: 浙江人民出版社.
吴传钧. 1991. 论地理学的研究核心——人地关系地域系统. 经济地理, 11(3): 1-5.
吴殿廷. 1999. 区域分析与规划. 北京: 北京师范大学出版社.
许淑娜, 杨令宾. 2006. 数量地理方法对地理学发展的影响. 经济地理, 26: 10-13.
杨国安, 甘国辉. 2003. 人文地理学研究方法述要. 地域研究与开发, 22(1): 1-4.
中国科学技术协会. 2012. 地理学学科发展报告: 人文-经济地理学. 北京: 中国科学技术出版社.
钟逢干. 1989. 西方人口地理学发展概述. 经济地理, 9(3): 232-235.
Aitken S C, Ionn L E. 1994. Place, Power, Situation and Spectacle: A Geography of Film. London: Rowwan & Littlefield.
Bwrgess J, Wood P. 1998. Decoding Docklands: Place advertising and the "decision-making" strategies of the small firm//Eyles J, Smith D M(eds). Qualitative Methods in Human Geography. Cambridge:Polity Press: 94-117.
Castells M. 2006. 网络社会的崛起. 3 版. 王志弘, 译. 北京: 社会科学文献出版社.
Castells M. 2011. The Informational City: A Framework for Social Change. http: //www. citiescentre. utoronto. ca/Assets/Cities+Centre+Digital+Assets/pdfs/publications/Research+Papers/184+Castells. pdf [2011-07-04].
Clarke D. 1997. The Cinematic City. London: Routledge.

Clark G, Feldman M, Gertler M. 2000. The Oxford Handbook of Economic Geography. Oxford: Oxford Press.

Cosgrove D, Daniels S. 1998. The Iconography of Landscape: Essays on the Symbolic Representation, Design and Use of Past Environments. Cambridge: Cambridge University Press.

Daniel S. 1993. Fields of Vision: Landscape Imagery and National Identity in England and the United States. Cambridge: Polity Press.

D. J. 沃姆斯利, G. J. 刘易斯. 1988. 行为地理学导论. 王兴中, 等译. 西安: 陕西人民出版社.

Haggett R. 1990. The Geographer's Art. Oxford: Blackwell Publishers.

Johnston R J, Gregory D, Smith D M. 1986. The Dictionary of Human Geography. Oxford: Blackwell Publishers.

Kinsman P. 1995. Landscape, race and national identity: the photography of Ingrid Pollard, Area, 27: 300-310.

Pacione M. 2005. Urban Geography. 2nd edi. New York: Routledge: 28-29.

R. J. 约翰斯顿. 2001. 哲学与人文地理学. 蔡运龙, 江涛, 译. 北京: 商务印书馆.

R. J. 约翰斯顿. 2004. 人文地理学词典. 柴彦威, 等译. 北京: 商务印书馆.

R. J. 约翰斯顿. 2010. 地理学与地理学家. 唐晓峰, 等译. 北京: 商务印书馆.

R. 哈特向. 2012. 地理学性质的透视. 黎樵, 译. 北京: 商务印书馆.

Rogerson P A. 2010. Statistical methods for Geography. 3rd ed. London: SAGE.

Tuan Y F. 1991 . Language and the making of place: a narrative-descriptive approach . Annals of- the Association of American Geographers, 81: 684-696.

第十一章　地理信息科学知识结构与学习方法

学习目标

理解地理信息科学学科对象，了解地理信息科学的学科体系及与相邻学科的关系。熟悉地理科学专业涉及地理信息科学类的学科基础课程和专业主干课程的目的要求、核心知识内容体系，了解地理科学专业涉及地理信息科学类的专业方向课程的目的要求、核心知识内容体系。熟悉并理解地理信息科学的学习方法，了解地理信息科学研究的前沿趋势。

第一节　地理信息科学的学科对象与学科体系

一、地理信息科学的学科对象及其与相关学科的区别

（一）地理信息科学学科对象

1992 年，美国地理信息学者 Goodchild 提出了地理信息科学（geographic information science）的概念和科学体系，认为其是一门研究地理系统中信息流的科学，研究内容包括对地理信息进行处理、存储、提取，以及管理和分析过程中所提出的一系列基本理论问题和技术问题。

1994 年，美国大学地理信息科学联盟认为：“大学地理信息科学联盟致力于理解地理过程、地理关系与地理模式，研究和利用新的理论、方法、技术和数据，将地理数据转换成有用的信息是地理信息科学的核心。”

1996 年，Goodchild 提出了地理信息科学中的 10 个优先研究主题：空间数据获取与集成、分布式计算、地理表达扩展、地理信息认知、地理信息互操作、尺度、GIS 环境下的空间分析、空间信息基础设施的未来、地理数据不确定性与基于 GIS 的分析、GIS 与社会。后来又扩展了 4 个主题：地学空间数据挖掘与知识发现、地理信息科学的本体论基础、地理可视化及地理信息科学中远程获取的数据与信息。美国纽约州立大学布法罗大学 Mark 认为，地理信息科学主要含地理概念的认知模型、地理模型的计算与实现及 GIS 与社会的交互。

1999 年，美国国家科学基金会（National Science Foundation, NSF）给出的定义：“地理信息科学是一为追求重新定义地理概念并在地理信息系统中成功应用的基础研究领域。地理信息科学将深入研究以空间信息为主要研究对象的一些传统科学，如地理学、地图学、大地测量学中的最基本命题，同时将结合认知与信息科学中的最新发展；也将与某些较为专门的研究领域，如计算机科学、统计学、数学、心理学等互为交叠，并继续对这些领域的发展做出贡献；它将支持在政治科学、人类学领域的研究，在地理信息和社会的关系研究中利用这些领域的知识。”

2016 年，齐清文认为地理信息科学的科学内涵可概括为：“地理信息科学以地球为舞台（上至电离层，下至莫霍面），以人/地关系为主题，以服务于全球变化与区域可持续发展为

目标，研究地球空间信息的形成和传输机理，形成以卫星应用、遥感技术、地理信息系统、计算机辅助设计与制图、多媒体与虚拟技术、互联信息网络为主体的高速全息数字化的集成化科学体系，形成能对人流、物质流、能量流进行时/空分析与宏观调控的战略技术系统”。

（二）地理信息科学与相关学科的区别

1. 地理信息科学与地球信息科学区别

地球信息科学的科学定义是地球系统科学、信息科学、地球信息技术交叉与融合的产物，它以信息流为手段研究地球系统内部物质流、能量流和人流的运动状态与方式，由三部分组成：地球信息学是其理论研究的主体；地球信息技术是其研究手段；全球变化与区域可持续发展是其主要应用研究领域。地球信息科学是地球科学的一门新兴的重要分支学科和应用学科。

作为一个现代的科学术语，地球信息科学的出现仅仅十多年时间。它是在卫星遥感、全球导航卫星系统、地理信息系统、数字传输网络等一系列现代信息技术高度集成，以及信息科学与地球系统科学交叉的基础之上所形成的科学体系。虽然其理论与方法还处于初级阶段，科学体系尚未完善，但它已得到国内外科技界的普遍关注。这些年来，为了加强对资源开发与环境保护的系统调控和协调发展，许多国家都在积极发展地球信息科学。

地球信息科学通过对地球圈层间信息传输过程与物理机制的研究来揭示地球信息机理，它是地球信息科学的重要理论支撑。以对地观测系统、地理信息系统、电子地图与信息高速公路所构成的以地理信息系统为核心的集成化技术体系，由于实现了地球信息的获取、分析与传播，因而形成了地球信息科学的重要技术框架。全球变化与区域可持续发展则是地球信息科学的重要应用领域。

地理信息科学的研究背景主要来自地理信息系统及地理学、地图学等领域，是研究地理信息产生、运动与转化规律的一门交叉学科，是以广义地理信息系统为对象的学科。

2. 地理信息科学与地理信息系统区别

地理信息系统（GIS）有时又称为“地学信息系统”或“资源与环境信息系统”。它是一种特定的十分重要的空间信息系统。它是在计算机硬、软件系统支持下，对整个或部分地球表层（包括大气层）空间中的有关地理分布数据进行采集、储存、管理、运算、分析、显示和描述的技术系统。

地理信息科学是 1992 年由 Goodchild 提出的，与地理信息系统相比，它更加侧重于将地理信息视作一门科学，而不仅仅是一个技术实现，主要研究在应用计算机技术对地理信息进行处理、存储、提取及管理和分析过程中出现的一系列基本问题。地理信息科学在对地理信息技术研究的同时，还指出了支撑地理信息技术发展的基础理论研究的重要性。随着以地理信息系统技术为核心的遥感、全球导航卫星系统等技术的发展及其间的相互渗透，逐渐形成了 3S 集成化技术系统，为解决区域范围更广、复杂性更高的现代地学问题提供了新的分析方法和技术保证。20 世纪 70 年代以来，整个人类社会面临人口、资源、环境和发展等各方面的问题，逐渐开始重视全球变化（global change）及可持续发展 （sustainable development）等方面的研究，这两个方面的推动，最终促成了地理信息科学的产生。

二、地理信息科学的学科体系

地理信息科学通过对地球圈层间信息传输过程与物理机制的研究来揭示地理信息机理。由对地观测系统、空间定位技术与信息高速公路构成的以地理信息系统为核心的集成化技术体系，由于实现了地理信息的获取、分析与传播，因而形成了地理信息科学的重要技术框架。全球变化与区域可持续发展则是地理信息科学的重要应用领域。地理信息科学学科体系由理论、技术和应用三大部分组成（图 11.1）。

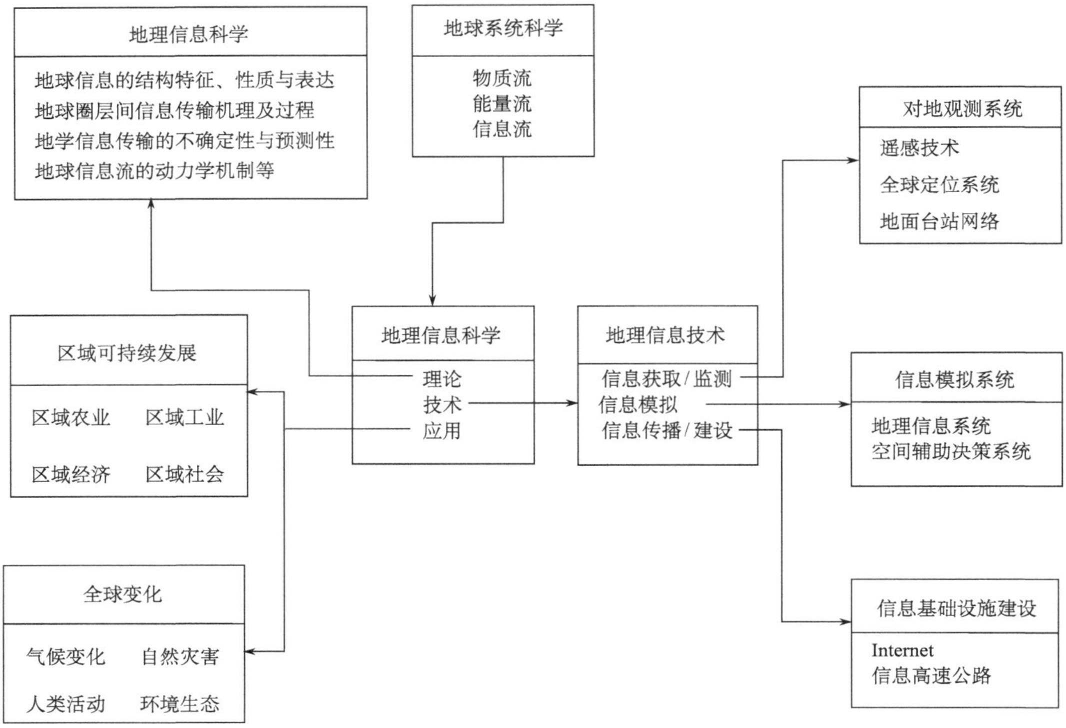

图 11.1　地理信息科学学科体系（据陈述彭等，2000；黄杏元等，2001）

（一）地理信息科学理论

地理信息科学的本质是从信息流的角度来研究地球表层自然要素与人文要素相互作用及其时空变化规律的科学。通过对地表各圈层间信息的形成和变化机制及传输规律的研究，揭示地理信息的发生和形成，以及相互作用的机理与过程，其目的是更好地认识地理规律。它起源于对地理环境的感知，用技术手段获取地理信息，以语言或图形方式表达地理信息，通过人类大脑思维分析将信息变成知识，从而加深对地理环境的认知。地理认知是地理信息学研究的起点，也是地理信息学研究的归宿。人类认识地理环境离不开特定的时间和空间，用地理信息可视化手段表达地理信息，由于现实世界的复杂性、模糊性及人类认识和表达能力的局限性，人们对地理信息的认知是一个由浅入深的过程，由此产生地理信息的不确定性。这种认知、获取、表达、传播、解译、再认知螺旋式地理认知规律是地理信息科学的理论之本。地理空间认知、地理信息时空基准、表达与可视化、空间尺度、空间数据可视化、空间数据解译和不确定性成为地理信息科学的主要研究内容。

地理信息机理是指地理信息从产生到被感性的认知、理性的分析，以及多种方式的表达，再到综合应用的整个过程中的信息的流动原理。地理信息过程是指从地理信息的发生、获取、分析，再到反馈的整个系列运动之中所涉及的方法过程和技术过程，地理信息机理与过程概括为获取自在地理信息过程—通过管理过程获得自为地理信息—通过处理过程获得再生地理信息—通过服务、网络、5S 集成获得全息地理信息服务社会的过程。围绕这些领域，地理信息科学形成了七大基础理论。

1. 时空理论

地球是一个在时空中变化的巨系统，其特征之一是在时间及空间尺度上演变和变化的不同现象。地理信息时空理论一方面从地理信息机理入手，揭示地理信息的时空变化特征和规律，并加以形式化描述，形成规范化的理论基础。另一方面应用时空理论使地球传统的静态描述转化为对过程的多维动态描述和监测分析，通过不同时间尺度和空间尺度的组合，解决不同尺度下地理信息的衔接、共享、融合和变化检测等问题。

地理学是研究地球表层空间分布规律的科学。地理学的空间是一个定义在地球表层空间实体集上的关系。地球上空间实体之间有无数种关系，定义一种关系就自然定义了一种空间，几何关系是所有这些关系中的基础关系，物理距离是这些关系中的一种度量关系，空间位置和拓扑关系、几何关系是联系在一起的，是地理信息中重要的空间关系。空间关系描述与推理是地理信息系统、语言学、认知科学和人工智能等学科的重要理论问题之一，在空间查询、空间分析、空间推理、空间数据理解、遥感影像解译、基于关系的匹配等过程中起着重要作用，也是智能化地理信息系统的理论基础。

2. 空间认知理论

空间认知是指人们对物理空间或心理空间三维物体的大小、形状、方位和距离的信息加工过程。它研究人们怎样认识自己赖以生存的环境，包括其中的诸事物、现象的相关位置、空间分布、依存关系，以及它们的变化和规律。简言之， 空间认知就是研究空间信息的处理过程，它主要包括对地理实体及其空间关系的理解和表示。地理空间认知作为认知科学与地理科学的交叉学科，从认知过程的角度对地理空间认知研究进行综述，包括地理知觉、地理表象、地理概念化、地理知识的心理表征和地理空间推理。

空间认知理论是地理信息可视化的重要理论基础。地理空间认知分为地理空间感知、表象、记忆和思维 4 个过程。感知过程是指刺激物作用于人的感觉器官产生对地理空间的感觉和知觉的过程。表象过程是通过回忆、联想使在知觉基础上产生的映像再现出来。记忆过程对输入的信息进行编码、存储和提取。思维过程提供关于现实世界客观事物的本质特性和空间关系的知识，实现“从现象到本质”的转化。在所有感官器官中，眼睛是接收输入刺激的主要感觉器官，因此视觉是人空间认知的主要形式。

3. 地理信息表达与可视化理论

地理信息的表达方式包括语言、文字、地图和录像多媒体等多种形式。计算机技术的引入，更加丰富了地理信息的表达内容。在现有的地理认知和地理概念计算模型研究背景下，探讨多维、动态的空间数据表达模型，用非结构化表示点、线、面几何形状，用地理信息的属性表表示关系，还可以用时间描述自然现象和社会发展的时序变化。由于地理信息表达的抽样性、概括性和多态性等特征，同种信息采用不同的表达方式，虽然满足了不同应用的实际需要，但也给信息共享带来了极大困难。因此，近几年来科学工作者试图用本体论研究地理信息本原。通过对地理客观存在的概念和关系的描述，揭示基于自然语言的空间关系认知表达与形式化空间关系的映射机制。

地理信息可视化为人们提供了一种空间认知的工具。地图是地理信息可视化的主要视觉样式。为了更好地揭示地理信息的本质和规律，便于人类认识并改造世界，需借助一些规则，直观、形象、系统的符号或视觉化形式来表达和传输地理信息。这些符号或形式不仅易于人类辨别、记忆、分析，并能被计算机所识别、存储、转换和输出。传统的表达方式有图形与图像类，如地形图、专题地图和遥感图等；文字数据类，如原始的测绘数据、文字报表等，为了满足可视化需求，设计和发展了相应的符号系统和运算规则。计算机技术出现后，地理空间数据可视化借助计算机图形学和图像处理等技术，用几何图形、色彩、纹理、透明度、对比度等技术手段，以图形图像信息的形式，直观、形象地表达出来，并进行交互处理。

4. 空间尺度理论

空间尺度是地理信息表达的概念。空间尺度理论是空间认知、地理信息表达和可视化理论的产物。尺度影响着空间信息表达的内容、分析结果，并最终影响人类的认知。地理信息不同尺度的表达出现了地图比例尺的概念。不同尺度的变化不仅表现为尺度的缩放，而且带来了空间结构的重新组合，由此引出制图综合的理论。空间尺度理论对地理空间信息的获取、数据组织、表达和分析有着重要影响。

地理信息可视化载体必须具有空间尺度。人类信息获取实际上是以一种有序的方式对思维对象进行各种层次的抽象，以便使自己既看清细节，又不被枝节问题扰乱了主干。因为“超过一定的详细程度，一个人能看到的越多，他对所看到的东西能描述的就越少”。

随着比例尺变小，图形符号和图形间距离也呈比例缩小，当比例尺缩小到一定程度后，屏幕图形将拥挤难辨。特普费尔（Toepfer）发现了地物要素的数量与地图比例尺之间密切的关系，并建立了开方根模型，从而揭示了地理信息可视化尺度变化规律。通过大量的试验证明开方根规律对制图综合实践具有指导意义，特别对于离散分布的点状（如居民地）和面状（如湖泊群）等要素的选取基本上是正确的。在制图综合中，制图物体的选取数量并不完全符合特普费尔开方根规律，它受多种因素的影响，如物体的重要性、表示物体符号的尺寸大小等。特普费尔给出了数据综合中图形数目变化的开方根模型，但它只是描述了图形数目随比例尺的变化，并没有具体解释当尺度变化到什么情况时应该综合。当空间数据可视化比例尺变化时，在计算机屏幕上地理空间数据点、线、多边形等图形的视觉信息变化各有不同，此时很难直接求得特普费尔模型中的图形数目。为了研究空间数据可视化的尺度变化规律，这里把地理空间数据点、线、多边形等图形抽象为一个与具体形状无关的单元图形，通过单元图形的缩放来研究图形随尺度变化的规律。大量实践证明，空间数据的分级应以比例尺变化 4 倍为参考依据。

5. 地理信息传输理论

地理信息存在于一定物质、能量载体，并能从一个载体向另一载体传递，形成信息流。地理信息传输过程与机制是地理信息科学理论研究的核心。捷克地图学家柯拉斯尼（Kolacny）提出了信息源、传递信息的信道和信息的接收者三个要素构成的地图信息传输模型。该模型涉及地理信息生产者认知、表达，接收者的感受、解译等过程和方法的理论。地理信息认知研究人类如何对客观环境进行认知和信息加工，探索地理信息数据制作的思维过程，并用信息加工机制描述、认识地理信息加工处理的本质。地理信息感受论是研究信息接收者视觉感受的基本过程和特点，分析信息接收者对地理信息感受的心理、物理因素和感受效果的理论。接收者对地理信息的定性解译和定量反演，揭示和展现地球自然现象、社会发展现今状态及时空变化规律。从现象到本质，回答地球所面临的诸多重大科学问题，如资源、环境和灾害等，是地理信息科学的最终科学目标。

6. 地理信息的解译

地理信息解译是从地理信息载体（语言、文字、地图、地理空间数据）中提取可信的、有效的、有用的地理信息（知识）的理论、方法和技术。地理信息解译过程是一个地理空间认知的过程。传统的地图解译主要是一种目视解译过程。地图是地理信息的可视化产品，地图的信息传输大部分是通过人视觉感受来进行的，对地图信息的提取是由人的视觉系统将图形信息传送至大脑，由大脑再加上一些心理因素而做出判定。人的视觉感受是一个复杂的过程，读图过程都须经过觉察、辨别、识别和解译，其中察觉、辨别过程主要受生理、心理因素的影响，识别和解译与读者的知识水平、实践经验、思维能力有关。地图的视觉感受过程、视觉变量、视觉感受效果及地图视觉感觉的生理与心理因素等研究形成了地图视觉感觉理论。

相比纸质地图，数字环境下地理空间数据能储存数量更为巨大的地理信息，需要利用计算机硬件和软件对地理数据进行读取、显示、检索和分析来提取地理知识。数字环境下地理信息解译离不开目视解译过程，但应用计算机对地理空间数据进行查询和空间分析可以派生出更多信息、新的知识和挖掘潜在空间信息。地理空间数据挖掘和知识发现已成为地理信息科学研究的热点之一。

7. 不确定性理论

空间数据不确定性（uncertainty）的实质主要指数据的误差。不确定性和误差常被任意选用，较多的还是使用误差这一简洁的概念。随着现代测量技术的迅速发展，以及地理空间数据信息来源的多源化，考虑误差的范围也从数字上扩大到概念上，虽然以数值误差为主，但也要顾及不能用数值来度量的误差。这样，传统的误差理论已远远不能满足需要，数据不确定性的研究逐渐得到重视。时至今日，人们趋向于认为，数据不确定性主要指数据“真实值”不能被肯定的程度。从这个意义看，数据不确定性可以看作是一种广义误差，但它比误差更具有包容性与抽象性，既包含随机误差，也包含系统误差；既包含可度量的误差，也包含不可度量的误差。因此，数据的随机性、模糊性、未确定性等均可视为不确定性的研究内容。

从研究的具体形式看，地理空间数据不确定性的研究又可细分为：位置不确定性、属性不确定性、时域不确定性、逻辑一致性、数据完整性、不确定性的传播、不确定性的可视化表示等。地理空间数据不确定性研究的核心，就是建立一套不确定性分析与处理的理论体系与方法体系。地理空间数据误差来源的复杂性及地理信息难以重复采样，使得地理空间数据不确定性既有空间位置的不确定性和空间属性数据的不确定性，还具有与其空间位置相关的结构性问题，同时尺度也是不确定性研究要考虑的因素。不确定性问题是非线性复杂问题。因此，除了经典误差理论、概率论、数理统计仍是研究该问题的理论基础外，还需要寻找证据理论、模糊数学、空间统计学、熵理论、云理论、信息论、人工智能等非线性科学理论的支持，随机几何学、分形几何学、神经网络、遥感信息模型等基于边缘学科的不确定性分析处理方法也逐渐受到重视。

（二）地理信息科学方法和技术

地理信息科学方法是人类研究和探究地理客体与现象本质规律时采用的理念、方法、途径等，属于将物质世界变为精神世界的内容（即由作用于地理客观实体和现象的方法和途径总结、归纳及升华为理念和知识形式的科学方法）。地理信息科学方法分为图形-图像思维方法、数学模型方法、地学信息图谱方法、智能分析与计算方法、模拟和仿真方法、综合集成方法六类。

地理信息技术是人类利用和改造地理客体及环境的工具、流程和工艺等，属于将精神世界变为物质世界的内容（即由知识性的技术方法物化为实物性的工具、平台、模型等实体）。地理信息技术分为地理信息采集和监测技术，地理信息管理技术，地理信息处理、分析和模拟技术，地理信息表达技术，地理信息服务技术，地理信息网络技术，地理信息“5S”集成技术七类。

（三）地理信息应用

由于地理信息在国家和国民经济信息中具有重要地位，而且地理信息科学的发展极大地推动了全球性的信息及软件和硬件资源共享，改变了时间和空间对人类的约束，使远距离同步观测、教育、决策、协调等工作成为可能，因此，地理信息科学的形成和发展必将对实现社会、国家和国民经济的信息化有不可估量的促进作用，成为提高国民经济管理水平、资源与环境管理效益的重要手段，为区域和社会经济的可持续发展提供理论基础和决策辅助，特别是在资源清查与管理、经济与社会可持续发展的规划决策与管理、城市规划与现代化管理、农业规划决策与生产管理、灾害预测与灾情评估、环境污染与生态变化监测、全球变化监测与研究等领域有非常广阔的应用前景。

三、地理信息科学与相邻学科的关系

地理信息科学是传统科学和现代技术相结合而诞生的边缘学科，因此它明显地体现出了多学科交叉的特征。Goodchild 于 1992 年提出地理信息科学的概念，他认为地理信息科学主要研究应用计算机技术对地理信息进行处理、储存、提取及管理和分析过程中出现的一系列基本问题。地理信息科学的提出是地理信息系统技术及其应用发展到一个相当水平后的必然要求，从科学的基本性质看，它由三部分组成：地理信息机理是其理论研究的主体；地理信息技术是其研究手段；全球变化与区域可持续发展是其主要应用研究领域。这就要求地理信息科学研究过程要涉及地理学、地图学、数学、计算机科学、测绘遥感学、环境科学、城市科学、空间科学、地球科学、信息科学和管理科学，以及一切与获取、处理和分析空间数据有关的学科。

（一）地理信息科学与地理学

地理学与地理信息科学密不可分，两者形成完美结合。地理学的进一步研究，需要地理信息科学的支持，地理信息科学的深化需要对地理问题的深入认识。两者的结合，互相促进了其发展。地理信息科学的理论体系、研究方法、学科地位的建立和完善，有利于地理学家对瞬时信息进行定性分析、空间信息的定位分析、时间信息的趋势分析、环境信息的综合分析。

地理学研究地球表层自然要素与人文要素相互作用及其形成演化的特征、结构、格局、过程、地域分异与人地关系等。而 GIS 是在计算机硬、软件系统支持下，对整个或部分地理空间中的有关地理分布数据进行采集、储存、管理、运算、分析、显示和描述的技术系统，地理信息系统处理、管理的对象是多种地理空间实体数据及其关系，包括空间定位数据、图形数据、遥感图像数据、属性数据等，用于分析和处理在一定地理区域内分布的各种现象和过程，解决复杂的规划、决策和管理问题。它的技术优势在于它的数据综合、模拟与分析评价能力，可以得到常规方法或普通信息系统难以得到的重要三维地理信息系统信息，实现地理空间过程演化的模拟和预测。GIS 被誉为地学的第三代语言——用数字形式来描述空间实体。地理学为 GIS 提供了有关空间分析的基本观点与方法，是地理信息系统的基础理论依托，而 GIS 的发展也为地理问题的解决提供了全新的技术手段，并使地理学研究的数学传统得到充分发挥。网络 GIS 和虚拟现实技术的发展和结合，使数据量巨大、结构复杂的图形、图像、音频、视频等多源数据的处理与传输成为现实。在地理学理论的研究中，上述技术和理论的完善，可使地理学家通过所建立的虚拟境界，亲自感受和认知复杂的，关于地质、地貌、水文、气象、土壤、植被等的空间关系和物理关系，深化对其内部关系和机理的认识。RS、GIS、GPS 等研究手段，与分形学、混沌学、神经网络等研究方法论的发展，使人们从非线性角度，均质性和异质性、稳定性和变异性、渐变性和突变性等角度出发，用数学模型、计算机动态模拟技术，从更加量化和动态的深度，去刻画和阐明区域地理要素及其综合属性、地理过程等成为可能。人们对地理现象和地理过程的数值模拟和定量化研究的进展，使人们对地理系统的认识更加深刻。

（二）地理信息科学与测绘学

测绘学是研究测定和推算地面点的几何位置、地球形状及地球重力场，据此测量地球表面自然形状和人工设施的几何分布，并结合某些社会信息和自然信息的地理分布，编制全球和局部地区各种比例尺的地图和专题地图的理论和技术学科。大地测量、工程测量、矿山测量、地籍测量、航空摄影测量和遥感技术为 GIS 中的空间实体提供了各种不同比例尺和精度的定位数；电子速测仪、GPS 全球定位技术、解析或数字摄影测量工作站、遥感图像处理系统等现代测绘技术的使用，可直接、快速和自动地获取空间目标的数字信息产品，为 GIS 提供丰富和更为实时的信息源，并促使 GIS 向更高层次发展。

（三）地理信息科学与计算机科学

计算机科学为GIS奠定了重要的科学技术手段。GIS对问题的处理都是在计算机平台上完成的。当前，地理信息科学分析对计算机运算量有了越来越大的要求。这主要是因为遥感与地理信息系统中应用的数学分析模型将面对日益膨胀的地理信息系统构成的大型空间数据库，GIS相应的软件都是通过计算机的编译来完成的，而且对于现在海量的信息，GIS必须依托计算机的强大运算功能来分析，所以计算机科学的发展也在很大程度上影响着GIS的发展。

（四）地理信息科学与地图学

地图学是研究地图的理论、编制技术与应用方法的科学，是一门研究以地图图形反映与揭示各种自然和社会现象空间分布、相互联系及动态变化的科学、技术与艺术相结合的科学。GIS把计算机的分析能力运用于地图的分析中，这样能更科学地处理现实问题，而且能更快捷方便地表述问题。GIS脱胎于地图，并成为地图信息的又一种新的载体形式。地图是GIS重要数据来源之一，地图学理论与方法对GIS有重要的影响。地图强调的是数据分析、符号化与显示，而地理信息系统则注重于信息分析。地理信息系统使地图发展为电子地图（EMS），与传统地图集相比，电子地图有许多新的特征：①声、图文、多媒体集成；②查询检索和分析决策功能；③图形动态变化功能；④良好用户界面、读者可以介入地生成；⑤多级比例尺的相互转换。一个好的电子制图系统应具有地理信息系统的所有功能，且拥有更强的空间信息表达与显示功能。

第二节　地理信息科学主要课程概要

多数高校的地理科学专业课程体系中，涉及地理信息科学类的课程一般包括地图学、测量学、计算机原理等学科基础课程，地理信息系统、遥感原理等专业主干课程，全球定位系统、数据库原理与应用、面向对象的程度设计（C#）、遥感软件与应用、GIS软件应用、GIS二次开发、数据结构等专业方向课程。

一、学科基础课程

（一）地图学

1. 课程概述

地图学是地理科学专业的学科基础课程，课程性质为必修。地图学是一门古老的学科，它主要研究用图像或符号的形式表示地球空间信息的方法和技术，以及这种信息的传播和转换的规律，其研究对象和内容与地理信息科学相似。地图是地理学的第二语言，它具有公式化、抽象化、符号化等基本性质和形象直观性、地理方位性、几何精确性等基本特点，以及信息传输、信息载负、地图模拟与地图认知等基本功能。随着电子计算机技术、空间技术和通信技术的快速发展与广泛应用，地图学实现了地图测绘与地图编制由传统手工方式向全数字化计算机制图与自动制版一体化的根本变革，地理信息获取技术逐渐由大地测量走向遥感遥测技术体系，地理信息处理也逐渐由图形显示向信息储存、分析、模拟、预测和共享等方向扩展，出现了数字地图、电子地图、网络地图等新的形式。

地理学是研究地球表面（层）地理环境的结构、分布及其发展规律，以及人地关系的学科，也被称作地球表层学。对人类个体而言，地球几乎是一个无穷大的空间，难以一窥全貌，而地图的发明和应用，使人类得以概括而全面地了解地球表面的开始。地图作为人类形象思维的一种方式，是对空间信息高度浓缩和概括的结果。学习地图学本身是学习空间信息可视化的表达原理和方法，同时也对地理学其他各门专业课程具有较强的辅助和支撑作用。因此，地图学是地理学中最重要的专业基础课程之一。

2. 目的要求

通过课堂教学和专业实习，使学生具有阅读、使用和编绘地图的基础理论、基本知识和基本技能，特别是计算机辅助制图的能力；了解现代地图学的科学概念与发展体系；理解并掌握地图的构成要素和基本特性；了解地图的分类系统和功用；理解常见的成图方式；使学生能够正确使用地图，尤其是地形图。地图学是用数学-形象-符号模型再现客观实体，反映和研究自然与社会经济现象空间分布、组合和相互联系及其变化的科学。具有多学科交叉与渗透性强、应用范围广、理论与技术并重等特点。

通过地图学课程的学习，学生应具备从地理现象抽象到空间认知与思维到地图表达与应用分析等坚实的地图设计、编制与应用的基础理论、基本知识与基本技能，把握地理空间信息前沿领域的发展与动态，为地理信息系统专业后续课程的学习奠定专业基础，这是地理科学各专业培养方案中不可替代与不可忽视的重要环节。

3. 核心知识内容体系

核心内容：①地图的基本概念，包括地图的定义、基本内容、分类、分幅编号、功能和地图的价值等。②地图的数学基础知识，包括地图的空间基准、地图投影的基本原理、常用的地图投影及其应用，以及我国编制小比例尺地图的常用投影。③地理要素的空间分布特征及量表方法、地图符号的概念和分类、视觉变量及视觉感受效果、地图注记，以及地图符号的语言学特征。④制图综合的基本概念，分析制图综合的必要性和影响因素、制图综合的基本方法、数字地图综合的方法和过程。⑤普通地图的基本特征与类型，以及普通地图中自然地理要素和社会经济要素的表示方法。⑥专题地图的构成、分类、空间分布特征和符号，专题地图的各种表示方法及其分析比较和配合运用。⑦地图集的特点、分类、设计和编绘，以及地图集编制中的统一协调工作。⑧传统地图分析和数字地图分析的基本方法，以及地图在科学研究、国民经济和国防军事等方面的应用。⑨传统地图、遥感影像地图、数字地图和电子地图等各种地图制作的基本方法、过程和技术特点。⑩地图学的基本概念、研究内容，以及与其他学科的关系，地图学发展的历史，信息时代地图学的发展趋势。

（二）测量学

1. 课程概述

测量学是地理科学专业的学科基础课程，课程性质为必修。测量学是研究对地球和其他实体的与空间分布有关的信息进行采集、量测、分析、显示、管理和利用的一门科学技术。测绘学的服务对象和范围非常广泛，涉及国民经济和国防建设中与地理空间信息有关的各个领域。

测量学是一门古老的学科，随着人类社会的进步、经济的发展和科技水平的提高，测量学的理论、技术、方法及其学科内涵也随之不断发展，逐步形成了以大地测量学、摄影测量学、工程测量学、地图制图学和海洋测绘学为主的框架体系。现代测绘学充分吸收了空间技术、计算机技术、通信技术和地理信息技术发展的成果，其理论基础、工程技术体系、研究领域和科学目标正在发生深刻的变化以适应信息社会的变化，遥感、全球导航卫星系统和地理信息系统已经成为测量学非常重要的技术手段和方法，随着对遥感、全球导航卫星系统和地理信息系统等现代地理信息技术研究的深入，测量学也向着地球空间信息学（geo-spatial information science，Geomatics）跨越和融合。

测量学从本质上讲是一种获取空间三维坐标及进行信息处理与管理的技术。GIS 专业的测量学课程教学有更高的要求，它不同于普通测量学课程的教学，其课程教学内容上更应该体现现代测绘科学技术向着数字化、信息化、自动化和网络化发展的方向，有机地与测绘经典理论和方法相结合，以地理空间信息为纲来组织教学内容。在地理信息系统中，空间数据的采集一般是通过测绘、摄影测量和遥感技术等手段获得的，因此，测量学是地理信息系统专业的一门主干专业基础课。

2. 目的要求

通过本课程的学习，掌握测绘科学的基本知识、基本理论和基本方法；掌握获取地球空间定位数据的各种方法，以及地球空间定位数据采集的仪器和使用方法，掌握代表现代测绘新技术的数字化测量、全球导航卫星系统（GNSS）、数字摄影测量等技术，培养学生解决、实现地理信息系统的地球空间数据采集、处理及集成的能力。测量学作为一门实践性很强的技术基础课，在教学中加强实验、实习等实践性教学，不仅能使学生掌握测绘仪器的使用方法和测绘工作的基本技能，还能帮助学生更好地理解测绘的基本理论及使学生具有一定的实践能力、综合分析能力和具有独立整理、分析实验数据、编写实验报告的能力。

3. 核心知识内容体系

测量学课程包含的主要内容：①测量学的基本知识和基础理论。主要包括：测量工作的基准线和基准面；测量常用的坐标系；测量的三大基本工作（测高程、测角度、测距离）的基本原理、方法和数据的处理；测量误差理论的基本知识及减少测量误差、提高精度的方法；掌握导线测量的方法及计算的方法。②介绍水准仪、经纬仪、全站仪等常用测量仪器的构造及其使用方法和检验方法，进行基本的测量工作步骤。③介绍用测距仪、全站仪进行距离测量和点位的三维坐标数据采集的方法，了解全球定位系统的原理和使用方法。④介绍大比例尺地形图的测绘程序（先控制测量，后碎部测量）；熟悉大比例尺地形图成图原理和测图方法；对数字测图的测绘方法有较全面的了解。⑤阅读和使用地形图、数字地图及有关测绘资料。⑥介绍施工放样理论和方法，以及在工程勘测、工程施工、工程运营管理中的应用。⑦介绍测绘科学的新技术、新理论、新仪器及其在工程建设中的应用。

（三）计算机原理

1. 课程概述

计算机原理是地理科学专业的学科基础课程，课程性质为必修。计算机原理是以计算机硬件结构为基础，分别讲解运算器、控制器、存储器、输入设备、输出设备等五大部件工作原理及计算机控制方式，从而使学生掌握硬件结构和面向硬件的程序设计，以及不同硬件设备连接的方式和数据传输控制。

计算机原理是地理信息科学本科专业教学中的一门重要专业基础课，在教学计划中占有重要地位和作用。课程的任务是使学生掌握计算机组成部件的工作原理、逻辑实现、设计方法及将各部件连接成整机的方法，建立 CPU 级和硬件系统级的整机概念，培养学生对计算机硬件系统的分析、开发与设计的能力。该课程是面向硬件程序设计开发的系列课程的重要先修基础。

2. 目的要求

通过本课程的教学，学生应掌握计算机硬件系统各部分的组成及工作原理；掌握计算机硬件各部分组成整机的工作原理，单处理器内部的运行机制，从而建立起计算机的整机概念；初步掌握计算机硬件系统的分析方法。使学生具备对计算机系统整机和部件进行分析和设计的能力，具备嵌入式技术基础、面向硬件进行程序设计及开发的能力。

3. 核心知识内容体系

计算机原理课程包含的主要内容：①计算机系统概论，包含计算机软硬件概念、计算机系统的层次结构、计算机的基本组成、冯·诺依曼计算机的特点、计算机的硬件框图及工作过程、计算机硬件的主要技术指标。②系统总线，包含总线的基本概念、总线的分类、总线特性及性能指标、总线结构和总线的判优控制及通信控制。③存储系统，包含存储器分类和存储器的层次结构、主存储器（包括半导体存储芯片简介、静态随机存取存储器和动态随机存取存储器、只读存储器、存储器与 CPU 的连接、存储器的校验、提高访存速度的措施）、高速缓冲存储器（包括 Cache 的基本结构及工作原理、Cache——主存地址映像、替换算法）、辅助存储器（包括辅助存储器的特点及主要技术指标、磁记录原理和记录方式、磁盘存储器的结构、光盘存储器的存取原理）。④输入输出系统，包含输入输出系统的发展概况及组成、I/O 与主机的编址方式、传送方式、联络方式及设备寻址；外部设备分类及简介、I/O 接口的功能及基本组成；程序查询方式的工作原理及程序查询接口电路；程序中断方式的工作原理及程序中断接口电路、中断服务流程；DMA 方式的特点、DMA 接口电路的功能、组成、类型及 DMA 的工作过程。⑤计算机的运算方法，包含数据的表示、定点乘法及其实现、定点除法及其实现、浮点数的运算、运算器的组成和结构、浮点数的运算器。⑥指令系统，机器指令的格式、寻址方式、指令的种类、指令的执行方式、指令系统。⑦CPU 的结构和功能，包含 CPU 的总体结构、CPU 的主要技术参数、控制器的功能、控制器的组成、控制器的分类与外特性、时序系统与控制方式、指令的微操作序列 CPU 的功能及组成。⑧控制单元的结构和设计，包含微程序设计技术的基本概念、微指令的基本格式、微指令操作控制字段的编译码控制方法、微程序流的控制方法、微程序控制器基本原理、微程序控制器的组成、地址转移逻辑的实现、微程序控制计算机的工作过程、硬布线控制器与门阵列控制器。

二、专业主干课程

（一）地理信息系统原理

1. 课程概述

地理信息系统是地理科学专业的专业主干课程，课程性质为必修。地理信息系统（GIS）是用于回答地理学问题的科学、技术、工程和艺术的统称，是一种用计算机创建和描述地表的数字表达方法，也是一种支持地学应用决策分析的决策支持系统。从 20 世纪 60 年代至今，GIS 已迅速发展成为一个独特的研究与应用领域，成为一种新型信息产业，深刻影响着人类社会的生产与生活，也正以开放的发展姿态走向地球信息科学的未来。

本课程以地理信息系统为主要研究对象。主要内容包括地理信息系统的定义，地理信息系统的组成和功能，空间信息模型，空间信息的输入、处理和存储方式，与地理信息系统相关联的空间分析和建模。GIS 是遥感、全球定位系统数据的集成与管理平台，共同构成“3S”系统，它们形成一个紧密的共同体。

2. 目的要求

通过地理信息系统课程的教学，使学生掌握地理信息系统的产生背景、功能、应用领域及发展方向；掌握 GIS 的基本概念、GIS 的数据结构、GIS 数据输入存储编辑方法、GIS 空间分析方法、GIS 产品等基本知识和基础理论，启发学生对地理信息系统的兴趣，培养学生知识创新和技术创新能力，以及提供利用现代技术手段进行科技研究必要的技术手段，使学生了解知识点，培养学生利用解决实际问题的能力，为学生学习后续的专业课程奠定基础。

3. 核心知识内容体系

地理信息系统原理课程包含的主要内容：①地理信息系统的概念，主要包括地理信息系统、信息、地理信息的概念，地理信息系统的组成、结构、功能、发展趋势及其与其他学科的关系。②空间数据模型，包含空间信息的基本来源、空间信息的尺度、空间信息的基本特征、空间数据质量的基本含义和空间数据误差的产生原因，矢量数据模型、栅格数据模型和 TIN 模型概念等。③空间数据结构，包含矢量数据结构、栅格数据结构的概念和特征；两种数据结构的组织方式、栅格数据结构的压缩编码、曲面数据结构特征等。④空间数据库，包含地理信息的编码方法、数据库的特征和结构、传统数据库系统的数据模型、GIS 中空间数据库的组织方式、面向对象数据库系统等。⑤空间数据的获取与处理，包含数据来源、空间数据采集、空间数据录入后的编辑与处理、空间数据质量及其精度分析等。⑥GIS 空间分析原理与方法，包含空间分析的基本概念、叠加分析、矢量数据的缓冲区分析、窗口分析、网络分析、空间数据的其他分析方法、数字高程模型与地形分析等。⑦GIS 建模，包含空间信息系统模型，建模的目标、过程和模型参数等。⑧地理信息系统产品输出，包含空间信息输出系统、地理信息系统输出产品类型、计算机地图制图与 GIS、电子地图系统简介等。

（二）遥感原理

1. 课程概述

遥感原理是地理科学专业的专业主干课程，课程性质为必修。遥感是一种借助对电磁波辐射敏感的元器件，通过航空和航天载荷平台从远距离不直接接触观测对象而收集、获取观测物体的信息，进而对研究对象进行测量、分类、识别的新兴技术。遥感技术以地球作为对象以求认识、了解和保护我们的地球，以达到人与自然的和谐，以及人口、资源、环境的协调发展。它与地理信息系统技术、卫星导航定位技术及通信技术等综合为一体与国家经济社会可持续发展、国家安全，以及人们现代的经济和生活休戚相关。遥感最显著的特点体现在“遥”和“感”两个字上。遥感是空间对地观测的主体，是现代空间信息获取、处理、分析、应用的关键技术，它理所当然地受到包括各国政府在内的全世界的广泛关注，竞相发展。新型技术不断创新，应用不断深入。

遥感原理是地理信息科学专业的一门先行的重要基础课程。遥感原理课程是地理信息科学基本框架的重要组成部分，是地理信息科学专业重要的必修基础课程。本课程不但涉及诸如数学、物理学、地学等多个学科的理论，而且融入了心理学、电子学、计算机数字图像处理技术的新理论与新知识，同时，该课程也是土地利用动态监测、虚拟现实技术、Matlab 在遥感数据处理中的应用等课程的基础。

2. 目的要求

通过本课程学习，学生应熟悉遥感的基本理论，了解遥感技术的发展历史及应用现状；理解遥感技术的基本概念、基本原理和基本方法；掌握卫星遥感原理、遥感图像的计算机处理和信息提取的原理与技术；掌握熟练操作遥感应用软件等，了解遥感与地理信息科学领域的前沿问题，具有熟练地运用相关软件解决资源与环境管理中的信息采集、分析处理和决策支持中相关技术问题的能力；受到一定的科学研究与撰写科学论文的训练。

3. 核心知识内容体系

遥感原理课程的主要内容：①绪论，包含遥感的基本概念、遥感系统、遥感的类型、遥感的特点、遥感发展简史。②遥感的物理基础，包含电磁波谱与电磁辐射、太阳辐射及大气对辐射的影响、地球的辐射与地物波谱。③遥感成像原理与遥感图像特征，包含遥感平台、摄影成像、扫描成像、微波遥感与成像、遥感图像的特征。④遥感图像处理，包含光学原理与光学处理、数字图像的校正、数字图像增强、多源信息复合。⑤遥感图像的目视解译与制图，包含遥感图像目视解译原理、基础与遥感制图。⑥遥感数字图像的计算机解译，包含遥感数字图像的性质与特点、遥感数字图像的计算机分类、遥感图像多种特征的抽取、遥感图像解译专家系统。⑦遥感应用，包含地质遥感、水体遥感、植被遥感、土壤遥感、高光谱遥感的应用。⑧遥感、地理信息系统与全球定位系统综合应用，包含综合应用概述与综合应用实例。

三、专业方向课程

（一）全球定位系统

1. 课程概述

全球定位系统（GPS）是地理科学专业的专业方向课程，课程性质为选修。全球定位系统，又称全球卫星定位系统，是一个中距离圆形轨道卫星导航系统。它可以为地球表面绝大部分地区（98%）提供准确的定位、测速和高精度的时间标准。系统由美国国防部研制和维护，可满足位于全球任何地方或近地空间的军事用户连续精确地确定三维位置、三维运动和时间的需要。该系统包括太空中的 24 颗 GPS 卫星；地面上 1 个主控站、3 个数据注入站和 5 个监测站及作为用户端的 GPS 接收机。最少只需其中 3 颗卫星，就能迅速确定用户端在地球上所处的位置及海拔；所能收联接到的卫星数越多，解码出来的位置就越精确。

GPS 由于其自身的独特的优势，目前应用越来越广泛，其对于地学领域的信息化意义重大。利用 GPS 进行测量，特别是大范围的控制测量、工程领域的精密测量，它的速度、精确性都是非常高的。所以，对于 GIS 专业的学生来说，GPS 是用于 GIS 的前期的数据获取的理想工具，学生学好了 GPS,就可以拓宽知识面，便于以后 3S 集成方面的学习。

2. 目的要求

通过本课程的教学，使学生掌握 GPS 原理与应用、定位技术和数据处理的基本方法，为学生进一步学习后续的专业课，以及今后从事测绘、空间导航与定位等技术工作和科学研究工作打下了必要的理论基础和培养了其操作仪器及使用计算软件进行数据处理的能力。

3. 核心知识内容体系

全球定位系统课程的主要内容：①卫星导航定位系统概论，包含卫星导航定位系统的发展回顾、GPS 卫星全球定位系统、GPS 外部增强系统、GPS 航天飞机测图系统、建设中的伽利略卫星导航定位系统。②GPS 卫星及其轨道，包含导航卫星的正常轨道、导航卫星的摄动、GPS 卫星工作星座、GPS 地面监控系统的作用、GPS 卫星的导航电文。③GPS 卫星的导航定位信号，包含导航定位信号概述、伪噪声码及其生成、几种特殊伪噪声码、GPS 卫星的伪噪声码、GPS 的 SA 影响。④GPS 信号接收机，包含 GPS 信号接收机的类型与发展、GPS 信号接收机的基本结构、微带天线、GPS 信号接收机的工作原理、GPS 信号接收机的基本性能检验。⑤GPS 伪距测量定位，包含 GPS 伪距单点定位、GPS 伪距差分定位、DGPS 数据链。⑥GPS 载波相位测量定位，包含载波相位测量、GPS 载波相位测量的 DGPS 模型、GPS 载波相位测量与伪距测量的组合解算、GPS 载波相位测量的姿态测定应用。⑦GPS 动态载波相位测量的数据处理方法，包含 GPS 动态载波相位测量概论、卡尔曼滤波数据处理模型、附加模糊度参数滤波模型、GPS 动态载波相位测量的工程实施。⑧GPS 导航定位误差，包含 GPS 卫星导航定位的精度、误差与偏差、GPS 卫星导航定位的主要误差、对流层的距离偏差及其改正误差、多路径误差、GPS 现代化的作用与影响。⑨GPS 测量成果的实用问题，包含 WGS-84 坐标的变换基础、大地坐标变换成高斯平面直角坐标、GPS 定轨的激光测距校验、机载 GPS/激光测深系统。

（二）数据库原理与应用

1. 课程概述

数据库原理与应用是地理科学专业的专业方向课程，课程性质为选修。数据库原理与应用是以数据库概念为基础，讲授怎么设计数据库及数据库设计的基本原则和规范，从基本需求分析建立逻辑模型，建立物理模型；基于 SQL Server 2008 的数据库实现，讲授如何建立和管理数据库；联合数据库、ArcGIS Engine 和 ASP.NET 建立地理信息管理动态网站。

数据库系统原理及应用是数据管理的最新技术，是计算机科学的重要分支，它为计算机专业、管理专业等众多学科提供利用计算机技术进行数据管理的基本理论知识，是计算机专业、管理专业等学科的专业必修课。数据库系统原理及应用课程是高等院校数据库应用有关专业（如计算机科学、信息与信息系统）的一门理论性较强的专业课。

2. 目的要求

通过本课程的教学，使学生掌握以关系数据库为主的数据库原理、概念及与应用设计相关的基本内容，以 SQL Server 2008 为例，能对课程内容中涉及的重要及可操作内容进行操作，掌握数据库应用系统的开发方法、过程及步骤。通过各个教学环节，运用各种教学手段和方法，使学生在掌握数据模型、数据库管理系统、数据库语言及数据库设计理论等基本理论知识的基础上，逐步具有开发和设计数据库的能力，为进一步开发和设计大型信息系统打下坚实基础。

3. 核心知识内容体系

数据库原理与应用课程的主要内容：①概论，包含数据库、数据库管理系统和数据库系统及其三者之间的关系、数据管理技术的发展过程。②概念与数据模型，包含概念模型、数据模型、物理模型、概念模型建立方法、E-R 图、层次-网络-关系数据模型概念、特点及转换方法、物理模型构建方法、关系数据库定义、特点。③数据库设计，包含数据库设计、数据库设计过程和步骤、针对具体问题完成数据库设计工作、编写需求分析报告等各阶段文档。④数据库规范化，关系规范化概念、关系规范化相关知识和会进行关系规范化。⑤关系代数，包含关系代数的表示方式、关系代数实现数据集合运算，以及选择、投影和连接等专门的关系运算。⑥SQL Server 2008，包含安装 SQL Server 2008 的基本要求，安装 SQL Server 2008 的方法；SQL Server 2008 的后台服务、管理工具的配置和基本使用方法，SQL Server Management Studio 工具的使用，SQL Server 2008 系统数据库的作用；建立用户数据库的基本操作方法；配置用户数据库的基本操作方法；索引、视图创建；事务编程与游标，存储过程和触发器。⑦T-SQL 语言，包含数据库中查询的基本机制；SELECT 语句的构成；SELECT 语句及其子句的使用方法；SELECT 语句中统计函数的使用技巧；多表内连接查询基本方法；SELECT 语句解决实际的查询问题，表的嵌套查询基本方法，SELECT 语句解决实际的查询问题。⑧数据库备份与维护，包含数据库备份的基本方法；数据库恢复（还原）的基本方法；数据导入与导出的基本方法。⑨数据库应用系统设计，包含.NET 环境中实现数据库访问及操作，结合 ArcGIS Engine 实现空间数据管理及操作，设计并建立地理信息管理系统。

（三）面向对象的程序设计（C#）

1. 课程概述

面向对象程序设计（C#）是地理科学专业的专业方向课程，课程性质为选修。面向对象程序设计（C#）是一种程序设计范型，同时也是程序开发的方法。对象指的是类的实例，它将对象作为程序的基本单元，将程序和数据封装其中，以提高软件的重用性、灵活性和扩展性。面向对象程序设计提高了程序的灵活性和可维护性，并且在大型项目设计中广为应用。它能够让人们更简单地设计并维护程序，使得程序更加便于分析、设计、理解。本课程以 C#语言为例，重点介绍了 C#的基本语法、面向对象的程序设计思想及方法、基于事件驱动的程序设计方法，以及程序的调试和异常处理方法。并且在 C#基础之上，比较全面地展示了 C#的各种应用技术，包括 Windows 程序设计技术、数据库编程技术、文件操作与编程技术、XML 与 LINQ 高级数据访问技术、网络应用编程技术和多媒体编程技术等。

面向对象程序设计（C#）课程是地理信息系统专业中的基于.NET 开发平台进行 GIS 开发能力培养的一门核心课程，它是采用面向对象的开发模式和思想，将专业素养培养融入加强基础知识、提升专业技能、综合应用这三个阶段中的一门集理论与实践为一体的综合能力培养的课程。

2. 目的要求

通过学习本课程使学生了解 C#和.NET 开发环境的基本理论和操作，培养学生使用.NET 平台开发应用程序的能力，主要教学内容以应用为主，结合开发环境讲授 C#语言基本语法、面向对象编程方法、C＃开发 Windows 应用程序、数据库程序、Web 应用程序等。

3. 核心知识内容体系

面向对象的程序设计（C#）课程的主要内容：①C＃程序设计概述，包含 Visual Studio 开发环境的功能和特点，C＃语言的特点及其发展，C＃控制台应用程序，Win32 应用程序和 Web 应用程序的结构，C＃程序在.NET 2005 中的建立、编辑、生成和运行过程、程序调试方法。②C#程序设计基础，包含数据类型、常量与变量、运算符与表达式、数据的控制台输入和输出、字符串、数组、枚举、泛型。③流程控制，包含程序的分支结构和循环结构、分支语句和循环语句的使用方法，C＃的异常处理语句的使用方法。④面向对象的编程基础，包含理解面向对象的基本概念，类和对象的创建方法，结构的概念与应用，类的方法的定义、调用与重载，方法的参数传递的工作机制，构造函数的作用及其使用方法，类的成员、属性、字段的概念及使用方法，区别属性与索引器，C＃中类的可访问性，继承性与多态性的概念及应用，抽象类、接口的定义及使用方法，分部类和命名空间的使用方法，委托的声明、实例化与使用方法。⑤错误调试和异常处理，包含错误分类、程序调试和异常处理。⑥窗体、控件和组件，包含窗体与对话框、容器类控件、文本操作类控件、选择操作类控件、图像操作类控件、菜单、工具栏与状态栏、视图操作类控件等。

（四）遥感软件与应用

1. 课程概述

遥感软件与应用是地理科学专业的专业方向课程，课程性质为选修。本课程是地理信息科学专业本科的必选课程，是以理论联系实践为主，注重运用，重视上机实践的一门课程。该课程以地理科学为背景，在学习了遥感技术的基本理论、基本知识的基础上，着重介绍遥感信息处理的一般原理、过程与方法，掌握遥感数字图像处理技术的发展动态与实际应用。主要内容包括：遥感数字图像的获取和存储、表示和描述，遥感数字图像的各种变换（遥感图像几何校正、遥感图像辐射变换、遥感图像增强变换、K-L 变换、遥感图像计算机分类等）等。通过本课程的教学，可以使学生树立正确遥感数字图像处理的概念，培养学生良好的计算机实践习惯。

2. 目的要求

本课程主要教学目的是使学生了解和掌握遥感信息处理的基本知识、方法、基本技能和发展动态，初步掌握应用遥感信息处理技术分析和解决实际问题的方法。通过理论学习、上机实践等环节，进一步增强学生对本课程的理解，并在此基础上使学生进一步掌握遥感图像成像的基本原理、基本理论和这些理论在遥感图像处理中的应用，掌握遥感数字图像处理的基本方法，能够熟练使用常用的遥感数字图像处理软件（ERDAS 等）进行图像处理。

通过本课程的教学，使学生熟练操作 ERDAS 软件进行图像处理；掌握遥感信息处理的基本知识、方法、基本技能；掌握应用遥感信息处理技术分析和解决实际问题的能力；熟悉多种遥感影像的特点，并能利用 ERDAS 软件进行典型遥感影像的处理和分析。

3. 核心知识内容体系

课程的主要内容：①数字图像、数字图像处理的基本概念；遥感数字图像处理的任务和作用及发展史；常用的处理软件有哪些；掌握 ERDAS 数据格式和数据显示基本功能、常用遥感影像数据格式简介及输入方式。②遥感数字图像的预处理，包含辐射校正的含义及其校正方法；几何精校正的原理及方法；遥感数字图像裁切和镶嵌；图像投影变换；图像融合。③遥感数字图像的增强处理，包含辐射增强（直方图、线性变换、非线性变换、其他非线性变换）；空间增强（邻域处理、卷积运算、平滑、锐化）；频率域增强（快速傅里叶变换、频率域平滑、频率域锐化、同态滤波）；彩色增强（伪彩色增强、假彩色增强、彩色变换）；图像运算（加法运算、差值运算、比值运算、植被指数、图像复合）；多光谱增强（多光谱空间、K-L 变换、K-T 变换）。④遥感数字图像的计算机分类，包含遥感图像的计算机分类（遥感图像的计算机分类基本原理、遥感图像的计算机分类一般过程）；非监督分类（初始类别参数的选定、ISODATA 法）；监督分类（训练区的选择、判别分析分类）；分类后处理及分类结果评价；专家分类系统。⑤空间建模，包含空间建模的基本概念、模型生成器、空间建模的基本过程与步骤。

（五）GIS 软件应用

1. 课程概述

GIS 软件应用是地理科学专业的专业方向课程，课程性质为选修。本课程以地理信息系统软件为平台，综合统计学、地学的知识，讲解 GIS 技术在地学中的应用。本课程教学以注重能力培养为指导原则，采用具体试验与综合项目实验相结合的方法完成教学任务。通过具体实验来完成专业基本知识、基本理论与原理的系统学习，使学生的实践能力得到提高；综合项目实验能使学生更系统地掌握 GIS 应用的过程和完成学术论文的流程。根据本课程实践性强、图形内容多的特点，课堂讲授全部采用多媒体授课和上机方式。

2. 目的要求

通过课程教学，使学生具备地理信息系统软件的系统运用和利用 3S 技术解决实际问题的能力。具体来说，使学生掌握 GIS 数据输入、空间数据库构建、空间分析方法、空间统计等知识，启发学生对地理信息系统软件应用的兴趣，培养学生知识创新和技术创新能力，以及为利用现代技术手段进行科技研究提供必要的技术手段和为学生学习后续的专业课程奠定基础。

3. 核心知识内容体系

课程的主要内容：①数据采集编辑，包含空间数据输入和空间数据数字化的基本步骤；拓扑关系的生成、投影变换、坐标变换及图幅拼接、边界操作；ArcGIS 识别数据源、ArcGIS 数据库、地理空间数据库构建。②矢量数据空间分析，包含矢量数据的统计、量算分析、邻近区分析、叠合分析、网络分析。③栅格数据空间分析，包含栅格数据分析环境与显示、重采样、聚合分析、栅格叠合、统计分析、栅格空间距离计算、空间插值、地形分析。④地图输出，包含地图学制图规范、在 ArcGIS 环境下的地图标注、版面设计、地图符号库、地图制图。

（六）GIS 二次开发

1. 课程概述

GIS 二次开发是地理科学专业的专业方向课程，课程性质为选修。GIS 二次开发是一门实践性很强的课程，必须通过上机操作才能掌握所学的知识，所以要特别强调讲授与上机操作相结合，保证学生有充分的上机条件。通过本课程的学习，使学生掌握基于 ArcGIS Engine 的 GIS 二次开发相关方面的特点，了解它们的主要应用领域和发展方向，具备一种主要 GIS 产品二次开发能力。通过本课程的学习，学生应掌握以下几方面的内容：GIS 二次开发的基本概念、ArcGIS Engine 的结构体系及特征、.NET 平台的基本特性、ArcGIS Engine 控件的组成及基本使用方法、几何对象的编辑及空间坐标系转换方法、地图组成及图层控件的使用、地图制图和空间数据管理。

2. 目的要求

本课程的教学，有助于学生了解和掌握 ArcGIS Engine 的基本原理与应用，并结合相关实践，使学生掌握地理信息系统（GIS）二次开发的基本原理、方法和基本工具，为毕业设计和后续其他 GIS 课程的学习打下基础。学生应能够独立进行应用型 GIS 数据库软件的设计和开发，掌握 GIS 二次开发中编码阶段和软件分发阶段涉及的内容，具备独立和协同开发 GIS 应用软件的能力。学习本门课程要求学生已学习过数据库技术、GIS 原理、GIS 软件应用等专业基础课。掌握至少一门编程语言和可视化开发工具，如 ArcGIS Engine。

3. 核心知识内容体系

课程的主要内容：①ArcGIS Engine 基础知识，包括开发基础组件对象模型 COM、ArcGIS Engine 介绍（包括 ArcGIS Engine 的体系结构、ArcGIS Engine 的类库如 System 类库、Geometry 类库、Display 类库等）、.NET 平台介绍，了解基于.NET 的 ArcGIS Engine 的开发过程和基本案例。②C#的基础知识和技能。③制图控件（如 MapControl、PageLayoutControl 等）、三维控件（如 GlobleControl、SceneControl 等）及框架控件（如 TOCControl、ToolbarControl）三种控件的基本构成及其使用方法。④几何对象基本编辑方法及空间坐标系转换，重点对象为 Geometry 、Envelope 和 Curve 等。⑤地图对象与图层控制，重点是 Map 对象及其主要接口，如 IMap、IGraphicContainer、IActiveView、IActiveViewEvents、IMapBookmark 等的使用。⑥地图制图，包含地图制图的符号及符号库、制图的基本技能和方法。⑦空间数据库的管理及空间数据的基础分析，包含空间数据的含义、空间数据库的分类及组织方法、基本空间数据模型（raster model、digital elevation model 和 TIN model 等），以及基于地理对象的位置和形态特征的空间数据分析技术（如空间属性查询、要素选择、空间拓扑和关系运算等）。

（七）数据结构

1. 课程概述

数据结构是地理科学专业的专业方向课程，课程性质为选修。主要介绍如何合理地组织数据、有效地存储和处理数据，正确地设计算法及对算法进行分析和评价。课程的主要内容包括：数据结构和算法的基本概念、线性表、栈和队列、串、数组和广义表、树和图、查找和排序等。通过本课程的学习，使学生较深入地理解数据的逻辑结构和物理结构，掌握有关算法和基本的程序设计技能，能编制高效且有一定难度的程序，为学习后续课程奠定基础。课程以 C#语言作为数据结构和算法的描述工具。教学环节包括理论教学和实验，教学中注重基础，突出应用，强化数据结构基本知识和程序设计基本能力的双基训练。

2. 目的要求

使学生理解数据结构的逻辑结构和物理结构的基本概念，以及有关算法，培养学生基本的、良好的程序设计技能，编制高效可靠的程序，为其学习操作系统、编译原理和数据库等课程奠定基础。教学中注重综合应用能力培养，切实提高学生的综合素质。

3. 核心知识内容体系

课程的主要内容：①数据结构和算法的基本概念、算法和数据结构在程序设计中的作用、算法分析的基本方法，能对简单问题进行时间复杂度的分析。②线性表，包含线性表的逻辑结构、顺序存储结构、链式存储结构；线性表在顺序结构和链式结构上的基本操作和应用举例；两种存储结构的比较及利用两种存储结构解决简单应用问题。③栈和队列，包含栈的定义、表示和实现（顺序存储、链式存储）、栈的应用举例、栈在递归程序设计技术中的作用；队列的定义、表示和实现（顺序存储、链式存储）、队列的应用举例；循环队列的概念和实现方法；栈和队列的操作和应用比较。④串，包含串类型定义、C 语言中字符串的特点和处理方法；串的顺序存储结构和链式存储结构；串的基本运算和实现方法；对字符串进行相关操作的应用举例。⑤数组和广义表，包含数组的定义和存储结构；特殊矩阵和稀疏矩阵的存储结构；广义表的定义和存储结构简介。⑥树和二叉树，包含树的基本概念；二叉树的性质和存储结构；二叉树的遍历；哈夫曼树及其应用。⑦图，包含图的基本概念；图的存储结构；图的遍历；最小生成树和最短路径。⑧查找，包含线性表的查找（顺序查找、折半查找、分块查找）；二叉排序树的查找；哈希表（哈希表的定义、哈希函数的构造、处理冲突的方法、哈希表的查找和分析）。⑨排序，包含插入排序（直接插入排序、希尔排序）、交换排序（冒泡排序、快速排序）、选择排序（简单选择排序、堆排序）、归并排序。

第三节　地理信息科学学习方法

一、注重综合学习，多学科融会贯通

地理信息科学涉及多种学科，相互之间联系紧密，互为依托，只有充分获取相关知识、加强学科之间的融会贯通，才能掌握完整的知识结构，形成知识体系。地理学是整个学科的基础，地理信息科学就是针对地理学研究的地理现象和地理过程的地理信息的提取、表达、存储、分析和应用。没有地理学，就谈不上地理信息科学。地图是地理信息表达的工具，统一的坐标体系和投影是构建地理信息数据库、地图制作、地理信息分析的核心和基础。地理信息之所以能区别于其他信息，就是因为它具备地理坐标，掌握地图坐标和投影的知识，是通往地理信息科学的钥匙。遥感是地理信息来源的主要手段，是地理信息科学充满活力的源泉，是实施地球观测和监测的主要平台。地理信息系统是各种地理信息存储、管理和提供决策的工具。

二、重视理论与实践结合，培养知识应用能力

地理信息科学是理论与实践联系非常紧密的学科，各门课程既有理论的内容，也有实践的内容，只有把理论与实践相结合，才能学好这门课程。例如，计算机类课程，包含 GIS 软件和遥感软件课程，只有经过大量的上机联系，才能掌握各种软件的操作和应用；测量学课程，要积极参加一个星期的综合实习，才能将课堂学到的测量原理应用到实际的测量工作中去，熟练掌握各种测量仪器的使用，完成测量任务；地图学课程需要利用 GIS 软件完成地图的制作和发布，每个学生都要成为一个地图制作专家；遥感软件应用课程，要求学生能熟练

使用遥感软件，提取各种地理信息，如土地利用类型、地质灾害点、洪水淹没范围等。大量课程都安排课堂实习和集中实习，都有工程上的应用实践，学生必须具有深厚的理论基础和扎实的操作技能，学生既要抓好课堂实习，又要重视见习实习、集中专业实习和野外综合实习等各个实习环节。同时还应该多阅读参考书目，多听相关前沿发展报告。在学习过程中注意思考并总结，多尝试写作心得和文献综述。学生还应积极参加导师的科研项目，培养科研兴趣，参加各种竞赛，如全国 GIS 竞赛等。

三、强化操作技能训练，提升实践动手能力

地理信息的提取、存储、分析和应用都是依赖计算机来完成的，掌握计算机的基本理论和操作技能是地理信息科学专业学生的基本任务。学生除应掌握计算机基础知识和理论外，还应掌握几门编程语言，具备 GIS 软件、遥感软件的操作能力和二次开发能力。

学生在掌握计算机的一般操作技能时，不能孤立地、机械地操作，应充分弄懂知识的内在逻辑关系，能举一反三、触类旁通，在学习中寻找规律。学习过程中应多向老师和同学请教，老师的操作能力强，能够及时给学生解决疑难问题，不要因为某一个操作问题存在困难，就让整个练习停顿下来。周围的同学也可能先学习一步，多多向他们请教，能做到事半功倍。学生要努力培养自己学习计算机课程的学习兴趣、学习习惯和学习能力，能愉快地、创新地完成学习任务。一是趣味学习法，兴趣是最好的老师，是学习的内部动力，通过趣味学习，能充分发挥学生潜在的积极性和主动性，激发学生的上机热情。二是案例学习法，案例学习法是学生带着实际问题，从模块整体知识考虑，将问题用模块的局部知识逐层分解处理，通过一个综合例子来引出多个知识点，学生亲自设计一个实例，来培养学生分析与解决实际问题的能力。三是电子作品创作法，这是一种把信息技术知识与技能的学习、应用、创新相结合的学习方法。学习中，根据创作任务，学生自主设计、自主寻找素材资料、自主制作完成，学生带着任务学习，并将任务化解在自己的电子作品中，从而在完成任务的过程中学会创作的方法与技巧，体会创作的艰辛与喜悦，如电子地图的制作等。

四、注重野外观察环节，培养野外工作能力

地理信息科学是提取地理现象和地理过程的科学信息，要准确地获得地理信息，必须开展地理野外实践，相当重要的一步是学会观察。心理学认为，观察是一种根据一定的目的进行的有组织、有比较的持久的知觉；观察以感知过程为基础，但是它已经带有“思维的色彩”，是感知觉的最高形式，观察是人们认识世界的重要途径。观察能力就是在有目的、有组织、有思维参与的感知过程中形成的一种稳固的认识能力，是智能构成的一个重要因素。所以，培养学生的观察能力是非常重要的。

（一）明确观察目的

地理野外考察是根据特定的项目和任务进行的，必须要有明确的考察目的，整个考察的设计要有可操作性和针对性。学生对考察的时间、路线、任务、注意事项等心中有数，从而激发学生的求知欲，提高其参与考察活动的兴趣，发挥其主观能动性。

（二）学会科学观察

地理环境是错综复杂的，发现地理环境的重要特征，找寻不同地域的差异离不开科学观察。通常，除了通过眼、手、鼻、口等肢体器官对地理事物进行感知外，还应借助专业地图、仪器进行观察，如测量位置海拔的 GPS、温湿度检测仪、地形地质图等。

（1）科学考察要善于获取丰富的地理信息。这是完成考察任务，分析、解释地理现象或规律的重要依据。那么，选择合适的观测点及发现更多的差异点是获得信息的关键一环。例如，考察某区域某一优势植被，观测点可以是宏观的地形特征、地貌、水文等，也可以是植物个体的形态、生理特征。常用的方法有：①多角度观察。例如，重庆缙云山植被考察，可从当地自然和人文两方面获取信息，自然方面包括山地的地形环境，湿热的气候，土壤的性状，树木的果、叶、根等特征，人文方面有老百姓传统的生活习俗、民居特色等。②对比观测，寻找差异。例如，观察山地不同的方位，了解阳坡与阴坡、迎风与背风地带的差异，观察不同海拔状况，了解环境的垂直变化。③样品采集。样品的采集、分析为野外观察获取相关的数据信息，以及后期研究判断提供了重要的依据。

（2）运用地理学科思维指导观察。①运用地理整体性思维指导野外观察。地理环境由大气圈、水圈、岩石圈、生物圈等圈层构成，是地球表层各种自然要素、人文要素有机组合而成的复杂系统，是一个内部相对一致、有着统一演化进程的整体，同时又存在差异性。因此，在观察中既要认识到环境作为一个整体，自然、人文各要素之间必然有密切的联系，又要看到局部的差异性。总之，提高观察能力要有整体性思维的高度、观察的多角度。②用发展变化的眼光看待地理事物与现象。出现在视野中的地理景象，都经历了时空的演变，科学观察理所当然要研究其过去或是将来的变化。③注重人类活动的影响。人类是环境的主体，人类活动对地理环境的影响始终是长远而深刻的。地理环境中地貌、土壤、水文、大气等诸多要素都会受到人类活动的干预。在野外实践活动中，通过实地调查访问，观察人类活动的痕迹，找寻痕迹背后的关联，也是地理学科思维指导观察实践的途径。

（三）重视观察总结

野外实践活动的观察随时都要有客观真实的记录，准确严密的说明。除文字定性描述外还可用图画、相片补充，强调数据的搜集，借助工具对观察对象定量描述，基本原则是客观真实地记录整个观察过程。非常重要的是要把大比例尺的观察转置到小比例尺的地图上以研究地理事物的分布规律，所以学生必须培养良好的观察能力和归纳能力，即以较小的比例尺归纳出实地比例尺的观察所得。活动结束要有总结。通过观察总结，使学生了解实践活动的得失，积累更多的观察经验，大大提高其地理思维能力，在理论联系实际中激发出他们的创造性思维。

第四节　地理信息科学研究的前沿趋势

经过近 50 年的发展，地理信息科学已形成较完整的学科体系。从地理信息科学发展的过程来看，其起源于地理信息系统技术，发展到地理信息科学，进一步延伸到地理信息服务。周成虎于 2011 年在中国科学院地理科学与资源研究所博士课程讲座中，就“地理信息系统若干问题的思考”中指出，地理信息科学的发展阶段是：20 世纪 60 年代的起步发展时期，关注空间信息的采集、管理和制图，主要内容是地图数据的输入、地图数据的管理、空间数据的统计、自动化制图；20 世纪 70 年代的巩固发展时期，注重空间数据的地学处理，主要内容是发展混合数据模型、加强空间综合分析、开发专业化软件与资源环境应用；20 世纪 80 年代的专业应用时期，主要内容是系列化软件、专业应用系统、大型数据库、网络化发展。这三个时期属于地理信息技术时期。20 世纪 90 年代的科学体系时期，由地理信息系统技术进入地理信息科学时代，主要内容是时空认知、地理本体、WebGIS 等。21 世纪地理信息服务时期，主要内容是位置服务、网格 GIS、虚拟环境、公众服务。

一、学科理论化和工程化加强且学科交叉泛化明显

长期以来，地理信息科学一直是一门技术性学科，理论研究和工程研究均十分薄弱。自地理信息科学形成以来，关于地理信息哲学和地理信息机理的理论研究受到越来越广泛的重视，而且多种大规模地理信息工程的提出，不但极大地推动了地理信息工程研究领域的快速成长，使其迅速成为整个学科的“领头”领域，而且也促进了其他领域的发展。

目前理论化和工程化趋势尚处于起步阶段，它们将日趋突出。此外，地理信息科学是一个横断交叉学科，随着学科领域的拓展，它将与更多的学科交叉融合，进而形成更多的分支学科，即学科交叉领域的泛化也是地理信息科学的一个重要发展趋势。

二、地理信息及其技术标准化

地理信息及其技术产品的研究与开发是为了最大可能地获取各种地理信息，应用地理信息技术，建设地理信息工程，尽可能地提高产品的质量，增加产品的产量，扩大应用范围，其中至关重要的一条是在地理信息及其技术产品的生产过程中，每一个生产环节都必须按照事先取得共识的标准来进行，只有这样，在产品生产中的信息和技术集成、工程建设，以及在产品应用中的信息和技术共享才能顺利实现。由此可见，地理信息及其技术大生产呼唤地理信息和技术的标准化趋势。互操作地理信息系统和网络地理信息系统的出现，推动了地理信息及其技术标准化的步伐，使之成为地理信息科学的重要发展趋势之一。

三、信息表达多维化

从本质上说, GIS 处理的空间数据是三维连续分布的，但由于三维 GIS 在数据的采集、管理、分析、表达和系统设计等方面比二维 GIS 复杂得多，目前的 GIS 应用仍停留在处理地理表面的数据上，大多数 GIS 平台都支持点、线、面三类空间物体，不能很好地支持曲面（体）。尽管有些 GIS 软件试图用二维系统来描述三维空间系统，但它不能精确地反映、分析和显示三维信息。此外，地理信息系统所描述的对象往往具有时间属性，即时态，但目前大多数地理信息系统都不能很好地支持对时间维的处理。为了准确地表达三维地理系统的动态现象，必须把二维 GIS 数据模型拓展到三维、四维，甚至五维，即地球信息表达方法的多维化也是一个值得关注的问题。

室内三维建模与位置服务。人们在室外的活动有多少?联合国专家统计过，有 17%在室外，83%人是在房间度过的。室外的导航定位靠的是北斗、GPS、俄罗斯 GLONASS、欧洲伽利略四个系统。但是，卫星信号在房间里几乎没有，因此室内的三维建模、室内的导航定

位是当前全世界研究的一个热点。中国要在 2020 年实现手机上从室外到室内高于 1m 精度的自主导航定位，称之为羲和计划。到 2020 年以后，手机就可以成为人类活动的智能化仪表盘，通过手机收集的大数据来分析人的行为学、心理学和健康学。这个技术推广后，手机的价值及对人民服务的水平可以上升很大一个台阶。

四、地理信息技术集成化

集成包括信息集成、地理信息系统与专业模型库和知识库之间的集成、GIS 之间的集成、信息生产中各个技术环节的集成及 3S 技术集成等。地理信息的集成推动了地理信息系统的发展，地理信息技术的集成促进了地理信息工程的进步，即集成化趋势贯穿于地理信息技术发展的整个过程。在未来的信息社会中，地理信息及其技术共享的呼声将会越来越高，集成化的趋势也会越来越明显。构件式软件技术是顺应集成化潮流的软件技术之一，它的出现改变了封闭、复杂、难以维护的软件开发模式，推动了 GIS 软件的系统集成化和应用大众化，同时也很好地适应了网络技术的发展，是一种 WebGIS 的解决方案。

五、地理信息平台网络化

Internet/Intranet 已经成为 GIS 的平台，利用 Internet 技术在 Web 上发布数据是 GIS 发展的必然趋势。WebGIS 是顺应信息平台网络化趋势而发展起来的一种新型地理信息系统，具有分布式应用体系结构，其中的多个主机、多个数据库与多台终端通过 Internet/ Intranet 而组成网络，它既是 GIS 走向社会化和大众化的有效途径，也是 GIS 发展的必由之路。

六、地理信息技术智能化和虚拟化

赛博空间（Cyber space） 以计算机技术、现代通信技术、网络技术、虚拟现实技术的综合应用为基础，构造出一种进行社会交往和交流的新型空间。计算机软件技术的发展经历了从软件模块化到软件对象化转变的过程，目前正在进一步向软件智能化发展。软件智能体（agent） 是软件设计进一步抽象的结果，是为适应广泛的分布式网络计算环境而发展起来的软件技术，其中，空间智能体处于分布式网络计算环境中，感知并作用于这一环境，以不同的形式出现，实现空间数据的智能获取、处理、存储、搜索、显示及决策支持。在赛博空间中，以这种空间智能体为构成模块的 GIS 系统就是 CyberGIS，它是对地理信息技术智能化和虚拟化的集中体现。

七、地理信息及其技术应用社会化

地理信息科学是在社会需求的推动下形成和发展起来的，同时它的应用领域也在不断拓展。在地理信息科学形成过程的早期，其用户主要是地理科学的学术和教育部门，此后地理信息及其技术的应用迅速向不同层次的行政管理部门、生产部门及公司企业拓展，并逐渐进入市场，扩大市场份额，形成了一个极有活力的朝阳产业。21 世纪，随着全球性信息基础设施建设步伐的快速推进和数字地球的实施，一个庞大的地理信息圈层即将成为这个世界的主体，地理信息及其技术将渗透到人类社会的各个行业，走进千家万户，改变人们的生产方式、生活方式和思维方式，使人们徜徉在多维信息网络空间中，随时感受地理信息和技术给人类带来的好处。

面向“人”，面向社会的 GIS 发展。龚建华与林珲从另外一个角度提出面向“人”的 GIS，认为传统的 GIS 是面向“地”的 GIS，侧重于地理生态世界，以点、线、面为基本表达单位；而面向“人”的 GIS，侧重于生活世界及社会世界，以个体、群体、组织为基本表达单位。地理信息科学中关于“人”的研究，主要包括人的心理（心脑）、生理（身体）及社会（个体）三个方面。

本章小结

地理信息科学是一门从信息流的角度研究地球表层自然要素与人文要素相互作用及其时空变化规律的科学。它的学科体系由理论、技术和应用三大部分组成。地理科学专业涉及的地理信息科学类课程包括地图学、测量学等学科基础课程，遥感原理、地理信息系统等专业主干课程，以及 GIS 软件应用、遥感软件与应用等专业方向课程，从课程概述、目的要求、核心知识内容、教材选用建议等方面对各课程进行了阐述。地理信息科学要注重多学科融会贯通、加强理论与实践相结合、强化操作技能训练、野外观察能力培养等学习方法。地理信息科学近期研究呈现七大发展趋势。

思考题

地理信息科学的本质是从信息流的角度来研究地球表层自然要素与人文要素相互作用及其时空变化规律的科学，该学科目前有哪些主要研究与应用领域？你将怎样学好地理信息科学？

主要参考和阅读文献

蔡运龙, 陈彦光, 阙维民. 2012. 地理学: 科学地位与社会功能. 北京: 科学出版社.
陈健飞. 2006. 地理信息系统导论(中文导读). 北京: 科学出版社.
崔铁军. 2012. 地理信息科学基础理论. 北京: 科学出版社.
崔铁军, 郭黎, 张斌. 2010. 地理信息科学基础理论的思考. 测绘科学技术学报, 27(6): 391-395.
侯景伟, 孔云峰. 2013. 地理信息科学的时空哲学思考. 测绘与空间地理信息, 36(1): 18-21.
李德仁. 1997. 关于地理信息理论的若干思考. 武汉测绘科技大学学报, 22(2): 93-95.
李德仁, 关泽群. 2002. 空间信息系统的集成与实现. 武汉: 武汉大学出版社.
刘湘南, 黄方, 王平. 2008. GIS 空间分析原理与方法. 北京: 科学出版社.
闾国年, 吴平生, 周晓波. 1999. 地理信息科学导论. 北京: 中国科学技术出版社.
梅安新, 彭望禄, 秦其明. 2001. 遥感导论. 北京: 高等教育出版社.
齐清文, 姜莉莉, 张岸, 等. 2010. 地理信息科学方法论的理论体系研究. 测绘科学, 35(4): 5-8.
齐清文, 姜莉莉, 张岸, 等. 2016. 地理信息科学方法论. 北京: 科学出版社.
汤国安, 刘学军, 闾国年, 等. 2007. 地理信息系统教程. 北京: 高等教育出版社.
邬伦. 2010. 地理信息系统中的不确定性问题. 北京: 电子工业出版社.
杨开忠, 沈体雁. 1999. 试论地理信息科学. 地理研究, 18(3): 261-265.
张加龙, 刘畅, 李素敏, 等. 2016. 遥感与地理信息科学. 北京: 科学出版社.

第四篇　职业生涯规划与专业职业素能培养

第十二章　地理科学专业就业前景与职业生涯规划

学习目标

通过本章的学习，学生应了解地理科学专业就业前景，明确职业生涯规划的意义，树立自己的职业理想并逐步确立职业目标，从而有计划、分步骤地为实现目标而努力。

在大学众多专业中，地理科学专业，不像数学、物理、化学、文学、外语、法律、管理、医学、商科、工科专业那样普遍，那么火热，有大量的学生选择这些专业学习，地理科学是一个社会不看好的学科，在学校是一个小众学科、豆芽学科，以至于就读地理专业的学生，他们往往还是从中小学课本那一点地理基础知识出发来看待地理专业和现代地理科学，对学习地理科学能否发挥个人作用、实现人生价值存在疑虑，时常困惑学习了地理专业毕业后究竟能干什么？

事实上，地理科学专业毕业的学生在社会经济和行业职场、人才市场的大舞台上是拥有自己独特的优势和特色的。地理学的研究对象是地球表层系统与人地关系，表现在学科性质上具有自然科学、社会科学、工程技术科学的交叉特点。当代地理学研究的核心是地球表层系统与人类生存环境，许多分支已走向系统观测、室内实验和精确计量的现代科学阶段，它对于国家经济建设来说是一门迫切需要的基础科学。实际上，地理学家的价值就在于他们的综合技术能力、宽厚的基础知识和运用计算机的能力。他们有着多学科教育的学习和训练的良好背景，因此可以适应范围广阔的工作。在理论上，地理科学专业培养的毕业生在国民经济的许多部门都可以找到工作岗位，至于去农业、资源开发、旅游管理与开发、环境保护、水土保持、区域规划管理、计划决策等部门发挥作用尤应获得优先，当今世界，一些国家领导和决策咨询舞台上，都有不少地理专业毕业生的影子。

第一节　地理科学专业就业前景与主要职业领域

21 世纪以来，随着我国高等教育的快速发展，高校招生人数和毕业生人数持续攀高，加之我国经济发展改革和转型，大学毕业生就业状况不太理想，形势日益严峻，地理科学专业毕业生的就业同样复杂严峻。

一、新形势下在校大学生就业面临的挑战与机遇

（一）大学毕业生就业难的局面依然严峻

从大学生就业的人才市场整体情况来看，据教育部相关数据，从 2001 年开始，中国普通高校毕业生人数一路上升。2001 年，全国高校毕业生人数仅有 114 万，到 2016 年的 15 年间，毕业生人数增长了 651 万，2017 年全国普通高校毕业生达 795 万人。另外，经济的调整与转型，传统支柱产业企业改革的重组加快、淘汰落后产能、部分行业持续低迷及产能过剩

将造成结构性失业和转型性失业，使得大学毕业生的社会需求大大减少。与此同时，毕业生的预期与市场需求也存在结构性失衡。高校毕业生最希望去的工作岗位多集中在管理岗位和技术岗位，但从企业需求看，多数企业需要生产岗位和销售岗位，而从用人单位类型需求来看，国企、集体企业、港澳台企业和外资企业的用工需求都有所下降，而这些类型的企业是以往毕业生比较青睐的求职单位。显然，大学毕业生人才市场是供过于求，加之供需的结构性失衡，使得大学毕业生就业难的局面难以改观。

（二）生态文明建设为地理人提供了更多的用武之地

21 世纪以来，全球环境变化及其对人类生存环境的影响给人类社会的可持续发展带来了巨大的压力和严峻挑战，国际社会都在深刻反思人类现在的发展模式和途径，如何调节人类与自然的关系，寻求人与自然和谐共存的途径都已成为各国领导人治国理政必须面临的问题。为应对人类社会这一世界性难题，我国在坚持可持续发展国家战略的基础上，提出了走生态文明之路，生态文明建设逐渐进入了我国国家重要的议事议程和战略发展任务。党的十八大首次将生态文明建设作为四位一体的建设任务的一个重要组成。生态文明对人类社会来说是一个全新的概念，其内涵、理论基础和具体建设任务有待于人们去探索与实践。地理学是研究人地关系的科学，某种意义上说，地理学就是人类生态学。显然，地理学在生态文明建设的理论研究和具体实践中，有着得天独厚的学科优势，需要地理学智慧的贡献。事实上，当今我国生态文明战略的出台，中共十八大、十九大报告有关生态文明建设文件的撰写，都有地理学家的参与和贡献。当前在神州大地上，从中央到地方，生态建设如火如荼，一项项生态文明建设规划、一个个生态治理与修复工程，都急需具有生态智慧的地理人的参与。2017 年央视推出的《绿水青山看中国》这个颇受大众关注和欢迎的益智节目，就是地理人用地理科普诠释了绿水青山就是金山银山的生态文明思想。生态文明建设的全面推进，需要更多的地理工作者的积极参与，另外，生态文明建设也为地理工作者提供了更多的工作机会，使他们有了更加宽广的用武之地。

（三）近期高考改革使地理学科地位明显上升，使地理教师需求增加

“十二五”期间，国家先后启动了影响我国基础教育格局的高考和中考改革。新高考方案率先在浙江、上海 2014 年新进入高中学生试行，在全国 2018 年进入高中的学生（2021 年高中毕业生）中全面推行。新高考方案的一个重大改革就是高考不分文理科，高考总分由两部分组成：一部分是全国统一高考的语文、数学、外语 3 个科目的成绩；另一部分是高中学业水平考试成绩（包括思想政治、历史、地理、物理、化学、生物、音乐、美术、信息技术、体育等科目），而每门学业都“学完即考”，在高考中就不必重新再考。考生在报考时，只需根据报考高校提前发布的招生报考要求和自身特长，从思想政治、历史、地理、物理、化学、生物、信息技术七科中自主选择 3 个科目的成绩计入高考总分。2017 年上海市开始实施高考综合改革试点方案，全国统一高考时，只考语文、数学、外语 3 个科目，高中平时学业考试成绩实行（思想政治、历史、地理、物理、化学、生物）六科中自主选择 3 个科目。据调查，2017 年上海市六科中自主选择 3 个科目的 47300 个高中毕业生中，有 33900 个学生选择了地理科目，几乎占了全部考生的三分之二，绝大多数高中生选择地理作为考试科目，地理学科是 6 个选择性学科中选考学生最多的学科。为配合高考改革方案，实现初、高中的

衔接，教育部也公布了与高考改革思路一致的中考改革方案。中考和高考改革将会极大地促进高校和中学重视地理考试科目的选择。

近年来，生态文明建设、气候变化，可持续发展、新的政治地图的争执，经济全球化，频繁的自然灾害等与人们生活密切相关的问题越来越引起人们的关注，中央电视台 CCTV-10 也专门设置了《地理中国》栏目， 传播地理科学知识，倡导热爱自然，珍惜自然，弘扬科学精神，激发爱国之情，地理学科价值不断提升、社会影响力不断加强，地理学科与高校专业的相关性也逐渐加强。在众多学科专业里，如环境保护、城乡规划、土地管理、遥感、地图与测量、地质、自然灾害、自然资源开发与管理、农学、水土保持、旅游开发与管理、区域经济学、社会学、流行病学、人类学、生态学和国际关系等领域，都需要地理学基础的支撑。我们相信地理学科在高校专业要求的考试科目中会占据日益重要的地位。中学选择地理作为考试科目的学生将越来越多，相应地，地理教师需求量也就越来越大，地理专业大学生就业及选择的机会就会更多。

二、地理科学专业大学生就业领域

（一）美国地理专业大学生就业状况

美国是当今世界的超级大国，也是高等教育最为发达的国家，20 世纪中期，受市场经济的影响，美国的地理教育一度衰落，美国人地理知识的贫乏直接影响了美国在全球经济中的竞争力。20 世纪 80 年代中期以来，这种状况引起了美国科学界、联邦政府、商界和州政府的严重关切，他们对美国地理学教育重要性有了重新认识。当时的布什政府和克林顿政府推进了一系列教育政策和立法建议，将地理学确定为美国学校教育的核心课程，与自然科学和数学一样重要。地理学的价值和重要性被其他科学领域和行业逐渐承认，地理学的社会影响力远远超出地理学科的范围。在这种背景下，大量学生也重新发现和认识了地理学，20 世纪 90 年代中期，美国全国以地理学为专业的大学本科生人数比 80 年代同期增加了 47%，有地理学博士学位授权的院系增加了 60%，研究生的注册人数增加了 33.4%（相比之下，社会科学增加了 15.3%，环境科学减少了 5.4%）。根据美洲地理学家联合会就业预测委员会的一个调查，美国大学的多数地理系主任看好地理学专业的未来，认为今后 10 年间，地理学的学生人数预计会有 10%～25%的增长。

美国大学的地理专业的教学计划，大都有职业类型导向的专门化方向，规划着学生的就业领域，这些地理学的职业有 GIS/遥感专家、中学地理教师、地图学家、环境管理人员/技术人员、城市/区域规划师、环境规划师、地球科学家、大学教师、小学教师、气象气候专家、社区开发专家、国际问题专家、交通运输专家、航片解译专家、生态学家、土地经济学家/房地产专家、市场分析师、经营管理人员、土壤学家、农学家、作家/记者、其他等 22 个领域。其中，数量最多的职业是 GIS/遥感专家、中学地理教师、地图学家、环境管理人员/技术人员和城市/区域规划师。

在美国，大学生进入劳动力市场的状况比较复杂，大学生毕业离开大学进入劳动力市场之间没有绝对的界限。许多大学生在读期间就全天或业余打工，还有一些大学生毕业后要先休假一段时间，再开始其职业生涯。另外，地理学家直接进入劳动力市场的渠道不像医生、会计、律师、工程和其他职业领域那样明显。大部分地理学家从事的职业并不戴着“地理学家”的头衔。据相关抽样调查，美国地理专业毕业生就业状态不太乐观，本科毕业生全日制工作的人较少，多数人还在继续攻读研究生，硕士毕业生全日制工作的人较多，较少人部分时间工作，很少人失业。毕业就业的学生中，有三分之二的人就职直接与地理学有关的岗位，有三分之一没有从事与地理学密切相关的职业。那些就职于地理学有关的岗位，主要集中于教师、环境管理人员、GIS 遥感专家、地图学家和规划师。

（二）我国地理科学专业大学生主要职业领域

根据教育部高等学校地理科学类专业教学指导委员会 2015 年编制的《普通高等学校地理科学类专业本科教学质量国家标准》，地理科学专业人才培养的主要目标是培养能够在教学科研单位、政府相关部门、企事业单位从事全球变化、环境保护、资源开发与利用、灾害监测与管理、国土资源调查与管理、旅游规划、城乡规划、区域发展、地理信息技术开发与应用、国防建设等与地理科学有关的基础教育、科学研究、应用及管理的专门人才。我国目前有 150 所高校开设了地理科学专业。各高校根据培养目标及自身办学定位、区域和行业特点，以及社会未来发展需求结合各高校的学科与人才优势，人才培养目标也有所差异。结合国家对地理科学专业人才目标的定位和各高校地理人才培养的实际，我国地理科学专业的职业领域有中学地理教师、大学教师（学历要求硕士研究生或博士研究生）、政府部门公务员（国土资源局、农业水利局、环境保护局、气象局、旅游局，但学历要求硕士研究生）、企事业单位的技术人员（主要涉及信息、地图、规划、策划的相关企业或设计规划院，大部分要求地理专业硕士学位及以上），以及自主创业。

（三）毕业生就业创业的其他途径

为进一步拓宽大学生就业途径，解决当前大学生就业难的问题，促进大学生就业与创业工作，中共中央组织部、共青团中央、教育部、财政部、人力资源和社会保障部等国家部委及省级地方政府出台了一系列稳定和扩大就业的政策，为大学毕业生就业开辟了许多新的途径。

1. 大学生村官

选聘高校毕业生到村任职工作，由中共中央组织部牵头，教育部、财政部、人力资源和社会保障部共同组织实施，招募对象为 35 岁以下，原则上为中共党员，一般安排村党组织书记助理、村委会主任助理、村团组织书记副书记、村党组织书记副书记等职务。户档管理，户口可留在现户籍所在地，档案由县委组织部门或县级人事部门所属人才服务机构免费代理，党团关系转到所在村。待遇，比照乡镇从高校毕业生中新录用公务员试用期满后工资水平确定工作、生活补贴，期满就业政策选聘工作期限一般为 2～3 年。工作期满后，可继续聘任。不再续聘的，引导和鼓励其就业、创业。

2. 大学生志愿服务西部计划

由共青团中央牵头，教育部、财政部、人力资源和社会保障部共同组织实施，招募普通高校应届毕业生，到西部贫困县的乡镇从事教育、卫生、农技、扶贫及青年中心建设和管理等工作，户口可保留学校两年；也可转回户籍所在地；档案由户籍存放地的人才服务机构免费代理。生活补贴为每人每月 1000 元。同时，志愿者所在地列入国家艰苦边远地区津贴范围的，执行所在地科员艰苦边远地区津贴标准，按月发放。总的原则是鼓励扎根基层，或者自主择业和流动就业，服务期限为 1～3 年。服务期满颁发服务证书。享受报考研究生和公务员加分。

3. 高校毕业生“三支一扶”计划

由人力资源和社会保障部牵头，中共中央组织部、教育部、财政部、农业部、卫生部、国务院扶贫开发领导小组办公室、共青团中央共同组织实施，主要招聘全国普通高校应届毕业生。参与支农、支教、支医和扶贫等工作，户口由省级“三支一扶”办公室指定的机构统一管理；也可根据本人意愿转回入学前户籍所在地；人事档案原则上统一转至服务单位所在地县级政府人事部门；党团关系转至服务单位。服务期间给予一定的生活、交通补贴，统一办理人身意外伤害保险和住院医疗保险。服务期限为 2～3 年，原服务单位有空岗时聘用服务期满考核合格的学生，事业单位有职位空缺需补充人员时，应拿出一定职位专门吸纳参与“三支一扶”计划的高校毕业生。

4. 特岗计划

特岗计划是由教育部、财政部、人事部、中央编制委员会办公室联合启动实施的农村义务教育阶段学校教师特设岗位计划的简称。目的是引导和鼓励高校毕业生从事农村教育工作，逐步提高农村教师队伍整体素质。

如重庆市教育委员会、重庆市人力资源和社会保障局、重庆市机构编制委员会办公室组织实施，招聘全日制普通高校本科毕业生（艺体类专科毕业/应届师范类专科毕业）为特岗教师，特设岗位教师的户口和档案的管理，由省级政府根据当地实际情况确定；档案关系原则上统一转至工作学校所在地。特设岗位教师聘任期间，执行国家统一的工资制度和标准。其他津贴补由各地根据当地同等条件公办教师收入和中央补助水平综合确定；期满可推荐免试攻读教育硕士。

5. 大学生应征入伍

由高校武装部牵头负责，大学生入伍需年龄条件、政治条件、身体条件合格方可。优惠政策：优先报名应征、优先体检政审、优先审批定兵、优先选拔使用、补偿学费或代偿国家助学贷款；退役后可推荐免试攻读硕士研究生、定向招录优先录取、深造优惠。

6. 积极聘用高校毕业生参与国家和地方重大科研项目

给予其劳务性费用和有关社会保险费补助。 毕业生户口、档案可存放在项目单位所在地人才交流机构。聘用期满可续聘或到其他岗位就业，聘用期间工龄、社会保险缴费年限连续计算。

7. 鼓励和支持高校毕业生到中小企业、服务外包企业就业

服务外包是指企业将其非核心的业务外包出去，利用外部最优秀的专业化团队来承接该业务，从而使其专注核心业务，达到降低成本、提高效率、增强企业核心竞争力和对环境应

变能力的一种管理模式。

8. 大学生创业扶持政策

注册资金可分期到位，经营场所更灵活，免除登记类、管理类和证照类等收费，小额担保贷款，从事微利项目的，由财政据实全额贴息。享受职业培训补贴，在毕业年度内从事个体经营的，3 年内按每户每年 8000 元为限额依次扣减其当年实际应缴纳的营业税、城市维护建设税、教育费附加和个人所得税。可免费获得公共就业服务部门提供的创业指导服务，包括项目开发、方案设计、风险评估、开业指导、融资服务、跟踪扶持等内容。

三、我国地理科学专业就业现状

由于目前国内还没有全国各高校地理专业毕业生就业状况的统计资料，进行全国各高校地理专业毕业生就业状况的分析难以进行。仅通过个别案例分析来阐述地理专业毕业生的就业状况。

就本科生人才培养和就业状况而言，重庆师范大学在国内地方师范大学中具有一定的代表性。重庆师范大学是重庆市人民政府所属的地方高等师范大学，有 60 余年的办学历史。学校是一所多学科协调发展的综合性高等学府，首批学士学位授权单位（1982 年），第三批硕士授权单位（1986 年），与多个海内外高校联合开展博士培养。学校现有全日制本科生 27000 余人，研究生 3600 余人。专任教师 1700 余人，高级职称教师 740 余人，具有硕士、博士学位的教师占专任教师的 85%以上。学校现有 17 个二级学院，1 个独立二级学院，17 个硕士学位授权一级学科、106 个二级学科，10 个硕士专业学位授权，14 个市级重点一级学科，涵盖哲学、法学、经济学、教育学、文学、理学等 11 个学科门类，70 个全日制本科专业（含方向）。学校办学条件良好，设施齐备，设备先进。办学 60 余年来，学校已为国家培养了 16 万余名各类专业毕业生。一大批毕业生已成为教育、经济、文化、科技等领域的中坚骨干力量。

重庆师范大学地理与旅游学院是学校首批建立院系（1954 年），地理专业随学校起源而开办，也是国内较早开办地理专业的院系之一，走过了 60 余年的地理教学历史，为我国地理战线培养了近 4000 名地理人才。学院拥有地理学一级学科硕士授权及 5 个二级硕士授权点，3 个专业硕士点，8 个本科专业，现有全日制本科生 2100 人，研究生 200 余人，是我国西南地区地理和旅游人才培养的重要基地。

长期以来，人们往往还是从中小学课本那一点地理基础知识出发来看待现代地理学，对学习地理科学能否发挥个人作用和实现人生价值存在疑虑，大学报考地理专业的学生不多，地理科学在招生方面吸引力较小，每年大学招生中第一志愿报考本专业的比例大致为 20%，招收的学生规模也不大，2008 年，全国招收了 8360 名地理专业的本科生。但近年来，地理科学专业的招生情况有所好转，第一志愿率和学生规模都有所增长，例如，重庆师范大学地理科学专业 2013 年、2014 年的第一志愿率仅有 30%左右，招收人数为 90 名。随着高考制度的改革，社会对地理科学专业的认知也在不断加深，近三年（2015～2017 年）的招生情况大幅度好转，地理科学专业的第一志愿率均在 80%以上，招生计划 100 名，由于报考生源较多，地理科学专业每年均超额完成招生计划。

在近年全国大学毕业生就业难的背景下，地理科学专业毕业的学生就业情况比较乐观。

据重庆师范大学地理专业近5年的毕业生就业情况统计，毕业生人数70～100名的规模，年度就业率达到91%～96%。主要的就业领域是中学地理教师（占50%～60%）、攻读硕士研究生（占20%～25%）和企业机构（占15%）。从地理科学的专业特色和当今社会发展阶段的适应性看，未来，中学地理教师仍将是就业的主流，继续深造、攻读硕士研究生也是地理科学专业学生职业生涯发展的一个重要选择。我国地理科学的研究生教育比较发达，为这种选择创造了良好的基础。我国招收地理科学研究生的单位较多，不仅有大学，还有大量的科研机构，在数量上超过招收本科生的单位，目前我国招收地理科学专业研究生的硕士点有249个（而招收地理科学专业的本科只有140余所），招收研究生的规模也比较大。据学位授权资料的统计，2015年，有3351名地理科学研究生获得理学硕士，另外，还有大致相当规模的学科教学（地理）的研究生获得教育专业硕士。就地理科学专业的本科生而言，只要自身有继续求学的远大理想，并付诸行动，努力学习，考取研究生的前途一片光明。

第二节　大学生职业生涯规划

每个人小时候都有一个理想，长大后要当科学家、教师、医生、军人……其实，随着年龄的增长，人们会发现社会上存在很多的职业，人们会怎样选择职业？ 在传统社会，大多是子承父业；在计划经济时代，工作或职业大多是国家安排分配；在市场经济的今天，就业主要靠自主选择。在当今就业市场压力巨大的形势下，寻得自己心仪的职业，则是一个相当困难的任务。这需要自身提前做好相应的准备，即做好职业生涯规划，才有希望获得理想的未来。

职业生涯规划最早起源于1908年的美国。有“职业指导之父”之称的弗兰克·帕森斯（Frank Parsons）针对大量年轻人失业的情况，成立了世界上第一个职业咨询机构——波士顿地方就业局，首次提出了“职业咨询”的概念。从此，职业指导开始系统化。到20世纪60年代，舒伯等提出“生涯”的概念，于是生涯规划不再局限于职业指导的层面。我国高校大学生就业制度从1996年开始实施改革，大学生的就业实行双向选择，职业生涯规划才逐渐进入大学生视野，近10年是我国职业生涯教育的快速发展期，越来越多的大学生开始重视自身的职业生涯规划。

职业生涯规划是指个人与组织相结合，在对一个人职业生涯的主客观条件进行测定、分析、总结的基础上，对自己的兴趣、爱好、能力、特点进行综合分析与权衡，结合时代特点，根据自己的职业倾向，确定最佳的职业奋斗目标，并为实现这一目标做出行之有效的安排。职业规划就是对职业生涯乃至人生进行持续的系统的计划的过程。

一、大学生职业生涯规划的意义

在国外青少年很早就接受了职业教育。从学生时代起，他们就开始有目的地规划设计自己的未来生涯。而我国由于教育体制等方面的原因，职业生涯教育尚属新鲜事物，很多大学生没有想过做一份个人的职业生涯规划，甚至不知职业生涯规划为何物，他们的大学专业是父母师长帮助选的，有些同学的父母甚至已经替他们安排好了将来的工作，很多人从来就没有自己为自己做过选择，结果很多人在未来的职业工作中发展并不尽如人意。

在传统农业社会里，职业的种类较少，工作内涵也极为简单，通常的职业都是父母传授给子女，或由学徒直接向师傅学习，因此并不会产生择业的种种问题。目前我国经济高速发展，社会中已细分上万种职业，以如此众多的职业数目及复杂的职业内涵，年轻人凭自己很难洞悉各种职业的内容及分类，而父母、亲友们也难具有专业化的知识，来协助子女选择适当的职业。因此，辅导年轻人择业的责任，就由家庭转移到学校及社会就业辅导机构。

对年轻人而言，职业选择是否适当，将影响其将来事业的成败及一生的幸福；对社会而言，个人择业是否适当，能决定社会人力供需是否平衡。如果每个人都适才适所，那么，不仅每个人都有发展的前途，而且社会也会欣欣向荣；相反，则个人贫困，社会问题丛生。由于职业选择对一个人及社会都有极重大的关系，因此，重视实施生涯规划，对于青年人对未来职业生涯的认识、规划、准备和发展都有极其重要的作用。

职业生涯规划，对大学生而言，就是在自我认知的基础上，根据自己的专业特长、知识结构，结合社会环境与市场环境，对将来要从事的职业及要达到的职业目标所做的方向性的方案。

根据萨珀的职业生涯发展理论，大学生处于职业生涯的探索阶段，且正好跨越了该阶段的过渡期（18～22 岁）和试验承诺期（22～24 岁）的两个时期。在这两个时期，大学生的个体能力迅速提高，职业兴趣趋于稳定，逐步形成了对未来职业生涯的预期;而完成了职业学习和职业准备，大学生毕业后则会走上初次就业岗位，正式开始职业生涯。故此，在实验承诺期内，许多大学生往往需要就自己的未来职业生涯做出关键性的决策。所以，大学期间是职业生涯规划的黄金阶段，对大学生个人的未来职业走向和职业发展具有十分深远的影响。通过对自己职业生涯的规划，大学生可以解决好职业生涯中的“四定”——定向、定点、定位、定心，尽早确定自己的职业目标，选择自己职业发展的地域范围，把握自己的职业定位，保持平稳和正常的心态，按照自己的目标和理想有条不紊、循序渐进地努力。

职业生涯规划的训练有助于全面提高大学生的综合素质，避免学习的盲目性和被动性;规划个人的职业生涯，可以使职业目标和实施策略能了然于心，并便于从宏观上予以调整和掌控，能让大学生在职业探索和发展中少走弯路，节省时间和精力。同时，职业生涯规划还能对大学生起到内在的激励作用，使大学生产生学习、实践的动力，激发自己不断为实现各阶段目标和终极目标而进取。大学生首先要认识到生涯规划的重要意义，职业生涯活动将伴随每个大学生，拥有成功的职业生涯才能实现完美人生。因此，职业生涯规划具有特别重要的意义。

第一， 职业生涯规划可以发掘自我潜能，增强个人实力。 一份行之有效的职业生涯规划将会：引导学生正确认识自身的个性特质、现有与潜在的资源优势，帮助学生重新对自己的价值进行定位并使其持续增值；引导学生对自己的综合优势与劣势进行对比分析；使学生树立明确的职业发展目标与职业理想；引导学生评估个人目标与现实之间的差距；引导学生前瞻与实际相结合的职业定位，搜索或发现新的或有潜力的职业机会；使学生学会运用科学的方法采取可行的步骤与措施，不断增强自己的职业竞争力，实现自己的职业目标与理想。

第二， 职业生涯规划可以增强发展的目的性与计划性，提升成功的机会。 生涯发展要有计划、有目的，不可盲目地“撞大运”，很多时候职业生涯受挫就是由于生涯规划没有做好。好的计划是成功的开始，古语讲，凡事“预则立，不预则废”就是这个道理。

第三， 职业生涯规划可以提升应对竞争的能力。 当今社会处在变革的时代，到处充满着激烈的竞争。物竞天择，适者生存。职业活动的竞争非常突出，尤其是我国加入 WTO 后。

要想在这场激烈的竞争中脱颖而出并保持立于不败之地，必须设计好自己的职业生涯规划。这样才能做到心中有数，不打无准备之仗。而不少应届大学毕业生不是首先坐下来做好自己的职业生涯规划，而是拿着简历与求职书到处乱跑，总想会撞到好运气找到好工作。结果是浪费了大量的时间、精力与资金，到头来感叹招聘单位是有眼无珠，不能“慧眼识英雄”，叹息自己英雄无用武之地。这部分大学毕业生没有充分认识到职业生涯规划的意义与重要性，认为找到理想的工作靠的是学识、业绩、耐心、关系、口才等条件，认为职业生涯规划纯属纸上谈兵，简直是耽误时间，有那时间还不如多跑两家招聘单位。这是一种错误的理念，实际上未雨绸缪，先做好职业生涯规划，磨刀不误砍柴工，有了清晰的认识与明确的目标之后再把求职活动付诸实践，这样的效果要好得多，也更经济、更科学。

从人力资源的角度出发，企业用人单位非常看重新进员工的职业生涯规划是否透明，是否与公司的发展一致。有一位毕业生在自己的求职资料中简要地描述了自己的生涯规划——“乐意从最基层的工作做起，用3～5年时间熟悉业务，掌握相应经验，然后向高级主管职位挑战”，尽管其成绩在众多竞争者中很一般，但却应聘成功。只有少数求职者会写出自己的未来发展规划。这些规划，让人觉得求职者的求职意向是经过深思熟虑的。即使其生涯规划只有 5 年甚至更短的时间用于为本企业工作，用人单位也乐意聘请这种目标明确、规划透明的人。

因此，职业生涯规划应该从大学生入学就开始培养、引导和训练，以便为学生一生的职业发展打下坚实的基础。

二、大学生职业生涯规划的要素

每个人的职业生涯发展阶段和历程不同，职业生涯规划的重点也有所不同。不同的人在做其职业生涯规划时需要考虑的因素是不完全相同的，但是有一些因素是必须考虑的。就大学生群体而言，职业生涯规划要考虑以下四点。

（一）自我剖析与定位

自我剖析与定位就是对自己进行全面分析，从而认识自己、了解自己，以便更准确地为自己定位，自我剖析的内容包括自己的价值观、兴趣、爱好、特长、性格、学识、技能、智商、情商及协调、组织管理活动能力等，即弄清自己是谁，自己想要做什么，自己能做什么，自我剖析的过程，实际上是自我暴露和解剖的过程，其重点是分析自己的条件，特别是性格、兴趣、特长与需求，性格是职业选择的前提。

职业心理学的研究表明，不同的职业有不同的性格要求，虽然每个人的性格都不能百分之百地适合某项职业，却可以根据自己的职业倾向来培养发展相应的职业性格，兴趣是工作的动力，如果一个人的工作与自己的兴趣相符，那么工作就是一种享受和乐趣，特长是分析自己的能力与潜力，每个人都有着巨大的发展潜力，关键是要相信自己，需求主要是分析自己的职业价值观。弄清自己究竟要从职业中获得什么。因此，自我剖析是职业生涯规划的基础，直接关系个人的职业成功与否。在进行自我剖析时，个人对自己的认识难免有片面之处，还应当听取他人的意见和建议，以便对自己有更准确的认识。

其实，认识自我、实事求是地评价自己是一个比较艰难的认知过程，通常有自我剖析法、反馈法、比较法、实践发现法等四种自我认知的方法，通过反思总结认识自己，多写日记多记录自己，及时归纳和善于总结自己的优点与不足，才能把握生理自我、心理自我和社会自我。

（二）外部环境分析

外部环境因素对个人职业生涯发展的影响是巨大的，它为每个人提供了活动空间发展条件、成功的机遇。在制定职业生涯规划时，要分析环境的特点、环境的发展变化情况及趋势、个人与环境的关系、个人在环境中的地位，环境对个人的要求及环境中对自己有利与不利的因素等。外部环境分析主要是通过对组织环境特别是组织发展战略、人力资源需求、晋升机会分析，以及对社会政治环境、经济环境等有关问题的分析与探讨，弄清环境对职业发展的作用及影响，以便更好地进行职业目标的规划与职业路线的选择。

（三）职业生涯目标的确定

哈佛大学曾经在大学生中调查统计，27%的人没有目标，60%的人目标模糊，10%的人有着清晰但比较短期的目标，其余3%的人有着清晰而长远的目标。25年后，3%的人几乎都成为社会各界的成功人士；10%的人，大多生活在社会的中上层；60%的人，都生活在社会的中下层；剩下27%的人，在抱怨他人，抱怨社会，也抱怨自己。由此可见，目标对人们的影响有多大，许多成功人士都是把自己的目标一步步实现了而已，在这过程中他们或许会遇到很多的困难，但他们早就定下来的目标一直激励着他们前进。而作为大学生是不是也应确立好自己的大学目标呢，好的大学目标有助于自己的成长，在大学四年里才过得更有意义，才会更充实。由此可见，目标不仅是奋斗的方向，更是对自己的鞭策。

确定职业生涯目标是职业生涯规划的核心。因为坚定的目标可以成为追求成功的驱动力，一个没有奋斗目标的人是难以获得成功的。目标的选择是以自己的最佳才能、最优性格、最大兴趣、最有利的环境等条件为依据的职业生涯目标的确定，要注意长期目标与短期目标相结合，制定目标需要注意以下几个问题。

1. 目标要切合自身实际

确定自己真正想做的事及达成的方法，并将它们具体写下来，借此理清目标，激励自己全心投入。

2. 列出自己和目标之间的障碍

“事前预防胜于事后治疗。”为了讲求高效益并且避免受到挫折，需要客观、仔细、冷静地思考一分钟，以推翻这个障碍。

3. 向成功者学习

如果可能的话，可以通过各种渠道，了解他们成功的经验、方法，并从中得到经验教训。

4. 尽可能地利用现有的资源

现有的资源包括自己的才华、嗜好、时间、财力、环境，最重要的是自己所认识并可能助自己一臂之力的人。

5. 列出达到目标需要的知识和技能

清楚自己想要达成的目标，需要拥有什么样的技术？自己现在拥有了哪些专业知识和专长？想要实现这一目标，还需要哪方面的提高与改进？

6. 有一个明确而可行的行动计划

仅有梦想和伟大的目标是不够的，还要运筹帷幄，制定出实现目标的“策略、战术、程序和方法”的详细计划，然后才能“依计行事”，完成目标。

7. 为完成目标设定一个详细的时间表

一个没有期限的目标效果也是非常有限的。在自己所写的各项目标中，一定要写下完成的时间、期限，并安排好顺序，排出个人认为最重要的目标，每一类别选出一个，以便竭尽全力去实现最重要、最迫切的目标。

（四）实施策略

职业生涯策略是指为争取职业生涯目标的实现所采取的各种行动和措施。这里主要强调在校大学生将来职业发展所需的几种能力的培养。

1. 专业能力的培养

对于在校的地理科学专业的大学生而言，首先要构建自己合理的知识结构。学历、文凭只是美丽的外表，需要构建一个以专业知识为核心，相关专业知识基础及一般知识为支撑的稳固宽泛的知识结构，这就要求牢固掌握自然地理学、人文地理学和地理信息科学与技术的基础知识、基本理论、分析方法和应用技能。具备通过野外综合考察、社会调查、实验分析等获取第一手科学资料和地理数据的能力；能够分析、归纳、整理相关数据，掌握一定的数理统计分析和计算机技术，具有定量分析研究地理问题的能力；具有遥感、卫星定位导航、地理信息系统的应用或开发能力，掌握资料调查与收集、文献检索及运用现代技术获得相关信息的基本方法；具备一定的自主设计实验和开展野外调查的能力；具有较强的科学探求精神和接受新知识、新理论及新技术的能力，以及良好的合作精神和团队意识。

当前的地理科学专业能力培养主要有三个教学环节：一是课堂学习，这是学生获得专业知识的主要阵地，学生可以在教材上获得基本知识，可以在老师的讲述中获得该门课程的相关信息，可以在获得教师对于相关课程的学习和思维方式的见解，根据教师推荐的书目到图书馆阅读。因此，课堂学习是学生必须重视的一种学习场所，特别是课堂笔记的记录，是地理科学专业能力培养的重要方法。二是实验体会，大学教育中学生通过操作一些仪器、设备，得到教科书上给出的“正确”结果，完成一个知识点所要求的“动手实践”，这对学生未来从事相关实验，掌握试验方法有很重要的作用。三是野外实践。野外实践是在教师的带领下让学生走出校门，置身于大自然之中，实地验证课堂上所学的地理基础知识和基本理论的过程。主要是培养和锻炼学生的动手和独立工作能力，掌握自然地理野外调查的基本技能。因此，地理科学专业能力培养的培养需要重视上述三个教学环节，它们是相辅相成、互为补充、不可分割的有机整体。

2. 职业实践能力的培养

要培养职业所需要的实践能力，即具备从事本行业岗位的基本能力和某些相关专业能力。能力比知识更重要，所以，大学生应重点培养满足社会需要的决策能力、创造能力、社交能力、实践操作能力、组织管理能力和终身学习能力、心理调适能力、随机应变能力等。

就师范专业的大学生而言，教师教育技能培养尤为重要。下一章将专门阐述教师教育技能培养中针对学科的教学技能、深挖教材技能、组织教学技能、班主任工作技能，这里主要强调大学生课外时间训练其教师教育技能的几个方面：一是加强师德训练。教师是太阳底下最光辉的职业，教师职业是高尚而伟大的。但是一个教师不是真心认同自己的职业，就不能做到爱岗敬业，不能把教师工作当作一门事业。所以，地理科学专业学生要意识到自己肩负着重大而神圣的责任，在大学阶段要树立从教光荣、献身教育高尚的职业道德，热爱并投入教育事业当中。二是加强三笔字教学基本功的训练。“三笔字”（即毛笔字、钢笔字、粉笔字）是师范生教学技能的基本要求。虽然社会已进步和计算机已普及，但是教师的教学任务一般还依靠粉笔来完成，所以地理科学专业学生“三笔字”的训练是必要的。可利用课余时间坚持练习。三是语言表达能力训练。语言表达能力是教师教育技能中非常重要的组成部分，一般包括语言的流畅性、语言的灵活性、语言的恰当性。对于地理科学专业学生而言，在今后的教师岗位上首先语言的流畅性是决定教学质量的第一大因素。流畅的语言可以使课堂环节之间衔接更加自然，使教学效果得到大大提高。其次，语言的灵活性也是影响教学质量的重要因素，课堂教学中基本的教学术语是必要的，但是语言的灵活性是课堂教学的关键。相同的意思采用不同的表达方式会产生更好的效果，而相同的意思或者不同的意思采用相同的表达方式只能产生枯燥的效果。最后是语言表达的恰当性。在面对学生的时候教师的每一句话都会对学生产生巨大的影响，而地理教师语言的恰当性对于课堂教学效果非常重要。

3. 社会实践能力的培养

地理科学专业学生在校期间，要积极参加学校组织的社会实践活动，如三下乡、社会调查、志愿服务等社会活动。同时，要多参加学校各个层面的团学组织，如班团学生干部、学生会、社团等组织，积极提升自我管理能力，尽可能地参加勤工助学和志愿服务工作，锻炼自己的独立精神和社会责任感。积极参与教师的科研项目，在教师的帮助与指导下，进行科研创新，如参加“挑战杯”全国大学生课外学术科技作品竞赛，撰写科研论文，将自己的理论知识充分运用于实践活动，拓展自己的个性。还可以参加行创业活动，积累创业经验，这些活动都可成为大学生实践能力培养的有效途径。社会实践能力培养有助于大学生未来更快地适应工作岗位，更好地适应新的职业角色并尽快融入社会。

本 章 小 结

本章重点介绍了新形势下在校大学生就业面临的挑战与机遇，在大学毕业生就业难的形势下，生态文明建设及新高考制度改革为地理专业毕业生提供了新的发展机遇，通过美国地理专业大学生就业状况和我国地理科学专业大学生主要职业领域的介绍，为地理科学专业大学生提供了清晰的目标选择。从大学生自我剖析与定位、外部环境分析、职业生涯目标的确定、实施策略等要素分析，引导学生认识到大学生职业生涯规划的意义，树立大学生树立职业生涯规划的意识，懂得制定职业生涯目标，珍惜大学时光，充分发掘自我潜能，增强个人实力，为实现职业理想而认真学习。

思　考　题

请谈谈你将如何规划自己的大学生涯。

主要参考和阅读文献

高佩华. 2005. 大学生职业生涯规划. 人才开发, (3)：48-50.

美国国家研究院地学、环境与资源委员会, 地球科学与资源局重新发现地理学委员会. 2002. 重新发现地理学: 与科学和社会的新关联. 黄润华, 译. 北京: 学苑出版社.

第十三章　基础地理教师素能要求与培养

学习目标

了解我国基础地理教育发展历程、现状及改革发展趋势。理解基础地理教师的基本素养、核心素养、教研素能、管理素能。熟悉基础地理教师和地理专业在校大学生的素能培养策略。

地理科学师范专业以培养和造就为基础教育领域服务的地理教师为主要任务，按照专业培养基本目标的要求，在大学专业学习的时期，不仅要培养学生地理科学的学科专业的知识技能和思维方式，也要引领学生未来职业领域的事业发展和职业素养及要求。为此，本章将简要地介绍我国基础地理课程的发展状况和中学地理教师的职业素养，帮助同学们在大学期间更加有效地提升自己的职业素养。

第一节　基础地理教育发展状况与改革趋势

地理课程是我国基础教育中的重要学科课程之一，以地理教学大纲为指导，以地理教材为载体，以课堂教学为主要途径来实施。

中华人民共和国成立以来，我国基础地理教育得到了飞速发展，无论是地理教学大纲，还是地理教材、课堂教学方式和理念都有较大的发展与进步。

一、基础地理教学大纲的转变

地理教学大纲或课程标准是指导地理教学的纲领性文件，是由国家教育行政部门制订和颁发的，是教学领域里的法规，体现国家对地理学科教学的统一要求。其基本功能表现在：一是编写地理教材的依据；二是进行地理教学的依据；三是评估地理教学质量的依据；四是地理考试的依据。因此，它具有权威性和严肃性。随着社会经济的发展和时代的进步，地理教学大纲也在不断地调整、完善。

（一）中华人民共和国成立以来我国地理教学大纲的变化

1956 年教育部颁布了《中学地理教育大纲草案》（简称《大纲草案》），这是中华人民共和国成立后制订的第一套完整的中学地理教学大纲。《大纲草案》规定初中三个年级学习自然地理、世界地理、中国地理；高中一、二年级学习外国经济地理、中国经济地理。1957 年按照“课程要精简”的指示，初中地理减少一年，高中地理取消。1963 年教育部颁发《全日制中学地理教学大纲（草案）》，初中一年级讲授中国地理，高中一年级讲授外国地理。1978 年教育部颁发《十年制学校地理教学大纲（草案）》，地理在小学五、六年级开设。20 世纪 80 年代初，中小学学制恢复到 12 年制，高中地理课恢复。1986 年教育部颁发《全日制中学地理教学大纲》，初中讲授中国和世界地理；高中讲授以人地关系为主线的系统地理。1990 年对《全日制中学地理教学大纲》作了修订，高中增设了选修课。1996 年国家教育委员会制订了新的高中课程计划，计划规定高中地理分为必修和选修。高中一年级开设必修课，讲授系统地理；高中二、三年级开设限定性选修课，讲授人文地理和中国区域地理研究。同时颁布了《全日制普通高级中学地理教学大纲（供试验用）》，这个大纲和人民教育出版社编写的教材于 1997 年开始在我国少部分地区试用。2000 年教育部对经过试验的高中地理教学大纲进行了修订，并推广到全国 10 个省市继续试用。2002 年教育部正式颁布了《全日制普通高级中学地理教学大纲》，规定高中地理必修课，每周 3 课时，高中地理选修课，累计每周 4 课时。

（二）21 世纪我国地理课程标准的出台

教学大纲的名称容易与教师的教学提纲相混淆，而课程标准这一名称则比较简洁、准确。课程标准的内容比教学大纲涉及领域更广泛，它不仅包括教学目的、教学内容和要求等项目，还包括课程性质、基本理念、设计思路、课程目标、活动建议、教学建议、评价建议、课程资源的开发与利用、教材编写建议等项目。对于教学内容和要求的陈述，不像原教学大纲那样基本上是一个纲目，而是采用行为目标的方式进行陈述。21 世纪伊始，我国基础教育领域就开始出台相关科目的课程标准，取代过去的课程教学大纲。

2001 年 7 月，教育部颁发了中华人民共和国成立后第一部全国性的地理课程标准《全日制义务教育地理课程标准（实验稿）》。该课程标准指出：地理学是一门研究地理环境以及人类活动与地理环境相互关系的科学，因其自身所具有的综合性和地域性，在解决当代人口、资源、环境和发展问题上具有重要作用；充分利用本学科的特点和优势，更加重视培养学生的创新精神和实践能力，在培养学生全面发展和终身发展方面做出了许多改进。

2003 年教育部颁布《普通高中地理课程标准（实验）》。本次地理新课程改革的宗旨是全面推进素质教育，建立以全面提高学生素质为核心的地理新课程体系；改变课程内容过分强调学科体系、脱离社会发展及学生实际的状况；面向生活，培养未来公民必备的地理素养；突出地理课程的有用性、基础性、时代性、均衡性和选择性。这标志着我国地理课程改革在不断的探索中进入了新的发展阶段。界定了地理学的概念、特征，高中地理学的特点、课程基本理念、教学过程特点。该课程标准明确指出："高中地理课程与九年义务教育阶段地理课程相衔接，是高中阶段学生学习地球科学知识、认识人类活动与地理环境的关系、进一步掌握地理学习和地理研究方法、树立可持续发展观念的一门基础课程，跨人文与社会、科学两个学习领域，由必修课程与选修课程组成。"高中地理课程内容具有基础性、时代性、选择性的特点。基础性主要体现在社会的需要和学生的发展上，学生要学会基本的地理知识，拥有基本的地理学习能力和生存能力。时代性则反映了当前地理学科的时代特点和发展趋势，以及地理研究的最新成果。高中地理新课程由必修与选修课程组成，选修课程由七个模块组成。高中地理选修课的设置为学生自己来选择他们所喜爱的课程提供了可能。这样不仅能满足学生探索自然、认识社会生活环境、掌握现代地理科学技术方法等各种不同的学习需要，还真正达到了提高学生素质的目的。地理课程结构的变化，是我国地理课程改革中的一个显著特点。

（三）现代我国地理课程标准的修订

从2001年秋起，我国《全日制义务教育地理课程标准（实验稿）》开始分批进行实验。2003～2004年，教育部启动了课程标准的修订工作。在近10年的时间里，教育部在进行广泛听取各方意见的基础上，2011年年初，形成正式修改稿。修订的主要内容：①强化国家对基础教育人才培养的基本要求，注意巩固和深化新一轮课程改革的“以学生为本”的理念，进一步引导人才培养模式的变革。以能力为重，培养学生社会责任感、创新精神和实践能力。②进一步阐明义务教育地理课程的性质、理念和目标。③明确或细化标准的要求。

根据教育改革和人才培养的需要，2016年教育部对2003年《普通高中地理课程标准（实验稿）》进行了修订。主要变化是：①课程作用——地理学课程的学习，旨在使学生具备地理学科特有的必备品格与关键能力，学会用地理的眼光认识和欣赏自然与人文环境，提高他们的生活品味和精神体验层次，为培养有见识、有胸怀、有责任感的公民奠定基础，以“立德树人”为根本目的。②基本理念——培养现代公民必备的地理核心素养；构建以地理核心素养为主导的地理课程；创设适用于培育地理核心素养的学习方式；建立基于地理核心素养发展的学习评价体系。③基本思想和方法（综合思维、区域认知）、基本活动经验（地理实践力）、基本价值观念（人地协调观）。④课程内容结构的变化——由3+7模式转变为2+3+9模式。

二、我国中学地理教材的改革

（一）教材内容不断更新

中学地理教材内容取材于地理科学，从基础教育的任务和目标出发，选择地理教材内容的原则，以尽量选择最一般、最有概括性和规律性的地理科学基础知识和技能为其主要内容，同时又要反映地理科学的发展水平，即随着地理科学的不断发展使地理教材内容得到不断的更新和充实，从而保证地理教材乃至整个地理教育具有鲜明的时代性。近几十年来，地理科学发展较快，中学地理教材内容也相应有所更新，如板块学说、生态系统、城市化、遥感图像等现代地理学的新理论、新技术在我国中学地理教材中都不同程度地有所反映，并且伴随着每一次新教学大纲的颁布及新教材的编写、修订而日益深刻和充实。例如，现行教材最后一次的修订和再版时就增加了生态农业、固体废弃物的污染等知识内容。同时，现代地理科学某些分支学科的内容如商业地理、旅游地理、政治地理等也有逐渐向教材中渗透的趋向。

我国不同时期的地理教材都在知识传授的基础上引导学生认识人地关系，然而不同时期教材对人地关系的阐述无论在内容上还是在形式上都是有差异的。教材对人地关系阐述上的差别，对不同的时代青少年学生世界观的形成有很大的影响，这种影响又成为衡量本学科中学教育社会价值的标志之一。中华人民共和国成立以前，地理教材受西方地理环境决定论的影响，特别是气候决定论的影响比较显著。中华人民共和国成立以后，地理环境决定论的错误观点遭到批判。20世纪50年代的中学地理教材中强调人类改造自然的主观能动作用，这在当时对教育学生克服困难，积极投身于祖国社会主义建设起了鼓舞、促进作用。但是，教材中也有过分夸大“人定胜天”和社会制度决定作用的倾向，主观唯心的人地观给教材的编写带来了不良的影响。60年代以来，地球上人口激增，现代工业迅猛发展所出现的环境污染、资源短缺、生态平衡失调等问题促使人们反思，逐步形成了人地关系协调论的辩证观点。

（二）教材表述手段更加先进

纵观世界地理的教材发展，大致可分为3个阶段：第一阶段，在内容上着重讲述全球性的地理“百科知识”，在表述手段上以地方志形式出现的文字描述为主。第二阶段，在内容上逐渐形成了以自然地理为基础、区域地理为中心的知识体系，在表述手段上文字叙述开始由单纯的风土物产描述转变为同揭示规律、阐述原理相结合的方向上，教材中的图像，特别是地图的数量也开始增多。第三阶段，在内容逐步走向现代化，表述手段继续加强文字叙述逻辑系统、讲究知识结构的同时，出现了以问题为中心编写教材（并设计大量练习题）的趋势，突破了区域地理教材中的位置、地形、气候、人口、经济等一套固定模式。这一阶段教材表述手段的另一重要特征是，文字叙述比重开始减少，增加教材图像（地图、结构图、地理图表、地理影像、地理绘画）的数量。

我国中学地理教材的编写历史虽然不长，但大体上也经历了这样的三个阶段。就教材的知识内容和表述手段而言，我国中学地理教材现已跻身于现代化的行列，即处在第三阶段上。

（三）教材版本呈现多样

2001 年教育部颁布了《国家基础教育课程改革纲要（试行）》，“课程标准”取代了以前的“教学大纲”，地理教材也从“一纲一本”发展到“一标多本”。初中地理主要有五种版本，即人教版、湘教版、商务星球版、中图版、仁爱版，高中地理用得最多的版本有人教版、湘教版、鲁教版、中图版。如今新课程改革已经走过了十余个年头，新课程标准也在2011年发布了正式版，各版本的地理教材也进行了新一轮的修订。高中地理各版本在基本内容及编排体系方面各有特色。

三、基础地理学科教学中心的转变

基础地理教学由传统的教师、学科、知识为中心向为以学生、核心素养培养、终身学习能力训练为中心转变，体现了育人模式的根本变化。这种转变主要体现在两个方面：从“课本知识”向“生活知识”拓展和从“内容知识”向“方法知识”的重心转移。

从“课本知识”向“生活知识”拓展，改变了传统对课程资源的认识和理解，课程资源除教材以外，还包括学生生活中，以及学校、社会和自然界一切有利于课程实施、有利于达到课程标准的教育资源。除地理教学挂图、模型、标本、实验器材、图书资料外，还包括社区资源和家庭资源，如青少年活动中心、地理教育基地、图书馆、博物馆、科技馆，以及工厂、农村、科研院所、居民小区等社会资源和自然资源。地理课程资源内容丰富多彩，课程资源已不再是传统意义上的教材，而必须利用与开发多种多样的课程资源。

实现从“内容知识”向“方法知识”的重心转移，要求教师选择多种多样的教学方法，重视地理教学信息资源和教学媒体的利用，重视培养创新精神和实践能力，创新能力和实践能力是素质教育的着眼点，重视讲授的全面性、联系性和透彻性，地理新教材中的图片、注解、数据、正文等内容之间并非独立的，教师在讲授引导过程中应有意识地强调各种资料之间的相互联系、整体性和因果关系，注重知识间的跳跃性和跨越性。

四、基础地理教学手段与教学模式的变革

传统的地理教学手段有一支粉笔、一张嘴、一张挂图，随着时间的推移用上了电化教学的幻灯机，增加了教学的直观性、可读性；现代信息技术的发展，教学手段不断更新，人们用上了计算机、网络、多媒体，使教师的教学内容呈现方式发生了质的飞跃，AI 课件、PPT 课件等成为教师上课的主要手段，随着云技术、人工智能的发展，虚拟现实（virtual reality, VR）、增强现实（augmented reality, AR）技术在模拟真实地理场景应用中将会快速推广。现代信息技术手段在教学中的作用越来越普遍。

随着地理教学改革、发展，地理教学模式由以知识传授为主的填鸭模式不断更新为多种新型教学模式，目前主要的新型教学模式有：翻转课堂模式、慕课教学模式、微课教学模式和云课堂教学模式等。教学模式的不断更新，体现了以学生为中心、教师为主导、能力培养为出发点，总之，现代信息技术对教育教学的影响越来越大。

第二节　基础地理教师素质与能力要求

一、基础地理教师基本素能要求

（一）知识素能要求

新的素养教育改革，对中学地理教师的要求也发生了新的变化。要求教师应该具有多层次的知识面。因此，地理教师知识应该包括本体性知识、文化知识、实践知识和条件性知识。根据前人研究得出本体知识是指教师所具有的特定的学科知识，对于地理教师来说就是地理专业知识，这是取得良好教学效果的基本保证；文化知识对取得最佳的教育效果具有重要的意义，综合课程的开设对地理教师提出了新的挑战，仅仅掌握地理专业知识是不够的，应广泛涉猎各种知识，扩大课堂知识容量，满足学生求知欲望；实践知识可以说是教师教学经验的积累，影响着教学的有效性；条件性知识是教师所具有的教育学和心理学知识，对本体性知识的传授起着支撑作用，是教师成功教学的重要保障。它包括学生身心发展的知识、教与学的知识和对学生成绩及操作评价的知识。尤其是目前信息化时代，要求教师能够把掌握的现代科学技术的发展应用于教学之中，特别是新能源与新技术方面的知识。

首先，教师从事教育教学要精通业务知识，熟悉学科的基本结构和各部分知识之间的联系，了解学科的发展方向和最新研究成果。“巧妇难为无米之炊”，教师只有“肚里有货”，才有“生产”的本钱；只有让“肚中之货”日益壮大，才有“生命”的产生，才能让教育、教学焕发出生命的活力。

其次，地理教师最忌孤陋寡闻、眼界狭窄、知识结构单一。新课标下的地理教师不仅要在专业上求精，而且要在相关学科上求广；不仅强调知识的纵深发展，而且要注重知识的广度与横向联系，注意对事物整体结构、作用和功能的把握。

最后，当好一名教师，要有教育理论的指导。新课标下的地理教师只有具备较高的教育学知识，具备较强的心理学素养，才能使自己的工作符合教育教学规律，符合青少年的身心发展特点，更好地将知识内化为学生的能力，更好地促进学生个性的发展。总而言之，新课标下的地理教师的知识结构既非线性，也非平面，而是“长方体”的开放的复合型结构。“长”

是指地理专业特长，“宽”是指相关学科的知识面宽，“高”是指现代教育学、心理学素养高。这三方面的内容既相互独立又相互影响，形成新课标下的地理教师应有的知识量。

（二）情感素能要求

古人说：“才者，德之资也；德者，才之帅也。” 俗话说： “学高为师，身正为范。”对学生来说，科学知识越丰富、越深奥，就越需要教师的帮助。传道之人必须是闻道在先、塑造他人灵魂的人，必须要有高尚的灵魂。唯有如此，教师才会真正具有一种神奇的魔力深深地吸引并感染学生。试想，如果让抛弃美国优厚待遇、排除万难、毅然回国的钱学森教授来给学生讲爱国，学生们一定会很自然地体会到那种伟大的爱国情怀，为之动容并铭记在心。相反，如果让那些道德修养较差的教师去教育学生，学生不但不会接受，反而会产生抵触情绪和逆反心理，这无形中给教育增添了很大的阻力。

在地理教学过程中，地理情感及意识是地理能力培养的重要影响因素，地理情感和意识指的就是一个人的地理科学观与价值观。合理地运用地理情感素养是地理教学成功的保障。在新的素质教育的背景下，地理教育培养的终极目标是使学生形成一种能力。能力的培养首先要培养对该领域的情感。例如，在教学过程中对学生兴趣的培养就是一种地理情感和意识的培养。学生拥有了地理意识也就能够更好地发挥其主动性，那么，也就能够更加深入地分析问题与解决问题。

（三）技术素能要求

1. 教学技能素养

教师教学技能是教学活动能否成功的重要保障，在新的课程改革背景下要求教育由应试教育转向素质教育，同时，地理学科的发展也有了新的要求，由描述性地理逐渐向过程性地理教育发展，因此，要求教师也要有新的教学技能与技巧。重点应该将教学重点放在启发学生的思维能力，注重地理过程的教学上。根据新的要求，地理教师应该具备基本的教学演示能力与教学启发能力。

进行热力环流教学时，可以通过实验引导学生模拟大气的受热过程，记录大气运动过程顺序，采用以下板书直观展现热力环流的形成过程，如图 13.1 所示。

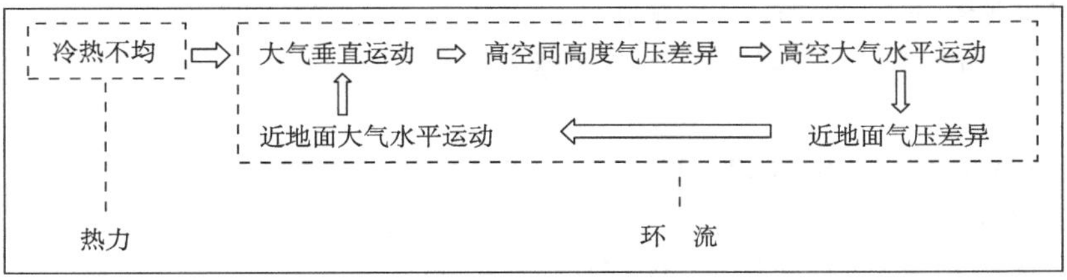

图 13.1　热力环流形成过程图

教学流水地貌时，可以根据学校所在地的状况，布置或者组织学生进行野外实地考察，了解流水地貌的类型、特点、形成过程。

教学岩石的形成与转化过程时，组织学生野外观察岩石，采集岩石标本，了解各类岩石的特点，推断其形成环境。

教学锋面系统的移动时，可以组织学生观看中央电视台的天气预报。

教学地球运动时，可以利用 AR 技术，观察、演示地球的自转、公转的过程及影响。

进行荷兰填海造陆及影响教学时，可以设计实验，通过实验观察影响、思考解决措施等。

2. 专业技能素养

专业技能是完成教学活动的基础。良好的专业技能能够更加生动形象地完成教学活动。地理专业技能主要包括：①运用 3S 技术进行地理信息处理的能力；②运用区域规划知识进行城乡规划、旅游规划的能力；③对水土流失、沙尘暴、大气污染、水污染等环境问题进行防治和监测的能力；④对地震、火山、台风、洪涝、干旱等灾害进行预测、预报的能力；⑤正确选择并运用地理技术的能力；⑥野外考察的实践能力。

3. 教学语言素养

教学语言直接影响学生对教学内容的理解，好的教学语言可以起到集中学生注意力、展示教师思路、促进师生思维互动的作用，教学过程的不同阶段、不同的教学内容教学语言应该有所差异。

（1）导入性语言。地理导入性语言的设计有情境导入法、多媒体导入法、游戏导入法、悬念导入法、复习导入法等多种，无论采取哪种，都要紧密结合教学内容，根据学生的认知规律和教学情境，做到灵活应用，真正体现教师为主导和学生为主体的教学理念。例如，讲授产业转移对区域地理环境的影响时，教师可以安排学生进行角色扮演，以不同身份分组探讨或组织辩论赛，分析产业转移对转出地和转入地各自不同的影响。

（2）提问性语言。有效的提问性语言是联系师生思维的纽带，提问要有启发性，循序渐进，准确而具体。例如，分析台风的形成可把提问性语言设计为如下几步 ：①台风是什么？②饵料台风为什么形成于海洋？③台风为什么形成于热带、亚热带海洋？④台风为什么不能形成于赤道附近？⑤台风为什么多形成于大洋西部？通过这一问题链，引导学生由果溯因、环环相扣、步步深入。

（3）过渡性语言。过渡性语言指承启上下的语言，一般要求精炼、简洁、顺畅、自然，可采取设疑、举例、直叙等。例如，讲授热力环流到全球大气环流时可以这样过渡：热力环流是相邻地区间冷热差异造成的，这个相邻地区范围有多大？引发学生思考，高低纬度直接的冷热差异，其尺度可以覆盖半个地球，地球表面存在大尺度的热力环流，即全球性的热力环流。

（4）应变性语言。在地理课堂教学中，常会有各种不期而遇的偶发事件，教师平时要注重应变性语言的积累，事件发生时，及时采取合理的处理措施（如转移注意力语言、幽默语言、借题发挥语言等），有效地调控地理课堂秩序。

（5）结束性语言。总结是提升，是融会贯通，要准确清晰、简明扼要，结束性语言有总结式、点睛式、巩固式、铺垫式、悬念式、延伸式、激励式等多种方式。

4. 肢体语言

教学中，口头语言是核心，而肢体语言会起到辅助交流、强化教学的作用。

（1）眼神。在进行教学语言的同时，可以用眼神来表达肯定或否定的态度或传递彼此的情感关系。正因如此，特别注意要正确使用眼神。

（2）表情。教学中，师生之间的面容表情可以传达肯定、否定等态度，表现喜悦、悲伤等心境，体现性格、气质、阅历等信息。

（3）手势。教学中，手势可以起到说明、协调、引导行为的作用。

（4）躯体姿势。人的躯体姿势可以表现态度及生活状态，教学中教师应有得体的举止言行。教师的言行举止对学生有潜移默化的作用，地理教师要重视语言的表达，优化高中地理课堂教学语言，更好地为教学实践服务。

（四）时空思维素养

新的课程改革更注重对学生能力的培养，特别是重视地理空间思维的能力。因此，在教学过程中学生时空思维的培养显得格外重要。首先，教学的时间性思维。在教学过程中，教师应该具备基本的时间观。例如，地质事件的时间尺度的划分：大尺度的地质年代的事件，岩石的地质大循环过程；冰期、间冰期的时间尺度；中尺度的地壳活动过程，如第四纪喜马拉雅运动、气候变化等；小尺度的降水变化与地貌变化过程等。在教学过程中，将地理事件通过重新建构阐述地理事件之间内在的时间关系。其次，地理教学的空间思维。地理学科的教学中，地理空间思维是一个不可或缺的因素。因为地理学科研究的对象是人地复杂的系统。特别是自然地理学研究的对象是地球系统，地球系统存在于三维空间中具有较大的空间尺度，各种地理要素存在于复杂的地球系统中，而各地理事件的发生也是受到其他要素的影响。例如，土壤的形成就受到气候、纬度、地形、岩石成分等因素的影响。因此，在教学过程中教师应该具备构建各要素空间关系的能力，培养学生地理空间思维使之能够正确掌握地理规律。具体的空间思维能力主要包括区域分析能力、空间辨别能力、空间想象力、空间观点等诸多方面。新课程改革已经进行了多年，重点是将学生的知识培养转变为能力培养。

基础地理教师素养的上述组成并不是孤立的、分离的，各种构成彼此互相渗透、互相作用、互相联系，构成了基础地理教师素养的主体。其中，地理科学知识和地理科学能力属于智力因素，而地理科学方法、地理科学情感属于非智力因素。地理科学知识是地理科学素养的基础，也是地理科学能力发展、地理科学方法运用、地理科学品质养成的载体，地理科学知识的质和量决定了地理科学能力、地理科学方法、地理科学情感能力是培养学生地理专业素养的桥梁与纽带。在教学过程中，只有将以上各种地理素养能力有机结合才能达到良好的教学效果。

二、基础地理教师核心素能要求

以“立德树人”为目标，以学科核心素养培养为中心的新一轮的课改正在强力推进中，基础地理教师的核心素能也必须围绕地理学科的核心素养而建立。

（一）人地协调素能要求

人地协调观是人类对人地关系的认识、理解和解决，离不开对“人”和“地”之间相互影响的讨论。人地关系是地理学最为核心的研究主题，是地理学和地理教育的核心观点。简而言之，人地协调观是一种价值观念，具体体现在人们看待自然地理环境对人类活动的影响、人类活动对自然地理环境的影响及自然地理环境与人类活动的相互作用等问题上。在遇到各种地理问题时，人地协调观是必须遵照的基本观点，同时，人地协调观也为分析和解决地理问题提供了有效途径。

现行的中学地理教材中包含了大量的具有时代特征的人地协调素材，如资源观、人口观、环境观、生态道德、全球意识等内容，要使这些思想和观念扎根于学生心灵深处、形成情感，并用以指导学生的实际行动，教师首先必须对讲授内容有深刻的理解和把握，形成正确的人地协调观念。例如，大型水利工程建设的讲解，要引导学生从人地协调观点思考工程带来的有利影响，同时也要思考对地理环境的不利影响。南水北调工程，大大缓解了华北地区严重的缺水问题，对促进华北社会经济发展的作用巨大，一定程度上也缓解了长江流域的洪涝灾害，使南方多余的水资源得以充分利用。但不能不思考对长江下游的不利影响，如长江三角洲低纬海水倒灌对长三角地区的水质、海岸的影响等。

（二）实践能力素养要求

在中学地理教学改革中，理论联系实际的重视和实践活动的加强，不仅要求学生掌握知识本身，还要求应用知识解决实际问题，如开展多种形式的野外考察、观察、研究活动等。实践能力是一种重要的心理品质。当前，中学地理教学的课外活动不断增加，这就要求教师不仅要有扎实的理论基础，还要有丰富的野外工作经验和较强的活动组织能力，能理论联系实际，用地理眼光观察生活，在生活中发现地理事象，用地理原理解释形成原因，在实践中解决实际问题，引导学生观察身边的地理、有用的地理。

（三）区域认知素能要求

区域性是地理学的特征之一，把握地理事物所具有的独特区域特征，使学生进行地理学习时以区域定位为基础，分析其区域特征及区域横纵向差异和区域地理成因等，并对区域做出合理评价和提出优化区域发展建议。

区域认知素养，即人们将研究对象划分成不同尺度的区域范围，对区域的地理分布、地理特征、地理成因、地理过程、地理联系进行认识和描述并归纳的过程， 而这种潜移默化的认知方法对人们研究地理事物可起到促进作用。区域认知素养要求地理教师要养成探究区域特征的习惯，了解区域位置与分布，即区域定位（where——在哪？）；区域特征与差异，即区域比较（what——有什么?）；区域地理成因，即区域分析（why——为什么？）；区域地理过程，即地理规律形成的变化（evolve——演化）；在评价基础上对区域发展提出建议（how——怎么办？）， 强调怎样使它可持续发展。

要求教师掌握区域认知方法，养成从时空视角认识区域地理现象的意识与习惯；运用区域综合分析和比较等方式认识区域特征，思考区域的人地关系等。通过区域尺度大小判断，在区域定位基础之上，对研究对象的分布状况加以分析，由区域内一点拓展到整个区域，即形成由点到线，由线到面，由面到全方位、立体式的分析思路以认识该区域特征。通过区域认知素养的培养了解该区域自然要素及人文要素的分布状况和空间组合，各要素间的相互影响与相互制约，发现区域间的整体性与差异性，从而对区域的发展优劣势、发展潜力及环境承载力等做出全面合理的评价，对区域的发展趋势能从能量流、信息流、物质流等方面做出预期判断。

例如，教学温带海洋性气候时，不仅从基本状况掌握温带海洋性气候的分布特征、成因，还应该比较欧洲西部、北美、南美的分布和特征上的差异及其形成原因，使学生通过比较的方法掌握区域差异。

（四）综合思维素能要求

综合思维是基于地理学科的综合性特点提出来的，它是地理事象之间和人地之间有规律的联系及关系在人头脑中的概括反映，它具有综合性、区域性、广阔性的特点。综合思维是分析、理解自然地理过程和规律、人地关系地域系统的重要思想和方法。基础地理教师的综合思维素养对培养学生的综合思维能力十分重要。

地理教师要有意识地系统化地理知识，理清知识的层次脉络，掌握其宏观地位与微观作用。分析知识组成及各部分联系，有意识地按照知识间的逻辑关系重组教材内容，使之结构化；总结地理事物与现象的分布、运动及变化规律，关注身边发生的地理事象，通过概括使之规律化；重视使用各种图像、图表、地图、文图结合，图文转换，使之形象化；通过从定性到定量、从数据到图表，联系有框图、比较有表格，使之技能化。要有问题意识，按照地理逻辑关系，提出系列问题串，层层深入，使之问题化，深入思维。经综合分析、比较分类、归纳演绎、概括推理等多种思维活动，从而达到综合思维素养形成的目的。在现实生活中存在大量的地理素材，教师应将专业理论和现实素材相结合，通过理论分析，引导学生开展讨论。在交流中获取信息，培养综合思维能力。中学教学改革强调学生知识建构，即强调以“学”而不是以“教”为中心，这样学科的界线被软化。学科之间知识的联系和渗透得到加强。这就要求教师必须具有宽泛的知识结构和对知识的整合能力。

例如，分析华北地区春季水资源紧张的原因，从自然角度（春季气温回升快，蒸发强；此时夏季风没有登陆，锋面雨带未到，降水少；水资源总量较少）和人为原因（春耕播种、小麦返青需水量大）综合分析，培养综合思维能力。

（五）现代教学手段的应用和信息技术素养要求

在当今的信息社会，集图像、声音、文字于一体的多媒体技术被广泛应用，大大提高了课堂学习效率和学生信息的接收量。这就要求教师不仅要会熟练使用多媒体设备，还要能通过网络获取现实素材，并通过组织材料向学生传授，提高教学内容的时代感。

三、基础地理教师教研素能要求

新课程标准对教师的科研能力有更深入的要求。教师能否对教学从感性认识上升至理性认识，能否用教学科研成果指导教学实践，决定了教师的科研能力。因此， 一个优秀的地理教师，不仅要能教好书，还须具有较强的科研能力，不断提高自己的教学科研水平。新课程标准对学习过程、方法的关注，将“过程与方法”看作与“知识和技能”“情感态度和价值观”同等重要的目标维度。在这一思想指导下，广泛开展“探究式”学习，学习成为主动建构、意义生成的过程，这就要求教师必须养成研究习惯。基础地理教师教研包括选题、制定研究方案、资料获取、实践调查及写作等，通过亲身实践、掌握研究过程和方法，不断总结提升自己的教育、教学水平。

（一）选题、制定方案能力

选题和制定完善的方案是进行科学研究的关键环节。作为教师，与不同性格、特质的学生在一起，教学内容、方法也处在不断的改进中，可以作为研究的议题很多，要有发现的眼光，培养对新问题的敏感度，对发现的新问题、新方法要敢于果断提炼研究主题并进行研究。在确定主题后制定严密的研究方案，理清研究思路才能保证研究的顺利进行。

（二）资料收集、分析能力

资料的收集是进行教学研究的基本功，没有充足的资料，难以进行教育、教学研究。资料收集方法、途径包括：通过书籍、报刊收集；通过调查、考察收集；通过访问、访谈收集；通过网络等新媒体收集。收集的资料必须经过梳理、分类、整理，使之表格化、图形化，通过比较、分析、综合找出规律，探究原因及措施。

（三）实践调查能力

实践、实验研究是基础地理教师研究最主要、最常见、最容易的研究方式。通过调研、观察获取第一手资料，为深化研究打下基础。要求梳理好调查对象、调查要素，确定实验对象、内容。

（四）写作能力

研究结论需要通过研究报告、论文展示处理，教师要有良好的写作表达能力。不断地学习、模仿、练习是提高写作能力的重要途径。同时，通过阅读提高语言修养。

四、基础地理教师管理素能要求

（一）班级管理素能

在班级授课制下，班级是学校教学和教育管理的基本单位，也是班主任进行教育工作的依靠力量和组织保证。著名教育改革家魏书生说过：“班集体，人们生于斯，长于斯，变化于斯。在其中时，关心她、爱护她、为她吃苦、为她的荣誉而奋斗；离开她后，留恋她、想念她、回忆她，魂牵梦绕见到她……这怀念的感情，经过滚滚滔滔的时间长河的冲刷，非但没有消失，反倒经年累月越积越深。”班级在一个人的人生道路上会留下如此深的印痕，那么，作为教师必须具备班级管理素能。

1. 关爱学生——班级管理的阳光

著名教育家夏丏尊曾说过：“教育没有情感、没有爱，如同池塘没有水一样。没有水，就不能称其为池塘，没有爱也就没有教育。”师爱在学校中是任何东西都不可能取代的最灿烂的阳光。要把对学生的爱落到实处，要把他们当成自己的子女。要不遗余力地去了解他们，了解他们的喜怒哀乐，了解他们的家庭背景、成长经历、身体状况、性格个性，兴趣爱好等，只有充分了解学生，发自内心地爱学生，去感动、影响他们，学生才会把教师当作贴心人，课堂教学效果才能最佳。

爱学生就要尊重学生，尊重是爱的基础，马卡连柯说：“儿童的尊严是人类心灵里最敏感的角落，　保护儿童的自尊心就是保护儿童的前进的潜在力量。”师生人格尊严是平等的，被尊重是学生的内心需要，是他们进步的内在动力。特别班里的一些学困生、性格怪异的学生，更要尊重、信任他们，　用爱去打动他们。细心探索学困生的内心世界，做到一把钥匙开一把锁，那就需要在学困生身上找到闪光点，分类施教。

宽容。班级管理不可能永远风和日丽，有奖必有罚，同是惩罚，不伤自尊迂回惩处，效果往往曲径通幽。遇到学生犯错，不要急于处理，劈头盖脸乱批一通，不但学生听不进去，反而自己惹一肚子的气。学生犯错是很正常的事情，教师应该用发展的眼光去看待每位学生，允许学生犯错。教师要给学生留足面子，让学生感受到教师的宽容，学生改错的态度更诚恳，效果事半功倍。

严格是爱的诠释。中国有句古话为“严师出高徒”，爱学生不等于放任自流，也不等于娇惯溺爱。严不是严厉、严酷。过严，则压抑学生个性，使其有自卑感，胆小怕事甚至可能逆反；过宽，纪律就要松懈，学生难免散漫。所以要把握好尺度，要严中有宽，宽中有爱，爱中有数。不要让爱成了滋生学生坏习惯的土壤。

2. 组织集体活动的能力

开展丰富多彩的活动，可以使集体朝气蓬勃，充满向心力，增强班级的凝聚力。学校经常会组织学生开展一些集体活动，这些活动和上课不一样，开展活动的目的，不是让学生学多少知识，而是通过活动，让他们除学习之外的能力得到提高，培养合作共事能力，形成集体意识。任何一次活动都要有组织、有秩序，不能让学生为所欲为，而是在教师的组织下，学生按照活动方案，一步一步完成活动内容。只有按照活动方案进行，活动才可以顺利完成。当学生学会了如何参加这样小的集体活动的时候，将来他们才有能力参加大型的集体活动，保证活动计划的顺利完成。开展活动过程中可以给学生一个空间，让他们自愿组合“一帮一”，取长补短，相得益彰，共同进步。给学生一个环境，让他们去锻炼组建各种兴趣小组，自编自演文艺节目，进行科技制作、种植花草等，动脑动手，全员参与，人人提高。也可以给学生一个题目，让他们去设计主题班会活动，围绕主题设计布置，尽量让学生人人参与。给学生一个对手，让他们去竞争开展各种比赛，通过学生参与、学生间良性竞争，调动全体学生的积极性，形成组组竞争、人人恐后的局面，学习上形成你追我赶的局面。

3. 引导学生自主管理——班级管理的动力

班级管理中培养学生自我管理能力日益受到班主任的重视。叶圣陶说：教是为了不教。魏书生说：管是为了不管。对于学生能干的，班主任坚决不干。学生只有具备了自主管理能力，才能从他律走向自律，才能真正做到人前人后一个样，才能真正具有“主人翁”意识。

建章立制，责任到人。建章立制包括定班规、班级计划、班级目标、　安全公约、班干部竞争上岗制度等。班委会、团支部（中队委）、纪律、考勤、安全监督、课代表等均要学生参与选举，班主任充分重视学生们的意见、建议。章制来自学生，使他们认可并自觉遵守。培养学生组织管理能力，指导他们协助教师管理班务，成为教师的得力助手。让每个学生根据自己的特长、爱好参与班级管理，发挥专长，享受为班级、为同学服务的快乐，也找到自信。

照章办事，各负其责。大胆放手，让学生各管一项负责到底，形成由班主任、班干部、学生组成的三级管理体制，人人参与管理、接受管理，使学生真正成为班级的主人。而班主任则处在一个驾驭服务的位置上，照章办事，责任明确，人人有事做，事事有人管，层层承包，事事承包。

天天记录，及时反馈。作为班主任就得心中有数，只能是有第一手资料，即天天记录。各监督员、班干部、负责人协察联动，随时记录，及时汇报反馈给学生。这样既减轻了班主任的负担，又能让学生及时了解自己的总体表现，及时反省调整自己的行为。提高学生的领导组织能力，使班级工作有序、有效。

（二）课堂组织管理素能

教师应具备组织课堂教学的能力。课堂是学生掌握知识和形成能力的主阵地，如果课堂纪律不好，教师在前面站着讲，学生在下面坐着说闲话，教师讲，学生不听，甚至扰乱课堂纪律，这样的课堂，还怎么让学生掌握知识和形成能力？然而，组织课堂教学的能力，不是可以从书本中学到的，而是要通过不断的实践活动积累起来的经验，同样一个班级，不同的教师就会出现不同的课堂纪律，也可能会导致不同的教学效果。对于课堂组织教学欠缺的教师，应该多掌握一些现代管理理论和管理策略，并把这些理论和策略内化，转化成能力，去指导自己的实际行动。有了良好的课堂氛围，才能保证教学目标的顺利完成，才能取得预期的教学效果。

教师组织、管理能力受教师内在因素和外在因素的影响。教师的内在因素是教师管理能力的基础，也是教师能否胜任组织、管理活动的关键，内在因素包括教师个人的成长经历、教师的专业素质、教师的人格魅力。研究表明，教师个人成长经历对教师组织、管理过程中所采取的决策起着重要作用。克兰丁宁和康奈利认为，“教师是把自己的成见（在个人经历中已经形成的看法）和对课堂情景的判断互相结合来构思每一个实用策略的”。卡普卡认为：“从教师原先在自己家中受到的管束方式，就可以预测他们将选择什么样的课堂管理策略。”可见，教师的个人成长经历和教师的管理能力有着实质性的联系。教师的专业素质是教师确立在组织、管理中领导者地位的主要基础。教师的专业素质包括教师的专业知识、社会历史文化知识、教学技能和教学能力，以及初步的教育科研能力；教师的专业素质的高低直接影响教师权威的确立，也对教师的组织、管理能力的提高具有重要的影响。教师专业素质有利于教师权威的确立，教师在教学中的权威对减少学生课堂违纪行为有很好的作用。研究表明，学生课堂违纪行为大多数是对教师讲授的内容没有兴趣而引发。教师组织、管理风格的形成很大程度上依赖于教师的人格魅力。教师的人格魅力包括教师的个性特征、教师自身的品质修养，以及教师为人处事方面的能力、对教育事业的情感、态度和兴趣等。教师自身的品质修养、为人处事的方式、手段及态度、情感、意志等都会对学生产生潜移默化的影响。因此，教师必须要加强自身修养，提升自己的人格魅力，注重课堂管理理念的改变，有意识地培养自己的管理意识和管理能力。

教师的自我成长离不开学习，学习是衡量一个现代教师专业成长的基本能力之一。应多读书、读好书，与名家交流，听专家、名师举办的专题讲座，促进自身教育理念的转变和理论素养的提高，不断总结、积累教育经验，撰写教育心得，收获教育快乐。

教师组织、管理能力不是单纯的教师个体行为，而是受学生的个性特征和需要、学校变化和社会意识形态等外在因素的影响。每个学生都是与众不同的，无论个性特征还是个人需要方面。因此，教师在课堂组织管理中应尽可能地照顾学生的个性差异和生理、心理特征。相关研究表明，学生的年龄、性别、性格等的不同在导致纪律问题行为方面存在明显的差异。学生个性特征的差异也导致了学生个人需要的不同。研究表明，获得教师的关注、鼓励和赞许是学生的一种基本需要；学校文化是一个学校基本的办学理念和发展方向，学校文化对教师的成长发展有很大的作用。一个学校的管理哲学和办学理念对教师的组织、管理能力具有内隐性影响，使教师在无意识中形成一种与学校管理哲学和办学理念并运用到课堂管理中来。因此，提高教师的组织、管理能力，必须要深刻领会学校的管理哲学和办学理念。教师组织、管理能力也受到社会意识形态的影响和制约。社会意识形态主要包括政治和社会方面，教师作为一个社会中的人，必然要受到社会上流行的观念和意识的影响，同时受到政治观念和意识的影响。社会意识形态对教师个体的影响必然又制约着教师组织、管理的发展趋向，对教师的管理能力形成一定的潜在制约。

教师组织、管理能力的提高。首先要从教师个体自身出发，树立全面组织、管理哲学和理念，提升自己的人格魅力，加强专业素质修养，掌握学生心理和生理发展规律，了解学生的需要，善于“发现他人”，并积极地对自身的行为进行反思，建构一种民主开放的管理风格。其次，教师必须熟悉学生的心理和生理发展规律，充分地考虑学生的心理和生理需要。最后，教师要具有组织、管理的技能和方法。实际教学中，许多教师在面对课堂问题行为时，经常采用的是简单的制止和批评的热处理或不加理睬的冷处理方式，教育或说服的方式很少，大多数教师对于管理还只停留在基本的“管学生”阶段，没有真正把学生作为一个发展中的人来看待，没有形成全面的课堂管理能力。

教师要进行经常性、全面的反思，建构一种反思型组织、管理风格。进行自我反思，提升组织、管理素养。没有反思就没有提高，善于反思是提高工作能力必不可少的。每天都会碰到有价值的事情，那些教学实践的火花正是教师提升自我最有价值的素材。所以，要强化课前、课中、课后反思，撰写教学后记、教学案例、教学随笔等。通过自我分析、自我反省，不仅能找到需要改进的地方，而且能产生自主学习、自我提高的需要。斯托伯对组织、管理方面的技能型教师与反思型教师进行对比研究发现，用反思建构的管理方式的教师与仅仅采用一些管理技能的教师相比，前者比后者更主动地把自己看成是组织、管理问题的解决者，能提出更多的解决问题的方法，能承担更多的责任，也能对学生的情感和态度给予更多的关心。因此，教师要进行经常性的反思，对自己在课堂教学和管理中的行为进行总结和反思，构建一种反思型组织、管理风格。

教师采取何种管理方式在很大程度上取决于教师对学生的了解。首先，教师要深入学生中间去，与学生开诚布公地交流、谈心，建立一种和谐、开放的师生关系。其次，教师要进行换位思考，站在学生的角度，力求为学生着想，了解学生的感受和体验。最后，教师要克服对学生的偏见，树立正确的学生观，尽可能客观公平地对待每一位学生。

互为良师，进入学习化互助平台在线交流学习。青年教师虽然经验不足，但新知识多、思想开放、接受新事物快，这是中老年教师自愧不如的。同样，中老年教师的教学经验、教学风格、教学艺术、教学机智等又使青年教师望洋兴叹。因此，从某种意义上说，不论资历，只要某方面业务能力强，都可以成为师傅，要参与到“同伴互助”中。

第三节　地理教师素能培养的基本途径

一、新形势下在校大学生面临的机遇与挑战

（一）面临的机遇

新高考及中考的改革给在校师范大学生、地理教师自身素质和专业成长提供了更多机会。新高考改革方案和高中新课标的一个重要变化是对学生的综合素质的评价。这主要反映学生德、智、体、美全面发展情况，是学生毕业和升学的重要参考。建立规范的学生综合素质档案，客观记录学生成长过程中的突出表现，注重社会责任感、创新精神和实践能力等；新高考模式中对学生实践能力和空间思维能力等综合素质方面的考查，为地理学科开展地理实践活动提供了更为实质性的要求和支持，这也为地理教师自身专业素质的提高带来了更多的实践机会；建立在信息技术基础上的学科新教学模式不断产生，会促进地理教师计算机信息技术水平提高；学科选择实施，生涯规划成为必然，地理教师获得生涯规划指导培训的机会也会增多；地理核心素养培养的加强，对地理教师自身人地协调观、综合思维能力、区域认知、地理实践能力提高提供动力；地理教师成果将会更加丰硕。

（二）面临的挑战

1. 观念的挑战

新高考改革制度和新课程标准都分别强调了尊重学生的个性差异的重要性。陶行知说“教育是农业而不是工业”，诚然，教育培育的是富有鲜活生命力且具有差异的个体。同时，不同学习背景和经历的学生学习能力和接受能力存在着很大的差异。

2. 专业知识的挑战

地理本科生专业知识素养主要包括教育教学知识和地理学科专业知识等。 其中，尊重和张扬学生个性需要教师转变教学观念并且学习先进的教育学、教育 心理学知识，运用教育教学理论知识因材施教，促进每一位学生的健康发展。同时，在地理学科专业知识方面，教师所面临的再也不是过去那种单靠课本知识走天下的局面了。

3. 教学方式的挑战

高考内容要着重考查学生独立思考和运用所学知识分析问题、解决问题的能力，这对于地理学科来说就意味着新高考题目灵活性大大增强，更加注重考查学生的综合素质和科学思维能力。因此，高中地理教师在平常的教学过程中不仅需要加强学生的基础知识学习，还应该培养学生综合分析问题的能力与灵活应用地理知识的能力，这也对地理本科生不断探索新的教学方式、完善知识结构、把握教材重难点等提出了新的要求与挑战。

4. 课程开发挑战

新高考改革方案及新高中地理课程标准全面实施以后，学生究竟会选择哪三门学业水平

科目，则主要受高校专业要求和学生个人兴趣爱好或者优势特长的影响。因此，为了帮助学生选择适合自己的科目并顺利度过由选考带来的“迷茫”期，有条件的学校在高一上学期会开设生涯规划课和地理相关专业介绍的校本选修课。这需要在校地理大学生充分挖掘地理学科在当今社会的价值，并且努力学习关于职业生涯规划、学业发展指导和校本课程开发建设方面的知识。

5. 专业能力的挑战

改革考试科目设置，完善高中学业水平考试，旨在分散学生考试压力。而学生如果选择地理学科，就必须最迟在高二下学期期末考完地理，也就是说，高中地理学习的时间将由原来的三年缩短为两年左右。另外，地理考试的内容范围不仅基本没有变化，还强化了核心素养考查，尤其增加了实践能力考查。因此，教师一方面要探索加大地理课堂容量以完成进度，另一方面要探索保证使学生在课堂上有必要的思考和讨论时间，同时在课堂外还有开展综合实践活动的时间，这就对教师积极提高自身能力、整合地理课程资源、积极采取措施应对地理课堂容量增大等方面提出了新要求。

6. 合理组织教学形式的挑战

在新高考模式下，高中学业水平考试科目将由学生在思想政治、历史、地理、物理、化学、生物等科目中自主选择，那么，如果学生仅在这六门学科中任选三门，则至少会有 20 多种组合，因此，“走班制”的教学组织形式是必然选择，行政班与教学班并存也是未来学校基本的教育教学格局。由于学业水平考试每年组织两次，同一个教学班将面临有不同年级学生上课的情况，这将进一步加大各个学生之间的差异，教学难度进一步加大，这也就需要教师努力提高自身在合理组织教学形式方面的能力。

7. 改进学生成绩评价能力的挑战

新课标对学生的核心素养评价进行了分水平评价，彻底改变了一考定终身的评价方式，关注过程表现，采取量表评分将成为高考评分的主要方式，吃透课标精神，把握评分尺度是地理教师必须尽快熟悉的工作。

8. 建立在信息技术基础上新教学模式的推广挑战

信息化社会使优秀教师的课堂越来越受学生、家长的青睐，那些想混日子的教师可能会没课可上，名校、名师作用会更加明显，名师间竞争更加激烈。

二、地理专业在校大学生基本素能培养策略

（一）基础知识素养培养

1. 扎实学习专业基础知识

大学四年，学生将学习众多的专业必修和选修课程，每一门专业课程都是基础地理教师开展教学、研究不可缺少的，因此，要认真学好每一门课程，透彻理解基本原理和规律，活

学活用专业理论，生活中用专业眼光观察周边事物。在教学法学习中，熟悉地理课程标准，系统阅读地理新教材（各种版本），把握教材的整体结构、编者意图，准确区分地理教学课题的知识构成和层次，深刻分析地理教材的知识结构、智力价值与思想价值和核心素养要求，把握教材的重难点，根据学生的知识水平、认知能力、教材内容特点灵活重组教材。认真解读最新中、高考改革方案，把握学科发展动态，研究最新学科课程标准。

2. 博览群书，完善知识结构

随着社会经济的繁荣，信息媒体、信息渠道的增多，教师不再是帮助学生解惑的唯一渠道。这就需要教师必须掌握丰富的专业外知识，达到“专与博”相统一的、多元的知识结构，这样才能适应个性化学生的需要，使他们认可地理老师是他们成长道路上的导师。读书不能仅凭兴趣有选择地读书，跨学科的书籍要多读，使自己成为“杂家”。一个阅历丰富、知识面广、爱好广泛的教师会成为学生心目中的“神”，教育、教学效果自然会更好。

3. 系统学习教育、心理学理论知识

丰富的教学、心理理论是开展教育、教学活动的基础，大学期间往往容易忽略它的存在，主观认为它非专业课，不重要，在实际教学活动中，面对活蹦欢跳的学生，怎样对学生进行正确引导，教学心理学理论将给我们指明方向，况且，在进行教学研究时也需要理论的指导，否则教师的研究和实践是盲目的。而对于这些理论不能只死记硬背，而要在实践中去创造性地应用，善于捕捉最新的理论信息，应用新理论解决问题，将自己的教学体验和经验用理论进行加工，使之上升为理论。

（二）专业技能素养培养

1. 熟悉传统和新型地理教学方法

传统地理教学方法包括：以教师主体的方法，如讲授、讲解、谈话、读书指导、演示等；以发挥学生主体作用的方法，如参观、纲要信息、程序、读议讲练。这些传统方法虽然较为老套，但应该选择性地吸收。新型教学方法，如注重主体性和个性化的教学方法——调查、观测、实验、讨论教学、自学辅导、发现教学、启发式教学、活动教学、案例教学、问题解决、小组合作探究学习等，这些方法虽然符合现代教学理论要求，可提高教学效率，但也不能认为一好百好，要根据教材内容、学生的知识和能力选择性运用。要了解各种教学模式，尤其最新教学模式。

2. 加强教学实践活动，熟练掌握教学技巧

教学的技能、技巧是在不断地参与教学实践中熟悉和形成的，大学四年中要进行教育（教学）见习、实习活动，在真实的课堂中去体验课堂的设计和调控，每堂见习课后要与主讲教师交流，了解其设计意图，进行总结反思，找出其成功和不足。有机会多观摩优质课、展示课，站在前人、巨人的肩上成长。

3. 重视地图使用技能

地理学科区域性特点，决定了地图在学科教学中的重要性。作为大学生要准确掌握规范的用图、读图、分析图的技巧和方法，熟悉各种类型地图的阅读技巧，总结相似地图的阅读规律（如各种等值线图、各种统计图、分布图等），精准解读各类地图提供的信息，进行图文转换。例如，等值线图，种类虽多，但读图方法几乎是相似的，首先按照由宏观到中观到微观的顺序读图，然后确定读图内容，一是读形态，包括平直与弯曲、疏密、封闭情况、走向等。二是读数值，包括线上的值，即同线等值；线间的值，包括相邻两条等值线之间的差值（等值距）、相邻两条等值线之间封闭等值线及内部的值、任意两条等值线间的值等，通过阅读，完整解读分布图的信息，为解决问题打下基础。重视板图、板画、地图绘制、板书能力培养，如手绘地图等。

4. 收集整理地理教学资源

多渠道收集地理学科教学资源和最新信息，关注地理新闻、电视、网络、报纸、杂志上的地理信息，分类建立自己的地理资料库，包括文字、图片、图像、实物等。对每一最新信息要深挖背后的原因，了解学科最新发展动态，适应新的环境要求。

5. 培养实践能力

通过制作教具、模型，模拟地理环境演变过程，将抽象的地理原理形象化、具体化。重视地理野外实践活动，在野外实习中应该成为积极的组织者、参与者、思考者，端正态度、更新观念，避免野外实习旅游化、娱乐化、过场化。熟练掌握野外地图、工具、仪器的使用方法；培养地理实践活动的组织、协调、管理能力。进行野外考察、地理调查和参观，进行气象天象水文观测、环境监测等。关注身边发生的地理事象和热点，联系所学的地理原理、规律。

6. 参与教育、教学研究

参与教材、课题研究、社会调查，熟悉教育教学研究过程（选题、课题申报、主要教育教学研究方法，掌握论文的格式、写作形式与方法）和方法，博览地理研究书籍、论文，旁听论文开题、答辩。提升科研、写作能力，力求做未来的教育家而不是教书匠，为指导学生进行研究性学习做准备。

7. 熟悉试题解题方法，提高解题能力

考试是检查教学效果、学生知识和能力状况的重要手段，作为未来的教师，要提前熟悉解题的方法、技巧，为今后指导学生奠定基础。建议在校大学生们进行近五年全国高考真题及各地区模拟题的研究、试做，培养试题解答、分析、命制能力，把握考试要求及方向。尝试改编原题、编制新题，尤其重视专业论文阅读后转化出有创意的问题、试题能力培养。

（三）综合思维素养培养

地理学科的综合性决定了基础地理教师应该具有较强的地理综合思维能力，在大学四年

学习过程中要养成思考的习惯，培养问题意识，善于发现问题，多逆向思维，发散思考，注重思维逻辑性。对生活中观察到的各种现象多问为什么，善于归纳总结并上升至理论高度。

（四）组织管理素养培养

1. 积极参加社会活动，培养组织、管理、沟通能力

大学生活是丰富多彩的，活动时间、方式也会多样，作为学生干部则参与组织管理的机会很多，因此，建议大学生们一定要力争做干部，参与各种活动的组织、策划，在活动中培养自己的协调、沟通能力；在公益中培养责任感，在做干部中培养自己的组织、协调、管理能力，形成担当意识。研究表明，在大学中参与活动多、承担过管理任务的大学生，走上工作岗位后，往往更容易成为学校的管理骨干，甚至会成为学校主要管理干部。

2. 语言表达能力培养

作为教师，良好、有效的语言表达对于增强课堂吸引力、提高教学效果、增强教师魅力十分重要。因此，要通过参与演讲、辩论，与人交流，培养思辨和语言表达能力。

（五）信息技术素养培养

信息技术在教育、教学中的作用越来越大，运用现代信息技术制作课件、动画、微视频，充分利用大数据进行地理教学实践——实践云课堂，进行教学测查、科学统计分析，尤其是随着人工智能的发展，机器代替人将成为必然，忽视信息技术将落后于时代。

三、基础地理新教师核心素能培养策略

（一）新教师主要核心素养

1. 学科素养应为首要素养

作为学科专任教师，扎实的学科素养是圆满完成教学任务的首要素养。英国的 Helen Carpenter 校长将教师的学科知识列在核心素养之首。她认为教师不仅要熟悉学科知识，还要能够对学科知识有宏观的理解和把握，由此帮助学生建立知识点之间的联系。教师应该具备学科整合能力，不仅教给学生本学科的知识，而且能够超越本学科的知识，这样才能真正培养学生的核心素养。

2. 培养课程设计与执行能力

教师的课程意识非常重要，也就是教师既要有上位的课程设计能力，也要有下位的课程执行能力，教师不是教教材、用教材，而是做教材的引导者、设计者，能够根据学生的状况合理处理教材。在学校课程建设中，教师要具备从本学科到超学科再到跨学科的整合能力，从而超越学科限制，在学科之间建立关联、架设通道，使学生不仅仅掌握本学科的知识，拓展应用学科知识解决问题的能力，更重要的是在这个过程中习得方法、生成情感、提升素养，形成完整的知识体系。

3. 新教师应具有积极正向的情感素养

（1）爱是教师最基础的素养。教师最基础最核心的素养就是爱。热爱教育事业，真心喜欢教师职业；爱自己的学校，爱自己的岗位，要有一份坚守；爱学生，能够尊重、真心地读懂、真正关心每一个学生。教师还应该热爱生活，拥有一份阳光心态。美国的 Benjamin J.Hotmire 博士则将“充分了解学生，关注学生需要；对学生表达关心、关切；能够使学生成为更好的人”界定为一个“真实的教师”应该具有的品质。责任心也被认为是教师素养中一个最基本的要求。不仅表现在对教育使命和对教师这份职业的担当上，而且表现在真正对学生负责任，当学生有需要的时候给予其支持和鼓励，而且不放弃任何一名学生。

（2）“立德树人”是教师需要坚守的不变追求。顾明远强调，在这个变革的时代，教师需要进行诸多改变，但唯一不变的是立德树人；教师应该是学生获得知识的指导者，学生遇到困难时的帮助者，与学生共同学习的伙伴。从“四有”到“四个引路人”，是在对教师水平提出要求的基础上，对教师应该发挥的作用提出的新要求。教师要通过言传身教，将正能量传递给学生，让他们在学习知识的同时，能够正确地看待国家和全球发展的格局和背景，理解多元文化带来的冲击；要能够锤炼学生的品格，引领学生树立报效国家的志向。

4. 新教师应具有发展创新的素养

（1）教师的创新素养是培养学生创新能力的前提。学生素养的核心可以聚焦为创新与合作能力。而教师核心素养，就是很好地培养学生这两种素养的能力。学生核心素养的核心是创新素养，如果离开教师的创新素养和创新能力，那么学生的创新素养是很难培养的。所以，教师应该以创新的思维，在课堂上通过开放式的问题设计、提问层次的把握、有效的交互反馈，来启发和引导学生思维的发展，培养学生的创新能力。

（2）教师应学会理性思考、感性表达。教师首先要具备理性思考的能力，即围绕学生、学科、学习进行思考，要基于学情制定教学目标，对学科有深刻的理解，思考今天应该给孩子什么样的学习。其次要能够进行感性表达，这种表达应该见人、见物、见思想，即教师眼中要有学生；要善于集成各种环境、信息及认知工具，为学生提供丰富的学习；要帮助学生建构完整的知识体系，进而提升人格。

（3）教师应具备有效沟通与反思能力。教师要能够做到把抽象的知识点变得清晰化；要能够选择恰当的概念解释方法，有效地将概念传达给学生；要能够倾听学生的观点，了解他们在课堂中的反应和回应；要能够了解学生的心理变化，从而在课堂上更好地吸引他们。此外，教师还要具有反思、分析和评价的能力，通过对课堂、学生和自己的教学进行客观的反思，不断调整教学方法。教师要能够对学生的学习和活动进行准确评价和深入跟进，这样才能真正促进学生成长。

（二）地理新教师核心素养培养策略

1. 重视问题式教学

问题式教学是用“问题”整合相关学习内容的教学方式。问题式教学以“问题解决”为要旨，在解决问题的教学过程中，教师应引导学生运用地理的思维方式，建立与“问题”相关的知识结构，并能够由表及里、层次清晰地分析问题，合理表达自己的观点。

关注问题式课堂教学，设计问题是基础。问题的确定应考虑与实际情境相关联，可以覆盖若干条内容标准或教科书的若干章节，围绕问题，使教学内容的结构化与关联性更加突出。问题的呈现，要利于学生发现未知，激发学生学习和探究的兴趣，利于学生创造性地解决问题。问题的设计需要依托情境，在选择情境时考虑以下几个方面：贴近学生知识水平、生活实际和社会现实，使学生理解情境；蕴含问题，给学生提供探究的空间；体现关联性，让学生在一个贯穿全过程情境下经历综合思维发展的过程；与课程标准和地理教科书内容联系，便于学生找到基本的依据和资源。

课堂教学问题设计一般从以下几个方面入手：①以所面对的学生的认知水平和知识基础为起点。②围绕问题设计不同层次的问题链条，注重地理知识间的内在关联性，并将所学内容有逻辑地整合成可操作的学习链条。同时，也要注意学习链条的设计只是预设，实际学习过程的展开要以学生的思维发展为线索，避免教师用问题链过度“牵引”学生的现象。③完整呈现问题和相应情境作为学生学习的基础和背景，避免将情境仅作为“导入”的做法，并引导学生在充分理解情境的前提下展开学习。④让所有学生参与问题解决的整个过程，即使在分组学习时，也避免每个小组仅负责解决问题的某个方面的现象，以保证对地理问题的全面认识和综合思维训练。⑤始终扣住学生综合思维培养的目标，不论是演绎学习还是归纳学习，都要使学生能形成一定的地理知识或其他地理内容的结构框架，并会运用综合思维去理解、解释和解决地理问题。例如，开展世界气候地区差异教学时，不仅设问让学生掌握每一种气候的分布规律（典型地区）、特征、形成原因，还要设问进行不同气候间分布、特征、成因比较；设问找出不同气候分布的关系、特征的相似和不同；设问概括气候成因分析方法步骤；设问提炼气候分布模式；设问分析气候异常地区气候特征、成因；设问分析同一气候在不同地区的特征差异等。通过分层设问引导，启发思维，使学生全面掌握世界主要气候及地区差异、气候成因及分析方法。

2. 加强地理实践活动

地理实践是支持学生地理核心素养发展的重要手段。因此，地理教学必须将实践活动作为教学的基本方式。地理实践活动主要包括户外考察、社会调查、模拟实验等方面，目标是拓展地理学习途径，增强地理学习的现实感、立体感和主体感。

地理实践活动的设计和实施，要以地理核心素养的培养为宗旨，与地理理论知识的学习和应用相结合，引导学生用地理视角去观察、行动和思考，并在对真实世界的感受和体验中进一步提升理性认识，逐步建立起地理知识之间的关联。例如，在野外考察时，发给学生该地区的地图，引导学生注意观察对象所在区域位置，培养学生区域认知的素养；在考察某个特定的地质或地貌现象时，也注意引导学生关注其与周围其他事物的关系，了解其演化的历史，特别是该事物与人类活动的关系，培养学生综合思维和人地协调观素养。地理实践活动因其特殊性，还会在客观上强化学生与真实世界的联系，引发其感悟、欣赏、价值判断等方面的变化。同时，也会出现跨学科的教育机会。教师应有意识地发掘地理实践活动的价值和意义，并努力付诸实施。

设计户外实践活动，要考虑实践内容的适宜性和可行性，选择具有典型性的实践基地开展教学活动。同时，要考虑学生、学校及所在地区的条件和特点，结合学生、学校和当地的情况设计活动。在野外实践活动过程中，要充分调动学生参与的积极性，关注学生观察、发现、质疑、探究问题的表现，引导学生独立行动、独立思考、自主认知。需要动手操作和设计方案时，在保证安全的情况下，尽量由学生自己操作和自主设计；还可引导学生拍照、绘图（画）、录像、采集标本等，培养学生获取地理信息的意识和能力。在设计和实施过程中，教师要为可能的“意外”留有余地，一方面保证实践活动顺利进行；另一方面顺应实践活动的特点，给学生的生成性表现留下空间。

设计社会调查活动，选题要注重贴近社会、生活，设计方案要引导学生自主、合作生成想法，实施过程要切实行动、体验，并通过观察进行过程评价，活动结束要有调查报告撰写与交流的结果评价。

设计模拟实验活动，要引导学生经历相对完整、规范的科学研究过程，从实验方案设计到实验过程的观察、记录、操作实施、数据处理分析，最后撰写实验报告及汇报交流，培养动手实践能力及求真求实的科学态度。

3. 充分应用信息技术

信息技术的发展和应用是地理教学改革的助推器，对学生学习方式和教师教学方式的改变具有重要作用。如今，信息技术已经深入人们的日常生活，数字城市、数字地球逐步变成现实，大数据的使用方兴未艾，“云计算、 互联网+”的思维方式潜移默化深入人心。这些发展将会不断促进地理教学的开放程度，也将无边界的学习思想植入教学系统中。借助信息技术辅助教学，是对常规教学方式的重要补充，其可以丰富现有教学方式，改变学生的学习方式，也是面向未来的学习方式之一。基于网络的项目学习、基于资源的探究学习、基于大数据的模拟学习等，都为学生的地理学习提供了新的学习方式，也提供了学生自主学习、探究学习和合作学习的开放空间。借助信息技术，教师还可以改变评价方式，使个性化、交互式学习成为可能，使学习过程从封闭走向开放，从单一走向多元。若有专业力量的支持，教师可以利用计算机模拟软件进行水循环、河流侵蚀等自然地理过程的学习，以及解决城市问题、工农业区位等人文地理的模拟学习。计算机软件可以应用大数据提供复杂的情境和多样化的选择，并能及时反馈，使得地理模拟学习更接近真实世界，为学生提供接受式学习之外的补充学习方式。若暂时缺少专业力量的支持，教师也可以利用互联网资源，帮助学生体验一种基于互联网的开放型地理学习方式，避免形成过度依赖教师和课本的学习心理。例如，在条件允许的课堂上，当学生遇到陌生的概念或事物时，不一定由教师来解释，可直接上网查阅信息。在难以理解或仍有疑问时，再去请教教师。

在设计基于互联网的教学时，主要从以下几方面入手：①利用互联网的特点，如异步、异地、互动、个性、丰富（资源）。②结合移动设备的使用，加强“因材施教”。除了可以利用丰富的资源进行教学外，结合移动设备的使用，教师可以及时获得学生前一步学习的情况，增强教学的针对性，提高教学效率。③利用基于互联网教学的开放性，引导学生学习辨识信息，强化学生的综合思维和批判性思维（反思），并引导学生拓展自己的视野，关注更多大范围的地理事象和问题，强化人地协调观的形成。④在不能室外教学的情况下，可以利用互联网和虚拟现实技术观摩实际发生的地理室外学习，以弥补无法外出的缺憾。

4. 增强思维结构评价

地理核心素养的培养需要重视学生地理学习中思维的发展，关注学生地理概念、地理判断和地理推理能够达到的程度，以及建立联系和创新思维的能力。学生地理学习中表现出来的思维，既具有同龄学生的共性，也具有个体差异。关注学生思维的个体差异，及时做出评价，将有助于教师把握不同学生的学习状态，使后续的教学设计能够更有针对性地促进学生地理核心素养的形成。在日常教学中，教师对学生学习成果的检查存在“知识碎片化”的现象。例如，过度使用“填空”和选择题的方式，只关注孤立“知识点”的正确与否，而忽视了学生对地理问题的完整认识，导致教师无法了解学生地理思维的真实状态，也就无法对学生的思维发展做出评价。

为改进日常教学的评价，教师可借鉴“可观察的学习成果结构”来对学生进行评价。这是一种以等级描述为基本特征的质性评价方法，也是一种鼓励学生表达自己看法的做法。其关键部分有如下三个方面。

（1）给学生开放式问题，让学生回答问题的思维可见。

（2）使用结构化的评价方案来判断学生思维水平，进而合理评分。根据已有的理论和方法，可将学生的思维水平分为无结构、单点结构、多点结构、关联结构和拓展抽象结构。无结构表明学生思维混乱，无法回答问题；单点结构表明学生只能涉及单一的要点或要素；多点结构表明学生可以涉及多个要点或要素，但无法建立相互之间的关系；关联结构表明学生不仅能够涉及多个要点或要素，而且能够建立合理的联系，真正理解问题；拓展抽象结构表明能够进一步抽象认识或给出教师预想之外的答案。根据评价，教师可以看出学生个体的地理思维水平，可在后续的教学中针对存在的问题给予有针对性的、个性化的指导。

（3）关注表现性评价。表现性评价是指对学生在真实情境中完成某项任务或任务群时所表现出的语言、文字、创造和实践能力的评定，也指对学生在具体的教学过程中，所表现出的学习态度、努力程度及问题解决能力等一些测验无法反映的深层学习指标的评定。表现性评价比较适合于评定学生应用知识的能力，学科之间内容整合的能力及决策、交流、合作等能力，是一种适合评价发展学生核心素养的评价方法。表现性评价侧重于评价学生实际操作的能力，根据学生构建的独特答案，通过水平等级进行评价，因此，教师必须在教学中根据详细的评分规则进行观察和记录学生的真实表现，记录的资料要全面、完整和真实。同时，教师要重视学生参与评价的过程，学生在教师的帮助下自定目标、自我评价、自我调整，以促进学生学习非结构性知识，发展学生实际操作能力，使其获得全面发展。常见的表现性评价形式主要有三种：一是演示过程的评价。学生借此展示自己能够运用知识和技能来完成一件结构良好的复杂任务。例如，学生制作一段有关地理主题的视频，教师根据学生主题的选择、反映出的地理观念、制作技术等进行评价。二是实验与调查过程的评价。学生通过计划、实施及解释研究成果呈现自主能力。实验和调查可以评价学生是否运用了适当探究方法，还可以评价学生是否形成了正确的观念框架及对调查现象是否形成一种基于地理学科知识的解释。为评价这些能力，要求学生在收集资料之前做出预测，进一步收集、分析、整合资料，展示交流成果。三是研究项目完成过程的评价。让学生完成一项科研项目，从而对其综合运用知识的能力和运用方法的科学性做出评价。例如，结合社会热点或国家重大项目，学生必须运用查找并使用参考文献的技能，列纲要、组织、构思报告；用书面语言进行交流。此外，学生还要会运用批判性思维、创造性思维解决问题。在开展表现性评价的过程中要建立学生成长档案袋，详细记录学生能力培养和素养养成的路径。在建立档案袋的过程中充分发挥好学生的作用，让学生参与设计制定评价量规和档案袋的内容及形式，让表现性评价成为一种能真实反映学生“在实践中解决问题、合作交流和批判性思考等多种复杂能力”方面的最佳评价。

5. 开发地理课程资源

地理课程资源是实现中学地理课程目标的重要保障，教师应该高度重视校内外地理课程资源的开发。

（1）建设校内地理教学的环境条件。注重地理图书、地图、挂图等图书资源，全面收集包括国内外地理教科书、地理图册、挂图、地理填充图、地理教学参考书、地理练习册等。注重地理教具、学具的开发，包括地理教学图件、地理教学标本与模型，以及地理教学器材等的配备建设。注重地理活动室、地理园、气象观测站、小天文台、地理橱窗等方面的建设。

（2）配齐地理实践活动装备。要逐步配备专门适用于中学的“水、土、气、岩”标（样）本的采集、测试工具、实验资源包（箱）。要建设相关采集、记录、测试的实验手册、使用说明、课程案例、数据等文本或数字资源。有条件的学校教师争取学校支持专门建设校园气象等环境数据的监测站点或专门实验室。要逐步配备野外实践的基本工具，如测绘定位工具设备、GPS、传统罗盘、望远镜等；用于野外采挖、收集、储存、保存的工具；野外安全工具、设施装备，以及安全教育、野外生存课程等；相关区域野外地图、等高线图、遥感图像等。

（3）开发地理课程资源。重视地理课程资源呈现形式的开发，促使地理课程资源的呈现形式向多样化发展。在众多的地理课程资源中，数字课程资源可以生动形象、简明直观地把地理教学内容展现给学生，弥补纸制印刷品的不足，激发学生求知的欲望。注重信息化课程资源的开发与建设，建设基本的教育教学数字化资源；逐步建设专门的地理学科数字化课程资源，如 GIS、GPS、RS 辅助教学系统、数字气象站平台系统，野外实践（水、土、气、岩）采集分析与显示系统等。

（4）建设地理实践基地。建立各种校外地理实践基地。通过挂牌、共建、共同开发等措施进行实践基地的建设。校外实践基地包括地理野外实习基地、公共图书馆、气象台、天文馆、科技馆、展览馆、少年宫、博物馆、植物园、动物园、主题公园及有关政府部门、科研单位、大专院校、工厂、农村、自然环境等。

总之，基础地理教师不仅要具有“教师意识”，还要有地理意识，因为在培养人才的教育过程中，地理知识的丰富性和外延性，使得地理教师更能体现《中国 21 世纪议程》的思想，在当今科技、社会、思想飞速发展的今天，地理教师应努力学习新理论，树立新观念，努力具备良好的素质，不断自我完善，这是教育发展的需要，也是作为一个基础地理教师所必须具备的。基础地理教师应努力学习，勤奋进取，争取使自己成为一个优秀的人民教师。基础地理课是培养学生科学世界观和人生观的主课战场，是思想教育的重要阵地。如何上好这门课，是地理教师应经常思考的问题。要增强地理课的教学效果，教师必须从课程本身特点入手，不断提升自己的基本和核心素能。

本 章 小 结

中华人民共和国成立以来，我国地理教学大纲发生了几次重大变化。1956 年教育部颁布了《中学地理教育大纲草案》，以后，1963 年、1978 年、1986 年到 2002 年也分别做出了几次调整。2001 年 7 月，教育部颁发了第一部全国性的地理课程标准《全日制义务教育地理课程标准（实验稿）》。2003 年教育部颁布了《普通高中地理课程标准（实验）》。这标志着我国地理课程改革在不断的探索中进入了新的发展阶段。

中学地理教材内容不断更新，地理教材都以人地关系为主线，然而不同时期教材对人地关系的阐述无论在内容上还是在形式上都是有差异的。教材表述手段在继续加强文字叙述逻辑系统、讲究知识结构的同时，出现了以问题为中心编写教材（并设计大量练习题）的趋势，突破了区域地理教材中的位置、地形 、气候、人口、经济等一套固定模式，这增加了教材图像（地图、结构图、地理图表、地理影像、地理绘画）的数量。教材版本发展到“一标多本”。初中地理有人教版、湘教版、商务星球版、中图版、仁爱版，高中地理用得最多的版本有人教版、湘教版、鲁教版、中图版。

在新的素养教育改革背景下，社会对中学地理教师提出了较高的职业素养或能力的要求，包括基本素能要求（知识素能、情感素能、技术素能、时空思维素养）、核心素能要求（人地协调素能、实践能力素养、区域认知素能、综合思维素能、现代教学手段的应用和信息技术素养）、教研素能要求（选题、制定方案能力，资料收集、分析能力，实践调查能力，写作能力）、管理素能要求（班级管理、课堂组织管理）。

因此，地理专业的在校大学生应该注重基本素能培养，建议同学们要扎实学习专业基础知识，博览群书，完善知识结构，系统学习教育、心理学理论知识；熟悉传统和新型地理教学方法，加强教学实践活动，熟练掌握教学技巧，重视地图使用技能，收集整理地理教学资源，培养实践能力；参与教育、教学研究，熟悉试题解题方法，提高解题能力；积极参加社会活动，培养组织、管理、沟通能力；培养语言表达能力及信息技术素养。

思 考 题

作为未来的基础地理教育工作者，应该怎样完善自己的知识结构、培养适应新课改的综合能力，结合自己的实际，说明怎样培养自己的核心素养。

主要参考和阅读文献

陈澄，樊杰. 2017. 普通高中地理课程标准(实验)解读. 南京：江苏教育出版社.
陈桂芳. 2008. 新课程背景下对中学地理教师素质的要求. 现代教育科学, (6)：39-40.
关伟. 1991. 我国中学地理教材的演变及其特点. 辽宁师范大学学报 (自然科学版), (3)：213-217.
刘媛媛. 2008. 新课程改革中应具备的素质. 新课程研究, (4)：178.
王欣. 2016. 浅谈中学地理教师的语言能力培养. 课程与教学, (10): 043.
谢凡，陈锁明. 2016. 聚焦教师核心素养勾勒“未来教师”新形象. 中小学管理, (11)：36-37.
张玉成. 2017. 浅谈高中地理核心素养综合思维能力的培养. 教育随笔, (7): 141.
赵建军. 2006. 基于中学地理素质教育的高师地理课程体系改革. 高师理科学刊, (1): 115-116.
朱桂芝. 2014. 班级管理之我见. 中国校外教育, (12): 49.